校務研究
觀念與實務

張芳全　著

五南圖書出版公司 印行

自　序

　　筆者在出版新作品之前，都會反省上次出版與這次出版作品有什麼差異，這是筆者學術研究脈絡反思。2017年筆者出版《高等教育：理論與實證》，以科學化觀點探討各國高等教育發展與經濟、政治與學生學習表現之關聯，打破傳統以文獻檔案，沒有以實證方法探究高等教育問題的現況。出版之後，引起很多迴響。而本書以實證觀點探討高等教育議題，是延續筆者先前作品，深入探討校務研究，也是透過學理探討及實證資料分析。

　　校務研究（Institutional Research）是一個很重要的研究領域。美國校務研究已有五十多年，並成為各校發展重要基礎。反觀臺灣僅在這兩年才獲得重視，在這方面研究與作為相當不足。在國際競爭之下，有很良好的高等教育校務研究，提供實證結果作為決策依據，不再以有限理性的政策規劃，對大學發展有很大助益。

　　筆者於1996年在博士班進修之後，就以科學分析方法作為進修學習目標，在進階統計課程特別感興趣。因而投入長時間研究科學化分析方法，進修期間受到師長在科學研究方法引導，不斷充實專業能力，加上努力專研新的分析技術與長期蒐集國際資料，這些年來讓筆者在校務研究獲得不少寶貴經驗與學理啟發。

　　2002年到大學任教之後，每天都在高等教育機構中，因而對高等教育校務研究議題深感興趣。筆者戰戰兢兢抓住可以發表的機會，每每都會以科學化觀點深入探究校務議題。這幾年來在大學、碩士、博士班教授高等教育政策，找不到科學化論證的校務研究專業書籍。筆者發現，校務研究專題課程愈來愈重要，不僅碩博士生在課程學習需求，大學老師在校務研究也有需要，更是政策規劃者

所需，因而促動撰寫本書。

　　臺灣在校務研究的專業書籍相當少，所以撰寫本書具有特殊意義及價值。一方面是本書在校務研究觀念深入分析，另一方面本書兼顧理論與實證探討校務研究，期待與學理交錯對話提供學理參考與實務應用。在分析實例有大數據支持，而章節內容都是實務所需。本書探討的都是重要校務研究觀念與議題，透過科學化方法分析與學理對話，兼具學理與實務應用的價值。

　　本書共十三章二十餘萬字，各章都是重要安排，更重要的是提供了校務研究觀念、實務與實證取向內容為國內欠缺。因應時代變遷、研究方法與資料處理創新，更融入新的分析方法，同時每章都有問題與討論，更能與實務結合。本書不僅是大學生、碩士生、博士生或大學老師在校務研究參考指南，更是學校行政、教育行政及政策規劃者最佳寶典。它提供學生及大學老師應用於研究及學習專業的書籍，也可以帶給學校行政與政策規劃者重要啟發。

　　本書順利出版要感謝很多人，首先謝謝我的爸媽與家人，謝謝他們的包容與愛，給我最好的教育與寫作時間才可以完成。謝謝啟蒙我的林文達教授、謝文全教授與馬信行教授，他們在我大學、碩博班專業知識的啟發，才讓我在學術上有所發揮。謝謝余民寧教授給我的統計方法指引。感謝吳清山教授、秦夢群教授、張鈿富教授在我求學時的引導。謝謝楊振昇教授、宋秋儀教授、曾大千教授、陳榮政教授平時給我的鼓勵。謝謝臺北教育大學楊志強副校長、高雄師大王政彥副校長、中山大學蔡秀芬副校長、臺北藝術大學林劭仁教授、教育部高等教育司教育品質及發展科李博士政翰科長、玄奘大學陳柏霖教授接受我在本書校務研究經驗訪談，給我回饋建議，讓我獲得專業意見，讓本書更豐富與多元。而陳彥銘先生的協

助訪談及整理逐字稿，在此一併誌謝。

　　最後五南圖書出版公司大力協助，讓它排版更精美，可讀性更高。寫作過程要感謝自己，在大學任教多年仍不間斷，永不放棄論著。佩服自己的努力與傻勁，自己常想別人都休息時，我仍努力閱讀外文期刊，不斷跑統計，寫了文章修改再修改。這都憑著一股傻衝勁與執著，才能完成作品。在不斷知識累積，永不放棄精神，要謝謝自己。懇請讀者若對本書有任何意見，不吝指正，不勝感激。

張芳全 謹識

2018.2 除夕

於彰化鹿港

目　次

觀念篇

實務篇

第一章

校務研究的界說

$$\boxed{\text{第一節　校務研究的意涵與特性}}$$

壹、校務研究的概念

一、校務研究的意涵

(一) 校務研究的意義

　　自1960年代以來，美國大學校院興起一股校務研究（Institutional Research, IR）風氣。美國的大學為了解決學校本身的發展困境，透過學校蒐集的資料，分析出學校發展問題，並提出適合學校發展的策略。以美國的IR發展來說，Reichard（2012）指出有其發展背景，一開始的IR成立於個別大學在於要了解自己學校發展問題，學校以自我研究（self-study）方式來診斷問題，並找出處方，後來有外部團體或機構對大學執行調查研究，不久建立專業研究委員會或在大型公立大學成立以研究導向的辦公室，陸陸續續的對學校問題提出看法；在1955年僅有10所大學及學院成立校務研究中心，1964年就有115所大學校院成立校務研究中心，而在1966年整年就有21所成立這樣的單位。可見，它受到很大的重視。然而Saupe與Montgomery（1970）指出幾個有關校務研究的問題值得思考：1.什麼是校務研究呢？2.如何才是真實的校務研究呢？3.校務研究可以為學校做什麼呢？4.校務研究是行政導向或教育導向的呢？5.校務研究如何與學校長期計畫有關聯嗎？6.校務研究如何被組織起來呢？7.要讓校務研究有效率的需求條件是什麼呢？上述的問題，很值得學習IR與要從事IR，以及高等教育機構的相關人員思考。

　　IR原始意義是對機構（institution）的研究，機構包括政府部門、學校、私人部門或非營利組織的單位，甚至以整個國家為單位都包括在其中。為區別不是政府機構，把機構轉為高等教育機構，也就是大學校院，以貼近在教育的應用，因而稱為IR。在教育領域中，IR是專為高等教育機構發展的分析、評估與研究，以作為提供實徵科學的資

訊（scientific evidence）給學校各級決策者，作爲改善與創新行政與教學等決策之依據（彭森明，2013）。簡言之，IR提供資料分析、報導（report）及服務，它涵蓋主題相當廣，包括大學認可（accreditation）、學生進入校園入學方式、就學率狀況（畢業率、保留率、輟學率）、學校教職員工作負擔及教學空間使用的效能等，透過專業人員的統計分析、比較研究、品質管理系統，測量學生、教職員意見及對於相關活動的管理來改善學校經營，其目的在改善學生學習與增加學校經營績效。

　　彭森明（2013）指出，IR的研究對象固定，以一所學校的人、事、物爲主軸，它的研究目標具體，在於提供學校發展策略、教師教學效能、學生學習表現策略改善、學校行政效率、學生輔導等。它是一種以科學化研究方法，透過實徵資料爲基礎的應用性研究。他進一步指出，IR是爲了改善與策劃個別學校措施與發展，其研究面向與議題多元及複雜，研究熱門議題會因應社會狀況及政府政策而改變，校務專題研究是學術性研究，研究依研究議題性質需要不同領域的專家參與，研究以提供學校決策者有優質，完整資訊及諮詢爲首要任務，研究與校務評鑑工作密切相關，校務研究往往需由學校高層主管領銜，校務研究單位需與學校各處室建立夥伴關係。常桐善（2014）認爲，IR以實徵資訊爲本的研究與評鑑機制（評鑑是定位功能，研究是導航功能），目的在協助大學追求卓越，確保行政、教學、研究與服務的有效發展與最佳品質；它順應大學自主化及社會變遷自然發展的校級服務單位；也是大學校院各級決策者的最佳智庫與助手。上述看來，IR是一種理性決策歷程，透過資料分析，獲得知識作爲學校發展決策參考依據。

　　Saupe（1990）認爲，IR應視爲一種決策支持（decision support），也就是一組活動來支持機構的計畫、政策形成與決定。Fincher（1978）是第一次提出，IR是一種組織的智能（organizational intelligence）。Terenzini（1993）擴充智能的觀念，將IR視爲一種多元的智能，將IR與組織智能的關係（tiers of organizational intelligence）區分爲技術與分析智能（technical and analytical intelligence）、議題智能（issues intelligence）及脈絡智能（contextual intelligence）。而

Volkwein（1999）則從IR對高等教育的角色來看待認為，IR具有幾種角色：資訊權威者（information authority）、政策分析者（policy analyst）、政治化妝師（spin doctor）、學者或研究者（scholar/researcher）；他更觀察IR在美國高等教育機構有三個重要面向：1.校務報告與政策分析；2.策略計畫、就學與財務管理；3.成果評估、方案評核、績效、認可及高等教育機構效能等相互連結，因此把IR視爲上述的黃金三角，如圖1-1。Volkwein （1999, 2008, 2011）與Peterson （1985, 1999）則把IR視爲一種專業，並將IR視爲在社會與高等教育重大變遷脈絡中提供重要的分析。

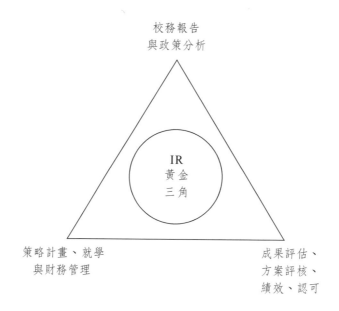

圖1-1　IR的黃金三角

資料來源：Volkwein, J. F. (1999). The four faces of institutional research. In J. F. Volkwein (Ed.), *What is institutional research all about? A critical and comprehensive assessment of the profession* (pp.9-19). New Directions for Institutional Research, No. 104. San Francisco, CA: Jossey-Bass.

　　總之，美國IR一開始的角色，以描述大學的事實資料呈現給領導者與政策利害關係人。後來IR，持續投入更多專業人力，進行統計分

析，提供評鑑、策略計畫及學術方案評估。IR的研究領域包括：1.就學人數管理的研究，包括大學招生、入學、學生進展情形、保留率與畢業率；2.學生生活與學習的研究，在了解學生在校滿意度、生涯發展、學習投入、校友發展情形及學習成果；3.學術方案品質的研究，包括品質保證（quality assurance）、方案評估、教師教學負擔、研究、課程設計與安排；4.預算及資源分配的研究，包括成本分析、績效指標、策略方案；5.IR的科技應用與IR的決策支持，如統計方法使用，尤其搭配視覺化工具運用，例如商業智能及分析（Business Intelligence and Analytics）；6.行政方案的分析，在了解學校持續改善情形、服務需求、方案規劃及評鑑。

(二) 校務研究的內涵

　　若以IR的內涵來說，IR是校務及研究的結合。對一所學校來說，校務的內涵相當多元與龐雜，只要是學校經營及發展的所有人、事、物，所產生的事務都包括在其中，它涵蓋學校行政事務、學生事務、學習表現、學生輔導、總務、教務、公共關係、家長參與、教師及行政人員及所投入於學校發展所經營的事務都是校務。謝文全（2016）將教育行政範圍區分為從涉及的因素及從歷程來分，前者包括教務行政、訓輔行政、總務行政、人力行政、公關行政，而在這五項中的教育所涉及的因素又包括學生、教職員工、課程與教學、經費與設備以及社區。後者來說，它包括了計畫、決定、組織、溝通、領導、評鑑與興革等。上述的因素及歷程把校務的範圍都包含在其中，但仍無法完全界定校務研究的範圍。換言之，上述內容是IR內容之一，尚有其他的校務研究內容未包括在其中。AIR（2018）指出，IR的責任在於專業支持校園領導者及決策者規劃出睿智的計畫、方案及財務內容，它涵蓋廣泛領域，包括了透過校務研究來支持學術副主管、對於學生入學、財務協助、課程、就學率管理、人員管理、學生生活、財務、設備、運動設施及與校友的關係等研究（https://www.airweb.org/AboutUs/Pages/default.aspx）。

　　若以IR的學習課程了解其內涵，IR包括了IR的基礎理論、學生學

習成效、教職員的薪資水準、校園空間規劃及資源運用，甚至與他校的比較分析的分析技術等。IR的基礎理論在說明IR產生的緣起，有哪些學理可以支持IR，包括教育經濟學的理論（包括學生成本理論、供需理論、市場理論、教育投資理論等）、大學校院影響理論、大學生校系選擇理論、大學生職涯理論、產業結構、人力供需與高等教育發展等；而學生學習成效的理論則在說明，學習成效理論研究，IR要將學生成效分享給相關人士了解，它包括對教育學校層級、班級層級與學生學習成效的分析及分享，這些都是IR的理論基礎。IR從建立的相關聯資料庫或政府部門建立的資料庫，所以對於資料庫的建置、倉儲管理、準確性及串連等也是重要的學習及運作領域，這需要大數據理論依據。而IR需要運用統計技術來了解校務發展，例如以多層次模型分析系所層級學生學習成效、多元迴歸分析預測學生學習成效、集群分析（cluster analysis）對學生分類等。IR也需要設計調查問卷工具蒐集資料，因此問卷編製與問卷品質檢測（信度及效度分析）也是重要的研究內容。許多研究方法，例如問卷調查研究、縱貫性研究法、準實驗設計的理論基礎（反事實推論模型）與統計分析技術（包括了傾向分數法、斷點迴歸分析、綜合控制法）等來進行分析也是IR所要學習的。就如透過準實驗設計的前後測的資料分析，也是IR在方案成效評估的常見方式。此外，地理資訊系統（Geographic Information System, GIS）的概念與技術，透過GIS專業人員運用軟體（包括繪圖、統計、影像處理）對資料庫中取得的精確資料運算分析大學生源等，又如微軟公司的商業智慧（Power BI）直接與後端的SQL Server資料平臺串接，透過分享伺服器（Share Point Server）可以透過儀表板，互動式、視覺化直接分享IR所分析的資料與結果。

　　然而社會科學研究需要對於研究問題界定，透過研究方法蒐集資料、分析資料獲得結論的歷程。廣義來說，從大學蒐集到的量化或質化資訊所做的分析都是研究，表格呈現及年度經費呈現是簡單分析，而了解目前與先前年度資料及比較也是校務研究關心；另外提供相近或相同樣本資料分析也是IR的一部分。成本分析、空間使用分析及教學負擔分析也是IR研究議題。在統計技術方面，從平均數與百分比到複雜的

多變項統計都包括在其中。IR透過模擬資料分析探究，也就是透過過去資料，以及目前校務資料，加上一些量化替代變項，提出合理的假設之後，以統計模型做未來校務分析的模擬。了解學生成果及學生的脈絡特性與機構目標及質化或量化方案，也是IR分析方式之一。學校行政表現及支持方案，也是校務分析。因此，IR從感受學校發展問題，了解問題、診斷問題，透過資料蒐集或從已建置的資料庫中獲得資料、提出研究假設，並選用適切的研究方法，從學校蒐集的資料分析，進而把學校發展的問題深入討論，獲得結論，以及將IR成果報告給學校經營者，最終目的做合理的學校決策，提出解決適切處方，達到學校教育發展目標的一個歷程。

　　基於上述，IR是一個科技整合了研究領域針對學校校務進行深入的分析，透過所蒐集或已建立的資料庫，運用科學方法及統計技術對校務發展之議題深入分析獲得結論，以提供學校領導者的專業支持及政策決定的完整資訊，從這些有系統的資訊做有智慧的計畫與學校政策決定的歷程。

二、作者在校務研究的詮釋

　　針對上述對IR的界定，IR有以下詮釋意義：

(一) IR是科際整合研究

　　IR整合了社會學、教育學、管理學、統計學、數位科技學、生態學、政治科學、行政學、心理學（如學生身心發展及職涯發展理論）、經濟學（包括教育經濟學）、教育哲學、傳播學等學科領域的知識，所進行的校務研究。IR人員需要多學科領域知識才能在IR有專業表現，IR專責單位無法單一學科領域可以完成任務，它需要透過不同專業學科領域知識（包括電腦科技、統計、教育、管理、哲學、傳播、大數據等專業）來完成任務。

(二) IR是一個研究領域

IR是一個研究領域（field），還不算是一個學科。Fincher（1985）認為，IR不是一個科學，而且它不需要如此。它是一個實務藝術功不可沒的保證，也是一個專業技術，特定在政策相關的研究（Institutional research is not a science, and it does not need to be. It is a practicing art with commendable promise as a professional technical speciality in policy-related research.）。換句話說，Fincher認為IR是一個實務性的政策研究領域。雖然在美國及其他國家有完整的學會、研究對象為高等教育機構，也有專業的學術期刊，然而在研究方法及學科理論仍借用其他學科，在這方面仍不成熟，所以它還不能算是一門成熟的學科。在美國所創立的《校務研究新方向期刊》（*New Directions for Institutional Research*, NDIR），鼓勵理論與實務導向的議題投稿。NDIR每季出刊，主題集中與IR有關議題、計畫或高等教育管理。IR研究議題五花八門，學校所發生的人、事、財務與空間都可以納入分析。近年來，大數據在IR的應用、學生學習表現、績效責任與補助議題、IR資料視覺化議題等。

(三) IR是學校本位研究

IR以一所學校為主要範圍的主題，但不排斥與標竿學校或同儕學校相比，而在學校內的研究主題多元包括學生入學率、保留率、學習表現、畢業、學生學習投入（students' engagement or learning engagement）、教職員工的工作負擔（教師教學與研究之關係，是否教師教學影響研究，或是教師的研究影響教學負擔）、學生的課程安置與學習、教師教學、學校環境及空間規劃。雖然IR也會以不同的學校為標竿學習或研究，但是IR的特質就在研究一所學校的事務，以作為學校計畫、政策制定及決策參考。

(四) IR是自我研究歷程

IR是由學校所組成的研究團隊對自己學校的發展議題及問題進行

研究的歷程。它是一種自我研究（self-study）的特性。IR人員或學校人員透過對於自己學校的問題，設定問題、蒐集資料或從已建立的資料庫中，來分析可能的結果，最後提供學校決策的自我探究歷程。這種高等教育機構的自我研究的歷程，在高教校務研究漸次成為校務資訊中心、校內小型智庫、校際校務研究交流平臺（何慧群、永井正武，2017）。IR是教育研究的一支，它強調行政及管理的功能。過去幾年來，它從理論研究朝向應用研究，主要在作為決策工具與提升學校品質。這種觀念在1970年及80年代已轉變，Dressel（1981）指出，IR必須成為學校決策者所必須要做的事，這方面包括學校發展、學校教育目標、環境因素、歷程及結構等來更有智慧的使用資源，順利達到績效目標。

(五) IR是學校政策分析

　　IR提供研究分析的結果，轉化為策略方案或計畫，提供給校務經營者作為學校發展決策的參考。有意義的策略計畫需要整合外部資料及校園內部的資料，產生可以執行的活動。多數的大學並不會缺乏資料，但是卻是缺乏可以採取行動（actionable）的資料，可以作為未來校務發展參考的資料，再透過統計，整理成為有意義及實務的結果，提供可以決策參考的內容。有很多的學校所擁有的資料是例行性的報告資料、招生說明單、認可資料、評鑑資料，並不是整合及分析成有意義的資料，所以無法提供學校發展的基礎資料，僅能掛在牆上，資料毫無功能可言。然而IR可以對校務資料提供有意義的分析，作為學校決策者的參考之外，也提供給大學教師在學生學習成效的評估。很多大學學系願意分享學生學習資料，然而他們卻無法整合與分析學生資料，並轉化為有意義的資訊，IR就可以將這些資料做有意義的分析，提供老師及學系參考。

(六) IR是知識管理歷程

　　IR需要資料蒐集、建置、管理、倉儲，甚至要不斷地對資料做清

理，才可以將雜亂的資料（data），轉變爲資訊（information），經過
嚴謹的統計分析之後，成爲有意義的知識（knowledge）。同時它需要
學校不同單位的資料整理，將知識分享、報告與傳播，最後可以支持
決策，更透過IR讓校務有改善學校發展及創新的功能。所以它是一個
知識管理歷程。Beena、Padmakumar與Archana（2010）指出，知識管
理可以使個人、團隊及整個組織集體與系統性的創造、分享與應用知
識，以達到更好的目標。知識管理始於運用電信系統來儲存、運用及分
享組織的智慧資本。IR常用資料庫分析，獲得知識作爲決策依據，尤
其IR在高等教育機構具有提升網絡學習與專業知識分享、應用資訊及
知識的特性。簡言之，IR透過集體資源流動與資源分享，鼓勵新資訊
及能力的結合，如此來連結知識、創造應用資源是知識管理的功能。

(七) R是依賴IT的研究

　　IR包括了研究、學習成果評量（learning outcomes assessment）、
計畫、校務效能及大學認可（accreditation），其目的之一在提供給內
部及外部人士需求的報告。就以認可來說，美國的大學認可以經慢慢遠
離順從政府規定的做法，而是朝向以學生學習，以及運用成果資料來改
善學習的方式。學生學習的資料與文件是校務研究者所要負擔的重要領
域；而對於教師及行政人員的工作也要建立標竿學習的方式，因而需要
IR提供分析，再提出適合這些人員在職進修的課程。爲回應這樣的義
務，IR需要依賴資訊科技（information technology, IT）來維持校務所
需要的資料分析需求。IT不一定僅有供報告的義務，相對的，IT可以將
資料進行處理及儲存、資訊系統設計、運作及維持。也可以提供技術支
持，也可以運用於教育訓練。目前更將IT運用於教學科技及校園通訊之
中，如蒐集資料與建置資料等。在這些歷程中，IR都需要IT的支援。

(八) IR是證據導向研究

　　校務研究以學校的實證資料爲主，尤其透過學校建置的資料庫及蒐
集到的資料對於學校的行政單位（教務、學務、輔導）、學習成效及教

師工作負擔與表現進行分析，以邏輯實證論的觀點進行校務研究，但它不排斥質化研究作爲學校發展的決策參考。就以校務研究者提供學校課程發展（curriculum development）來說，普遍上，教師對於課程設計及課程的傳達有其自主性，然而校務研究者了解學生從哪一個學校或背景來的，比較知道學生想要學習的方案及課程。加上IR人員了解學生先前就讀的學校、該所學校畢業率、學生在畢業就業及未來升學的狀況，這些狀況對學校老師來說不一定清楚。若透過IR對這些資料的分析，可以形成有意義的資訊，尤其可以幫助大學做好以能力爲本位及以表現爲基礎的學習模式。這種以證據導向的研究是IR的重要特性。

(九) IR支持學校決策

　　校務研究的重要目的在於提供領導者做學校發展決策參考。也就是說，IR是校務經營與發展議題之科學研究，在此研究過程中，除了建置資料庫及系統整合外，它更需要結合統計分析的軟體及相關專業能力，如校務研究人員需要具備會操作R語言、SPSS、HLM、SEM、LGM、資料探勘或稱資料採礦（Data Mining）分析等軟體的能力，更能做好數據分析。本書第五章說明這些統計方法。IR透過資料分析之後，提供研究結果，並提出校務問題的解決方案給各任課教師、各學系系主任、各學院院長、教務長、副校長、校長、學校董事會等校務經營者參考，它是一個學校決策支持的角色。

(十) IR需要分析報告

　　IR的重要目的在於所進行的研究提供決策者參考，尤其1965年美國聯邦政府通過《高等教育法案》（the Higher Education Act, HEA），提出大規模聯邦政府學生貸款計畫（federal government student loan program）的規範機制，欲申請學生貸款的高等教育機構，必須通過大學認可（蔡小婷譯，2009）。因爲美國的高等教育機構基於績效責任制，IR長期以來宜在適當時間做校務發展的報告，提供給消費者（學生、家長及社區與產業）以及政府單位了解學校發展狀況。所

以IR不僅是研究而已，還包括了要提供校務報告的服務。

(十一) IR兼具理論與實務研究

　　雖然校務研究以高等教育的實務問題，尤其是以學校本位爲主的研究，透過學校資料蒐集與建立，運用以證據爲本來提出策略計畫及評估方案，提供學校決策參考。Voorhees與Hinds（2012）也指出，IR可以分析及提供學生學習評估報告、規劃學校策略性計畫方案、提供大學認可所需要的報告，以及提出課程發展分析。此外，IR也支持教師研究的分析，以及分析教師薪資與工作負擔等，這些都是實務性的任務。然而IR也將做出相關研究作爲其他學校參考，這些研究發現與成果就是將所發現的知識做不斷地修正與累積，就是一種以建立校務理論的基礎。就另一方面來說，IR運用了社會科學的理論，包括統計學、管理學、教育學、學習理論、績效理論、溝通傳播理論等，也是以理論爲基礎來分析的研究領域。

(十二) IR研究議題包羅萬象

　　IR的研究議題五花八門，研究對象包括學生、老師、職員、或社區人士，甚至IR的人員等；研究議題包括上述人的在校所產生的問題，而在內容還包括校員空間及績效責任等。它所提供的服務包括支持學術領導者、入學、財務協助、課程、就學率管理、教育人員、學生生活、學校財務、設備、建築空間的使用、公共關係、績效責任等協助。這從Webber與Calderon（2015）所編著《高等教育校務研究與規劃》（*Institutional research and planning in higher education: Global contexts and themes*）就可以看出一些端倪，但該作品也僅是一個作品而已，還有更多的內容是校務研究所關切。

三、校務研究的內容

(一) 校務研究的實務內容

　　IR的議題相當多元，研究內容相當複雜。學校經營會面臨的問題包羅萬象，不僅是學生學習，還有教職員及學校發展問題，甚至還有學校與社區、社會、政府及整體環境之關係的問題。彭森明（2013）認為，校務研究的任務包括：1.體檢校院脈動與變遷，包括學生事務、課程設計與授課情況、教職員工事務及其他教學服務機制、學校之學習機能與環境、行政管理結構與績效、財務管控與節能措施、國內校際交流與合作現況、國際交流與合作現況；2.檢視國內外大學教育發展趨勢，包括蒐集與彙整相關文獻、參與國際會議、邀請專家專題演講、與同儕或標竿學校做比較；3.評鑑與診斷學校優勢與缺點，包括了彙集自我與外部對學校的評價、進行系統化客觀分析、與同儕或標竿學校做比較；4.解答特殊議題並規劃改進與發展策略，包括學生事務議題研究、資源管理與運用議題研究、教職員工議題研究、教學科技使用議題研究、校園學習生活環境議題研究；5.彙整與傳播學校資訊，包括年度校務數據報告、評量與調查結果摘要及口頭簡報、資訊短文及簡報、專題研究報告、呈報評鑑機構、政府單位所需資料、建置與維護校務資訊網站。

(二) 校務研究的學習內容

　　如果就校務研究領域所要學習的內容，也是包羅萬象。Webber與Calderon（2015）編著《高等教育校務研究與規劃》（*Institutional research and planning in higher education: Global contexts and themes*）就有十八章區分為三篇，第一篇說明IR的任務及說明IR與教育研究的差異。第二篇針對世界各地區的IR做一導論包括北美洲、西歐、中歐與東歐、英國與愛爾蘭、澳洲、南非、拉丁美洲、東亞及南亞洲、中東地區。第三篇探討廣泛的IR議題，包括資料的使用到IR應該如何強化等。而Howard、McLaughlin與Knight（2012）編寫的《校務研究

手冊》（*The handbook of institutional research*）更是豐富，共四篇三十八章，簡要的說明如下：

1. IR的發展歷史、理論及實務

第一篇為IR的發展歷史、理論及實務（Part 1: The history, theory, and practice of institutional research－The history of institutional research）。它包括校務研究辦公室的結構與功能（the structure and functions of institutional research offices）、校務研究實務（practicing institutional research）、IR在國際大學的角色（The role of institutional research in international universities）、校務研究辦公室之外及框架外：校務研究對時代的挑戰（out of the box and out of the office: institutional research for changing times）、校務研究與集體組織學習（institutional research and collaborative organizational learning）、從改變管理歷程來發展機構能力（developing institutional adaptability using change management processes）。

2. 校園領導及管理的支持

第二篇討論校園領導及管理的支持（Part 2: Supporting campus leadership and management）。它包括IR在支持校務治理（supporting institutional governance）、支持學術副校長（supporting the provost and academic vice president）、校園人事招募、保留、晉升及退休（examining faculty recruitment, retention, promotion, and retirement）、機構計畫與資源管理（institutional planning and resource management）、建立成本模式（building cost models）、管理學院就學率（managing college enrollments）、再聚焦學生成功：邁向一個綜合模式（refocusing student success: Toward a comprehensive model）、學術空間管理及校務研究角色（academic space management and the role of institutional research）、永續管理（managing sustainability）。

3. IR內外在需求的橋梁

第三篇討論IR內外在需求的橋梁（Part 3: Bridging internal and

external requirements for IR）。它包括績效責任的挑戰（challenges in meeting demands for accountability）、校務研究者的認可及角色的挑戰（accreditation and the changing role of the institutional researcher）、倫理管制：校務研究與校務研究委員會及聯邦組織的關係（Regulated ethics: Institutional research compliance with IRBs and FERPA）、資料、區辨及法律（data, discrimination, and the law）、聯邦高等教育報導資料庫及工具（Federal higher education reporting databases and tools）、集體回應一個高等教育新的績效問題（collective responses to a new era of accountability in higher education）、系統與州層資料的蒐集議題與實務（system- and State-level data collection issues and practices）、發展K-20+的州資料庫（developing K-20+ state databases）、資料交流倉儲：特性、目前案例及發展新的挑戰（data exchange consortia: Characteristics, current examples, and developing a new exchange）、管理智商與分析：校務研究的資料行政、報導、資料交易與資料儲存（business intelligence and analytics: the IR vision for data administration, reporting, data marts, and data warehousing）。

4. 校務研究工具與技術

第四篇說明校務研究工具與技術（Part 4: Institutional research tools and techniques）。它包括對於支持訊息的計畫與決定支分析取向（analytic approaches to creating planning and decision support information）、探索及資料探勘（exploring and mining data）、意見及行為的測量（measuring opinion and behavior）、校務研究與出版工具（instructional research with published instruments）、測量與評估學校人員的工作負擔（measuring and evaluating faculty workload）、分析學校人員的補償公平（analyzing equity in faculty compensation）、有效率的報導（effective reporting）、工具設定策略（tools for setting strategy）、工具執行策略（tools for executing strategy）、發展校務比較（developing institutional comparisons）、改善校務研究效率工具（tools for improving institutional effectiveness）、測量校務研究效率

工具（tools for measuring the effectiveness of institutional research）。

　　上述看出，IR的實務研究及學習內容包羅萬象，舉凡與學校發展有關事務都涵蓋在其中。在研究過程需要客觀的數據，透過研究步驟，才能獲得研究結果。然而要進行IR，學校最好能有一個專責研究單位，並有專業人員對於學校發展相關資料，有系統的蒐集與有組織的建置資料，長時間對於蒐集的資料深入分析，以提供學校獨特發展校務資訊，讓學校行政團隊作爲學校發展參考。校務研究單位應緊密與各單位合作，如果是大學校務研究，校務研究單位應與學校的招生組、註冊組、研究發展單位、輔導諮詢中心、教務處、學務處、總務處、學校公共關係單位與各院系所等資源連結合作。校務研究中心把平時建置的資料，有系統的分析及決策與應用。

貳、校務研究的特性

　　IR是一個科際整合的研究領域，所謂科際整合是在於IR由統計學、哲學（教育哲學）、行政學（教育行政學）、管理學、經濟學（教育經濟學）、社會學、生態學、數位科技、電腦傳播等所集合成的一個研究領域。它有以下幾個重要特性：

一、需要有學校主管領導的專業研究團隊

　　IR需要有專業的研究團隊，或稱爲校務研究中心，長期的關注、蒐集資料與分析學校發展的問題。此團隊專業分工，而任務包括研究、報告與提供決策。研究項目包括校務問題的關注、問卷設計、資料蒐集、資料建置、資訊管理、統計分析、視覺化處理資料的專業能力之人員。IR以證據爲導向，所需要的專業包括研究專業能力、資料建置、電腦資訊、大數據分析能力、撰寫研究報告，以及研究專業團隊的領導者。這些都需要專業基礎，有一定專業課程培養及多年研究經驗的人員，所組成的研究團隊。校務研究作爲未來學校發展決策參考，有許多資料涉及保密及倫理原則，所以通常此團隊需要由學校高階主管領導——例如教務長、學術副校長，甚至校長來領導較爲適切。

二、必須長期蒐集資料與建置資料庫爲依據

　　IR需要對於學校長期的蒐集資料與建置資料庫，而此研究需要龐大資料才可以做好研究。這需要從學生一入學之後，就對於學生背景資料的建立、各學期學習表現、老師教學態度、教學負擔、教師薪資與研究表現、學校經費使用、學校資源投入、學校聲望、學校效能，學校與對外公共關係等，透過長期蒐集與建立資料庫，才可以作爲後續研究依據。簡言之，IR在持續彙整校務資料（與電腦數位單位合作），包括教務、學務、總務、輔導、研究發展及人事等單位之資料適切分析，製作統計表與報告。而校務研究單位主任向校長、教務長或董事會，甚至學生及家長與各級政府報告，讓學校決策者及消費者與政府了解學校發展狀況。IR以學校爲本位，所蒐集資料包括學生、老師、行政人員、家長（如家長滿意度）、政府、業界及學校有關人士。透過對這些對象在學校發展意見及學生學習表現的資料建立，後續的深入分析，以作爲學校發展參考。IR從各部門的資料蒐集、建立檔案、更新資料與儲存資料等，把這些作業放在一個資料倉儲系統之內，依據學校發展需求，決定將資料數據從系統提取資料分析與應用。

三、證據爲本的理性決策模式作爲學校諮詢機制

　　IR是以資料作爲分析依據，它是以證據爲本位（evidence based）的研究活動，透過此分析獲得結論，提供學校作爲決策參考。校務研究中心是一個學校的智庫，透過統計分析及數位資料人員對於學校資料進行深入分析，發現研究結果，來支持教師教學及研究，以及支持學校校長、副校長及教務長做理性決策的單位。它與傳統的學校發展分析策略不同。傳統的學校決策以大學校長及學校的校務會議做決策，然而這種決策方式少運用學校資料深入分析所獲得的結果來做決定，過去常以校長及行政人員的主觀經驗，或者應用傳統的規劃技術與方式，例如運用優勢（strengths）、劣勢（weaknesses）、競爭機會（opportunities）和威脅（threats）的SWOT分析、校務評鑑、世界咖啡館、焦點團體法，或召開校務會議（參加人員爲學校親師生與專家學者），甚至僅以

校長、教務長或院系主管意見來做決策的方式不同。然而IR是善用所蒐集的學校發展數據及資訊，運用科學化的統計分析與視覺化報告，甚至可以互動式的報告內容，提供實證結果資訊，來幫助學校主管做適當決策。

四、必須長期投入研究發展因應社會及產業變遷

IR的重點在於研究，有了長期建置的資料之後，校務研究團隊會將學校的資訊，建立為資料，依據學校發展的需求提取所需的資料，選用研究及統計技術予以深入分析，獲得研究結果，並深入討論，再提出研究結論與建議處方，即有意義的知識給學校經營者。換言之，從學校資訊、資料到可以決策的知識，而形成有智慧（wisdom）的校務發展政策之歷程。IR所重視的在於研究功能的彰顯，學校透過研究提出結果，作為理性決策依據，以改善學校發展所面臨的問題，並提升學校經營效能。這目的在提供學校可以因應社會與產業變遷需要，尤其更要符應國際競爭力的需求。Lange、Saavedra與Romano（2013）預測未來全球所有大學都需要資訊及績效責任，也需要掌握學校發展、大學在國家的聲望以及來自於大學校院排名壓力，甚至大學參與國際方案與交流等都需要大學各單位有意義及價值的訊息及資料，因而對IR有更迫切需求。

五、必須與學校各單位配合與建立良好關係

IR需要結合各單位資料及人員的配合。校務研究單位不僅需要蒐集學校各單位發展的資料，而且也需要學校各單位，甚至校外機構，提供學校發展資料，接著才將得到資料深入分析，獲得具體結果，再提出可行的學校發展策略。校務研究可以單一個校園，也可以多個校園系統（multi-campus system）、一個學區、州或省、邦，或是一群大學及學院或學校作為研究對象。雖然IR以個別校園為基礎，但是IR在一個區域，例如在美國為州或地區的高等教育系統也提供學校治理的責任。在這種特性中，IR要擁有良好的溝通及情緒智能（emotional intelligence），來管理自我的能力，並與校外相關人及政府部門良好互動。此外，IR需要學校學術及行政部門配合，不僅行政單位對學生事務、財務分配與行政效能管理，而且在學術部門的課程安置、教學歷程與學生學習成效掌握都要配合。

六、校務研究目的在提供學校發展處方策略

IR的目的相當多元，包括發現學校發展的問題、了解學校發展現況、挖掘學校問題、診斷學校發展問題、控制學校發展狀況，並找出學校發展特色與永續經營的方法。Chirikov（2013）指出，IR在美國的大學任務包括：1.提供報告與政策分析；2.提出策略性計畫、就學率及財務管理；3.提供學習成果分析、方案評估、績效責任、大學認可與大學效能表現的分析。簡言之，IR在提供具體可行的學校發展處方作為決策依據。IR在資料分析之後，了解與診斷學校發展問題，並將所獲得結果，不僅可以作為研究學理討論重點，而且在於依據問題及結果，提出學校未來發展的可能方案。這種方案的提出，也就是提供學校發展處方，更是IR的重要目的之一。換言之，IR單位是一個學校的研究及諮詢單位，也就是學校主管的智囊團。

總之，高等教育校務研究因應社會變遷需求，IR的觀念及落實是未來發展趨勢。臺灣高等教育校務研究剛起步，在高等教育學齡人口不斷減少以及日益講求績效責任與發展學校特色之下，各大學校院成立專責的IR單位勢在必行。如果學校行政主管或團隊具有IR作為，對於校務資料不斷的建立、傳承與分析，學校應能永續發展。

第二節　校務研究的功能與文化

壹、校務研究的功能

一、一個實際的例子

　　為何要進行IR呢？這是值得關注的焦點。以下用一個簡單例子來說明。

　　有一所私立大學在106學年招收4,000名大學生，在經過一學期之後，就有150位學生流失，包括退學、休學與不想在該校學習者，其中不想留在該校學習者就有100名。以學校立場來說，少了100名學生，若每位學生一學期學雜費為6萬元臺幣，單單這項學校收入就減少600萬元。因為這100名學生流失，也影響許多系的開課，讓許多系因學生人數不足無法順利經營。而後來的一學期又有30名學生依然從該校流失，轉到其他學校。如此學生嚴重的流失，對於學校經營產生嚴重衝擊，猶如骨牌效應。試想如果107學年也是如此，學生來源不足，以及從學生獲得學校經營費用，勢必受到極大影響。

　　如果學校當局沒有盡快找出學生流失的主因，將影響到學校的運作及經營。以短時間來看，若僅成立一個臨時編組的委員會來做問題分析，勢必無法了解整個學生流失的原因及學校發展問題。如果透過設置一個健全的校務研究專責單位來對於學生來源、學校環境、交通、社團、學生學習，乃至於師資專業的了解與行政人員的服務等是當務之急。因此，永續的IR專業人力投入研究及技術，長期蒐集學校資料與分析，對這所學校相當重要。

二、校務研究與績效責任關係密切

　　上述例子雖然僅以學校經營成本來看，無法看出IR功能的完整性，美國的大學強調績效責任，學生、家長、產業界、各級政府對於大學都有期待，所以大學對於上述的人士及組織機構都有責任。澳洲大學品質機構（International Network of Quality Assurance Agencies in

Higher Education, INQAAHE）的執行長Dr. David Woodhouse針對大學績效責任機制認為，大學在以下的項目被賦予合理績效責任（許媛翔，2007）：1.使用權（access）：社會各階層的學生都有權利接受大學教育。2.成功（success）：學生可以順利畢業於大學。3.就業安置（job placement）：雇主希望大學畢業生進入就業市場已具備基本適於工作條件，但他們也不吝投注資源訓練畢業生。4.應用研究（applied research）：大學為研究能量貯藏庫，政府預期大學產出研究成果幫助國家經濟發展。5.商業副產品（commercial spin-off）：大學應用研究直接成為促進經濟發展的產品。從IR的研究將學校績效報告給上述的人士及單位了解，就是重要的內外部責任。學校生存關鍵之一在於學生來源。IR對學生學習表現及學生來源分析更有實務及學理價值。IR針對學校發展探究，提出合宜的解決策略，更具有資料統整分析，作為自我評鑑、自我研究提供校務決策、內部控制等之依據。高等教育環境改變，各國生育率下降，學齡人口減少，學校需要競爭力；面對社會變遷，大學經營型態改為多元化多角度，對學生學習成效重視，以及對於大學老師教學及研究的深入了解，更顯示出校務研究的重要。

三、學者對校務研究功能的論點

　　除了上述說明校務研究的重要之外，許多研究指出校務研究功能。彭森明（2013）認為，校務研究的必要性在於幾項重要理由：1.大學辦學的生態愈趨於多元及複雜，其中是大學教育大眾化、大學治校自主權擴增、大學教育市場化與國際化，人口出生率下降，學生來源短缺、學校聯盟與合作的需求、對教師研究與教學績效之期待與要求升高、社會大學生學習成效之關懷升高、資訊與傳播科技在教學上的廣泛運用、學校自籌經費的要求與比率增高；2.應對多元複雜的挑戰需要豐富的資訊與智慧；他進一步指出，IR具體功能包括：體檢校園脈動與變遷、檢視國內外大學教育發展趨勢、評鑑與診斷學校優勢與缺點、解答特殊議題並規劃改進與發展策略、彙整與傳播學校資訊。王麗雲（2014）指出，IR目的包括了解校務現況、發現學校發展問題、挖掘真相、解決校務問題與擬定校務發展方向。何希慧（2015）指出，臺灣應該設立

校務研究辦公室，建構追蹤學習成效的平臺；透過校務研究從描述→診斷→預測→處方，兼具後見、洞見、預見的動能來掌握大學的發展。楊武勳（2014）指出，日本高等教育評價機構（Japan Institution for Higher Education Evaluation）在第二週期高等教育認證評鑑時，將IR的建構與相關活動列入評鑑項目之一。Saupe與Montgomery（1970）則指出，IR是透過資料蒐集、分析、報告，以及教人員的行動，來促進高等教育機構的運作與決策。此外，Terenzini（1993）提出了三種智能（見第二章）來說明IR應具備的條件，這三個面向也是IR的功能。上述可以看出，IR的任務相當多元。

四、大學實務運作的觀點

　　若從幾所大學的校務研究中心的編制與運作也可以看出IR的任務。交通大學的大數據研究中心的任務：1.整合全校校務專業管理相關的資料庫；2.運用資料庫協助輔導學生的課業學習與生涯規劃；3.建構校務專業管理的大數據決策系統（http://bigdatacenter.nctu.edu.tw/）。高雄大學校務研究中心在整合學校各類量化與質化之校務資料，協助提升校務專業管理能力，提供校務決策之參考依據，掌握校務發展與高等教育趨勢脈動之關聯，達成校務永續發展目標。換言之，在落實實徵性校務研究機制，提供證據檢討政策、解決政策爭議、改善決策，並搭配學校整合型學習品保制度、自我課責（績效責任）制度與校務研究機制，以協助整體校務運作、資源分配及學生學習成效的自我提升與永續改進（http://oir.nuk.edu.tw/files/11-1019-886.php）。美國史丹佛大學的校務研究與決策支持中心（Institutional Research & Decision Support, IR & DS）提供資訊管理及分析來支持學校決策；IR & DS透過以下方式來達成：1.提供整合的分析及研究給學校決策者；2.出版研究報告，提供校務表現的觀點；3.評估及評鑑學校的學術及共同課程的支持方案；4.建立資料蒐集及協助評估資料，包括提供訓練及工具；5.對於資料蒐集、使用及解釋的最好傳播與協助；6.確保資料品質及公正客觀。IR & DS應接受、使用、分析及報告所有主要行政系統的資料，包括學生、教職員、課程、研究及財務資料。IR & DS應表現及協助學系

與學校高層的複雜資料分析，也要包括與其他大學合作及比較，並出版更具前瞻的管理報告（https://web.stanford.edu/dept/pres-provost/irds/about/mission.html）。

　　上述看出，IR是多功能，不僅對學校發展長期資料建置，蒐集資料、分析資料，還要將所獲得研究結果提供學校決策參考。尤其美國強調績效責任，校務研究學習他校經驗，以及對校內外相關單位及人員報告更是重要責任。

五、作者在校務研究功能的觀點

　　基於上述，IR有以下的重要功能：

(一) IR在了解大學發展趨勢與規劃發展目標

　　少子女化是臺灣各級學校面臨的嚴重問題。大學招不足學生勢必影響學校經營，尤其強調成本與效益的功績社會，學校沒有學生就無法經營。許多學校無法招足學生關門，引起學生權益問題。未來臺灣高等教育學齡人口嚴重不足，學校招不到學生愈來愈多，IR提供學校經營診斷、提供發展因應策略計畫與轉型創新的重要方式。研究具有描述、解釋、預測及改善人類生活的重要功能，透過IR可以了解高等教育機構在過去、現在及未來可能面對的問題，也可以支持教師教學及研究，也可以提供學校校務決策參考。如果學校招生及經營困難，透過IR分析學校發展問題，找尋學校文化及價值，更是校務研究重要功能之一。

(二) IR在診斷學校發展問題與提供改善政策

　　IR可以分析、了解、預警與診斷學校發展問題。透過IR來體檢學校的優點及缺點，並找出學校的發展方向及目標。學校是一個有機組織，它與人體一樣，在經過長時間運轉，也會面臨組織發展問題。這方面除了學生來源、就學率與畢業流向之外，還包括學校行政、學生、老師及行政人員、家長，甚至學校資源使用效率的問題。以大學來說，教務、學務、總務、輔導、國際事務、甚至其他周邊組織，這些都在經營過程中會產生問題，透過IR來了解、診斷出問題，並提出預警及對

策。所以IR的目的及其緣起之一在於診斷學校本身的問題，提出計畫策略與處方，謀求校務改善。

　　IR人員可以協助學校各單位，在招生生管理、學生流動、學生安置、課程安排、學生學習成果評量、各學系的人力配置、方案評估、策略計畫、預算經費分配、國際學生的招生、老師的研究生產及教學負擔與學校空間分配等。就以課程來說，基於大學自主，多數學校會出版他們學系的課程綱要，說明授課目標及授課方式與學分數，然而並沒有說明每一個課程的學習成果。常見到的情形是老師要如何授課或改變內容沒有依憑，因而授課者在經營課程的品質就受到質疑。Voorhees與Hinds（2012）就建議在大學許多的共通課程，學校應該標準化學習內容，不僅可以引導討論學生學習課程的順序來提升學生學習成功，而且學生可以了解學校在課程內容要求標準以及課程學習之後所要建立的能力。IR要協助老師進行課程發展，尤其是對於學生能力與評量的界定相當困難，例如要用什麼方法來評量學生？IR可能會運用考試成績、學習檔案、教師以評等第，或是要用標竿爲範例。甚至誰有責任評量呢？以及這些能力評量成果應如何應用呢？都是值得IR努力。

(三) IR在提供校務評鑑所需資訊與參考依據

　　校務評鑑在了解、預警與診斷學校發展狀況。固定時間由外部機制，常用的是校務評鑑，對學校發展面向來檢核，例如以學校行政、校長領導、學生事務、學生輔導、家長參與、環境設備及家長參與等面向爲評鑑向度。校務評鑑僅是對固定年限，透過專家學者對學校所提供的資料檢核與現況訪視，來了解學校發展。雖然校務評鑑有實地訪視及與師生及家長座談，也有對於學校師生及家長進行問卷調查，但是它在所提供的整體資料，即上述所列的各面向，沒有經過嚴謹的資料分析，以及對分析結果深入討論，並提出建議。因爲評鑑僅固定年數評鑑，但是若高等教育機構有IR，則可以隨時與永續的提供學校發展資訊，從資料中來找出學校發展的問題。由於校務評鑑的回饋與反省很有限，不僅評鑑的時間短，評鑑的內容有限，評鑑回饋也沒有系統與追蹤，同時評鑑完成之後，又常被學校領導者或行政人員拋之腦後，通常在下一次校

務評鑑前一年才會再整理校務發展的相關資料。很顯然的，校務評鑑沒有研究的內涵及歷程在其中，相對的，IR可以透過建立學校資料庫，長期的深入統計分析，不定時的提供學校重要的資訊，作為校務評鑑的參考依據。這可以補足校務評鑑僅以訪談、初步問卷調查及書面資料審查無法深入了解學校問題的缺失，也可以作為學校永續經營的智庫。

(四) IR提供學校特色與建立標竿的重要媒介

　　發展學校特色是近年來高等教育機構發展的重點之一。大學有特色才能吸引學生就讀。尤其在高等教育機構屬於選擇性的教育，職業類科或普通類科，甚至大學各科系五花八門，如何吸引學生就學，需要學校發展出特色。不同的大學有相同科系需要特色才可以吸引學生。就以公立大學來說，在同一類科，例如電機系，為何學生會選清華大學電機系、不選臺灣大學電機系；或者規模相近的大學，為何甲生選A校，而不選B校，某種程度是因為學校特色的吸引。大學由學習環境、教師團隊的專業、學術風氣、學生未來就業引導路徑等反應出學校特色與文化，吸引學生就讀。IR透過研究分析可以找出表現優異的學校，作為學校發展的標竿，而此標竿可以作為學校後續的表現追蹤、可以與其他學校進行比較了解自己的優缺，也可以發展學校品質保證的機制，更重要的是它可以作為學校決策的參考，從過去的表現來規劃未來如何發展。在美國還有一個很重要的是大學認可（accreditation），後續成為標竿學校形成特色。Lange、Saavedra與Romano（2013）指出，美國高等教育認可制度超過百年歷史，然而歐洲國家的大學運用不同方法來確保高等教育品質（quality assurance）僅有三十年，甚至許多開發中國家更少年。高等教育確保品質增加了消費者對大學的了解需要、提供資料的分享，以及IR對大學發展需要所提供的任務等。可見透過IR可以慢慢找出學校特色，也是IR任務之一。

(五) IR在作為學校績效責任的衡量參照依據

　　IR的重要任務在於透過校務研究來了解學校的績效（accountability）責任。衡量一所學校績效相當困難，不僅要針對學校成本效益分析，而且也應指出學校存在的價值，讓學校內外部人員了解。Kaplan與Norton（1992）提出平衡計分卡（Balanced Score Card, BSC）將財務、顧客、內部流程及學習與成長構面進行評估，以了解組織績效，同時將企業用來衡量組織績效的量化指標轉為質化指標。在有限的教育資源，學校爭取到的資源要用在刀口，更重要的是資源使用效率。張明輝（2005）將平衡計分卡衡量績效指標轉化為學校績效運用，其四個面向應用內容如下：在財務構面：它包括年度預算總額、年度預算執行率、人事經費占年度預算之比例、專業計畫經費、預算執行管控、年度預算成長情形、預算撥付之時效等。在顧客構面：包括各處室對教師及學生服務的普及性、各處室對教師及學生服務的公平性、各處室對教師及學生服務品質、各處室對教師及學生反映意見回饋的及時性、教師及學生對有關其權益事項的參與情形、教師及學生前往各處室洽公人數增長情形等。在內部流程構面：包括各處室年度計畫是否符合師生需求、各處室年度計畫執行情形、各處室內部協調情形、各處室外部協調能力、各處室整體形象、各處室作業流程、各處室業務改進情形等。在學習與成長構面：包括各處室同仁工作滿意度、各處室同仁升遷情形、各處室同仁在職進修計畫及實施情形、各處室同仁離職情形、各處室同仁能力與工作崗位適配情形、各處室對同仁之建言採納情形、各處室同仁工作負荷量、各處室同仁出勤情形、各處室同仁專業著作及報告數量等。

　　學校經營者及家長或納稅人一定想要知道，他們繳的稅，政府收支之後，撥給學校使用，學校用到哪些地方？運用的效率為何？有沒有浪費？就學生來說，他們一定要了解他們所交的學費支出在哪些用途？從經濟學觀點來看，學校猶如一個產業組織，若以生產函數來分析，投入資源與產出結果要具體才可以做分析。產出／投入比值大於1.0以上，生產效率高；兩者等於1.0尚可；產出除以投入小於1.0代表績效不佳。教育生產函數（productive function）投入的變項不會單一化，甚至投入項目由多種量化指標來衡量，但是高等教育很多難以量化衡量，例如道德提升、心靈改善、倫理、幸福感、學生快樂等，就需要透過訪談及

相關文件來支持。IR分析學校表現績效，需要建置各種資料庫，甚至整合為雲端資料庫或倉儲資料庫。這些資料庫蒐集學生表現、教師表現、校友表現、產學合作、經費效益及其他有關校務發展資料，並檢視蒐集資料之正確性。若以上述之量化指標來說，透過IR可以掌握學校經營績效。若以無法量化指標，更需要IR的人員從訪談資料及文件，試著建立學校的資料庫（如學生個人的資料庫、學習表現資料庫、財務資料庫、教師研究發展資料庫等），再透過IR來了解學校所產生的問題及績效。

(六) IR是學校變革與創新的知識來源

　　學校是一個有機組織，組織可以永續生存發展相當重要。組織創新與變革歷程是相當複雜的決定歷程，包括了個人知覺、政治爭鬥與成員聯盟的建立（Huczynski & Buchanan, 2001）。Pettigrew（1990a, 1990b）就認為，計畫取向的（planned approach）變革太過於直線式思考，定無法滿足組織變化的需求；他認為變革需要對於不同部門的分析及不同時間的研究，如此可以打破單一觀點、單一層面及空間，同時變革是沒有時間表及終點，相對的，它是一個複雜的分析、政治的及文化的挑戰歷程，因為它可能挑戰了核心信念、結構及組織的策略。組織發展是從組織生存、組織學習、組織成長、組織研究、組織創新與組織發展的循環歷程。組織需要存在，也就是要有組織成立，才會有組織學習的機會。當組織從內外在人員及其他組織獲得學習之後，就有組織成長的機會。在組織成長過程中會受到內外在環境變化的影響，也有可能產生組織衝突，所以組織成員及組織需要透過個人的學習及組織的集體學習。為了讓組織永續生存，從組織人員參與研究、進行研究及組織集體的研究，就可以提出組織變革與組織創新方案，來因應組織發展。在上述的組織變化歷程中，很重要的是都是透過校務研究來謀求學校發展。若將上述歷程運用在IR，就組織生存來說，IR可以將校務研究的發現、了解、診斷、預警與控制學校發展問題，讓學校可以永續的生存；就組織學習來說，IR支持學校教師的研究及教學，也提供各單位資料的分析技術，促進了學校組織的學習風氣；就組織成長來說，IR

是一種組織集體的學習，它是期待組織所有成員及單位的成長，以因應內外部環境的需求。就組織研究來說，IR就是一個校本研究的歷程，透過客觀資料分析，提出有意義的訊息，以支持及提供學校發展的變革方案及策略。就組織創新來說，IR的研究成果解決校務問題，讓學校可以突破舊有的經營運作思維，而有創新的觀念及策略，讓學校可以永續發展。就組織發展來說，當學校組織透過學習及研究，建立完善制度及人員配置妥適之後，就會慢慢形成學校組織文化，此時需要透過IR的研究能量與風氣，來形塑學校組織文化，找出下一次的變革與創新良方，以因應內外在的新衝突與新改變的需要。

　　總之，IR對學校經營或經營者有多重目的。它不僅可以提供校務評鑑參考依據，也可以提出學校未來發展的決策處方。尤其對新任學校經營者可以很快透過IR所提供的資料了解學校發展狀況，而對於經營多年學校主管來說，更可以作為理性決策參考。

貳、IR需要一個良好的組織文化為起點

一、組織文化的內涵

　　IR是一種提供學校創新與競爭的重要機制。它更是學校決策文化變革的重要動力。大學要求新、求變、求效能與求生存需要一個良好的組織文化。Schein（1996）指出，文化由器物（artifacts）、信念與價值（beliefs and values）、基本假定（basic assumptions）所組成，器物包括所有個體在組織中看到的一切現象，例如建築、設備、空間、物理環境、典章法規、書籍等；信念與價值是一個組織反應出的終極信念及價值體系，也就是該組織在面對任務及問題會認為，應以該組織的信念及作法來面對問題。而基本假定是組織在面對問題或任務時，對於任務的處理策略及方式認為是理所當然的方法。這些說明隱含著高等教育機構應該檢視自己的組織文化。究竟個人所屬的高等教育機構是什麼樣的文化呢？是一個開放型、封閉型，還是創新型呢？

二、良好組織文化的要素

　　學校要有良好學習及研究風氣與學習文化才可以不斷的創新與變革。Freed、Klugman與Fife（1997）在分析數百篇的報告之後，提出了一個有效能的組織如圖1-2。成為有效能組織需要三項成分：第一是應先對有效能組織定義，它的意義是此組織的能力可以滿足其消費者期望。每個組織都有其核心價值，如圖中的願景、任務及成果，就是一個組織的核心價值。它是依據消費者需求及期望來建立，也是組織靈魂的核心價值之一。第二是了解組織與個人的互動情形。組織效能受到個體在一段時間中良好互動關係所建立，所以個體在此過程中會支持組織的

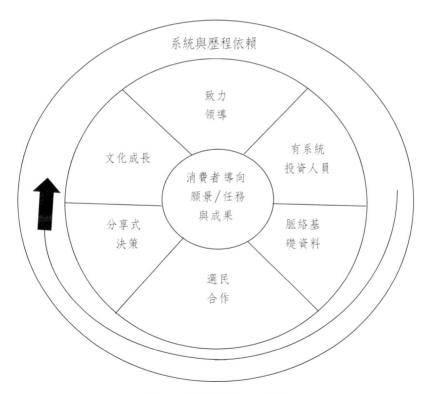

圖1-2　建立組織文化示意

資料來源：Freed, J. E., Klugman, M. R., & Fife, J. D. (1997). *A culture of academic excellence: Implementing the quality principles in higher education.* Washington, DC: George Washington University Press.

願景的達成。組織若要這些互動良好，成員會有共識。也就是這些互動產生之後，將組織與個人的共同價值融入在後來的互動與預期結果之中。在此組織與外在環境有一個歷程與系統為界線，代表組織受到外在環境影響。第三是在組織內部的六項核心要素要有意義連結。也就是介於外部及核心價值之間的六項要素與核心價值及組織系統與歷程要有意義的連結，透過這些因素來形成組織文化。這六項要素要有效連結依賴於兩種前提：一是六項要素與核心價值及組織歷程的連結程度；二是組織先前的活動已發展的成熟度。

　　這六個要素相互關聯，內容說明如下：1.致力於領導（committed leadership）：在整個組織中成員都要致力於領導，以組織的核心價值來支持發展組織文化。2.有系統對人員投資：組織會了解每位成員的知識需求，並確保每位成員都有接受在職訓練機會，讓組織成員增加可以實現願景、任務及成果的專業知識及技能。3.脈絡基礎的資料：良好的組織文化會掌握組織核心價值的脈絡資料。組織成員接收到這些資料，會將這些資料與外部資料連結，以成為更有意義的訊息。4.選民協作（constituency collaboration）：良好的組織文化可以與消費者有效率合作，組織會了解哪些選民（顧客）、哪些單位（即產業部門與公立部門）最仰賴組織所生產的產品，了解消費者對組織的評價。從這些現象來了解組織與這些選民的關係，並建立良好關係。5.分享式決策：組織任用許多專業人員，這些人員提供不同消費者服務。組織若由上而下決定，勢必無法讓服務在競爭環境順利運轉。因此要讓組織順利運作宜授權管理及分享式決策。良好組織文化建立於成員的信任及成員願意接受改變。6.文化成長：若組織是分享式決策的文化，也會積極投資組織成員於教育訓練與進修，期待他們進修獲得專業知識，接續來努力完成組織願景、任務及成果，在這種組織氛圍下，人員不斷專業成長，形成好文化。組織文化隱含著在一個團體中正式結構的穩定性，當團體成員達到組織的認同，組織的穩定更容易。

三、IR需要良好組織文化

　　針對上述的六項良好組織文化的要素，在IR應用說明如下：

(一) 致力於領導建立好文化

在整個校務研究中心，甚至整個大學的成員都要有致力於正向領導的信念，以正向情緒、正向方法、正面態度、正向文化、正面價值來領導組織成員，讓所有成員都可以學校的核心價值來支持校務研究，發展出屬於自己學校的組織文化。尤其要致力導向於建立開放、創新、競爭與以績效為主的良好文化。

(二) 有系統對組織成員投資

大學與校務研究中心了解每位成員的技能需求，不斷的提供校務研究人員都有接受在IR在職訓練進修的機會，讓校務研究人員增加實現學校願景、任務及成果的專業知識及技能。校務研究中心應從其分析指出學校人員應接受哪些訓練，以及哪些人應接受教育訓練。

(三) 掌握脈絡性基礎資料

學校脈絡基礎資料是校務研究宜注意的核心。校務決定者要從校務研究中心獲得的資料，來解釋及支持校務決策。有效率的校務研究會呈現學校的核心價值之脈絡資料。校務研究中心接收到這些資料，再將這些資料與外部資料連結，以成為更有意義的訊息。學生無法完成學業、學生主修領域無法學以致用等，與產業及政府等外部資料連結，了解學生畢業後的狀況。校務研究提供的資料沒有脈絡性，資料的意義就不大。

(四) 與選民做好適切協作

在績效責任的期待與要求之下，學校經營以學生及消費者為主。因此校務研究應了解哪些顧客、哪些產業部門、公立部門最仰賴學校所培養的學生以及學校所做的社會及產業貢獻。校務研究若具備脈絡性基礎資料，可以了解學校與消費者關係，學校可以與這些選民與消費者建立良好關係。

(五) 建立分享式決策文化

　　IR在提供學校發展的決策知識。大學經營者應拋棄自我主導、權威式或是政治模式的決策，相對的，以授權式領導讓校務研究發揮資料分析與證據為導向的決策功能。因此，分享式決策很重要，透過此觀念與作為，組織會更有效率與準確決策，並建立質化及量化指標，發展學校組織文化與管理歷程。

(六) 不斷地讓文化成長

　　大學及校務研究中心是一個分享決策文化，也會投資組織人員於教育訓練，來努力完成組織願景，在這種組織氛圍下，人員不斷地專業成長，形成不斷成長的好文化。組織文化的穩定性，容易讓組織成員認同，組織穩定更高。

　　總之，IR的重要基礎在於專業人員及團隊建立。有了校務研究中心，長期蒐集學校發展的資料與建置資料是IR所必需。學校沒有專業校務研究單位，要提出未來校務行政計畫及學生輔導，甚至提升學校效能會有困難。IR的研究內容五花八門，議題相當多元，包括了校務發展所有一切的人、事、時、地、物等所建立及蒐集的資料，透過科學方法對相關議題深入分析獲得結論，提供了學校領導者的專業支持。

問題與討論

　　過去臺灣的大學治理，學校領導者以個人的經驗與感覺在經營，然而美國以校務研究強調決策以證據為本已有數十年的歷史。請仔細的思維，校務研究的意義、校務研究的內涵，以及檢視與反思臺灣的大學校院在IR有哪些功能呢？提出來分享與討論。

參考文獻

一、中文部分

王麗雲（2014）。透過校務研究進行自我評鑑與自我改進。**評鑑雙月刊**，**47**，19-23。

何希慧（2015）。大學建立校務研究體制之建議：以學習成效評估及提升機制爲例。**評鑑雙月刊**，**57**，38-41。

何慧群、永井正武（2017）。高教管理與發展，校務研究中心建置？專業化！**臺灣教育評論月刊**，**6(7)**，144-151。

周華琪（2017）。IR與大學在東亞地區是否有可能進行區域合作？**評鑑雙月刊**，**57**。取自http://epaper.heeact.edu.tw/archive/2016/12/29/6678.aspx

常桐善（2014）。**校務研究的內涵、核心內容以及實施環境**。發表於教育部103學年度校務研究辦公室建置與運作實務研討會。研討會地點：高雄大學。

張明輝（2005）。優質學校教育指標——行政管理、領導與學校文化。載於臺北市教師研習中心（主編），**優質學校**（頁18-29）。臺北市：北市教研中心。

許媛翔（2007）。績效責任八大有效機制——Dr. Woodhouse談績效責任模式。**評鑑雙月刊**，**8**，45-47。

陳琇玲（譯）（2003）。**變革之舞**（原作者：P. Senge，出版於1992年）。臺北市：天下雜誌。

蔡小婷譯（2009）。美國高等教育認可的流變（原作者：Deane Neubauer）。**評鑑雙月刊**，**18**，31-35。

彭森明（2013）。**高等教育校務研究的理念與應用**。臺北市：高等教育。

彭森明（2015）。政府如何協助大專校院推展校務研究：美國爲例。**評鑑雙月刊**，**57**，10-15。

楊武勳（2014）。日本大學發展「校務研究」作爲教學改善之探討。**評鑑雙月刊**，**47**，37-42。

謝文全（2016）。**教育行政學**（第五版）。臺北市：五南。

二、英文部分

Beena, C., Padmakumar, P. K., & Archana, C. N. (2010). IR: Knowledge creation, knowl-edge management and knowledge dissemination. *Journal of Library and Information Management, 1*(1), 38-44.

Bronfenbrenner, U. (1979). *The ecology of human development: Experiments by nature and design*. Cambridge, MA: Harvard University Press.

Chirikov, I. (2013). Research universities as knowledge networks: The role of institutional research. *Studies in Higher Education, 38*(3), 456-469.

Dressel, P. L. (1981). The shaping of institutional research and planning, *Research in Higher Education, 14*(3), 229-258.

Fincher, C. (1978). Institutional research as organizational intelligence. *Research in Higher Education, 8*(2), 189-192.

Fincher, C. L. (1985). The art and science of institutional research. In M. Corcoran & M. W. Peterson (Eds.), *Institutional research in transition* (pp. 17-37). New Directions for Institutional Research, No. 46. San Francisco: Jossey-Bass.

Freed, J. E., Klugman, M. R., & Fife, J. D. (1997). *A culture of academic excellence: Imple-menting the quality principles in higher education*. Washington, DC: George Washing-ton University Press.

Howard, R. D., McLaughlin, G. W., Knight, W. E., & Associates (Eds.). (2012). *The hand-book of institutional research*. San Francisco, CA: Jossey-Bass, a Wiley imprint.

Kaplan, R. S., & Norton, D. P. (1992). The balanced scorecard: Measures that drive perfor-mance. In Harvard Business School (Ed.), *Harvard business review on measuring cor-porate performance* (pp. 123-146). Boston, MA: Harvard Business School Press.

Lange, L., Saavedra, F. M., & Romano, J. (2013). Institutional research in emerging coun-tries of Southern Africa, Latin America, and the Middle East and North Africa: Global frameworks and local practices. *New Directions for Institutional Research, 157*, 23-38.

Lewin, K. (1951). *Field theory in social science*. New York, NY: Harper and Row.

Peterson, M. W. (1985). Institutional research: An evolutionary perspective. In M. W. Pe-terson, & M. Corcoran (Eds.), Institutional research in transition. *New Directions for Institutional Research, 46*, 5-15.

Peterson, M. W. (1999). The role of institutional research: From improvement to redesign. In J. F. Volkwein (Ed.), *What is institutional research all about? A critical and comprehensive assessment of the profession* (pp. 83-104). New Directions for Institutional Research, No. 104. San Francisco, CA: Jossey-Bass.

Reichard, D. (2012). The history of institutional research. In R. D. Howard, G. W. McLaughlin, W. E. Knight, & Associates (Eds.), *The handbook of institutional research* (pp. 3-21). San Francisco, MA: Jossey-Bass.

Saupe, J. L. (1990). *The functions of institutional research.* Retrived frpm https://www.air-web.org/EducationAndEvents/Publications/Pages/FunctionsofIR.aspx

Saupe, J. L., & Montgomery, J. R. (1970). *The nature and role of institutional research: Memo to a college or university* (ED049672). Tallahassee, FL: Association for Institutional Research.

Terenzini, P. T. (1993). On the nature of institutional research and the knowledge and skills it requires. *Research in Higher Education, 34*, 1-10.

Volkwein, J. F. (1999). The four faces of institutional research. In J. F. Volkwein (Ed.), *What is institutional research all about? A critical and comprehensive assessment of the profession* (pp.9-19). New Directions for Institutional Research, No. 104. San Francisco, CA: Jossey-Bass.

Volkwein, J. F. (2008). The foundations and evolution of institutional research. In D. G. Terkla. (Ed.), Institutional research: More than just data. *New Directions for Higher Education, 141*, 5-20.

Volkwein, J. F. (2011). *The evolution of institutional research in colleges and universities.* Paper presented at the International Round Table on Quality Assurance for Higher Education and Assessment, Doshisha University, Kyoto, Japan.

Voorhees, R. A., & Hinds, T. (2012). Out of box and out of the office. In R. D. Howard, G. W. McLaughlin, W. E. Knight, & Associates (Eds.), *The handbook of institutional research* (pp.73-85). San Francisco, MA: Jossey-Bass.

Webber, K., & Calderon, A. (2015). *Institutional research and planning in higher education: Global contexts and themes.* New York, NY: Routledge.

第二章

校務研究的單位與任務

第一節　校務研究中心的環境

壹、理想的校務研究中心

　　美國的大學校務研究超過五十年歷史，它幾乎存在於美國及很多國家的大學及學院之中。Reichard（2012）指出，1960年之前，美國校務研究的產生有三個根本緣由：1.學校以特定目的對學校本身的議題自我研究（self-studies）；2.由外部團體或協會對跨校進行問卷調查；3.大型公立大學在校園內慢慢建立特定研究委員會、體制或以研究為導向的辦公室來處理學校發生的重要校務問題。校務研究在支持校園領導者，提供政策決定者較多訊息做智慧的計畫、方案及財務的決定。Brumbaugh（1960）出版《改善高等學習的機構之研究設計》（*Research designed to improve institutions of higher learning*）就強調校務研究重要性，書中指出美國的高等教育對於校務研究需求、校務研究領域、校務研究執行、校務研究效果。IR內容包括支持學術領導者做決策、入學、財務、課程、就學管理、人力、學生生活、財務、設備、運動設施、教師負擔與空間規劃等，以資訊告知（data-informed）為基礎，讓決策者做好決定，同時IR基於績效責任透過蒐集資料提供相關報導給所相關聽眾（https://www.airweb.org/AboutUs/Pages/default.aspx）。Knight、Moore與Coperthwaite（1997）以601位大學校院的校務研究者的知識及技能與他們工作感受的效能發現，校務研究人員的背景特性、校務研究的專業知識與技能，以及他們所感受的工作效能呈現微小相關，進一步指出，學校文化、期待及領導者的特質才是可以預測校務研究人員對學校感受的效能。換言之，一位有效能的校務研究者要有內在的專業知識之外，也要有學校整體環境的配合。常桐善（2014）認為，IR需要具備的條件和環境包括組織結構、人力資源、財力資源及資料資源。Delaney（1997）以243所新英格蘭學院及大學的校務研究中心調查發現，校務研究中心的規模與校務研究功能、校務研究報告及校務研究中心的人員有極大關聯，其中校務研究中心的專業

人力多寡與校務中心主任的專業資格可以預測校務研究在計畫及政策形成成效的重要因素，尤其小型學校應從提升校務研究的能見度、專業性及活動層次來強化校務決策的重要性。可見一個IR的理想單位受到很多因素的影響。以下說明IR的類型、組織結構及任務等。

一、IR的類型

　　IR類型有多種形式，它會依據學校規模及需求而有不同編制。Volkwein（1990, p. 23）發現，IR是一個「……比起任何一個生態中的組織，較少統一專業，也是一個非常不同的組織設計（less a unified profession than an evolving ecology of very different organizational arrangements）。他運用組織評鑑觀念，Volkwein歸納出：1.手藝式結構（craft structure）類型；2.小型體制（small adhocracy）類型；3.專業官僚（professional bureaucracy）類型；4.精緻豐富（elaborate profusion）類型。茲將此四種校務研究類型說明如下：

(一) 手藝式結構類型

　　它是美國的大學之校務研究中心最多者。這類中心組成人員僅有1-2人，他們還是部分時間才進行研究，並要高度負擔例行性的報告，僅在許多關鍵時刻才做出校務研究報告給學校當局參考。這類研究中心主要針對5千名學生以下的學校進行排名，但也有對大型學校的發展情形做分析，它的中心主任多由副校長及許多院長負責。這類研究中心高度以學校的行政主管需求，很少有完整校務研究投入於學生學習成果研究及政策分析。它主要在學校規模為5千名學生以下的學校。

(二) 小型體制類型

　　這類的校務研究中心主要有2-3名人員編制，在組織結構是一個扁平層級、簡單分工，但是其專業性有逐漸成長的特性。這類校務中心人員的專業屬性因學校規模及屬性的不同，而有程度上的差異，規模較大的學校比規模小者更專業，IR人力的工作經驗也較長。這類學校校務

中心任務多樣性，卻少有計畫性業務，沒有固定任務。這類型中心多數投入於應用型的研究方案（applied-research projects），但也有適度政策分析及一些例行性的報告。這類型中心部分人員有博士學位，但是多數人員僅有碩士學位與經驗。中心的任務在回應於行政主管（administrative hosts），也有與學校其他部門合作進行統計分析。它通常在綜合型學院及兩年制學院有設置，其規模為五千名至一萬名學生之間的學校，美國大約有超過三分之一的大學校務中心是這類型者。

(三) 專業官僚類型

小型體制類型會成長為專業官僚類型，尤其是在大型學校。當多數分析功能及活動都集中於一個單一辦公室，它就會成為專業官僚型，這是IR發展的共同現象。這也就是在此類的校務研究中心至少有四名，但通常有多於四名的專業人員。這類型的校務研究中心主任由擁有博士學位及校務研究專業負責。在研究中心中，每一層已發展適切官僚體制結構，並有專業與權責分工。這類研究中心每年已深入研究方案，並對校務研究中心承擔更多責任，也提供給學校做決策的相關資訊。這類型校務中心建置在設立有較多博士學位的大學（doctoral universities），美國約有四分之一的大學校務研究中心屬於此類型。

(四) 精緻豐富類型

此類型校務研究中心主要設立在研究型大學（research universities），尤其是私立大學，或學校規模大有很多的校區，不同校區又有個別的校務研究中心。學校文化讓他們學院院長與副校長認為，他們需要有自己的專業人力做校務研究，提供他們的學校發展參考。這類型的中心是集權式，也是分部門的，通常由上層決定如何運作，但有時又鬆散合作。在此中心已做大量統計分析，例如對於大學在學率模式、學校預算分配，或以多變項統計來分析縱貫性資料對學生學習表現，也可能是單一研究分析。這類校務研究單位之研究及專業已擴展到整個校務中心。在研究型大學的校務研究中心具有相當高度專業性，校務研究中心

已成為有不同研究部門合作的分析，再對於不同單位進行結果報告。此外，這類研究中心，有很多校務研究是授權分析，不同部門對於不同學院等。然而在美國這樣的研究中心不多。

　　總之，IR以學校本位所進行的研究，各校依其學校歷史、學校規模、學校屬性、需求而有不同編制規模。然而大學的IR需要整合三個系統結構是不可否認的：第一是需要有基礎建設架構（infrastructure framework），也就是資料建置層面，所要建置的資料包括學生學習資訊系統、教師職涯資訊系統、校務行政資訊系統。第二為整合資訊（integrated information）系統，它是資料轉化為資訊，也就是把校務研究資料作為像是一個倉儲系統。第三為校務治理轉化為有意義的系統，也就是透過校務研究之後，將所蒐集資訊或資料轉化為學校發展的知識。

二、校務研究人員的研究領域與經驗

(一) 校務研究中心的名稱

　　美國的大學校園，校務研究都有一個專責校務研究中心（Institutional research office），但是美國大學的校務研究中心名稱，各大學不同如表2-1。就以31所公立大學所組成的南部區域教育委員會（the Southern Regional Education Board, SREB）的大學為例，他們名稱多樣，例如校務研究與計畫（Institutional Research & Planning）、校務研究與計畫辦公室（Office of Institutional Research & Planning）、計畫與分析辦公室（Office of Planning and Analysis）、校務研究與資訊管理（Institutional Research & Information Management）等。

表2-1　美國大學的校務中心名稱

學校	名稱
Arizona State University	Institutional Analysis
Auburn University	Office of Institutional Research and Assessment
Clemson University	Office of Institutional Research

學校	名稱
Florida State University	Office of Institutional Research
Georgia Institute of Technology	Institutional Research & Planning
Georgia State University	Office of Institutional Research
Louisiana State University	Office of Budget & Planning
Mississippi State University	Office of Institutional Research
North Carolina State University	Office of Institutional Research & Planning
Oklahoma State University	Institutional Research & Information Management
Texas A & M University	Institutional Effectiveness & Evaluation
Texas Tech University	Department of Institutional Research and Information Management
University of Alabama	Office of Institutional Research and Assessment
University of Alabama, Birmingham	Office of Planning and Analysis
University of Arkansas	Office of Institutional Research
University of Delaware	Office of Institutional Research
University of Florida	Office of Institutional Planning and Research
University of Georgia	Office of Institutional Research
University of Houston	Office of Institutional Research
University of Kentucky, Lexington	Institutional Research and Advanced Analytics
University of Maryland, College Park	Institutional Research Planning & Assessment
University of Mississippi	Institutional Research and Assessment
University of North Carolina, Chapel Hill	Office of Institutional Research and Assessment
University of Oklahoma	Institutional Research & Reporting
University of South Carolina	Office of Institutional Assessment and Compliance
University of Southern Mississippi	Office of Institutional Research
University of Tennessee, Knoxville	Office of Institutional Research and Assessment
University of Texas, Austin	Institutional Reporting, Research and Information Systems
University of Virginia	Office of Institutional Assessment and Studies
Virginia Tech	Office of Institutional Research and Effectiveness
West Virginia University	Institutional Research

(二) 組織結構

　　校務研究中心依學校規模及其需求，在組織結構也有不同。Volk-wein、Liu與Woodell（2012）認爲，IR成熟度（IR maturity）是一個IR專業人力數、報告層級、IR人員工作經驗年數，以及IR人員擁有最高教育程度學位的集合，不過他們研究發現，IR的成熟度與學校類型（研究型或社區型）、學校規模低度相關。他們發現，許多社區學院在IR成熟度指數很高，然而在許多研究型大學卻是很低，校務中心僅是手工藝式結構（IR中心僅少數人員）。他們進一步指出，典型的IR中心包括計畫執行及IR辦公室，在此之下分爲外部與內部報告組（包括學校簡要報告、對於州與聯邦報告、績效責任報告）、計畫與特別方案組（包括決策支持研究、標竿學習、就學率方案、營收方案）、資料管理及技術支持組（包括學生資料、人事資料、財物資料庫、資料倉儲、軟硬體支持）、研究與發展組（包括成果評估、問卷調查、校園氣氛研究、學校效能、新生研究）。明理蘇達大學校務研究中心分爲三個部門（https://irep.olemiss.edu/）：一是校務研究（Institutional Research）部門，它提供一個學生、教師及職員和大學運作的健康環境；二是校務效率（Institutional Effectiveness）部門，它協調設計活動來改善學生學習及服務，同時增加行政效率；三是策略計畫（Strategic Planning）部門，它在支持大學、各部門及學系的統整計畫。喬治亞大學區分爲中心主任辦公室、行政團隊、報告團隊、研究團隊、資訊團隊（https://reports.utexas.edu/about/staff）。

(三) 人員需要的研究領域

　　校務研究中心需要聘用專業人員，這些專業人員來自於不同的研究領域與經驗。個人專業由不同學科所組成的觀點，包括教育學、統計學、管理學、政治學、歷史學、公共管理等。校務研究並不是純粹的學術研究，而是實務及應用性的研究，尤其針對一個校園的人事物與空間所進行的研究。校務研究人員的實際責任會因爲校務研究的任務及目標而有所不同。

　　1980年代至2008年美國校務研究人員的教育程度大約有25%以上的人是擁有博士學位，約有45%以上者為碩士學位。從事校務研究來自的領域以社會科學居多，約在30%以上，其次為教育學，人文藝術最少。而在校務研究的經驗在0至2年、3至5年都約為五分之一；6至10年的經驗約為四分之一。有11年以上都在三成以上。2008年各大學校務研究中心主任擁有博士學位為46%、以社會科學及教育學領域者約占63%，有11年校務研究工作經驗者為41%，如表2-2。可見，校務研究人員多以社會科學及教育領域者居多。

表2-2　美國校務研究中心的人員程度及經驗

向度	1980年代	1990年代	2008	2008
	所有人員	所有人員	所有人員	中心主任
教育程度				
博士	33	38	25	46
碩士	46	50	45	44
研究領域				
社會科學	39	33	30	33
教育學	26	14	19	30
STEM	14	13	23	15
商業與會計	11	16	18	16
人文／其他	8	6	10	6
在IR年數				
0-2	20	19	26	14
3-5	20	16	22	19
6-10	21	25	23	26
11+	39	40	29	41
20+	-	-	12	19

資料來源：Volkwein, J. F., Liu, Y., & Woodell, J. (2012). The structure and functions of institutional research offices. In R. D. Howard, G. W. McLaughlin, W. E., Knight, & Associates. (Eds.). (2012). *The handbook of institutional research* (p.27). San Francisco, CA: Jossey-Bass.

(四) 校務研究人員的責任

　　學校要做好校務研究，不僅是學校本身有責任，還有校務研究人員的自我責任也很重要。彭森明（2013）指出，學校要推展校務研究需要環境及支持應採用幾項策略：1.積極營造以實徵資料爲依據的決策文化；2.設立專職任務單位負責規劃、執行傳播；3.釐訂任務單位具體工作與權責，以利推展任務；4.愼選研究人員，確保研究品質。他進一步指出，校務研究人員應該有的態度包括：1.經常與各級行政與教學主管交流；2.積極參與學校決策機制；3.多方吸取他校的經驗；4.建置及維護及時、完整、正確的資料系統；5.依科學原則蒐集資料；6.運用適當統計方法分析資料；7.善盡資訊傳播與諮詢服務之責。

　　校務研究人員應具備專業知識技能與態度是校務研究重要的關鍵。校務研究人員應具備的條件包括：1.基本專業知識與技能：包括研究能力、校務問題或議程設定、資料蒐集設計技巧（如問卷設計能力）、質化與量化的資料處理、校務發展資料的檔案建置、統計分析能力（包括高等統計、多變項統計分析）、研究方法（會運用不同的社會科學方法）與測驗評量的原理、高等教育事務與學生事務的理論、教育經濟學理論，以及電腦數位軟體的使用經驗。2.對校務研究有良好寫作與口頭報告表達能力與技巧：校務研究報告不是做完研究就交差，它需要將分析的結果，尤其運用統計分析的成果，有意義、有條理，運用易懂的方式讓學校經營者了解，在講求績效責任制的美國高等教育，IR也需要將其研究報告讓學校相關人員及政策利害關係人與消費者了解。3.工作態度積極：IR人員會主動找尋及引導校務研究議題，並會主動向中心主管反應所分析的校務成果。尤其對大學各處室的職責、行政管理及其運作有經驗與了解。當然對於校務研究人員需要良好的溝通能力、情緒管理、受各單位人員信任，以及擁有領導能力與人際關係。

貳、校務研究在學校扮演的角色

一、從組織智能的觀點

　　IR在大學校院中具多方面的角色與功能（Eimers, Ko & Gardner,

2012）。Terenzini（1993, 2013）從智能（intelligence）的觀點來詮釋校務研究的角色，他指出校務研究需要透過組織智能來實現，這種智能包括技術與分析智能（technical and analytical intelligence）、議題智能（issues intelligence）以及脈絡智能（contextual intelligence）。說明如下：

(一) 技術與分析智能

　　技術與分析智能包括事實性知識（對不同變項定義、主要名詞內涵、資料領域，以及在學生與人力資源等不同系統中，獲得可運用的資料庫，並對資料庫的運用限制之了解等）。方法學的技能在於可以了解及會運用質化與量化的研究方法，會設計及使用調查研究問卷，以及運用統計技術來分析學生保留率與執行學生人數的預測等。這方面的智能還包括會理解計算及電腦軟體：對於資料編碼、理解統計方法、從雜亂數據中，製作有意義圖表、運用統計軟體進行資料分析形成有意義的結論。

(二) 議題智能

　　議題智能應包括三項重點，第一項是IR人員應集中於對於高等教育重要議題的理解與認識，尤其這些高等教育重要議題是在校務研究者服務的學校之中。議題智能包括了解自己服務學校的運作及如何把校務研究結果提供決策參考。尤其在校務研究者學校的重要問題，例如教師負擔及投入時間程度、學校發展歷程等都應掌握。第二項是了解學校的功能，包括了解什麼是學校的正式及非正式的決定歷程，學校正常化的決定運作過程，以及校務研究如何影響校務決策，學校有哪些優先順序已建立了等。第三項議題智能在於，如何與其他人或透過其他人來完成目標。就一位校務研究者來說，學習如何與校園中的同僚來完成學校目標是議題智能重要的元素。校務研究是一個團隊工作，需要在校園中與各行政及學術部門的人溝通。尤其校務研究人員需要與同僚建立良好的人際關係。

(三) 脈絡智能

　　IR的脈絡智能包括幾項：第一是理解高等教育文化，也就是校務研究者應該擁有對於學校的歷史及經營哲學以及環境文化的了解，包括了學校本身的文化及歷史（它就像是校務的記憶，也就是學校所歷經過的事件）。第二項是了解IR人員任職於校務研究單位的重要性及了解校務研究機制運轉的目的，例如在您的校務研究中心，誰是主要角色扮演者及誰是配合校務中心的歷程者？為了讓校務研究者更了解學校發展，校務研究者應將其專業的知識與學校人員分享，例如教授一門課或提供專業經驗分享是重要的。第三項是尊重所有顧客（constituencies）的觀點：校務研究者要承擔及分享外部顧客對學校資訊的需求、校務研究者要解釋學校的資料、會運用可獲得的技術（包括統計分析、視覺化的電腦製圖表、資料建置等），知道如何表述校務研究計畫所要獲取的資源，以及精確理解資料的可取得性與有能力表述決策者的需求。換言之，校務研究者獲得脈絡知識，了解學校運作的環境及完全掌握學校的發展機會與限制。很重要的是，脈絡智能要以技術與分析智能，以及議題智能為基礎，就如同議題智能要有技術與分析智能為基礎一樣。

　　總之，這三種組織智能需要IR人員深入體會與實踐。雖然學校的學校規模、型態、歷史、脈絡、氣氛與文化不同，但是IR都需要各種組織智能支持，只是各種智能在不同校園發揮的程度不同。IR在學校領導者支持及重視以資料為決策依據，容易產生創新的變革發展。組織發展有其整體脈絡性，無法將組織脈絡中的學校創新與領導予以區分。有些學校重視IR，支持校務研究，但也有許多學校不鼓勵校務研究，仍以政治模式在大學校務運作，不講究以資料分析為證據的決策。許多大學的資料建立不足，難以診斷問題，更難以了解學校績效。如果IR透過分析、技術及議題智能將學校發展的各種資料與資訊公開給大眾了解，讓高等教育機構與外部有對話機會。此外，高等教育組織環境脈絡是有意義策略計畫的重要因素。如果了解學校內部的歷史、環境生態及人事變動與研究發展，分析學校的人事物，評估成效，作為策略計畫的依據，校務研究的價值就提高。大學校院的校務

研究人員要讓組織的單位可以提升他們的集體智能（collective intelligence），如此才可以提供最好的校務研究價值。

二、從組織中的角色觀點

從在組織中的角色觀點來看，IR的角色也是多樣化。Volkwein（1999）把IR視為學校中的幾種角色：資訊權威者（information authority）、政策分析者（policy analyst）、政治化妝師（spin doctor）、學者或研究者（scholar/researcher），如表2-3。李紋霞、符碧真（2017）針對Volkwein的觀點說明臺灣大學的現象。茲將Volkwein所指出的角色說明如下：

(一) 資訊權威者

IR是學校內部及較多行政目標要完成的角色，掌握學校的教職員生及相關活動，蒐集學生入學、就學率的資料、教職員、財務及學位授與情形的資料，此一角色猶如Terenzini（1993）所指的技術智能。IR需要蒐集與建置資料庫，從這些資訊轉化為有意義及價值的知識，以提供學校決策及發展參考。所以IR具有資訊權威的角色。

(二) 政策分析者

IR是學校內部及較具有專業目的，主要是分析及研究高等教育機構的問題及學校政策；校務研究者在此角色常與學校高層管理者合作，因此IR人員是學校的政策分析者，也是學校各級主管的諮詢者，主要提供支持學校計畫及預算分配的決定、政策修正、行政調整或其他需求的變革；校務研究者是政策分析人員，他們也教導校務研究中心的團隊人員，他們從事就學率分析、成本分析、對學生調查研究、學生入學研究與教師薪資公平性的研究。這個層次的角色需要高層次的教育及訓練；它就像是Terenzini（1993）的分析及議題智能。

(三) 政治化妝師

　　把IR視為政治化妝師是一種傾向於行政功能與對外的角色。簡單說，它是大學校院對外的公共聯絡單位之一。它不僅要提供學校績效責任的資料，也要做學校發展的校務報告資訊。有時校務研究獲得的資訊較為負面，因而需要透過校務研究人員對外做合理化說明，也就是雖然學校發展有時會有不好狀況，但是校務研究人員仍然可以對外說明學校是最好個案（best case）表現。此種角色對於學生入學、政府補助才有機會提高，同時與政府和各界保持良好的公共關係。

(四) 學者或研究者

　　IR也像學者或研究者的角色。它擁有高度專業知識，以及要與外部連結，尤其是在大學績效責任的分析與報告。在這條件之下，IR就像是學者與研究者在進行社會科學研究一樣。有一部分IR人員需要以研究與生產證據導向的資訊，例如學校表現績效與目標達成情形，以作為校務決策判斷，同時也要將學校所獲得的各項成果及學校績效表現做深入報告。他們的聽眾主要來自於外部人士，所以校務研究人員需要在口語表達及危機處理有進階訓練，並且要有一定年數的IR經驗。Volkwein認為，IR在提供大學改善（for improvement）處方，以及作為績效責任（for accountability）依據。

(五) 知識管理者

　　IR不僅有上述四種角色，Serban（2002）後來依據Volkwein的分類架構，提出了IR的第五項角色，也就是知識管理者（knowledge manager），他認為IR是蒐集資料與轉換資料成為資訊及知識，在此過程中就像是一個知識管理者的角色。

表2-3　校務研究的角色

組織角色與文化	目的與聽眾	
	形成性與內部，為了改善	總結性與外部，為了績效
行政與機構	描述學校狀況 資訊權威	呈現最好的狀態 政治化妝師
學術與專業	分析另類方案 政策分析者	提供公平有效的證據 學者或研究者
技術的	蒐集與轉換資料變成訊息及知 識；合力創造與維持資訊，並 協助知識創造與分享	知識管理者

資料來源：Serban, A. M. (2002). Knowledge management: The "fifth face" of institutional research. *New Directions for Institutional Research, 113*, 105-112.

第二節　校務研究中心的任務

壹、校務研究中心的任務

一、理想的校務研究中心任務

(一) 學者的論點

　　校務研究中心的任務依各學校歷史、特性及規模而有不同。常桐善（2014）認為，校務研究具體功能在於提供充分即時資訊，協助學校各級決策人員了解校務現況以及國內外大學發展趨勢，據以檢視學校本身之優勢與弱點，並協助訂定學校未來發展標竿，規劃改進策略，以便開創新局；同時蒐集、彙整、倉儲與傳播校務資料，以促進資料之使用及社會大眾對學校之了解。他進一步指出具體項目如下：1.蒐集、彙整、闡釋與傳播學校資訊；2.體檢與報導學校脈動與變遷；3.規劃與執行學校優缺點診斷工作；4.檢視與彙集國內外大學教育發展趨

勢資訊；5.規劃與執行特殊議題研究及構思改進與發展方案。Delaney（1997）把校務研究任務區分如下：1.校務發展報告（reports）：學校的年度校務統計報告（digest of institution statistics）、學校內部與外部的行政報告資料。2.校務研究、計畫與政策分析（research, planning & policy analysis）：也就是計畫和政策分析研究、預測及統計預測、縱貫研究、市場及問卷調查。3.財務分析（financial studies）：包括成本分析、預算計畫、財務預測。4.就學率管理分析（enrollment management studies）：包括學生入學、財務支持、學生保留率研究。5.學生問卷調查（student surveys）：包括學習投入及畢業生（alumni/ae）調查。6.教職員工研究（faculty studies）：包括教職員的評估、工作負擔研究及薪資分析。7.學術研究（academic studies）：即學術方案檢核與評估、安置測驗的評量、學生成果評量等。8.其他方案（other projects）：如空間使用研究、工作轉換研究及其他方案等。

　　還可以校務研究功能來了解其任務。劉孟奇（2016）指出，校務研究須具備四項主要功能：1.資料管理與技術支援，能將學生資料庫、財務資料庫等做整合性的資料倉儲管理，並在軟硬體上提供專業技術支援。2.提供外部與內部報告，填報給政府主管單位或大學資料庫的校務數據、提供給大學評比排行機構或入學指南刊物出版商的數據資料、支援校內單位接受評鑑所需資料與分析報告、於網路或以書面發布學校績效責任報告等。3.協助規劃與決策，在校內系所進行招生或課程調整決策前，透過研究予以支援；針對條件相似學校表現標竿分析（benchmarking）；針對註冊率、留校率、學校收入進行預測分析等。4.研究與發展，針對專案計畫或政策推動成果進行評估、畢業生調查研究、校園氛圍研究、校務效能研究與發展建議等。Dressel（1981）指出，校務研究有幾項功能：1.資料蒐集、組織與分析（data collection, organization and analysis），學校發展的各種資料來自於不同單位，校務研究在從不同單位所建置的資料來發展出具有影響力的決策訊息。2.整理目前有關學生及教職員的資料、研究活動、圖書持有，學校被認可的資料分析、州及聯邦對於大學的檢視、管制及績效需求。3.價值認定（values identification），校務研究者應該對於資料蒐集、組織、分

析及解釋有其價值的認定。4.評估（evaluation），IR要不斷地對於所
從事的校務議題進行檢核與檢討。Purcell、Harrington與King（2012）
指出，對於IR需要有幾項的特殊請求：1.他們需要建立一個儀表板
（dashboard）作為IR中心的重要行事曆，列出IR重要任務，並將這些
任務及使命提供學校領導者了解。2.安排特定目的任務，IR人員萃取精
確及最重要的校務發展資料。3.提出校務發展計畫，因為校長要針對未
來發展，所以校務發展計畫及學校標竿應提供給校長了解，而此計畫應
該聯結學校過去、現在及未來的發展趨勢。4.學校的預算及財務狀況，
IR人員應將學校財務狀況做深入分析及說明，尤其對於學校財務的限
制更應讓校長及董事會了解。5.建立一個資訊時間表，IR辦公室應提供
校長完整學校年的行政及發展的相關訊息，它需要配合政府對學校所需
要繳交的報告資訊做完整說明。尤其對一位新任校長來說，有一個時間
表列出學校發展狀況及人事動態與學校財務狀況更是重要。6.改變管理
的資料成為公共關係的資訊，校長尋求學校未來有很好發展，因而IR
人員及辦公室就應提供精確及完整的資料給校長，讓校長及學校可以做
適切的行銷。7.成為受託人委員會，美國的大學組織，IR單位及人員是
校長及學校發展委員會的重要之助手，因此IR提供重要資訊給校長及
委員會決策的角色相當重要。

(二) 學校運作觀點

　　如以幾所大學校務研究中心之運作，更能了解校務研究的任務。
林靜慧、簡瑋成、許政行（2015）指出，美國高等教育體制是分權制
（decentralized），州立高等教育機構受到州政府助學金的補助，因此
校務研究辦公室資訊大多透明且公開，然而私立大學則不受此限，他們
以美國印地安那大學的校務研究中心的任務指出，在蒐集並分析校務資
料（量化及質性），包括校內人力資源分配（薪資待遇及工作負荷分
析）、校務行政經營及財務資訊、校務環境設施、校務計畫與資源管
理、學生事務分析及就學補助等，以相關統計方法，定期並系統化的科
學分析，提供政策制定及學校領導主管改進的建議，作為校務資源配置
及預算分配參考。校務研究辦公室另一項重要功能提供校內教職員立即

性需求協助服務，也就是協同各學院系所或教師需求進行問卷調查或專題研究，產出高品質的校務研究成果，進一步回饋落實至行政教學單位，以提供改善。

　　美國的德州奧斯丁大學的校務報告、研究及資訊系統中心（The Office of Institutional Reporting, Research, and Information Systems, IRRIS），即校務研究中心指出（https://reports.utexas.edu/mission）的任務包括：透過校務多元資料及其研究以提升德州奧斯丁大學學生、研究所教育、教師研究及公共服務，可以在州際間達到優異表現，並協助大學蒐集資料、實踐大學校務報告需求，提供描述統計、預測分析及動態訊息，以支持資料告知（data-informed）決策與學校在管理及計畫的政策形成。

　　喬治亞大學的校務研究中心（the Office of Institutional Research, OIR）核心的任務是蒐集、組織與分析校務及其他學校資料以支持校務管理、運作、決策及計畫的功能。他們的業務是：1.協調傳播校務資料；2.從調查資料來創造、分析及解釋管理資訊；3.蒐集有關其他大學表現；4.提供資料與資訊給行政當局，例如州及聯邦與認可團體；5.透過方案的評估及其他評鑑努力來改善教學及學習（https://oir.uga.edu/mission/）。

　　休斯頓計畫及政策分析中心（the Office of Planning and Policy Analysis），即校務研究中心有四個主要責任：1.官方大學報告（official university reporting）；2.機構研究與分析（institutional research and analyses）；3.資料的設計與維護（design and maintenance of databases）；4.比較資源材料的維持（maintenance of comparative resource materials）。這四項責任支持休斯頓大學的策略計畫功能及機構的經營效能。此外，休斯頓大學校務研究中心承擔了利害關係人及消費者對學校正確理解。因此，學校的IR提供學校教務長的支持，提供有意義訊息，IR蒐集、分析與轉換資料更有品質、精確及沒有偏差的綜合性事實。為了達成學校任務，校務研究中心提供內外部人民使用資訊，以作為計畫、政策形成與策略決定的參考。

(三) 專業組織的觀點

　　IR的任務還可以從IR專業組織來了解，美國的大學校務研究還要遵守1992年訂定（2001及2012年修訂）美國《校務研究協會的專業倫理及行為規範》（AIR, 2013）（Code of Ethics and Professional Practice of the Association for Institutional Research, CODE）。IR包括了能力（competence）、實務（practice）、信任（confidentiality）、與社群的關係（relationships to community），以及與校務研究中心的關係（relationships to craft），對於這些倫理信條的了解與實踐也是IR應具備的基本觀念。就能力來說，校務研究人員不管是在他們的課程或工作上，不應該宣稱或隱藏他們自己所擁有的能力。他們應該尋求適切機會來培養能力，並提供在這方面專業發展給其他領域的人員。就特定實務來說，校務研究人員應該客觀、沒有偏差與避免個人利益衝突。個人應該理解IR該做什麼任務及確保提供的所有資料要正確性。IR的報告應清楚、精簡與很好資料呈現。對於資料及資訊信心是校務研究人員重要任務。資料應該安全儲存及轉移，同時資料取得過程宜有標準流程。對於個人隱私應保障。第四及第五部分有關於社群關係及校務機制本身內部結構的關係。社群包括校務研究中心及學校各單位，而IR對所有人員應公平對待。校務研究中心辦公室及其功能應受到正規評估，同時所有資訊及報告宜安全、精確，並有適切報告。校務研究中心宜受到真誠專業責任的維護。校務研究人員在校務資料及實務有一個獨特觀點，而這些觀點可以與學校行政人員及這領域的同僚分享。

二、校務研究中心的運作方式

　　校務研究中心的運作方式對學校各部門之間的溝通協調很重要。Swing與Ross（2016）在校務研究新視野提出三種運作模式，說明如下：

(一) 集中模式

　　集中模式校務研究（centralized institutional research）主要是資料

取得與分析，提供給學校各單位，並建立校務中心自己的資料庫（data shops），所以它的運作方式是中心與其他各單位各自往來，並沒有網狀的溝通，而是單獨與各單位聯絡。目前美國大學校院的校務研究中心很多此類型。然而許多高等教育機構決策者已投入更多經費預算與資源，逐漸成為分散式的運作模式，來確保資料取得，以提供給學院、學系及各單位可以運用自己所建立的資料做決策。這讓各單位取得資料及獲得問卷調查資料更容易，如圖2-1。

圖2-1　集中模式的校務研究運作

(二) 聯邦網路模式

聯邦網路模式（federated network model）的運作，校務研究中心仍以資料分析最大宗。然而它受到外部環境的影響，其業務與能量逐漸增加。因為工作量增加，使得資源必須在整個校務研究中心重新分配。為了與內外部單位聯絡更順暢，所以成為與各單位網路式連結，校務中心可以與各單位連結獲得校內外部單位所要的資源，簡言之，它與各單位可以使用到組織全部的可能資源，具有雙向分享優點，如圖2-2。

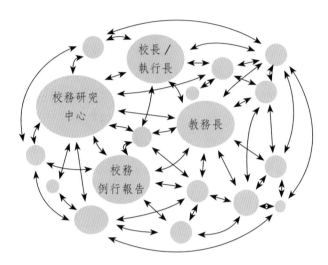

圖2-2　聯邦網路模式的校務研究運作

(三) 矩陣結構式

　　矩陣結構式（matrix structure model）是單位之間的溝通為網狀式，一個IR人員可與多個組運作，不是單一人執行業務。此模式的資料蒐集人員、商業智能（business intelligence）、品質確保及其他與資料技能都依業務需求，融入到不同組別之中，允許組別之間跨界線分享。校務中心各單位之間不受職位專業的影響，如圖2-3。領導者角色在統計分析、研究工具及技術等資源安排，讓不同組別可以分享經驗。例如對資料視覺化技巧、預測分析、調查發展及執行焦點團體有專業素養者，可以到其他部門引導這方面經驗。在這模式中，校務研究中心領導者需要不斷轉變校務研究觀念，從單一部門到整個校務研究中心所資源，並面對矩陣組織所面對的問題及其功能。在聯邦式組織及矩陣式組織，校務研究中心領導者需要如網路般複雜地進行組織運作思考，所以溝通技巧及經營策略相當重要。此時，校務中心主任在資訊管理及統計技術的重要性較低。校務研究中心主任變成新角色，目前許多美國大學屬這種中心。主任需要有多樣專業背景，包括校務研究的領導者，以及其他傳統校務研究所沒有的經驗，例如與外部的公共關係建立。

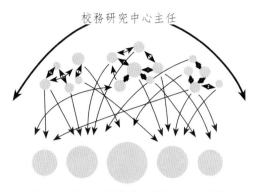

圖2-3　矩陣結構式的校務研究運作

三、校務研究中心部門分工

　　IR要能發揮功能，校務研究部門應該專業分工。劉孟奇（2016）指出，校務研究單位需要處理主題大致分爲評鑑、報告、決策支援、營運等幾個領域，以美國爲例，絕大多數校務研究單位首要任務在支援大學評鑑或專業學院認證所需的資料蒐集、管理與分析工作，這也是學校對外呈現績效責任基礎；大學需向外部單位，如政府部門、撥款單位、大學指南與排名出版商等報告數據，以使校務治理具備透明度；校務研究必須支援系所、院、校的決策，並及時回應校內單位的資料與分析需求。美國史丹佛大學的校務研究與決策支持中心（IR & DS）除了中心主任辦公室之外，區分爲決策支持服務組（Decision Support Services），它從學校行政系統中蒐集資料以協助回應消費者的複雜問題、校務研究組（Institutional Research）運用行政資料及可以獲得資源提供整合的分析，包括教學報告、各部門的資料分析，它也運用問卷調查來蒐集資料作分析。評估與方案評鑑組（Assessment and Program Evaluation）提供學術表現、方案效率及學生成果的及時準確報告，其研究領域包括評估大學生與研究生的學習表現、教學、課程與方案等（https://web.stanford.edu/dept/pres-provost/irds/about/mission.html）。基於上述，一個校務研究中心應有以下的部門分工：

(一) 校務研究中心主任室

校務研究中心是影響校務研究推動的重要因素。有校務研究中心的成立需要有一個領導者，才能引導中心規劃任務及目標。美國在2008年的調查，有84%的校務研究中心在校長室、學術及研究發展部之中（Volkwein, Liu, & Woodell, 2012）。

(二) 校務資料組

它包括校務研究資料庫的建置，資料蒐集、資料清理、資料倉儲，因此需要校務資料中心建立數據分析平臺。數據平臺應包括：1.將學校內部及外部的各種資料擷取（extract）、轉換（transform）、載入（load）；2.將大量資料置於資料倉儲（data warehouse）中；3.研究者提取資料做各種統計分析、視覺化分析或探勘研究，上述過程都需精密的軟體，所以需要數位資訊人力及資料建置人員。

(三) 專業人力組

它包括資料建置、資料蒐集、電腦數位科技人力、統計分析，以及撰寫校務研究的專業報告及口頭報告的人力。資料及數位人力已在上述的中心編制，而統計分析及專業報告人力就需要在此中心編列。

(四) 行政管理組

它是對於校務中心的人力配置及管理，也包括校務研究的年度進度管控、中心預算分配、校內外的溝通聯繫、教育訓練的安排，甚至內外部人士要取得校務資料的安全管理，以及對外標竿學校及與政府聯絡的管理等。

此外，除了上述的研究中心專業分工之外，依據學校的分析及特定需求可以增設校內外諮詢委員，透過校內外的專家學者對於校務研究結果提供建言，來改善決策機制。

四、IR支持教務長與學術副校長

　　自1990年代之後，美國的大學校院面臨了來自外部對於學校期待，建立大學表現指標作為績效責任依據。因而傳統的大學教務長（provost）與學術副校長（academic vice president）角色產生變化。傳統上，他們的任務集中在支持及提升學校的學術發展，尤其在教師教學與學生學習方面。然而現今大學強調排名、學生入學分數高低、接受政府補助多寡、績效責任、大學競爭力等。在此種改變下，IR辦公室提供教務長與學術副校長的校務研究報告與支持上，就會強調學生學習評估、提供大學認可訊息支持、規劃新的學術方案、對畢業生問卷調查、分析教師的學術生產力，以及分析教師分配給學生的學習資源等。

　　此時，IR人員提供給教務長與學術副校長的資訊是多元觀點與相當複雜的連結。在校務議題與環境複雜性之下，教務長與學術副校長需要面對複雜情境，來理解及規劃學校的計畫方案。他們就需要用多元角度及綜合觀點來判斷，而不是單一觀點來處理校務。所以IR僅提供資料是不足夠，IR專業人員應發展出，可以從很複雜資訊，分析及歸納出簡捷又有意義與價值的資訊，了解什麼樣資訊可以在複雜情境可以派上用場。同時IR人員也可以產生細緻的資料分析，所獲得的結果提供給教務長或學術副校長了解。這也是Terenzini（1993）所指的議題智能及脈絡智能。例如已有資料顯示學校畢業率下滑，有效率的IR人員應盡快查明相關因素，包括入學學生的家境所得狀況、學校政策是否改變、可以學習的課程是否轉變或學雜費無法負擔等。IR的工作就在於了解大學所面臨的是普遍式議題，而教務長所要面對的是特定的議題，因此IR人員就應將此議題所需要的資料，提供給教務長或學術副校長。IR人員參與學校重要會議時，將所要分析的議題及議程做優先順序排列。

　　Posey與Pitter（2012）就建議IR中心主任應該與教務長或學術副校長建立為一個具有生產力的關係，而IR人員的做法如下：1.IR人員在校園應透過資料蒐集與分析、會議及個人在學術單位的接觸，成為一個博學者。所以IR人員應了解目前高等教育的重要議題。例如學校要強

化教師的研究能量，此時最有效率可以達到目標的導入資源策略何在呢？2.IR不僅應提供資訊而已，還要將資訊做深入分析，獲得有意義及價值的資訊。IR人員在思考議題要運用多元觀點，不可以以管窺天。例如學校經發現，學生保留率從上學期到下學期嚴重下降，IR人員應找出可能的重要理由，並尋找要運用何種方案來避免此情形在下學期發生呢？3.擁有資料就像笑話一樣，時間才是一切。如果教務長與學術副校長需要今天很緊急要有資訊做重要決策，沒有資料無法決策，更無法拖延到其他日期才決策。教務長通常無法控制外在的需求、威脅或機會的時間性，因為他們必須盡快採取行動或回應才可以。4.IR人員不管研究報告性質及內容，盡可能在一頁呈現完畢。報告的內容要整合口頭、紙本及視覺化內容最有影響性。若能運用活潑又清晰的圖表會更有效率。最重要的資訊應放在最前面或最後面。而在報告最後應該是明顯。簡言之，提供及時又精選的資訊給教務長或學術副校長相當關鍵。

五、校務研究中心的自我研究

　　校務研究中心需要對於中心本身做自我研究（self-study）以檢核本身的功能及相關的效能是否完成。Gerek（2007）指出，校務研究中心應該3-5年就自我檢核一次，中心主任或行政主管擔負起審核及IR自我檢討的責任，最好能在一個月內就做好此檢核工作。檢核的項目如下：

(一) 校務研究中心的使命

　　校務研究中心應明確的列出任務說明
　　校務研究中心的任務要與學校一致
　　校務研究中心是校務研究最好實務一致
　　校務研究中心應與內外部人員溝通
　　校務研究中心應定期檢視及更新需求

(二) 校務研究中心的資源 —— 人力配置

不同層次的人員應滿足任務的需求

人力的專業能力必須要可以完成校務研究

人力應該跨層次部門的訓練

應該提供專業發展的機會給所有人員

公平分配任務

明確的工作描述及正規人員評鑑

人員應該有時間反省及有能力做前瞻規劃

有效率的與行政部門及學術單位有良好關係

(三) 校務研究中心的資源 —— 其他

適當的軟硬體提供支持校務研究中心的功能

適當的預算需求滿足校務研究需求

可以獲得協助需求，如方案、網路設計、統計及研究方法訓練，以及文件報告

(四) 校務研究中心的工作流程

校務研究中心在執行任務的流程

接受任務、分派任務及極端任務的流程

運用任務需求的日誌、日曆，或追蹤系統來管控進度完成情形

例行性報告的自主性

(五) 校務研究中心的資訊接受與取得

接受現有／轉換的資料

接受建置的、已建立或倉儲的資料

資料目錄及其他文件的可取得性

確保資料信度的過程

(六) 報告及其他產品的分配

在分配之前證實歷程的精確性

報告及其他展品分配的歷程

在校務研究網頁可以取得訊息

支持歷程及資料檔案與報告的安全

(七) 評估

獲得消費者回饋的歷程

正規內部活動評估的歷程

機會認定以提升或與完成時間表更效率性

六、校務研究報告

(一) 校務研究報告的類型

校務研究需要對校內及校外做分析報告，讓學校領導者及消費者與相關政府單位了解學校發展情形。研究報告依其學校在不同目的與需求，而有不同類型。Bers與Seybert（1999）指出，校務研究報告類型分為問卷調查結果或主要方案報告（survey or major projects reports）、預測報告（projections reports）、認可報告（accreditation reports）、自我研究報告（self-studies reports）、方案檢核及評估報告（program review and evaluation reports）、簡要報告（factbooks reports）、計畫報告（planning reports）、技術報告（technical reports）、財務報告（financial reports）、同儕比較報告（peer group comparisons reports）、提升的資料報告（promotional materials reports），甚至還有績效責任報告。校務研究報告大致有以下類型：

1. 正規完整報告

它包括所有的文件提供完整的描述為何要進行此一校務研究議題，包括研究目的、採用的研究方法、主要研究發現及在校務上的應用。此種報告通常會有一個執行摘要報告在其中。

2. 報告備忘錄

它的焦點集中一個較小的主題，通常它是為某一群消費群所進行的特定報告。它不需要說明太多的研究方法及資料蒐集過程，主要將校務研究成果做重點式的說明即可，讓消費者了解學校的發展概況。

3. 主標題報告

它是整體校務研究報告的數據文摘或廣告小冊子（fact book or brochure）或報告的一部分，摘要校務研究報告的主要發現，運用一個很簡短文件對學校高層管理者報告，以提供給副校長或校長來了解；或是報告摘要成廣告小冊子提供給學生、家長及相關顧客了解，它是行動導向特性者。換句話說，它也不需要有深入的研究方法、研究設計，或很多的文獻評閱。

4. 網路報告及視覺分析報告

它是一種在電腦網路上動態性的圖表呈現，它有一系列的選單可以讓使用者可以操作資料來呈現所要的圖表。它是在電腦螢幕上直接依據校務研究議題，將資料庫的資料依據所要報告的內容，或依據聽眾的需求，及時的將資料串連，點選電腦介面的功能鍵，做及時的報告。它也不需要太多文獻評閱、研究設計及統計方法（其實統計方法已內設在視覺化軟體之中）。

5. 儀表板（dashboards）報告

它是透過視覺化的電腦軟體，將校務研究所要呈現的簡報及圖表，很容易的操作，就可以將所要呈現的圖表給聽者。例如蘋果公司Mac OS X v10.4 Tiger作業系統的應用程式，讓使用者很容易操作就可以將所要呈現的資料及圖表，它適用於需要大型資料的彙集與管制。校務研究者對於軟體的操作需要熟稔，可以隨時依據研究議題，串連及點選所需要資料庫及變項，就可以在電腦螢幕上做互動式的及時報告。

6. 簡報式報告

它運用簡報格式所呈現的內容，透過口頭或視覺來傳達校務研究報告內容，它不是長篇型的研究報告，所以不必說明很多的文獻及理論，也不用說明太多的研究方法，重點在於指出校務研究問題及研究發

現與在學校如何實務的應用。

(二) 有效率的校務研究報告

　　校務研究完成之後就是要發展出可以提供的報告。報告所呈現的資訊是可以理解、有意義的，以及可以很快速的掌握報告內容。校務研究者所要提供報告的對象是誰很重要。校務研究團隊的人員、學校決策者、教職員、專家、大眾、家長、學生、產業、政府官員，還是社會多元聽眾。聽眾類型不同，在報告的準備就有不同。因此校務研究人員要決定消費者、目的及聽眾類型來決定報告；會因為這些因素，在決定資料及採用訊息類型就很慎重，甚至會因為這些因素決定要蒐集的資料、選擇報告格式類型（口頭或書面）、也會影響其報告深度（是要以調查資料細節說明，還是僅有事實性的報告）。Fraenkel與Wallen（2003）認為，研究報告宜用數字及文字摘要主要發現，對於統計顯著性不一定對決策者在實務上有用、適當運用圖表於報告中、提供對統計數字有意義的描述與說明，或該數字有何意義及價值，同時應考量問題與結論應對應的格式。往往對外部消費者的報告僅僅3-5頁A4紙張大小就說明清楚。

　　Bers和Seybert（1999）指出，報告應掌握幾項重點：

1. 我的聽眾需要（need）知道什麼？

2. 我的聽眾想要（want）知道什麼？

3. 我想要告知我的聽眾什麼訊息呢？

4. 什麼決定將會以我的報告為依據呢？（What decisions will or might they make based on this report?）

5. 有沒有其他的聽眾是聽我這份報告者傳達出去的呢？

6. 有誰有興趣想要拿到我的報告文件，想要進一步了解的呢？（Who else might be interested and will they have access to relevant documents?）

　　Bers和Seybert（1999）認為校務研究報告要有效率呈現如下：報告型式包括紙本報告（the written report）、圖表呈現（將數字與文字用有組織或有系統的方式，或是運用視覺化的型式來呈現），以及口

頭表達報告。他們認爲在報告內容應該注意：(1)報告歷程（the report-ing process）；(2)消費者與聽眾（the client and audience）；(3)報告型式、報告目的及報告成分（types of reports, purposes of reports, and report components）；(4)溝通及有意義及設計原則（communication and meaning and design principles）；(5)視覺化呈現成分（elements of visual presentations─graphic, fonts, white space, color, pattern）；(6)圖表（tables and charts）在呈現於電腦的報告或文件式報告應注意原則；(7)視覺化呈現模式：包括投影片、電腦螢幕及網路等（visual presentation modes─transparencies, slides, computer screens, and the Web）以及(8)口頭報告（oral reports）應注意事項。他們認爲，報告有五項特定的目的，1.提供學校及其議題的歷史脈絡；2.支持目前的計畫及討論決定；3.建立良好的意志或把學校的亮點指出來；4.溝通訊息；5.滿足外在報告的需求。因此需要確保您的訊息充足、了解您的聽眾、告知聽眾重要的訊息、練習有效率的報告寫作技巧。在報告的內容應注意幾個重要成分，包括要有意義的標題、執行研究摘要、表次、引言及目的、方法學、發現、摘要（結論、應用及推薦應用）、參考文獻、進一步可參考資料、附錄。表格需要註解要清楚說明；若是圖表在呈現應該完整設計與有意義、清楚、數字精確、不管內容多少都要有效率、簡要與眞實、了解聽眾的背景需要提供此背景知識或概念者不應省略、傳達訊息時應掌握聽眾的注意力；同時若要時間趨勢資料，應該在各線條的意義要有圖例說明，若是涉及比例圖，其縱橫向比例以黃金切割，不可以誤導聽眾。IR人員在報告時不要說細節，而應掌握主題及重點、運用電腦軟體讓圖表讓視覺效果更好、掌握時間、態度從容、口語表達流暢、不要焦慮、有信心與讓聽眾感受到您的自信及對您所提供的資料與證據有信任感，並隨時掌握聽眾的提問及適切的回應。

貳、參與校務研究的專業協會

要了解IR，可以從專業協會的運作及內涵來掌握。因爲IR由美國的大學所產生，後來更有專業協會成立，後來全球各地陸續有類似團體成立。說明如下：

一、美國校務研究協會

美國校務研究協會（Association for Institutional Research, AIR）在1965年成立於密西根州。AIR是一個非營利組織，支持美國的高等教育專業人員蒐集、分析、解釋與資料的溝通，並策略性使用資訊，以有效率的做決策及計畫（Reichard, 2012）。AIR提供資源、創新實務與專業發展機會，給會員的成員及高等教育社群，包括來自於高等教育的校務研究、效率、評估、計畫及相關計畫的人員。AIR每年都有年會，參與討論IR議題相當踴躍。它提供專業課程培訓IR人員，其中資料及決定學術課程（The Data and Decisions Academy）就是一系列在電腦線上的學習，以自我步調課程設計方式，提供給IR的專業人員進修，大約七週學習25小時，參與者可以完成整體課程，並獲得在IR認證的基本能力。它的課程包括提供決策的基礎統計課程（foundational statistics for decision support）、資料管理（foundations of data management）、校務研究設計（designing IR research）、調查研究設計（survey design）、學習成果（learning outcomes）、校務研究的縱貫追蹤研究（longitudinal tracking for IR）、透過資料的分析來了解學生成功（student success through the lens of data）。在課程中有校務研究的楷模（mentors），類似小老師，隨時提供個別化的學習引導與回饋，讓學習更有效率（https://www.airweb.org/EducationAndEvents/OnlineLearning/Academy/Pages/default.aspx）。

二、歐洲校務研究協會

歐洲高等教育社群（The European Higher Education Society）是一個獨立的國際協會，提供高等教育研究者、開業者（practitioners）、學生、經理者及政策決定者的社群。後來有一群專家及專業人士有興趣於高等教育的研究、政策及實務，把它改名為歐洲校務研究協會（European Association for Institutional Research, EAIR），並成立於1979年。EAIR以美國校務研究協會（AIR）為基礎的歐洲版本的校務研究協會。它擴充範圍到各階層的政策——校務、國家及國際的政策研究。1989年EAIR成為一個獨立會員的組織。雖然一開始它以校務研

究為主，後來EAIR正式加入歐洲高等教育社群（The European Higher Education Society）名稱，並連結了研究與政策及實務之探討。這反應EAIR跨界於各類型活動。目前EAIR有400個會員來自於50個國家，包括非洲、南美洲、亞洲及澳洲。EAIR的祕書處設在荷蘭的阿姆斯特丹。（取自http://www.eairweb.org/who-we-are/）

三、加拿大校務研究與計畫協會

　　加拿大校務研究與計畫協會（Canadian Institutional Research and Planning Association, CIRPA）始於1989年的加拿大西部一場會議討論，後來加拿大幾個區域派代表成立了加拿大的委員會。1994年正式成立CIRPA。它主要在提升加拿大各大學及高等教育校務研究及計畫實務，每年召開一次會議。二十多年來，CIRPA成長快速，約有230位專業人員為會員，大約85%成員來自後中等教育部門，其餘15%是受僱用於政府及私人產業（https://cirpa-acpri.ca/about/objectives-mission）。

四、其他區域

　　IR在美國大學校園相當受肯定，各大學設立校務研究中心。除了美國之外，全球各地也興起校務研究之風。澳洲校務研究協會（Australasian Association for Institutional Research, AAIR）於1988年成立，並於1991年發行校務研究期刊（Journal of Institutional Research）；南部非洲校務研究協會（Southern African Association for Institutional Research）於1994年成立、高等教育研究與政策網路（Higher Education Research and Policy Network）於2000年成立、東南亞校務研究協會（South East Asian Association for Institutional Research, SEAAIR）於2001年成立（Reichard, 2012）。周華琪（2017）指出，1971年泰國朱拉隆功大學IR單位（IR unit at Chullongkron University）、日本東京大學於1993年的IR辦公室（IR office at the University of Tokyo）、中國大陸於2000年華中科技大學IR單位、韓國成均館大學於2010年成立機構效能中心（Center for Institutional Effectiveness at Sungkyunkwan University）、泰國於2000年成立校務研究與高等教育發展協會（Asso-

ciation of Institutional Research and Higher Education Development）、
中國大陸校務研究協會於2003年成立、臺灣校務研究專業協會則於
2016年成立。上述的協會成立對於校務研究提供很多的支持。

問題與討論

　　美國的大學校院的網頁通常會將校務研究中心放置在其中，請上網
找尋兩所大學的校務研究中心，並深入了解其網頁所呈現有關校務研究
中心的內容，再將所發現整理出來，與大家分享他們在任務、目標、編
制、研究成果及圖表呈現等。

參考文獻

一、中文部分

李紋霞、符碧真（2017）。全球視野在地化的校務研究：以國立臺灣大學的經驗為
　　例。**教育科學研究**，**62**(4)，1-25。

林靜慧、簡瑋成、許政行（2015）。美國印第安那大學校務研究辦公室運作案例分
　　享。**評鑑雙月刊**，**58**，26-29。

唐慧慈、郭玟杏（2017）。臺灣經驗：校務研究及對大學校院發展之影響。**評鑑雙月
　　刊**，**65**，24-26。

常桐善（2014）。**校務研究的內涵、核心內容以及實施環境**。發表於教育部103學年
　　度校務研究辦公室建置與運作實務研討會。研討會地點：高雄大學。

教育部（2015）。**教育部補助大學提升校務專業管理能力計畫審查作業要點**。取自
　　http://ir.ord.ncku.edu.tw/ezfiles/387/1387/img/2316/857695165.pdf

彭森明（2013）。**高等教育校務研究的理念與應用**。臺北市：高等教育。

曾元顯（2014）。自動化資訊組織與主題分析近二十年來的研究與發展。**教育資料與
　　圖書館學**，**51**(5)，3-26。

曾元顯（2016）。校務研究資料庫的建構與分析應用。**當代教育研究**，**24**(1)，107-
　　134。

劉孟奇（2016）。以校務研究為校務決策之本。評鑑雙月刊，**60**，10-12。

二、英文部分

Association for Institutional Research. (2013). *Code of ethics and professional practice (CODE)*. Retrieved from http://admin.airweb.org/Membership/Pages/CodeOfEthics.aspx

Bers, T. H., & Seybert, J. A. (1999). *Effective reporting. Resources in institutional research 12.* Talahassee, FL: Association for Institutional Research.

Brumbaugh, A. J. (1960). *Research designed to improve institutions of higher learning.* Washington, DC: American Council on Education.

Chan, S. S. (1993). Changing roles of institutional research in strategic management. *Research in Higher Education, 34*(5), 533-549.

Delaney, A. M. (1997). The role of institutional research in higher education: Enabling researchers to meet new challenges. *Research in Higher Education, 38*(1), 1-16.

Dressel, P. L. (1981). The shaping of institutional research and planning. *Research in Higher Education, 14*(3), 229-258.

Eimers, M. T., Ko, J. W., & Gardner, D. (2012). Practicing institutional research. In R. D. Howard, G. W. McLaughlin, W. E. Knight, & Associates. (Eds.), *The handbook of institutional research* (pp. 40-56). San Francisco, CA: Jossey-Bass.

Fraenkel, J. R. & Wallen, N. W. (2003). *How to design and evaluate research in education* (5th ed.). New York, NY: McGraw-Hill.

Gerek, M. L. (2007). *Appendix I, Institutional research activities inventory. IR Activities. IR Applications, vol. 12.* Tallahassee, FL: Association for Institutional Research.

Howard, R. D., McLaughlin, G. W., & Knight, W. E. (Eds.). (2012). *The handbook of institutional research.* San Francisco, CA: Jossey-Bass.

Knight, W. E., Moore, M. E., & Coperthwaite, C. A. (1997). Institutional research: Knowledge, skills, and perceptions of effectiveness. *Research in Higher Education, 38*(4), 419-433.

Posey, J., & Pitter, G. (2012). Supporting the provost and academic vice president. In R. D.

Howard, G. W. McLaughlin, W. E. Knight, & Associates. (Eds.), *The handbook of institutional research* (pp.145-164). San Francisco, CA: Jossey-Bass.

Reichard, D. (2012). The history of institutional research. In R. D. Howard, G. W. McLaughlin, W. E. Knight, & Associates. (Eds.), *The handbook of institutional research* (pp.3-21). San Francisco, CA: Jossey-Bass.

Sanders, L., & Filkins, J. (2012). Effective reporting. In R. D. Howard, G. W. McLaughlin, W. E. Knight, & Associates. (Eds.), *The handbook of institutional research* (pp.594-610). San Francisco, CA: Jossey-Bass.

Schein, E. H. (1996). Three cultures of management: The key to organizational learning. *Sloan Management Review, 38(*1), 9-20.

Serban, A. M. (2002). Knowledge management: The "fifth face" of institutional research. *New Directions for Institutional Research, 113*, 105-112.

Suskie, L. A. (1996). *Questionnaire survey research: What works* (2nd ed.). Tallahassee, FL: Association for Institutional Research.

Swing, R. L., & Ross, L. E. (2016). A new vision for institutional research. *Change, 48*(2), 6-13.

Terenzini, P. T. (1993). On the nature of institutional research and the knowledge and skills it requires. *Research in Higher Education, 34*(1), 1-10.

Terenzini, P. T. (2013). On the nature of institutional research revisited: *Plus ça change? Research in Higher Education, 54*(2), 137-148.

Upcraft, M. L. & Schuh, J. H. (1996). *Assessment in student affairs: A guide for practitoners*. San Francisco, CA: Jossey-Bass.

Volkwein, J. F. (1999). The four faces of institutional research. *New Directions for Institutional Research, 104*, 9-19.

Volkwein, J. F., Liu, Y., & Woodell, J. (2012). The structure and functions of institutional research offices. In R. D. Howard, G. W. McLaughlin, W. E. Knight., & Associates. (Eds). (2012), *The handbook of institutional research* (pp.22-39). San Francisco, CA: Jossey-Bass.

第三章

校務研究的模式與理論

第一節　校務研究的模式思維

壹、校務診斷的模式

　　IR的目的之一在診斷學校發展的問題。透過學校本身發展的資料，例如學生學習、教師教學、學生出缺席、學生學習動機、學生選課偏好、弱勢子女的學習狀況，乃至於學校資源投入狀況，教師的研究與教學負擔和薪資之關係、學校空間管理、學校發展成果等，深入分析以了解及診斷學校發展問題。此種觀點就是校務研究的診斷模式。要能診斷出學校發展問題，並不是短時間就可以從片面的資料獲得結果，它需要透過長時間的資料蒐集與建置，透過數據及資料來發現問題所在，同時也需要多方面及多觀點的了解，而不是單一層面或單一研究就可以診斷出學校的發展問題。若以教育評鑑的CIPP模式來說明校務研究內涵相當適切。CIPP評鑑模式由美國教育行政學者Stufflebeam（1968）所建構。CIPP模式分為背景評鑑（context evaluation）、輸入評鑑（input evaluation）、過程評鑑（process evaluation）、成果評鑑（product evaluation），如圖3-1。

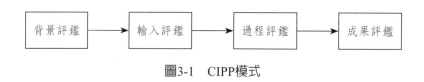

圖3-1　CIPP模式

　　若將CIPP模式運用在IR，IR要先了解學校發展背景，也就是學校的歷史、治理情形、過去整體（或各系）學生人數成長、學生學習表現、教職員人力配置、教師研究能量、各年度教育經費使用、教育資源使用情形、以及學校所在的地理環境特性等脈絡環境。這些背景資料的蒐集及建立相當的重要，因為沒有歷史脈絡的資料，IR所分析的結果無法聯結學校發展所需。接著要了解學校近年來從外部及學校內部所獲得的資源投入於學校經營的情形，也就是學校的輸入狀況。這可以從校

外的產業界、社區及基金會補助，政府對學校投入的資源，以及學生的學雜費收入等財務資料進行資料建立與分析。接續就要了解學校成員在學校互動或其在學校的績效責任與問題，這些人員包括學生、老師、教職員，甚至社區及產業人士，他們與學校互動情形、學生對學校滿意度、教師對學校滿意度、資源分配情形及對整體環境的了解，這是一種歷程關係。最後爲學校產出（output），並將這些產出轉化爲成果（outcome），也就是學校發展的結果、價值及貢獻，包括學生的畢業率、就業率、就業流向、教師的研究發表、教學負擔、對社會服務狀況及學校對產學及國家的貢獻。IR從這個歷程中的學校實質資料，包括現有文件、過去所累積及透過問卷調查所獲得及建置的資料庫，透過嚴謹的分析，來診斷及了解學校在每個歷程之發展問題。

貳、上下及下上模式

　　校務研究可以執行的模式，若依研究人員發起的根源，可以分爲由上而下（top-down）及由下而上（bottom-up）模式。這兩種模式都有其優劣。

一、由上而下模式

　　由上而下模式是指校務研究的議題產生是由學校高層，例如校長、校務會議決議要提出哪些校務研究議題、學校董事會議或董事長的期待與要求研究的議題，因而要求校務研究單位進行他們所期待的議題。透過由上述人員提出具體校務研究議題及訴求，透過校務研究中心進行議題探究。還有一種方式是學校高層透過議題徵求的方式，讓學校各單位或教職員提出議題，高層透過委員會討論之後，確定校務研究議題，再交給校務研究中心研究。校務研究中心在接受到具體問題之後，依據研究問題與目的的需求從學校已建置的資料庫抓取資料，運用統計深入分析獲得結論，最後再將這些研究結果，於適合時機，例如校務會議或董事會議中提出報告，以作爲決策參考。在這模式之中，可能因爲學校上級要求改善，因而透過專責校務研究中心，專責專人進行校務研究。由上而下的模式代表學校上層重視校務研究及其問題的重要性及必要

性，因此學校上層才會要求建立研究機制從事校務研究。在此種模式之下，所分析的議題較受重視，需要提供的研究成果也比較詳細與豐富。

二、由下而上模式

　　由下而上模式是由學校教師與行政單位及人員為了學校永續發展所進行的校務研究。學校老師可能為了解決教學問題，提高學生學習成效，因而透過自我研究的方式，蒐集學生資料或向校務研究中心索取資料，進行分析獲得結論，改善教學問題。這種模式具有個殊性、草根性與自主性，它是由學校基層人員所發起的校務研究。因為是自發性及主動性的進行校務研究，所以對於整體的學校發展貢獻較小，相對的，對於教師及行政人員的工作助益較大。它是自發性研究，老師與職員發現學校發展問題，在自我要求下的自我研究，類似於教職員工對於學校發展問題產生的行動研究，因為是自主性與在工作場域所發生的問題，可能問題解決了，研究即完成，較無法在校務議題上永續探究。然而由下而上的議題及研究方式也有一種方式的轉變，就是由學校校務中心受到學校高層的交辦，學校並給資源及誘因，請各單位及教職員工提出研究計畫案，經過委員審查通過之後，即給與相關的資源進行研究。這種類似向各單位call for papers方式，各單位依據其需求，由下而上的提出議題，在執行完成之後，校方再舉辦成果發表會，這種方式在現在大學是相當可行的。

參、PDCA模式

　　計畫、執行、檢核及改善（Plan, Do, Check, Act, PDCA）模式由戴蒙（W. E. Deming, 1900.10-1993.12）所提出。Deming（1975）認為，組織是一個有機體，具有生生不息，就如同個體一樣可以新陳代謝，也像一個滾輪一樣不斷地轉動，在轉動過程中需要不斷地改善滾輪的磨擦問題，才可以永續轉動。這種每一次的滾動一圈就有一圈的價值，就如同個體學習一樣，只要願意跨出一步的投入學習，就有一步的學習價值，而不會停滯不前，並無所獲。在計畫、執行、檢核及改善的

步驟，如圖3-2，其意義說明如下（Deming, 1975, 1986）：

一、計畫

　　組織需要訂定嚴謹的計畫組織未來要發展的方向。組織計畫應該分析組織的現狀，已經做了哪些成果，還有哪些尚未完成，找出組織執行任務時的重要問題，接著試著對於重要問題的相關因素深入分析，最後預擬出因應措施或策略；並規劃要達到下一個目標，應需要多少人力與資源及時間，甚至要運用哪些工具及方法，這些方法及工具可以有效達成嗎？簡單說，此階段要對組織做一個整體體檢，找出與診斷出組織的重要問題，以及初步試著找出可行的方法。

二、執行

　　此階段依計畫提出的因應策略澈底的執行。在執行過程相當複雜，會受到組織內外部的因素影響，而讓執行成效受到影響，所以要透過建立的各種指標（質化及量化指標）來了解執行成效。執行過程需要進度管控需要有進度管制表，對各項執行策略都需要有時間進度、人力管制與反省檢討。計畫評核術（Program Evaluation and Review Techniques, PERT）是一種規劃與控制計畫進度的方法，用來評核計畫成功機率的技術。

三、檢核

　　計畫執行到最後所產生的結果，針對成果與計畫在一開始所建立的目標進行檢核評估，以了解在此過程中執行成功情形、所遇到的困難及所衍生的問題等。檢核需要有明確標準及具體的項目，透過執行結果與事先訂定的標準深入的比較及考核。

四、改善

　　它是針對結果與目標的差距提出具體的改善策略。如果檢核內容已經達成者，就其執行的內容，經過嚴謹的確認之後，就予以標準化，成

為檔案或標竿的參考；如果檢核內容無法達成者，就應該找出主因，並做初步分析，以了解其成因，當這些成因都具體掌握，則將分析內容帶入下一個循環的計畫之中。

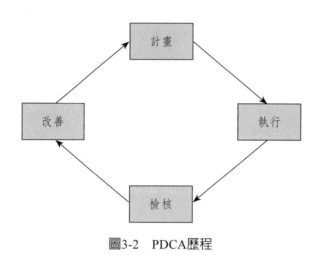

圖3-2　PDCA歷程

就IR來說，將計畫、執行、檢核及改善的循環歷程應用在IR很適切。IR除了學校上級交代的重要校務發展議題之外，常設的校務研究中心需要持續觀察學校發展的各項問題，持續的運用資料對於校務問題持續的研究，提供教師教學及研究與學校決策發展，以符應學校、社會、產業及國家需求。尤其大學績效責任評估項目多元，例如學生畢業率、雇主對於畢業生的評價、學校課程、環境、空間與師資符合學習者需要程度。IR在研究時，P階段要認定校務問題與界定校務問題，有明確及有意義的校務研究問題，才可以好的研究發現；而D階段要蒐集資料與建立研究架構，IR在此階段不僅透過問卷蒐集學生的學習的各種資料，以確保學生學習品質，也透過學校建立的資料庫來深入分析；在C階段為認定校務研究內容及建立校務的研究方案，投入人力及時間深入研究；在A階段為評估方案及持續改善方案，提供決策的方案或實施的策略方案在執行之後所進行的評估及檢核。校務研究者透過對於任何一個研究問題的計畫、執行、檢核及改善之循環，就是一個最好PDCA的註解了。

肆、RDDA模式

　　IR就在體現R-D-D-A模式，也就是IR透過研究（research）、發展（development）、傳播（diffusion）、採用（adoption）步驟來進行組織變革與創新。IR以學校資料為基礎，透過對於師生及學校財務資料分析學校發展狀況，接著提供報告及建議給各單位，作為教學、研究、系務、院務、校務的決策參考。學校經營者若信任IR所提出的策略方案可行，就可以傳播於校園內，並採用相關的建議於系務、院務、校務發展參考。

　　R-D-D-A模式的精神在於，組織在時間變遷之下，受到環境的影響，組織勢必產生各種問題。組織面臨了發展問題，不得不變革以因應生存需求，所以組織變革就是調適組織的方法之一。組織變革的基礎在找出組織的根本問題，從具體的問題，蒐集資料、分析資料，獲得結果，來尋求合理的解決策略。問題的解決方式可以透過權威的經驗、個人經驗、主觀臆測與科學探究，這四項解決方式的適用性各有優劣。然而科學研究是較為客觀、有系統、可驗證，以資料與證據為導向，所以組織在提出變革處方與策略由此方向探究較為可行。IR就是以證據為本的科學探究。

　　R-D-D-A模式的第一個步驟是研究，研究是針對明確的問題，文獻的評閱與思維，提出合理的研究假設，透過資料蒐集來檢視現況資料與假設之關係，最後再獲得結論，並提出具體的建議與處方。換言之，此模式以實證研究為導向，也就是理性策略發展的模式。以IR來說，就需要從資料探勘或資料採礦（data mining），從校務資料庫中獲得學校、學院及學系的各種學生及老師教學資料，接著進行統計分析。第二步驟是將研究獲得的成果，轉化與發展出個人或組織可以接受變革的處方或策略方案。若在IR上，就是將結果符應學校內部需求（inside needs）應用在教師的研究與教學、學系、學院與校務的決策、報告給消費者了解及作為後續發展參考。第三個步驟是將具體可行的方案或策略有效的傳播，也就是將IR所提出的變革方案，傳達給組織中的成員，讓他們了解變革的內涵及方式。IR的成果做外部比較（outside comparison），包括作爲參照依據、排名參考及參與學術會議討論等。第四個步驟爲採用，組織變革需要最好的方案及策略，在相關評估之後，採行最適合於組織發展的方案及計畫。如以IR來說，將學校的海量數據分析之後，提出幾項方案，最後供校方在決策參考。

R-D-D-A模式之觀念應用在校務研究方面，例如學校在了解教師薪資水平及工作負荷情形時，校務研究中心可以先提出具體的研究問題，接著針對學校內的教師之歷年來薪資與所教授及兼任行政工作等資料，從統計資料的分析來了解兩者之間關係。研究過程中，邀請相關領域的學者參與，提出具體的結論，並提出合理改善薪資的方式（除了基本規範教學時數與獲得學生適當評價之外，如增加每一篇SSCI期刊文章刊載就增加其薪資或減少教學一小時的試驗，若獲得很好的成效，即正式實施，之後學校在薪資報酬就以此辦理，期間若須經修正調整，則再行檢討，若針對此報告，學校領導者認定可行則全面實施。R-D-D-A模式的優點在於它是透過研究，使組織變革更爲具體與客觀，同時在傳播與採用過程快速，很容易讓新理念傳遞。

伍、大學追求卓越模式

有許多競爭模式或教育哲學觀應用於追求高等教育機構在追求卓越上。這對於高等教育在進行校務研究也有啓發參考作用。比較常見有以下三個模式（Burke & Minassians, 2003; Burke & Serban, 1998; Volkwein, 2007）：

一、資源聲望模式

資源聲望模式（resource/reputation model）由Astin（1985）所提出來，該模式認爲，高等教育機構品質可以顯示學校聲望排名，包括在國家資源、教師文憑、學生考試分數、外部補助經費及專家排名。在此模式下，教師有時與大學認可結合，因而有更多資源可以支持教育效率與加速高等教育機構的立足。

二、消費者中心模式

消費者中心模式（client-centered model）關注於消費者偏好。許多家長、學生及學生事務的工作者喜歡消費者中心模式。它起源於品質管理，這種市場導向，消費者中心模式強調對於所有可能對學生服務、對教師的能力與關注、對學生及大一生滿意度了解，以及低學費與高援助等。Seymour（1992）把此模式納入他的作品《品質關注：高等教育品質的原因》（*On Q: Causing Quality in Higher Education*）。在此模式下，高等教育機構最有效率是提供消費者滿足。

三、策略投資模式

策略投資模式（strategic investment model）常運用於市民與政府自投資效益的情形。策略投資模式強調投資收益（return on investment）的重要性、成本效益分析、結果導向與生產力測量，包括入學人數、畢業率、時間與學位取得率（time-to-degree rates）與每生單位成本（Burke & Minassians, 2003; Volkwein, 2007）。在此模式之下，政府及高等教育委託單位（如董事會）會依其營收來評估每一項新的執行方案（Ewell, 2005）。

上述的經營模式對於IR的應用來說，IR應該隨時透過資料分析來掌握學校在大學的國際或國內排名，同時也應了解消費者對於所服務大學的滿意度及支持度，尤其應透過學校資料固定時間的提出消費者對學校滿意度及品質報告；此外，IR人員更應從學校的財務及預算分析學校的投資效益，以及運用學校資料庫來分析各類科學生的教育投資報酬率。上述模式應用於IR有益於學校在追求卓越的經營。

陸、組織創新模式

IR的目的之一在於讓學校或機構可以不斷地創新。洪春吉、趙皖屏（2011）歸納多項研究指出，組織創新分為四種觀點：1.產品觀點：關注於創新所產生的結果，衡量創新結果以具體產品為主要依據（Kochhar & David, 1996）。2.過程觀點：創新是一種過程，注重一系列

過程或階段來評斷創新（Scott & Bruce, 1994）。3.產品及過程觀點：以產品及過程觀點定義創新，必須將過程與結果相互融合（Sandvik & Sandvik, 2003）。4.多元觀點：產品或過程觀點只注重技術創新層次，忽略管理創新層次，主張將技術創新（包含產品、過程與設備等）與管理創新（包含系統、政策、組織、方案與服務等）同時納入創新定義（Robbins, 2005）。

　　若從創新變革解釋IR有兩層意義：一是學校若有校務研究單位就是一種組織變革（organizational change），這種變革具有為學校創新的意義及價值在其中，另一是IR透過資料來診斷、了解、預警及提出學校發展處方，IR從資料建立、分析與報告，進而作為改善學校發展的參考，就是一個創新歷程。IR原來的本意就具有創新變革的意義。一個組織的變革有多種意涵，包括組織受科學技術、市場結構、社會氛圍、政治環境等外在變化，並調適與改變，因而對內部組織產生改變（如策略與結構）等（陳琇玲譯，2003）。組織變革除了依據組織內部的氛圍變革之外，也需要依據外在環境變遷做適當調整，以因應大環境變遷。組織變革有其次第與步驟。Lewin（1951）認為，變革包含解凍（unfreezing）、變革（changing）、再凍結（refreezing）的有計畫歷程。Nadler（1998）認為組織變革是循環的模式（cyclical/iterative model），它先認定變革的重要、接著發展出一個分享的願景、執行變革、穩定變革、透過下一次的變革活動來維持變革。Paton與McCalman（2008）提出了轉移管理（transition management）的模式認為變革包括四個層次：1.引進階段（trigger layer），領導者提供機會、威脅與危機給組織成員；2.願景階段（vision layer），領導者定義組織的未來，組織未來走向與發展目標；3.傳達階段（conversion layer），領導者說服組織成員及招募人員；4.維持階段（maintenance layer），領導者提供持續變革的力量。組織要有創新及變化，需要從原來組織深入的了解、分析與診斷組織問題；接著解構組織的內部要素或架構，也就是把組織內部的許多元素打散，最後再重新建構，也就是重新建立組織架構及內涵。從變革的步驟中可以解釋如何啟動變革、管理變革和穩定變革。Bender（2012）指出，變革管理及掃除變革障礙有幾個步驟：1.透

過鼓勵懷疑來激勵變革，並把資料置放於高度使用區；2.執行變革，也就是選用變革的模式；3.掃除變革障礙，運用IR及其單位不斷地提供資料分析結果，讓組織成員有威脅與危機感，來掃除變革的障礙，並提高IR的影響力。若整體運用在IR之中的做法如下：

一、增加組織員工改變的動機及意願

第一階段讓組織成員要有創造變革的動力。如何讓學校成員有校務研究的觀念及行動呢？這是很重要的。在此階段比較困難，組織人員容易受到組織既有的規範、行為方式與價值體系侷限，不願意接受新職務或新環境改變所需要的要求。因此組織必須要引進多方的壓力源、威脅與危機，讓成員感受到要變革的動力。組織變革創新的重要點是要有組織發展的危機意識與壓力，以及要有不斷求新與求變，以因應社會變遷的意願。所有的學習與變革的產生開始於不滿足或困擾，或是從資料所產生的成果無法與期待及希望一致。不管是變革無法適應環境改變所需，或是想要變革促使組織學習，無法滿足預期價值或功能就是一種變革動力。在此階段中應該理解，組織或組織中的多個單位價值受到新資訊的威脅與壓力，因而讓多數成員感受到焦慮感。若能有這種動力，組織成員有變革的動機與意願在改變就相對容易。換言之，組織成員不願意接受新觀念，抗拒改革，抗拒做校務研究，因為要建立資料庫，增加業務量，也要投入更多時間進修，因而不願意改革。

IR在此階段扮演重要的角色，因為他們可以產生很多的資訊可以來支持或否認成員對於組織的相關預期。IR可以發展解釋資料，或透過問卷調查的結果及現有資料庫的分析來與各單位說明大學的發展情形，或是運用資訊來作為內部的計畫與評估。IR可以運用方案評估、認證的自我研究方式或是依據所分析的結果，提出計畫方案。而領導者提供相關誘因及引進正向的壓力源，讓各單位人員感受到不得不變革，甚至教職員工參與IR的講席討論，讓成員在IR的專業知識的心智成長，甚至獎勵與補助老師申請IR研究案都是組織改變的動力。

二、引導組織成員變革方向與行為規範

　　第二階段是指引組織成員變革的方向、內容、模式、行為與規範。當組織成員有變革的心，或者了解不得不變革時，就必須引導成員如何朝著所要變革的方向進行。在穩定的環境朝向於逐漸變革，此時組織應該運用簡單的變革模式，透過領導者將所要變革的內容、告知新環境、新職務，或在調整組織與職務之後，會有哪些變化、哪些的優點與限制。組織領導者不斷與組織成員溝通，透過正式會議說明保障組織成員的工作或組織的價值及穩定性。尤其組織變革是相當複雜的，要打破既有體制、觀念及運作方式，需要更強烈、大規模及長時間的變革力量。因為變革通常是緩慢的，也是來自於多面向的壓力與阻力。同時沒有變革會是永續的，因而需要有完整的變革計畫及策略。

　　如以IR來說，經營者要立場明確，發展新的學校願景、創造更多回饋能力、授權給各單位責任來管理他們逐漸變革的狀況，這種方式並不是由上而下的，而是要由下而上的方式。如此讓所有的學校行政人員擁有IR觀念，讓變革成為整體校園的風氣及轉化為成員行為，重複性的創新活動及組織學習是必要的，讓他們，甚至學生與家長了解學校變革之後的可能發展狀況與新的願景所在。學校成員了解IR的重要及目的之後，成員比較容易接受創新變革的論點，並期待學校成員都可以參與學習及促進變革。在形成共識之後，學校建立校務研究機制，就需要對校務研究權責分工，依據學校人力規模及學校發展目的建立資料庫，分析學校發展資料及提出研究結果與對策。當然IR或其辦公室在執行變革管理歷程一定會受到很多的阻礙，但仍不要受這些阻力影響。

三、穩定組織變革，應尋求回饋與調整

　　第三階段是運用必要的手段與方法讓新的變革穩定下來，也就是穩定變革。每一種活動都會受到限制，變革也是無可避免會受到成長歷程與限制歷程的阻礙。當組織變革已成事實，例如成立永續性的校務研究單位，就需要積極投入校務研究，學校組織目標、願景及人事安排或資

源重新的分配與資料建置。此時需要安定組織成員認眞投入校務研究工作。此階段的校務研究已經逐漸進入制度化，專業人員權責分工、資料庫陸續建立，也有部分資料可以做統計分析，各司其職。校務研究人員可以定時提出研究報告，作爲學校發展決策及績效責任參考。此階段更應尋求各方回饋意見，透過自我評估及檢討，或透過外部專業人員的評鑑來獲得改進變革所產生的問題。

四、非直線式變革更需要IR的支持

量子力學（Quantum Mechanics）及渾沌理論（Chaos Theory）認爲，變遷不是依循直線式發展，微小細節都可以產生極大改變。社會及國際變遷給人不確定感，需要更多資訊支持決定。組織系統及次級系統的連結對於環境產生複雜變化，在這區域一點變化就可能影響其他區域的極大改變。傳統上，大學校發展以長期策略計畫爲主，這種計畫特性以直線式及技術性思維，強調逐步完成計畫，透過小計畫逐步執行反而是阻礙組織變革的因素，使得在執行計畫方案及控制方法沒有效率。未來是一個全球化市場及強調世界排名大學的社會。大學文憑變成是一個社會所必需，而大學學雜費從過往的政府補助政策，慢慢轉嫁給家長及學生。新的族群進入高等教育機構就學，對高等教育投資變成新的政策利害關係人，加上新科技融入了大學的教學及學習。高等教育機構對於社會、產業及家長或學生的責任增加。Voorhees與Hinds（2012）指出，有意義的策略計畫需要統合外部資料與學校本身的資料，成爲可以執行的方式。多數學校不在於缺乏資料，而是缺乏可以作爲策略計畫執行的證據資料，影響了計畫執行成效。太多學校擁有的資料安置在例行性或書面報告、摘要、說帖、認可研究報告與融入策略計畫，但是無法提供學校執行的實質助益。許多策略計畫用華麗詞藻敘寫崇高的目標，然而學校卻不知用什麼方式來衡量計畫的成效。上述的情形都無法因應學校變革需要。相對的，要做好學校變革管理，學校經營者要即時掌握管理變革所帶來的各種衝突。經營者更需要發展一個支持的管理系統及情境來鼓勵變革，而不是僅有決定方向及內容。去中心化（decen-tered）的部門及支持單位是未來管理變革的一種方式。在社會與國際

變遷不斷及複雜化，IR及其人員可以運用資料分析及所了解的變革理論知識，來因應組織變遷的管理方式，讓學校有更好發展。

　　總之，就IR的目的在讓大學具有適應力、創新力與競爭力。它透過學校既有的資料庫及問卷調查蒐集資料，來分析學校發展的問題，包括學生學習表現及教師的研究與薪資狀況，透過對於研究來了解畢業學生是否具有競爭力，學校所提供的課程及學習是否具有創新內容，以及教師是否具有研究與創新能量，就是一種產品觀點。而在學校課堂中的師生互動中，以及學校經營的管理制度是否擁有創新作為，就是一種歷程觀點。IR透過對學生畢業就業狀況，以及產業界對畢業生職能滿意狀況，或教師的研究對社群及產業貢獻是一種創新的結果；而師生在課堂中的師生互動，如教師運用各創新的教學法，引起學生學習，提高學習動機，也是一種歷程的創新。簡言之，IR納入了產品及歷程觀點，透過學校發展的資料分析學生表現，提出具體改善策略，學校管理系統，讓學習表現提高，更是一種管理創新。

第二節　校務研究的理論基礎

壹、生態系統理論

　　學校是一個系統，它是一個有機的系統。在系統中之個體也是有機的。系統除了本身體系之外，也與外在環境有所互動，產生相互聯結。生態系統理論（ecological systems theory）可以解釋校務研究的必要性。學校系統中的個體對於環境及社會文化會有生存、適應、發展、變革與問題。就生態系統觀點來說，學校行政人員、老師、學生及家長對學校環境生態的適應相當重要。Bronfenbrenner（1979）提出了生態系統理論，說明在此系統中，個體從小受生活環境的直接與間接影響，進而發展個人習性，它由四層系統所形成如圖3-3。第一層是微系統（microsystem），與個人最直接、有切身關係、最頻繁接觸生活環境。就學生來說，家庭、同儕友伴及社區就是他們的微系統。學生每天

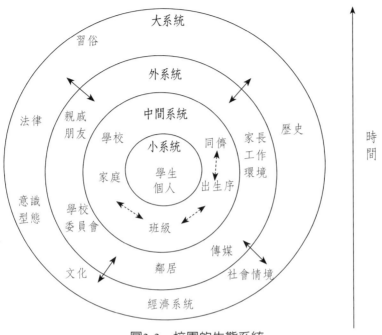

圖3-3　校園的生態系統

在學校學習，學生本身在環境的氛圍下就是在微系統上。第二層爲中間系統（mesosystem），兩個以上的微系統連結與互動關係，個體透過中間系統接觸社會環境。對學生來說，家庭、同儕團體與社區環境之間的接觸、聯繫與互動關係，例如多位學生的同儕之相處與互動關係，或在學校活動等。第三層是外系統（exosystem），爲外在環境脈絡對微系統或中間系統的影響，個體雖然不一定完全直接接觸這系統，但卻受到這系統的影響。以學生來說，社會環境就是外系統，如傳播媒體對於學生學習的影響。第四層是大系統（macrosystem），影響外系統、中間系統與微系統的社會文化意識、價值觀及制度。對學生來說，這是整體社會、經濟、教育、文化環境與國際社會所發生的事件可能對於他們的影響。這四個系統環環相扣，個體發展受四層系統的影響。Bronfenbrenner將環境與人的空間及社會距離分成幾個系統，這種多重環境對人類行爲與發展的影響。生態系統理論強調促進個體發展，必須先研究個體生活環境所有系統及對個體的影響，統整協調，以利個體發展，否

則容易因思考層面不完整，導致問題產生。對學生來說，生態系統理論強調每個層次的系統皆會影響個人的生活及學習，小至家庭大至國家及國際社會。

　　Bender（2012）指出，生態系統支持學校管理變革有關，包括：1.學校品質及管理變革有密切關係；2.計畫多樣性及評鑑的努力強化的學校適應力；3.去集權化（decentralized）及持續自我檢視與探索可以驗證真實性；4.以及加速學校各單位品質的發展。實用主義哲學理念強調，行動與持續測試知識真實性的重要。IR及其人員在發展持續性改善或管理變革，應該要支持這信念。學校各單位改善基於教職員的價值分享，因為少有價值是一致性，如果學校品質改變要有成效，變革設計或計畫要去集權化。有系統化管理變革或計畫及評鑑，可以加速組織價值的取得。生態系統理論也強調，去集權化的適應管理是強化學校生命力及不斷永續發展的重要因素。學校適應管理包括去集權化的行動規劃與評鑑歷程，透過分權與授權可以讓各單位對於學校發展提高敏感度或增加回饋機制，因為這樣的努力，可以作為自我學習及與環境良好互動的改進參考。學校單位多樣性及其功能是學校發展適應的重要動力，它讓組織在經過環境變革之後，仍然可以做好的調適。

　　就IR的角度來說，IR在建立各系統（如學生、系所、院、校，甚至要作為跨校比較的資料，都需要準確，同時在串連資料應有標準化的程序及規格，這樣才可以準確的分析。就IR人員與其他單位的人員溝通來說，也需要以這個系統觀點來思考，假若IR人員是一個最小的微系統，他們要與學校各單位溝通，要了解各單位及學校的脈絡文化，才能容易溝通。若是從IR分析的結果來看，在解釋分析報告也應考量不同系統層級因素來詮釋所得到的研究結果，這樣可以讓資料詮釋，以及提供決策參考的完整性更高。簡言之，IR的資料建立、分析與詮釋，乃至於決策都需從這些系統中的人與環境的互動來探究，才能釐清學校問題。

貳、績效管理理論

　　IR的理論基礎之一在於績效管理理論。學校經營或學校組織成員

的績效管理是組織效能的重要策略之一。績效管理是指管理者與組織成員之間，在組織目標設定之後，在實現組織目標達成共識，再透過對組織成員的激勵和協助，讓組織成員可以有優異表現，進而實現組織目標的管理方法。學校組織經營有其預期目標，為了要有效率的達成目標，透過激勵的方式來協助成員有效達成目標。

　　績效管理強調成員與管理者的目標共識、目標達成、組織成員溝通，以及成果導向的重要。在績效管理包括組織及個人目標。就前者來說，學校有整體發展目標與願景。例如學校經營效能、學生行為偏差率高低、學生整體學習表現、教師整體教學效能；就後者來說，學生學習表現、教師教學效能及行政人員的效能或是學生與教師的滿意度等都是個人目標。為了要做好績效管理，很重要的是需要設定目標，也就是要衡量績效之前，需要建立具體的組織與個人目標。若有目標之後，組織就可以對目標進行管理，它透過計畫、執行、檢核及再次執行（PDCA模式）來分析。IR的研究歷程也是提出分析計畫、接著立刻去做它（do it）、過程中檢核（check it）執行狀況，過程中不斷檢查，最後再執行（action again），就是透過檢查檢討之結論與反省，再次提出新的計畫行動。

　　績效管理評估與研究的歷程相近。兩者都從提出研究問題、設立不同指標、蒐集資料、檢核執行後的結果與預期目標達成的一致性，最後撰擬評估報告。設立指標旨在衡量不同執行活動所達成績效程度。由於衡量指標眾多，各項指標重要性不同，對它們的加權就不一樣。關鍵績效指標（Key Performance Indicators, KPI），又稱主要績效指標或重要績效指標就因應而生，它在衡量工作成效及表現的重要指標。KPI是一種管理工具，它把成果、產出或績效數據化，所以KPI必須具體與可以衡量的成果及產出指標。它用平衡觀點，至少需要有四至五種觀點，如平衡計分卡一樣來進行分析。高等教育機構就如同產業一樣，可以透過這分析來了解學校績效。它的做法包括：1.明確指出目前高等教育的任務（mission）；2.指出利害關係人（stakeholder）觀點：為了達到高等教育機構的任務，我們應如何讓消費者滿意呢？3.策略主題與特定方案觀點：它是一個內部歷程，為了滿足利害關係人，應採取的策略

主題及特定方案。這個方案需要創造或改善；4.學習與成長觀點：爲了實現策略主題與特定方案，組織如何學習及成長，以及未來應該發展的能力；5.財務與資源觀點：它說明高等教育機構補助策略，從預算支出來支持組織成員的學習及成長，以及支持採用的策略及特定方案。

　　美國高等教育強調績效責任，它對校內外人員的一種責任。Fuller、Lebo與Muffo（2012）指出，就外部人員包括地方、州及聯邦政府、社區、大眾、商業團體、高等教育市場（如學生及家長感受）、方案及高等教育認可機構、高等教育組織（如相關協會）、基金會或補助單位；而高等教育內部人士包括管理委員會、新生、在學學生、雇主。而績效責任意義包括：1.官僚管制，也就是高等教育機構應順從相關單位對於歷程或成果的規定與管制；2.預算補助（直接管控或誘因）；3.高等教育表現的訊息作爲高等教育內部改善，例如大學認可或標竿評比；4.成爲大眾了解高等教育機構表現的資訊。

　　總之，IR有部分功能在了解學校經營績效、診斷校務問題與提出革新策略。IR不僅對於學校發展提出診斷之外，它還可以透過研究來了解學校的經營績效。也就是透過研究方式來替代績效評估。雖然教育是百年樹人，教育成果不易用金錢或數字來衡量，但就經營及管理來說，每年投入的教育資源需要檢核其成效，否則很容易會有資源浪費情形。

參、組織學習理論

一、組織學習的意義與特性

　　組織面臨不確定性、變遷或不明確的情境需要有能力學習。個體與組織如果缺乏學習，僅可能會運用重複性的行爲或方法來因應變遷的環境。如果缺乏有意義的學習，個體或組織的成長與變化仍然是表面，所改善之後的狀態僅是短暫運作，無法永續因應社會變遷。組織學習（organizational learning）是學術性或商業性組織的競爭重要動力。個人學習不一定會形成組織學習，然而組織學習可以影響個人學習。IR是一個合作的組織學習（collaborative organizational learning）歷程，

IR強調組織成員不僅要有專業的知識能力，更重要的每位人員的再進修學習，以讓整個校務研究中心，甚至整個高等教育機構都是學習的狀態。組織學習意義相當多元包括：1.提供不同的管理模式，會重新塑造組織的動力；2.使組織成員能夠反省，願意接受新知，而去慢慢地改變；3.提升組織學習能力，帶動組織能夠革新；4.建立組織優質的學習文化，創新發展組織智慧；5.提高組織效能，強化競爭優勢。處在知識經濟時代，知識已經成為致勝關鍵的武器，「誰掌握最新知識，誰就能取得競爭優勢」。組織獲得新知識與集體智慧的產出，必須仰賴於組織學習（吳清山、林天祐，2008）。Garvin（1993）認為，組織學習是組織在知識技巧的創造、獲得與轉移，同時也修正行為來反應新的知識與觀點。簡言之，組織學習是組織人員透過不斷地或隨機方式，由個人學習，尋求改善自我的知識及能力，進而讓整個組織都有改善的動力及作為。

　　組織學習很重要的思維在於要成為學習型組織具有的特性。Senge（1990）出版《第五項修練：學習型組織的藝術與實務》（*The Fifth Discipline: The Art and Practice of the Learning Organization*）提出，學習型組織特性包括建立共同願景（shared vision）、自我超越（personal mastery）、改善心智模式（mental models）、系統思考方式（system thinking）與團隊學習（team learning）。此五項修練為學習型組織重要核心原則，強化了組織學習。Garvin（1993）指出組織學習必須熟悉幾個重點才能有效達成：1.運用系統觀點解決問題（systematic problem solving），在組織問題處理採取先有解決問題的觀念產生，接續資料蒐集、找尋共識、資料分析及展示，最後則是計畫行動。這是一種系統性與循環性思維，不是直線式思考；2.嘗試創新實驗（experimentation），良好又健康的組織想要學習新的知識及技能，不斷地求新求變，不墨守成規；3.從經驗中學習（learning from past experience），從他人或典範學習（learning from others），學習他人優點或學習其他組織成功經驗，並避免其他人或組織不好經驗在自己的組織中產生；4.知識轉移（transferring knowledge），學習型組織會將新知識快速及有效率的傳達到組織的各部門及成員之中，透過報告（摘要

重點分享）及教育是重要的分享與提升學習的方式，簡言之，組織內部會知識轉移會有效傳承知識。

二、Argyris與Schön的組織學習在IR應用

(一) 意義

　　組織學習強調組織的不斷改善，改變管理策略來增加組織的價值。Argyris與Schön（1996）出版《組織學習II：理論、方法與實務》（*Organizational learning II: Theory, method and practice*）提出了單環學習（single-looped learning）和雙環學習（double-loop learning）觀念，單環學習是在既定的組織目標、規範與政策之下，找出方法與目標之間的關係，並結合行動與結果之關係，檢視整個組織環境，以發現組織中的錯誤，使組織成員能符合組織內部規範，進而提高整體組織適應力。簡言之，它是一種組織內部適應過程，僅是一個組織正常運轉的行為，但無法得到組織改進效果。雙環學習在重新修正組織規定、政策、目標與組織想要的關係，它是組織對外在環境適應過程所需要調適的一種學習歷程。簡言之，雙環學習強調組織會有此現狀原因的反思，同時是從個體自身出發的反思。

　　Borden與Kezar（2012）指出，單循環、雙循環學習，以及所伴隨著模式一與模式二的學習策略是一個理想型式。單循環學習伴隨模式一的學習策略是，組織成員依循既有的規則、正規程序及傳統方式策略，沒有創新，故步自封的來達到組織目標，往往會有任務完成，而組織早已就要這樣來完成任務的感覺，不用太多的挑戰與創新，就可以完成任務。模式二的學習策略是有價值、政策及實務導向，在雙循環學習下，組織成員會分享他們所擁有的訊息及思考方式。透過理念來改善組織，並運用公開測試變革方式，同時組織成員會團結合作來完成更高層目標，並面對外部環境變遷會持續深入思考因應方式。然而個人學習會扮演著表層及深層學習過程，並不是單一種學習方式而已。如果環境和組織運作較為穩定及可以預期時，可能主要由單循環學習方式，在學習策略較為表面式。然而如果所遇到狀況無法掌握預期結果，或在一個

多變環境，需要仔細考量環境及實務相關問題，此時就需要雙循環學習。

(二) 在IR的應用

　　兩種循環學習在IR應用如下（Borden & Kezar, 2012）：就單循環學習及模式一學習策略應用在IR上來說，校務研究的標準管理報告、表現指標、學生就學資料檔案，也就是這些訊息對於大學校院來說應該都是已經出版的成果，且不會改變，也不需要太多時間來進行分析。這些報告已顯示出許多結果，不需要有更深入探究來了解其中的原因，也就是不需要額外進行分析來了解報告中的相關問題。然而若是雙循環學習策略就不同，它需要有更深入的分析及解釋，並需要由明確的認定問及批判與價值來協助認定，同時它需要不斷地探究。因而幫組織建立一個新的理性思維基礎，可以調適環境變遷。IR刺激了雙循環學習，透過支持特定委員會的分析來完成任務。校務研究人員可以運用分析結果提出議題，產生更多問題作為未來討論依據。資料和分析常被用來測試假設或期望的依據。有能力者會透過問題歷程，驗證假設，以及在現有報告技能、研究及分析之中，發展新的思考方式，來支持校務研究。這些技能需要透過相關會議協助、衝突解決、多方協商及交際手腕來達成。此外組織學習調適在於校務研究的解釋，可視為單循環學習歷程，如果將焦點轉變為如何讓組織變成一個有意義的歷程，也就是從訊息、訊息支持來源支持，需要更多重新思考假設信念讓校務研究順利運作就是一種雙循環的學習。

三、Huber的組織學習在IR應用

　　組織學習歷程就如同IR對於高等教育機構學習一樣的重要。組織學習如何應用在IR呢？Huber（1991）認為任何人不可以創造及控制組織學習，相對的，組織學習是一種隨機的現象，在組織中或多或少會朝著所要目標進行，但並不是完全被控制的。他更進一步的指出，很多組織學習發生於組織成分獲得知識，以及認定知識是有用訊息，因而有更

多元解釋及發展，同時會有很多組織單位從多元解釋中，發展為一個綜合性見解。他更運用深度（breadth）、精緻性（elaboration）、完整性（thoroughness）來對上述內容界定。上述對於組織學習與合作具有正面的意義。Huber相信行為改變需要學習，然而此學習需要時間來調整，他將組織學習視為一種科學管理觀點，它的過程包括知識取得、資訊傳播、資訊詮釋與組織記憶等歷程。茲將這些觀點與在IR應用說明如下：

(一) 知識取得與在IR應用

知識取得可以從天生的學習（congenital learning）、經驗的學習（experiential learning）、替代的學習（vicarious learning）、連結習得（grafting）、搜尋及注意（searching and noticing），其中經驗的學習又分為組織的經驗、組織的自我反省、實驗的組織（experimenting organization）、沒有目的或無系統的學習以及經驗為基礎的學習曲線等；替代學習只是從他人的學習經驗，就可以學到新經驗的方式，它不需要學習者經過刺激—反應聯結，此種學習為不用練習的學習。而搜尋及注意包括掃描、焦點式搜尋及表現的管控等。IR的知識取得歷程包括決定蒐集資料、修正與儲存資料、重組資料與分析資料為有用的資訊，並傳播資訊，終究讓資訊成為有用的知識。這樣歷程與Huber的論點相近。為了支持大學領導者，IR及研究中心，除了重視學生學習成果之外，更擴充到教師的研究及校外服務。傳統上，教師僅追求學生更好的表現，然而就IR及人員來說，每年學生學習表現持續評估多年之後，可以了解學校投入某些改善方案對於學習成效的表現，透過多年的資料建立及分析，更可以提出完整的教學改善計畫。IR應該投入更多時間及心力來了解同僚已經知道哪些知識？哪一種運作資料他們需要共同檢核？誰是他們想要了解的最佳標竿？若是擴充到學校其他部門，透過集體合作，也就是可以參與委員會、與其他同事在正式與非正式的討論，以及有機會參與不同學系的會議等，都有助於校務研究。

(二) 知識分配與在IR應用

　　知識分配會直接影響組織學習的廣度及深度，知識提供者及接受者的工作負擔影響知識分配。傳統的校務研究者的資訊分配是以誰要做決定就提供訊息，然而正確的IR應該是，提供有用的訊息與提供知識給組織。IR應將海量資料，從專業人力的篩選及分析中，將獲得的資訊轉變為提供給需要的單位與人員，以及將有用與正確資訊給校務經營者。傳統的校務研究把資訊分配用於誰應該接到資訊。然而某一資訊看起來可能僅有某一目的，但對組織其他部門卻都有益。因此現在的資訊關注，從何時可以取得，轉變為何時要它。換言之，傳統IR透過電腦網路系統儲存資料，並讓它可以取得，然而使用者不一定要了解何處可以取得，而是關心所發現的資訊是否與其特定的需求有關。

(三) 資訊詮釋與在IR應用

　　在資訊詮釋有幾種方式，包括認知地圖及架構（cognitive maps framing）、媒體豐富性（media richness）、資訊超載（information overload）與無法學習（unlearning）。資訊的解釋需要有條理、有組織及系統架構，所以運用認知地圖提供資訊架構是重要的，為了讓資訊更為有效率的傳播，讓收訊者可以更快取得及理解，因而有豐富化的傳達，例如多媒體、視覺展示，可以增加資訊吸收的效果，同時在結構式的資訊傳達，可以減少收訊者資訊承載的負擔。相對的，如果在解釋資訊或傳達資訊是雜亂、沒有條理，也沒有系統與組織，這對於訊息接收者，是一項資訊負擔，不僅無法獲得知識，也可造成無法學習的狀態。這也就影響了組織學習。IR研究者通常可以坐在會議室中，透過有系統的資訊傳達，讓知識傳送更有效。

(四) 組織記憶與在IR應用

　　組織記憶與個人的記憶的限制有關聯，就如同個體對於未來的需求無法理解，所以就無法有意義的記憶儲存資訊，也無法有效將資訊做合宜的分配，更無法將這雜亂資訊分享給組織成員。在組織中有很多文本

資料、圖表檔、質化與量化資料都有，有些沒有結構格式，有些是有結構式的數據資料，可以作爲統計分析。IR在分析資料過程包括了儲存資料、提取資料與統計分析。在此過程中，IR就是一個知識管理者，從知識的取得、儲存，乃至於知識的創造與分享及擴散。

　　IR是一種校務創新行爲。一個有學習精神的大學校院宜了解及分析自己學校發展問題及趨勢，同時學校應提供給每個單位有價值訊息，讓他們發展出自己的策略及目標。一所有學習精神的學校應了解自我表現情形，以作爲學校改善依據。校務研究以學校爲範圍，對於學校內部的成員、資源配備、學校公共關係，乃至於校園文化與學生次級文化深入探究，目的在讓整所大學可以成爲學習型組織。透過校務研究可以讓大學的行政管理人員及教學者運用系統思考來解決校務問題，並建立共同願景作爲學校發展的方向。

四、情境學習理論在IR應用

　　校務研究以高等教育機構爲本位，高等教育機構情境中的人員互動所建構的知識是一種知識的來源。情境學習理論（Situated Learning Theory）主張，知識是動態建構，當我們感受到發生什麼事、說什麼及做哪些也會成爲知識形成的內涵。它認爲，知識根基於生活的情境脈絡，個體透過參與生活情境的活動，個體才能眞正掌握知識。學習落在個體於多種團體及社群中所扮演的角色；知識也是個體在這些文化及脈絡中參與活動產生的功能。學習是涵化（enculturation）的歷程，學習者在環境中的耳濡目染，慢慢習得知識與技能；情境學習理論也認爲，學習應從周邊參與（peripheral participation）開始，讓個體逐漸的了解該領域的知識概念及內容（Lave & Wenger, 1991）。這些概念若應用在IR之中隱含著，校務研究蒐集、整理與儲存資料，再將資料變成有用知識（know-how），也就是將資訊統整爲一個社群或在社群中，可以在學校發展實務運作。這意味著訊息本身不是知識，相對的，知識由社群在社會互動環繞於訊息所產生。社群人員了解以訊息來診斷與解釋社會脈絡，相對的，非社群人員就無法理解這過程。

五、支持決策與集體組織學習的IR差異

　　Volkwein（1999）提出了IR的技術智能、議題智能及脈絡智能，其中技術及方法智能屬於較為傳統、理性決策的。然而Borden與Kezar（2012）指出，早期的組織學習有幾種觀點，一是功能主義觀點（functionalist perspective），認為組織學習是獲得、儲存及管理資料。兩位進一步指出，近年來解釋取向（interpretive approaches）對組織學習的詮釋則是資料的使用及解釋，而不是資料的生產、傳播及管理。從這個觀點來看，資料本身不一定有意義，為了創造知識，他們需要設計及整合其他形式的資訊，例如經驗或直觀想法等；知識由個體及在個體中的團體內社群脈絡的互動，使得資訊變得有意義。解釋取向認為新的理念及訊息需要散布於整個組織之中，同時這些理念不需要從領導者或研究單位獲得。組織學習變成是一個把焦點放在人的歷程，而不是資料庫或知識儲存，或是領導者的引導。因而衝突、誤解或政治爭論變成是組織的一部分，沒有什麼可以被最小化或控制的。解釋取向的組織學習與集體學習連結在一起。若是運用在校務研究上，支持決策取向的IR，以及集體組織學習取向的IR有所不同。如表3-1。

表3-1　支持決策與集體組織學習的IR比較

支持決策取向的IR	集體組織學習取向的IR
理性、資料導向決定歷程來產生更多訊息及成功的決策	學習導向組織發展在改善學校及教育效能
提供已經管理好的校務資料資源，當決策者告知IR要決定時，給予決策者工具	提供有效的校務資料資源，但是在學習歷程中的投入受到限制
為了讓資料有用，資料應該轉換為資訊，再轉為知識	資料及資訊是有用的學習資源
要管理資料、資訊及知識	經由在組織脈絡的引導社會互動，知識是增加的
校務研究主要目的是提供資訊給決策者及決策團體	校務研究的主要目的在協助組織學習

資料來源：Borden, V. M. H., & Kezar, A. (2012). Institutional research and collaborative organizational learning. In R. D. Howard, G. W., McLaughlin, W. E. Knight, & Associates (Eds.), *The handbook of institutional research* (p.103). San Francisco, MA: Jossey-Bass.

肆、人力資本理論

　　校務研究探究學生在學校就學情形，如果在大學層次來說，它還分析學生的教育投資及其報酬率。教育是人力資本的投資，高等教育更是個人及國家投資的產業。人力資本理論（Human Capital Theory）在1960年代之後，在電腦科技與統計技術影響之下，進行大量資料分析，因而有不少研究成果及教育經濟學專著出現（林文達，1984，頁7-9；Cohn, 1979）。Cohn（1979）的《教育經濟學》（*The Economics of Education*）、Psacharopoulos（1987）主編《教育經濟學：研究與閱讀》（*Economics of Education: Research and Studies*）、Rodriguez與Davis（1974）的《教育經濟學》（*The Economics of Education*），以及Schultz（1963）的《教育的經濟價值》（*The Economic Value of Education*）就是很好的說明。人力資本理論爲了估算人在接受教育之後的價值，以及教育對經濟發展的貢獻常運用生產函數（productivity function）估計，這方面例子很多，例如Cohn（1979）出版《教育經濟學》第七章中有許多例子就以此方式來估計。然而，分析個人接受教育的價值對於個人與國家經濟發展的貢獻有不少研究。Psacharopoulos（1994）分析發現，經濟發展水平較高的國家，勞動者教育收益較低，相對地，經濟發展水平較低的國家，勞動者教育收益較高。教育收益或教育對國家經濟成長貢獻的估算常運用替代性的生產要素（變項）對產出結果來進行（Cohn, 1979; Mincer, 1984）。Schultz（1961）將人力資本區分爲教育、工作經驗、健康設備與服務（health facilities and service）及人口遷移（migration）。Schultz（1963，頁34）後來更認爲，除了人力、自然資源、資本、政府與企業家精神對於經濟成長貢獻之外，教育與技術也是重要成分。Becker（1964, pp.10-20）認爲，人力資本（包括教育、訓練與營養等）是個人對自己的教育投資，當個人投資於教育、健康及職業訓練之後，有益於未來賺取所得的增加；他指出，人一生的所得收入可以從其年齡與所得（age-earnings）剖面圖（profile）來看，自剖面圖可以看出，年輕、沒有工作經驗是低所得者，而年長及工作經驗多者，其所得較高；更重要的

是，薪資所得會隨著個人的教育程度而不同，教育程度高者，薪資所得
較高。

　　高希均（1985，頁15-16）指出，人力資本折舊緩慢，易於更新、
流動性高、風險性小，在進行教育投資時，私人教育成本可能教育投資
成本的一半；在教育投資之後，不僅有私人的經濟效益，而且也有其教
育的外部性。因此，IR很重要的在了解學生的教育收益狀況。以高等
教育的消費者來說，他們一定很期待了解進入高等教育學習之後，在畢
業可以獲得多少的報酬率。尤其是不同類科或學習領域的學生，在就讀
之後，畢業可以有多少的薪資水準、對就業的助益情形等。IR長期的
分析學生的教育收益，可以提供家長及學生參考，作為其他消費者在未
來就讀高等教育選擇科系的參考，同時可以提供學校在系所人數招生的
參考。

伍、大數據理論

　　大數據（big data）是一個相當熱門的主題，也是受到學術及產
業所期待的議題，運用大數據可以了解顧客群的需求、接近他們的想
法，以及發現他們的組群類型與預測相關現象的趨勢，它變成產業創
新的重要力量（Picciano, 2012）。IR的理論基礎之一是大數據理論。
IR需要透過學校發展的資料進行診斷與分析，也就是將學校的老師、
行政人員、家長或學生學習成效與評量，所蒐集獲得的巨量資料或海量
資料，加以組織、清理、儲存、建置、分析、追蹤，再將系統性數據分
析結果，應用於教學輔導及行政管理的相關機制之設計與改善。大數據
的資料具有資料量（volume）大、資料產生速度（velocity）快、資料
的類型（variety）較多，同時獲得資料分析的研究結果準確性（verac-
ity）比較高等特性。所謂量大是指該筆資料結構所組成者是不是傳統
數百筆或數千筆資料而已，而是由數萬筆，甚至數十萬或百萬筆以上的
資料所組成。而速度快是指資料產生的速度快、傳輸的速度也快。類
型多是指除了有結構性的資料，更有半結構或沒有結構，如聲音、影
片、圖片等所組成。準確性高是因為統計大數法則之下，更符合常態分
配，因而經過統計檢定更能獲得準確的結果。大數據資料並非一朝一夕

就可以建立，學校要有巨量數據要從小數據及資料庫建立著手，永續的蒐集學校發展資料，建立資料庫就可以成為大數據或海量資料，以作為分析的依據。

　　大數據分析是基於統計的大數法則，也就是從社會現象中取得數量極大的樣本所形成的一個資料分配，此一分配所分析的結果，趨近於統計學的常態分配。換句話說，如果透過大數據資料所進行的統計分析可以獲得較為準確結果，這就是校務研究的特性之一，但是應用此一數據所獲得的結果卻是學校決策人員或行政主管及經營者，若這些人員沒有統計解讀素養，亦無法從這些數據所獲得結果做適切的決策。此時校務研究人員在協助的角色就更為重要。在獲得大資料庫或大數據之後，如何將這些資料有系統的分析獲得有意義的知識，並作為評估及診斷學校發展是重要的課題。簡言之，如何運用大數據資料，藉由資料探勘與統計分析與視覺化分析，提供以學校為本位與以證據為本的學習回饋及預警資訊，強化學生學習動機，提供學生學習表現、就業與發展分析報告，協助教學回饋輔導。就實務來說，臺灣的許多高等教育規模沒有很大。在校務研究中，從一個時間點蒐集到的資料，無法形成大數據或建立大資料庫。此時就無法符應統計法則。然而校務研究者如果對一所學校，不管是規模大小，長期追蹤與觀察，蒐集資料，建立長期資料庫，在長時間蒐集建置可以形成大量數據或海量資料。此時IR可以從中檢索資料，進行統計分析，獲得研究成果。

　　總之，大數據學理可以作為校務經營管理決策依據，同時大數據也是校務研究的重要素材。校務研究基礎之一在發展以資料為導向（data driven）或以證據為導向（evidence approach）的資料敘述、資料分析與資料視覺化，以作為學校當局的決策參考，它是一個學校發展的重要支持系統。

陸、職涯發展理論

　　IR的重要主體之一是學生，學生進入學校之後是否會繼續學習到畢業，在學習期間的職涯規劃以及畢業後的就業流向是IR所關心的課題。IR應該針對學習者的職涯及學習需求進行掌握，才可以了解他們

的學習需求，避免他們在尚未畢業前就流失。Brown與Brooks（1996）指出，個體在學期間若做好職涯規劃，對於未來就業及升學，或對於職業要求更能適應。Krumboltz（2000）研究指出，個體可以運用職涯規劃來擴充學習機會（expanding learning opportunities），這部分機會不僅是日後的升學，還包括就業之後的學習機會。可見職涯規劃對於大學生來說相當重要。大學生就讀年齡大約是Super（1970）提出的職涯發展理論（Career Development Theory）之14到25歲為職業探索期，也是工作價值觀形成時期，這十幾年對往後個體生涯發展卻有著重大影響。同時就讀高等教育的年齡已隨著終生教育理念的影響，很多高等教育機構提供在職進修及開授不同年齡的課程，讓大學畢業者繼續進修的機會，提供不同知識及技能學習，協助他們在職場工作順利。此時來了解個體的職涯發展相當重要，Super把個體的職業生涯劃分為成長階段、探索階段、確立階段、維持階段和衰退階段。將這些階段的重點及其內容說明如下（http://wiki.mbalib.com/zh-tw薩柏的職業生涯發展階段理論）：

一、成長階段（0-14歲）

在此階段個體的任務是尋求認同，並建立自我概念，個體此時對職業產生好奇心，這種好奇心在成長階段占了主導地位，個體並逐步有意識培養個人的職業能力。Super將這階段具體分為三個成長期：1.幻想期（10歲之前）：兒童從外界來感受到許多職業，自己覺得喜歡或好玩的職業會充滿幻想，並會進行模仿與學習。2.興趣期（11-12歲）：此時會以個人的興趣為中心，透過個人的理解與認知，來評價職業，並試著開始對職業進行初步選擇。3.能力期（13-14歲）：開始慢慢地考慮個人的條件，以及喜愛的職業相符程度，已經有意識的對個人所喜歡的職業進行能力培養。

二、探索階段（15-24歲）

這階段任務在於透過學校教育來學習自我探索，並試著了解自己的角色和職業探索，此階段已完成選職業，有些更已初步就業了。此階段

分為3個時期：1.試驗期（15-17歲）：綜合自己的學習、認識和慢慢思考自己的個性、興趣、能力與職業的社會價值、就業機會，有些個體已開始選擇就業的試探。2.過渡期（18-21歲）：許多人在此時已正式進入就業階段，或進行專門職業培訓，有明確要在某種職業的傾向。3.嘗試期（22-24歲）：已經選定某一個工作領域，開始從事某一項的職業，對職業發展目標可行性慢慢地進行試驗。

三、建立階段（25-44歲）

此階段任務在於獲得一個適合的工作領域，並積極的投入時間及體力謀求發展。多數人在這階段是職業生涯週期的核心。此階段也分為兩期：1.嘗試期（25-30歲）：個人依其選定的職業試著安頓自己的生活，並尋求工作職業及生活穩定性的平衡，尤其在此時期可能還有面臨尋找伴侶，成立家庭等。2.穩定期（31-44歲）：個人此時會致力於職業目標的實現，此時期是個體富有創造及變化時期，有些個體可能會換很多工作，無法在工作上找到定位，也可能面臨了成家之後的生育及養育子女的問題。此階段是職業發展可能面臨危機，在工作上會發現，自己偏離職業目標、工作投入無法與薪資相稱，或發現新的工作目標或想要的工作職業，此時個體就會重新評價自己的需求、能力及年齡等，換言之，個體處於人生的轉折期。

四、維持階段（45-64歲）

此階段任務是在長時間的開發新的知識、技能或潛能，並維護已獲得的成就，因為努力了10至20年，在此階段多數已有社會地位，並在維持家庭和工作之和諧關係，還準備要在職涯中退休。然而也有一些個體在生命發展並不順利，並無法如上述，因而對生命產生了負面評價。

五、衰退階段（65歲以上）

此階段任務是已逐步退出職業和結束職業，也就是退休了，也轉換

自己的角色，開發社會新角色，權利和責任都減少，慢慢適應退休的生活。

　　總之，雖然職涯發展理論以美國人為樣本分類，無法類推到其他國家的樣本，但是這幾個階段可以作為IR在進行校務分析大學生職涯參考。尤其大學生正值探索階段（15-24歲），他們在校園中的學習、社團及同儕關係的發展是很重要的校務研究題材，就如他們學習表現及其滿意度或在學習所面臨困難，以及未來的生涯規劃都是IR應該重視。同時學生畢業之後的就業情形，學以致用情形，甚至失業或轉業等，IR透過對他們的追蹤分析，也可以作為重要議題。此外，目前的大學入學年齡改變，成人進修教育已是終身教育的一環，許多校園已有相當多的成人在職進修教育，他們的課程需求及生涯輔導都是值得關注。高等教育機構已超越傳統的入學年齡，因此在維持階段與衰退階段也是IR人員所應關注的研究對象及議題。

柒、教育經濟學原理

　　教育經濟學原理中的成本理論、規模經濟理論、教育市場理論、教育投資理論等都與校務研究有密切關聯。教育投資理論是以人力資本理論為出發，此理論在上節已述及，在此不多說明。校務研究以學校本位進行校務發展的研究，在研究之中涉及學校經營者（政府或民間）的投資經費，以及個人教育投資，也就是學生就學之後的投入費用多寡。上述都涉及成本的概念。以大學來說，學校需要有空間及設備與資源，這些都需要將成本納入考量。生產成本是使用各種生產要素必須支付的代價，包括員工的薪資、廠房的地租、利息與生產原料的費用、機器與設備的折舊費或相關課稅等（謝振環、陳正亮，2017）。有形成本可以依標的物價格來計算，然而有些項目是無法用價格來具體衡量。就如在都會區中的校地提供學生使用，有其價值，然而如果它若不提供學生使用，而改為百貨公司或商業大樓，可能會有另一種價值，因為投資於此標的產品，而無法投資於另一標的產品，兩者可能會有成本的差異或損失，這種差異就是機會成本。簡言之，它是投資或生產另一個產品，所必須要損失的資源及代價。成本類型有總成本、單位平均成本，前者是

生產某一產品所需要的一切代價，包括了實質成本及機會成本；後者則是生產的所有產品中，每單位所需要的成本。

　　以學校經營來說，學校的經營成本中包括資本門與經常門，前者是固定用於硬體設備的成本，而後者則用於消費性及設備的支出。這兩者總和是總成本之一部分，如果要考量學校經營時，校地及相關設備提供學校教育用途之後，所損失的一切代價，也就是機會成本就難以估算。它涉及到經濟發展之後，使得校地的價值與先前創辦學校時的價值不同，以及校舍因為使用而耗損所造成的折舊等，因為相關因素複雜，所以要估計其現有價值就難以推算。就學生來說，單位平均學生成本常以學校的經常門與資本門加總之後，除以當年度入學之後對學校使用人數。然而這樣的計算也忽略了學生就學之後，無法謀職就業的機會損失，也就是沒有考量到學生的機會成本（opportunity cost）。

　　就規模經濟（economies of scale）來說，學校經營應有規模經濟的思維。規模經濟是指組織或團體由於規模（以產出、勞動或資本等測度）或設備大小擴大，而導致平均成本下降（郭添財，1999）。在實務上估計學校規模以直線模式、U型曲線模式與L型曲線模式為規模大小的假定情形，而以單位學生平均成本進行估計，上述三種模式分別代表了單位學生成本與學校規模為正相關、兩者為U型關係與隨著規模增加，單位學生成本下降。

　　學校人數少，不利於學校的教師專業提供給學生學習，也就是學校規模小，學生人數少、可以開授的課程類型就少，因而可以聘用的專業人力就相對少，所以在規模小的學校常看到會有一位老師要教授多種科目的困境，這就影響到學生無法接受完整的專業知識，因而影響學生的學習表現，甚至未來的就業情形。許惠娟、紀佳琪、巫永森（2011）探討臺灣44所國立大學經營規模經濟，以直線式、U型曲線及L型曲線進行迴歸分析發現：國立大學經營過程，僅有在U型曲線模式具有規模經濟；國立大學規模經濟值為3,294人。臺灣地區國立大學規模經濟之研究朱麗文（2015）分析我國國立大專校院計50所，其自變項是學校規模（學校學生人數），依變項是每位學生單位成本，由各校經常成本除以各校學生得到結果，經過迴歸分析發現，我國50所國立大專校院

平均每生單位成本是247,253元，平均學校規模是8,559人，而從迴歸分析的U型曲線導出國立大專校院最適經濟規模是11,090人。

再以教育市場來說，它並不是一個自由競爭，完全由價格取決於產品價值的完全競爭的市場。在完全競爭的市場中，價格是一個看不見的手，可以決定產品的市場供需。然而教育市場是一個受到公共政策影響極大的環境，並不是一個消費者（學生）可以完全自由選擇，而學校可以自由挑選學生的市場。尤其是臺灣的高等教育市場，公私立學校的學雜費受到政府的控制，學生的入學條件及機會也受到學校在相關設定條件下，對入學名額的管控。因此家長或學生有足夠費用也不一定可以進入明星大學就讀。

Toutkoushian與Paulsen（2007）編著《經濟學應用於校務研究：新取向的校務研究》（*Applying economics to institutional research: New directions for institutional research*）以經濟學概念、模式及方法等多種觀念，應用於高等教育校務研究所面對的問題，各章作者具有經濟學背景，並在高等教育機構從事IR研究。各章都以經濟學觀點探討教育成本與營收，探討經濟學如何運用在入學人數的管理，以及IR人員如何應用經濟學觀念於勞動市場議題給教師做參考。

上述的教育經濟學的成本理論、規模經濟原理與教育市場理論在校務研究可以納入思維。就成本理論來說，校務研究者可以計算歷年來的學校在不同學院及系所的單位學生成本，觀察其變化，以提供學校在投資及改善各系所的參考。而在學校規模經濟上，校務研究者可以透過各校的單位學生成本及學生人數來估算學校究竟是否符合規模經濟，如果未達到規模經濟，學校應思考如何改善學校的經營策略。就教育市場理論來說，高等教育校務研究分析處於不是自由競爭的教育市場，學雜費及招生名額受到政府管控，尤其是臺灣的教育環境，要讓學校永續經營，IR宜建立與分析更多實證資料，讓校務經營者可以參考。

問題與討論

本章在IR的說明強調以IR在學理上的支持及模式的應用。在閱讀完本章之後，除了本章所列出的理論支持IR之外，是否還有其他的學

理是IR的依據呢？同時高等教育機構在進行IR除了本章所提供的模式思維之外，還有沒有其他的模式可以供IR參考的呢？

參考文獻

一、中文部分

朱麗文（2015）。當前國內國立大專校院最適學校經濟規模之分析。**臺灣教育評論，4**(9)，36-43。

吳清山、林天祐（2008）。**教育e辭書**。臺北市：高等教育。

林文達（1984）。**教育經濟學**。臺北市：三民。

洪春吉、趙皖屏（2011）。組織文化與組織創新之關係——以金融業、鋼鐵業、光電業實證研究。**臺灣銀行季刊，60**(3)，96-115。

高希均（1985）。教育經濟學導論。載於高希均（主編），**教育經濟學論文集**（第四版）。臺北市：聯經。

許惠娟、紀佳琪、巫永森（2011）。臺灣地區國立大學規模經濟之研究。**學校行政，75**(9)，104-115。

郭添財（1999）。**教育規模經濟**。臺南縣：漢風。

謝振環、陳正亮（2017）。**經濟學**（第五版）。臺北市：東華。

二、英文部分

Argyris, C., & Schön, D. (1996). *Organizational learning II: Theory, method and practice.* Reading, Mass: Addison Wesley.

Astin, A. W. (1985). *Achieving educational excellence.* San Francisco, CA: Jossey-Bass.

Becker, G. S. (1964). *Human capital: A theoretical and empirical analysis, with special reference to education.* New York, NY: National Bureau of Economic Research.

Bender, K. (2012). Developing institutional adaptability using change management processes. In R. D. Howard, G. W. McLaughlin, W. E. Knight, & Associates. (Eds.), *The handbook of institutional research* (pp.107-129). San Francisco, MA: Jossey-Bass.

Borden, V. M. H., & Kezar, A. (2012). Institutional research and collaborative organizational learning. In R. D. Howard, G. W., McLaughlin, W. E. Knight, & Associates. (Eds.), *The handbook of institutional research* (pp.86-106). San Francisco, MA: Jossey-Bass.

Brown, D., & Brooks, L. (1996). *Career choice and development*. San Francisco, CA: Jossey-Bass.

Burke, J. C., & Minassians, H. P. (Eds.). (2003). Reporting higher education results: Missing links in the performance chain. *New Directions for Institutional Research, 116*. San Francisco, CA: Jossey-Bass.

Burke, J. C., & Serban, A. M. (Eds.). (1998). Performance funding for public higher education: Fad or trend? *New Directions for Institutional Research, 97*. San Francisco, CA: Jossey-Bass.

Cohn, E. (1979). *The economics of education.* (Revised edition). Cambridge, MA: Ballinger Publishing Company.

Deming, W. E. (1975). The logic of evaluation. *Handbook of Evaluation Research, 1*, 53-68.

Deming, W. E. (1986). *Out of the crisis*. Cambridge, MA: MIT Center for Advanced Educational Service.

Ewell, P. T. (2005). Can assessment serve accountability? It depends on the question. In J. C. Burke (Ed.), *Achieving accountability in higher education: Balancing public, academic, and market demands* (pp. 104-124). San Francisco, CA: Jossey-Bass.

Fuller, C., Lebo, C., & Muffo, J. (2012). Challenges in meeting demands for accountability. In R. D. Howard, G. W. McLaughlin, W. E. Knight, & Associates. (Eds.), *The handbook of institutional research* (pp.299-309). San Francisco, MA: Jossey-Bass.

Garvin, D. A. (1993). Building a learning organization. *Harvard Business Review, 71*(4), 80.

Huber, G. P. (1991). Organizational learning: The knowledge chain model: Activities for competitiveness. *Expert Systems with Applications, 20*(1), 77-98.

Kochhar, R. & David, P. (1996). Institutional investors and firm innovation: A test of competing hypotheses. *Strategic Management Journal, 17*, 73-84.

Krumboltz, J. D. (2000). Expanding learning opportunities using career assessments. *Journal of Career Assessment, 8*(4), 315-327.

Lave, J., & Wenger, E. (1991). *Situated learning: Legitimate peripheral participation.* Cambridge, UK: Cambridge University Press.

Mincer, J. (1984). Human capital and economic growth. *Economics of Education Review, 3*(3), 195-205.

Nadler, D. A. (1998). *Champions of change: How CEOs and their companies are mastering the skills of radical change.* San Francisco, MA: Jossey-Bass.

Paton, R., & McCalman, J. (2008). *Change management: A guide to effective implementation.* London, UK: Sage.

Picciano, A. G. (2012). The evolution of big data and learning analytics in American higher education. *Journal of Asynchronous Learning Networks, 16*(3), 9-20.

Psacharopoulos, G. (1994). Returns to investment in education: A global update. *World Development, 22*(9), 1325-1343.

Psacharopoulos, G. (Ed.) (1987). *Economics of education: Research and studies.* New York, NY: Pergamon Press.

Robbins, S. P. (2005). *Organizational behavior* (11th ed). New Jersey, NJ: Prentice Hall International, Inc.

Rodriguez, L. J., & Davis, D. D. (1974). *The economics of education.* Lincoln, Nebraska: Professional Educators.

Sandvik, I. K., & Sandvik, K. (2003). The impact of market orientation on product innovativeness and business performance. *International Journal of Research in Marketing, 20*(4), 355-377.

Schultz, T. W. (1961). Investment in human capital. *American Economic Review, 51*(1), 1-17.

Schultz, T. W. (1963). *The economic value of education.* New York, NY: Columbia University Press.

Scott, S.G., & Bruce, R. A. (1994). Determinants of innovative behavior: A path model of individual innovation in the workplace. *Academy of Management Journal, 37*(3), 580-607.

Senge, P. M. (1990). *The fifth discipline: The art and practice of the learning organization.* New York, NY: Doubleday/Currency.

Seymour, D. T. (1992). *On Q: Causing quality in higher education*. Phoenix, AZ: American Council on Education/Oryx Press.

Stufflebeam, D. L. (1968). *Evaluation as enlightenment for decision-making.* Washington, DC: Association for Supervision and Curriculum Development.

Super, D. E. (1970). Manual of work values inventory. Chicago, IL: River Side.

Swanson, J. L., & Fouad, N.A. (2010). *Career theory and practice*(2nd ed). Thousand Oaks, CA: Sage.

Toutkoushian, R. K., & Paulsen, M. B. (Eds.) (2007). *Applying economics to institutional research: New directions for institutional research,* No. 132. San Francisco, CA: Jossey-Bass.

Volkwein, J. F. (1999). The four faces of institutional research. In J. F. Volkwein (Ed.), *What is institutional research all about? A critical and comprehensive assessment of the profession* (pp.9-19). New Directions for Institutional Research, No. 104. San Francisco, CA: Jossey-Bass.

Volkwein, J. F. (2007). Assessing institutional effectiveness and connecting the pieces of a fragmented university. In J. C. Burke (Ed.), *Fixing the fragmented university* (pp. 145-180). Bolton, MA: Anker.

Voorhees, R. A., & Hinds, T. (2012). Out of the box and out of the office: Institutional research for change times. In R. D. Howard, G. W. McLaughlin, W. E. Knight, & Associates (Eds.), *The handbook of institutional research* (pp.73-85). San Francisco, MA: Jossey-Bass.

第四章

校務研究的方法與資料

――――――（ 第一節　校務研究的方法與迷思 ）――――――

壹、校務研究的研究方法類型

一、量化與質化研究

　　IR以實證研究為主，運用量化研究來達成目的是最大特色，但是IR仍有運用質化研究方法來完成目的。量化研究是社會科學研究法的典範之一。它透過客觀的數據資料之蒐集，嚴謹的提出研究假設之檢定，來獲得研究結果。它運用邏輯性、系統性及可驗證性的數據資料來分析。此典範的主要特色包括：1.運用統計數字，來進行驗證現況及學術理論的一種派典；2.研究中應有明確的變項，即應有概念性與操作型定義，讓研究可以操作化與可重複性；3.研究結果信度高，容易從樣本推論到母群之中；4.研究變項的數量化，使得成果具體客觀，因此較容易建立理論與形成法則；5.操作變項具有客觀性，所以重複進行的可行性高，讓有興趣要重複進行研究者困難度減少；6.容易探討變項之因果關係、變項之間的差異性，以及變項之間的各種可能關聯性；7.因為變項可觀察，在研究過程的價值容易中立，較不會有研究者價值涉入，造成研究成果與研究者在價值中混淆情形。有很多種的量化研究方法，例如：問卷調查法、實驗研究法、準實驗設計（quasi-experimental designs）、相關分析法。相對於量化研究為質化研究，它不強調數字、統計、研究假設及因果關係的建立，而是對於個案或受試者深層了解。這方面的研究如，文件分析法、歷史研究法、俗民誌研究法、觀察研究法、訪談法、個案研究法、行動研究法、生命史研究法、個案研究法等。校務研究同樣具有量化研究及質化研究，研究者可以依其研究問題及研究素養，選擇所要運用的研究取向。

二、橫斷與縱貫研究

　　社會科學研究若以對於教育現象觀察的時間長短可以區分為橫斷（cross-section）與縱貫研究（longitudinal research或longitudinal study），或稱長期追蹤研究。IR也與社會科學研究一樣，有些以橫斷研究方式，僅以一個時間點對於受試者所進行的研究，無法長時間觀察到受試者的成長變化，這無法滿足實際的社會現象。然而它的研究較為省時、經濟，只要一次抽樣就可以了解研究結果。而縱貫研究則是對於樣本進行長時間的觀察與蒐集資料所進行的研究分析方式。它可以了解受試者在研究者所要了解變項的成長變化，可以更宏觀的掌握實際的社會現象，然而它相當的耗時，也不經濟，同時如果是重複測量樣本，樣本也會有厭煩或是流失的問題，資料不易蒐集、不經濟也很耗時。前者受限於一個時間點對於樣本的資料分析，其研究結果的準確度會受到影響，而後者則是對於樣本進行二次或二次以上的重複觀察，了解研究者在樣本所要觀察或測量的變項上之成長變化狀況，它在研究結果的準確度較高。

上述現象就好比，吾人到醫院檢查身體健康狀況，如果個體僅一次抽血檢查來了解身體狀況，無法了解個人長時間的各項身體健康指數之變化；相對的，如果僅一次抽血檢查，雖然有其部分的可信度，但是若沒有長時間測量與追蹤觀察，就無法深入了解個體的身體健康狀況。縱貫研究法透過長時間對於樣本的觀察，來了解樣本屬性的成長變化之研究取向。校務研究也是一樣，若僅以一個時間的分析及診斷學校校務發展，難以了解學校發展的問題及學校發展的變化，相對的，如果長時間對於學校內部的人員，例如教師、學生及家長的表現或整體學校經費使用、學生表現及學校效能變化，更能了解學校發展的問題與特色。

三、實驗與非實驗研究

IR也有以實驗研究來達成研究目的。教師的某一種教學實驗是否可以提高學生學習成效？實驗研究包括準實驗研究，是將研究的樣本區分為實驗組與控制組，實驗組接受實驗處理，而控制組則否。實驗研究的特色在於操弄自變項，也就是對實驗組的樣本進行實驗處理，來了解實驗組在依變項的反應；同時要把實驗組的實驗誤差控制的愈小愈好，而實驗處理效果愈大愈好。如此就可以了解對實驗組的樣本進行實驗處理是否真的有效。實驗研究強調了因果之間的關係，也就是自變項

操弄之後，對於依變項，也就是結果變項的反應。準實驗研究並不像實驗研究嚴謹控制了相關的變項，以及對實驗處理有嚴格管控，這是由於準實驗研究以人為實驗或社會與教育情境所做的實驗研究，它難以控制實驗情境，所以稱為準實驗設計。

　　而與實驗研究相對應的是非實驗研究，它並沒有操弄自變項，也沒有實驗處理，更沒有推論變項之間的因果關係。這方面的研究方法如問卷調查法、歷史研究法、比較研究法、相關研究法、觀察研究法、訪談研究法等。實驗研究在校務研究的應用相當廣泛，就如學校可以進行一項教學法的實驗，選取某些班級接受所要實驗的教學方法，而選擇一些班級作為參照，在經過一段時間的教學方法實驗之後，受試樣本及控制樣本再接受觀察及測量，獲得資料再進行分析。

四、單層與多層次研究

　　從研究資料的附屬性或巢套性，可以區分為單一層及多層次的研究。前者僅是對於一個層面的樣本進行分析，而後者則是可以把研究樣本區所附屬的特性區分為不同層，例如學生、班級及學校就是三層。就如一位教育主管想要了解臺灣的各大學學校效能，此時如果僅以老師為樣本對於學校效能的反應資料，此時所分析者為單一層，也就是僅以老師層面感受所獲得的資料。若是研究者可以蒐集到臺灣的每所大學學校基本資料（如學生人數、學校每年的經常門與資本門經費、學校的社團數、圖書數等），這是學校層的資料；而對於學校班級的一些與學校效能的變因，如家長的社經地位、學生來源組成或是班級氣氛等，這是班級層的因素；最後為教師層的因素，如老師的性別、教學熱誠、進修狀況、教師的教學專業等，這是教師層，此時可以把這三層整合，成為三層式的研究。若校務研究資料蒐集到這方面多層次且有群聚資料，可以透過階層線性模式分析（Hierarchical linear modeling, HLM）來探究。HLM會考慮資料結構中的不同層之間的關係，這與傳統沒有考量資料結構而造成型I誤差（type I error）過於膨脹有所不同（Kreft & DeLeeuw, 1998; Raudenbush & Bryk, 2002）。若以高等教育機構來說，IR在資料結構及分析可以如圖4-1所示。它為三個面向，第

一個面向是層次，IR可以區分為七層，也就是，學生、班級、系所、院、校、跨校、跨國跨校等；而第二面向的研究議題可以包括學生學習表現、課程、學生心理等；第三面向的族群可以性別、宗教團體、族群、公私立學校等。

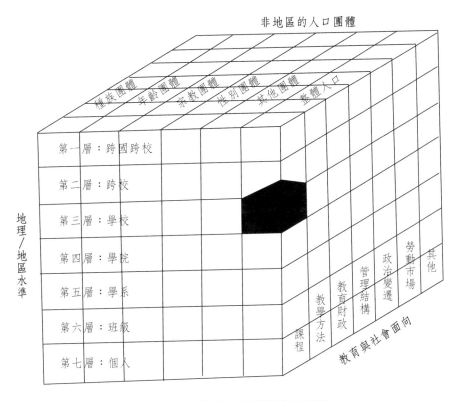

圖4-1　多層次在校務研究的圖示

資料來源：修改自"Level of comparison in educational studies: Different insights from different literatures and the value of multilevel analyses", by Bray, M., & Thomas, R. M., 1995, *Harvard Educational Review*, 65(3), 472-489.

五、單一與後設研究

　　以相同研究數量的多寡來看，研究區分為單一及後設研究，前者僅是對於一個現象進行一次性的研究，它可能是縱貫性（時間數列式的

研究）或橫斷面對一批研究對象深入的研究，而後者則是把主題或變項相同的數十個或數百個研究，整合起來，重新再分析一次，也就是它從現有很多研究，再進行一次研究的意思，而這些研究有相同研究變項為基礎進行的研究。後設分析為計量分析技巧，整合某一研究領域內之現有研究結果再分析，尋求普遍性結論的統計技術，它包括綜合考驗法計算與解釋、效應量（effect size）計算及解釋、抽樣誤差、測量誤差及全距不一致偏差剔除（Hedges & Olkin, 1985; Kreft & DeLeeuw, 1998）。單一研究的結果很可能會因為僅有一次研究，因而在研究取樣、研究工具或研究推論產生偏誤，無法掌握社會確切的現象，而後設分析是站在他人研究之上所進行的研究，也就是把眾多相近主題及變項的研究整合為一個研究的研究。校務研究同樣會有這樣的分法，由於校務研究在國內僅是一個初期發展，尚未有太多的相同變項的研究，所以這方面的研究很少，也是未來值得校務研究之研究取向。

六、描述與預測研究

　　社會科學的研究的目的包括描述、解釋、預測與控制，最終在提升人類的生活素質。描述研究僅在解釋社會現象，而解釋除了描述社會現象之外，更有對現象產生的原因及背景做深入的分析。就如社會的升學瀰漫現象產生的原因是什麼？更深一層的探究其背後的產生原因。而預測則是從過往及現在的資料，透過研究方式來預測未來的發展現象。當社會現象得以準確的預測，就可以期待對相關的社會現象進行控制。校務研究也是一樣，有描述性研究，也就是針對學校發展的現象進行描述，例如校務研究中心每年提出學校的績效責任報告，它常包括學校每年的學生保留率、畢業率、偏差行為學生數、弱勢子女學生數及學習表現。若以偏差行為的學生，或稱為高危險群的學生來說，解釋此現象則是對此偏差行為的產生原因有深入分析就是解釋型的研究。預測研究就在了解哪些變因是可以預測學校經營效率、學生學習表現，以作為未來學校資源及學生學習的掌握。

七、理論型與應用研究

　　研究可以區分為理論型及應用型，前者是探討社會現象，建構出嚴謹的理論或修正理論的研究。後者則是針對社會現象的研究所得到的結果予與應用，也稱為實務研究。理論型的研究歸納出原理原則，讓社會現象可以透過抽象化符號及文字予以說明。而應用型則是將社會現象所得到的研究結果，提出處方及建議方案，供未來的情境及場域應用。

　　校務研究包括這兩種類型的研究，它雖然以解決學校問題為導向，也就是以一所學校的決策的應用導向研究，但是在診斷及解決學校問題的同時，也有建立理論的深遠意義在其中。簡言之，校務研究雖然以校為本的研究，強調一所學校的資料分析與實證發現，但是從校務研究獲得結果，提出解決學校發展處方的同時，也可以歸納出原理原則，有建立理論的意味。

貳、校務研究方法的選用

一、社會科學研究法類型

　　上述看出，社會科學研究方法都可以應用在校務研究之中。簡單說，校務研究方法從社會科學研究方法而來，因此社會科學有哪些研究方法，IR就有哪些研究方法。社會科學研究方法包括質化與量化研究法。前者包括了觀察法、訪談法、文件分析法、人種誌法、歷史法、生命史研究法、比較研究法、個案研究法等；後者包括相關研究法、實驗研究法、準實驗研究法、問卷調查法、次級資料分析法、後設分析法、縱貫分析法。除了後設分析法與縱貫分析法較少看到之外，其他研究方法在坊間的教科書常可以看到。

二、IR選用研究方法的考量

　　IR應選擇哪一種研究方法必須要視學校發展需求、校務研究目的及學校需求與任務而定。校務研究以學校為本位的研究，選用的研究方法一定要可以在校園中蒐集到資料，也可從他校資料交換取得研究資料，甚至校務研究者期待以比較研究方式，從其他學校或標竿學校發

展經驗蒐集資料，來與該校分析的議題進行比較，此時可以蒐集他校資料納入校務研究分析。McLaughlin、Howard與Jones-White（2012）指出，在使用IR分析技術應該考量該項活動的目的，究竟目的是在描述，還是要做推論應用呢？如果僅描述一個團體在於某一項反應或特性的集中、分配情形，運用描述統計即可，如果是要從樣本推論到母群體，此時就應用推論統計。其實，校務研究方法選擇應當有以下考量：

(一) 以學校發展為優先

　　校務研究的目的在解決學校發展的問題，例如學生學習表現落差、教育資源使用效率、學生保留率、教師教學狀況、工作負擔、課程安置、財務表現、學生畢業與產業連結、學校的績效責任等。因此在選用研究方法應考量校務研究目的、學校發展問題及其任務為何？究竟是要從既有建置的資料庫來分析歷年學習表現及教師工作負擔，或是要進行實驗研究來獲得學生學習表現結果，還是要從深入訪談行政人員的工作壓力來獲得結果。究竟本年度或此次的校務研究主題及重點與目的之關聯性為何？此校務研究對於學校發展的決策有何目的？是要作為校務評鑑依據，還是要改善學生學習成效呢？或是要作為揭露學校發展的問題，或提供學校發展處方，還是作為績效責任呢？在上述眾多目的，校務研究中心應該會受到學校領導者或政府的績效責任所提供的訴求，以提供學校發展為優先，讓IR的研究結果提供主管做校務發展決策參考與提供績效責任的依據。

(二) 以資料屬性為基礎

　　校務研究是以證據為導向，並以資料轉化為知識，作為校務研究及發展的證據。校務研究的資料若以尺度的特性可以分為名目尺度（nominal scale）、順序尺度（ordinal scale）、等距尺度（interval scale）、等比尺度（ratio scale），前兩種為不連續尺度，通常它僅能區分類別及等第，所以較常運用無母數統計；而後兩種為連續尺度，通常變項刻度較為精確，可以運用參數統計方法。為了符應於校務研究特

性，應考量學校已存有哪些資料庫、需要建置哪些資料庫？可以串連哪些單位的資料（教學或行政單位），或者應蒐集哪些學生表現資料，以及老師或行政人員的工作資料。這些資料是否已清理乾淨而可以使用，它僅是一個時間點現象，還是有長期性資料，或者有外部機構提供可以比較或輔助資料，來彌補學校蒐集資料不足。校務研究宜善用不同的資料庫，並依資料特性，透過視覺化圖表呈現，讓決策者及外部聽眾更能很快掌握研究重點。當然在這些資料庫包括哪些人口變項、心理變項、社會變項，甚至各種變項尺度特性等都是選擇研究方法所要考量。

(三) 以可以解決問題為主

　　校務研究目的之一在診斷及解決學校本身的問題，同時對於消費者及主管單位提供績效責任的依據。校務研究在選用研究方法應以提供知識，來診斷及解決學校問題為主。學校為了生存及其價值，需要有學校發展特色，也需要有學生來源，更重要的是，需要有存在的價值。因此透過校務研究來維持學校存在的價值，並創造更多的附加價值及新的價值，此時需要有適切的研究方法來探究學校發展狀況。校務研究人員應針對學校的發展歷史、環境脈絡、學生組成、歷年來的學生數變化、教職員工特性、研究能量、學校文化、社區環境、產業及各級政府對學校的期待等方向來思考研究題材及研究方向，更重要的是將學校已面臨的問題，或未來可能面臨的問題做深入的分析，作為學校決策及發展參考。

(四) 以縱貫性研究為主

　　IR需要永續的執行才可以掌握學校發展脈動，因此校務研究在議題設定及方法選用上，除了應付學校即時所需之外，更重要的是從長期建置的資料來診斷學校發展問題，進行政策分析，提供有效的資訊作為決策參考。校務研究具有特殊性、差異性、地區性、學理性與永續性。特殊性在於每一個學校的發展狀況不同，衍生的發展問題也就不一

樣，所要追求的特色就不一樣。而差異性與特殊性相近，它是指校際之間的不同，不同層級學校的發展也不一樣，所以校務研究具有差異性。而地區性則是因為學校所在的地點及環境脈絡異質，所以校務研究要探討的議題與問題就一樣，因研究結果所提出的學校發展處方也不同。學理性則在於校務研究，雖然將研究結果應用於學校發展之中，它的實務性功能很強，但是研究歷程及嚴謹度，以及研究發現的累積，也會提高它的學理性，因此透過校務研究也可以建立學術理論，提供學術發展應用。而永續性則在於校務研究需要永續的進行，如果在建置資料庫更需要永續，因而對於學校發展問題的診斷及研究以縱貫性及長期的追蹤分析是校務研究應著重的重點。透過長期的分析學校所面臨的問題及現象，提出優質的資訊作為決策參考，更是校務研究重要的目的。所以在校務研究應以縱貫性及長期追蹤研究為主，較為可靠。

參、校務研究的錯誤觀念

有許多人對於IR沒有深入了解，因而有許多錯誤觀念。各界常將量化的校務研究等同於問卷調查法的研究。這是對量化校務研究的一種誤解。因此校務研究運用量化研究法，尤其把校務研究視為問卷調查法就限制了研究視野。以下說明校務研究的錯誤觀念：

一、校務研究等同於校務評鑑

IR很嚴重錯誤觀念是把它視為校務評鑑，也就是把兩者劃為等號。彭森明（2013）指出，大學自我評鑑是校務研究的關鍵性前端工作，是校務研究過程的一部分，著重在發掘問題，後續的研究著重在解決問題。常桐善（2014）認為，IR以實徵資訊為本的研究與評鑑機制，也就是評鑑是定位功能，研究則是導航功能。校務評鑑並沒有透過嚴謹的研究過程，才進行評鑑，而是當局透過委員會組成，對特定學校進行學校發展診斷，找出學校發展問題，它並沒有透過研究步驟，來找出學校發展問題的處方。IR則是從學校問題界定與研究假說的確立，蒐集或透過現有的學校發展資料所進行的分析，深入的討論所獲得的結果，最後針對學校發展問題提出合理的處方。

　　其實，校務研究與校務評鑑、大學認可及績效責任有密切的關係，如圖4-2。校務研究透過長期對於學校資料的蒐集與分析，可以及時的提供學校發展的診斷及決策的參考，同時在研究完成之後可以作為績效責任與大學認可的依據。換句話說，校務評鑑僅是固定時間，可能是三至五年才評鑑一次，而校務研究隨時都可以透過學校資料庫的資料分析，掌握學校的發展狀況，它比起校務評鑑更具有即時效果。同時美國的大學講求績效責任，它是指一個學校、一個單位、一位老師是否在現有的資源與環境下，達成被賦予的責任或任務（彭森明，2013）。校務研究完成的各項報告內容，可以提供給消費者了解學校發展狀況與提供排名，讓各界了解其表現績效，甚至可以從大學表現績效中獲得聯邦、州政府的經費補助。此外，因為接受校外機構的校務評鑑，在經過相關人員專業審查及嚴謹流程，如果審查通過，亦可以獲得大學認可的證書。

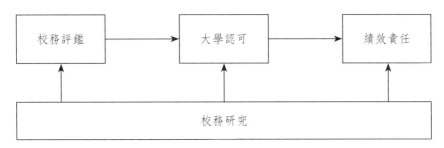

圖4-2　校務評鑑、大學認可與校務研究的關係

　　透過評鑑之後，還沒有認定大學是否已經符合規範標準，還需要經過認可程序。認可是美國高等教育品質保證之方式，透過非官方的學術團體採行同儕評鑑，以確認被認可之機構或學程，是否達成評鑑中的目標，並符合最低或門檻評鑑標準的一個自願過程（王保進，2005）。美國的大學都要經過聯邦或州政府審核才能辦學，因而大學自主向民間組織申請認可，美國教育部不參與認可，完全授權民間組織完成。美國認可大學機構包括地區性認可（Regional Accreditation）與全國性認可（National Accreditation）機構。前者包括中部各州學

院與學校協會（Middle States Association of Colleges and Schools）、
新英格蘭學院與學校協會（New England Association of Schools and
Colleges）、中北部學院與學校協會（North Central Association of
Colleges and Schools）、西北部學院與學校協會（Northwest Associa-
tion of Schools and Colleges）、南部學院與學校協會（Southern As-
sociation of Colleges and Schools）、西部學院與學校協會（Western
Association of Schools and Colleges）。後者包括持續教育與訓練認可
審議委員會（Accrediting Council for Continuing Education & Training,
ACCET）、獨立學院與學校認可審議委員會（Accrediting Council for
Independent Colleges and Schools, ACICS）、遠距教育與訓練委員會
（Distance Education and Training Council, DETC）、高等教育認可審
議會（Council for Higher Education Accreditation, CHEA）。上述可
知，校務研究是學校基礎又實務的任務，可以提供校務評鑑、大學認可
及績效責任的重要資訊。

二、校務研究僅以校本為範圍

　　IR雖然以學校為本位，也就是以一所學校為範圍所進行的研究，
但是它不一定將研究範圍縮限在自己的學校。校務研究目的之一在知
己知彼，它不是自己學校做研究而已，還可以從不同學校的研究所獲
得經驗作為參考。IR可以透過與國內外的同儕學校、相類似學校、同
類型發展學校，或標竿學校（benchmarker）進行比較研究，以提出
學校發展改進參考（Trainer, 2008）。Teeter與Brinkman（2003）提
出四種大學比較群體的類型：1.競爭者比較群（competitor compari-
son group），它是要以學生數、教師數（faculty）及財務狀況作為競
爭對手群，學校不一定要與被競爭的學校在上述條件相當；2.激勵的
比較群（aspirational comparison group），它是一種標竿型學校，是
學校所要仿效及學習的對象；3.事先決定比較群（predetermined com-
parison group），它又包括：(1)自然的事先決定群（natural predeter-
mined group）──基於與現在學校的關係，如地點、區域接觸或運動
會（athletic conference）建立的關係納入群組；(2)傳統的事先決定群

（traditional predetermined group）—— 基於大學發展的歷史因素納入群組；(3)法定事先決定群（jurisdictional predetermined group）—— 基於政治或法定條件納入的群組學校；(4)分類的事先決定群（classification predetermined group）—— 基於政府對大學績效責任報告或排名來納入比較的學校；4.同儕比較群，它是讓擁有相同角色、研究範圍領域（scope）與任務（mission）的大學納入群組。至於分組的方法可以運用門檻法（列出條件，在一定門檻才可以進入群組）、集群分析（將幾個重要的大學特性運用集群分析來分群）、樣板評核法（panel review method）（它不是運用統計方法，而是透過專家學者對於大學的價值判斷來檢核）、三角法（hybrid method）（它是運用大學資料、專家學者的價值判斷及統計方法所整合分群的方法）。

　　簡言之，校務研究可以單一校園，也可以多個校園系統、一個學區、州或省、邦或一群組大學及學院或學校為研究對象。透過從他校的研究資料，即以同質性或較接近發展型態的學校資料進行研究，獲得的結論。這樣仍然可以作為個別學校在規劃近程、中程與遠程發展方向依據。雖然同質性、發展性、學校表現或規模相當學校的研究，再進行比較，會有學校脈絡及學校文化的推論限制，但是校務研究也有參考標竿學校，以及與其他學校比較的功能。Carrigan（2012）有進行美國的大學群組比較可以參考。

三、把校務研究視為行動研究

　　IR雖然是以應用性為主，但是並不代表就是一種行動研究（action research）。校務研究需要以蒐集到的數據資料為基礎，從這些客觀資料再進行研究，它是以數據且以校為本的研究，它的資料分析方法相當多元，包括了多變項統計分析及長期資料追蹤等。而行動研究是工作現場的實務操作人員，針對工作場域之特定問題所進行的研究，它是一種以小規模的研究，並以現場實務問題為導向，結合專家學者的研究，主要在解決現場問題。雖然它仍然使用各種研究方法，例如問卷調查法、實驗研究、個案研究等，然而它在研究工具在信度與效度並沒有那樣的嚴謹，若是在實驗研究也沒有嚴謹的隨機化過程 —— 包括隨機分派

受試者及隨機取樣的過程，因此它不強調透過量化資料分析，將研究結果進行推論的研究。

四、把校務研究視為教育行政

還有一種誤解就是把IR視為教育行政或學校管理，這是很大錯誤。教育行政或學校行政是對學校事務的管理，經營者透過計畫、組織、領導、溝通及評鑑等管理歷程，對於學校事務及人事做有效的管理，以達到教育目標的歷程。換句話說，教育行政是管理的歷程，它不是研究。而校務研究則是透過學校問題的界定，接著運用已蒐集到的資料或規劃所蒐集到的資料，再運用相關的資料處理方法（有可能是統計的或是文件整理）來尋求問題解答的歷程，此種問題解答就是一種研究結果，並將此結果提供學校決策參考。簡單說，IR是從眾多資料轉化為有意義及有價值的知識，作為決策的參考。因此校務研究不等於教育行政。

五、將問卷調查等同校務研究

很多研究者會把IR與量化研究或問卷調查劃為等號。這也是極大錯誤。問卷調查法以設計好的問卷或自陳量表，測驗某一群體，從該母群體的樣本中，抽取一定的樣本數（此樣本應具有代表性與樣本足夠性）；接著以問卷或測驗工具發送給所取得的樣本，透過研究工具對樣本施測，以了解所要測量的特質或屬性（例如動機、成就、人格、意見、態度的反應等），以了解所測量特質的一種研究方法。它是校務研究的一種方法。

IR蒐集數據資料還包括透過實驗研究法、準實驗研究法以及觀察研究法等來蒐集。實驗研究法透過操弄實驗變項，來了解實驗變項在操弄之後，對於依變項的反應，從依變項改變中了解實驗處理的效果。準實驗研究與實驗研究很接近，只是在研究過程中，準實驗研究並沒有隨機抽樣及隨機分派過程，因而在實驗過程無法與真正實驗研究一樣。量化研究還有相關研究的分析法，它針對樣本所蒐集到的統計資料，將所

得到的變項進行統計分析的一種量化研究。上述三種研究方法都屬於量化方式，所處理及運用方式卻有不同，但都是校務研究的方法。

吾人將IR與量化研究侷限於問卷調查法，對量化研究的批評包括：1.量化研究僅以數字說話方式，來欺瞞社會大眾。2.量化研究僅針對某一些問卷題目或量表，就來代表整個現象的所有特質，有可能會失真。3.以問卷調查法所得到的研究結果，僅是一部分結果，無法類推到整體母群。4.量化研究僅有部分變項，無法窺見整個個體內在特性、學校與社會現象。它是一種黑箱作業，並無法真實的了解個人、學校或社會的意義。5.量化研究僅以數字來代表研究結果的意義，數據的真假有時不易辨認，但多數人都把它視為重要資訊，因而會有以訛傳訛質疑。其實，IR與問卷調查研究不能劃成等號。問卷調查僅是校務研究蒐集資料的方式之一，無法完全代表量化研究與IR。校務研究方法包含實驗研究法、準實驗研究法、次級資料分析、問卷調查法等，透過統計分析方法，例如相關分析、變異數分析、集群分析、迴歸分析、HLM、SEM、LGM等進行數據分析。

上述迷思將問卷調查法等同於IR，並對量化研究方法無法了解其深切意義及運用形式，不僅對校務研究及量化研究誤解，而且誤用問卷調查法。這些錯誤觀念是國內在進行校務研究應借鏡。

六、將校務研究與實驗研究劃為等號

校務研究若以實驗研究為取向，也容易會有錯誤觀念產生。若是實驗研究法有準實驗研究與真實驗研究。兩者最大差異在於前者在進行實驗時，並未對於所要實驗樣本有隨機取樣，以及在取樣之後並沒有隨機分派（randomization）至實驗組及控制組之中。因為沒有具備上述二種真正實驗的基本條件，所以這類實驗不是真正實驗。而真正實驗是自然科學在實驗室中，依據一定條件限制，例如恆溫、溼度控制及一定化學元素或相關條件配合所進行的實驗。實驗研究是在實驗條件及設備標準下進行。然而社會科學的實驗研究，無法如真正實驗研究的隨機抽樣及隨機分派，同時在進行實驗時受到以下的實驗限制，無法將它視為一種真實驗。這些因素如下：

　　社會科學實驗常以個體爲實驗對象，以人爲對象，所以在實驗過程中，有很多條件無法完整控制。就如人的心智會成熟度、態度與認知風格，無法在一定條件下，要求人不要成熟或態度表現。受試者爲人（例如學生、教師或家長與行政人員），會有各種突發狀況與研究倫理的疑慮，研究過程非常複雜，例如在實驗過程受到外在壓力與相關因素影響，就如受試者因爲搬家、車禍、轉學或當天無法在「教室或實驗情境參與實驗」或實驗過程太緊張，無法配合實驗要求；或在實驗時無法與眞實的實驗情境一樣，讓實驗情境具有恆常現象，無法反應出實驗處理效果。

　　實驗研究需要實驗處理，它難免會涉及到受試者的相關因素。在實驗過程中，要獲得受試者準確資料之影響因素很多，所以實驗誤差增加。社會科學實驗常以測驗與量表作爲測量工具，例如學習成就測驗、人格測驗、智力測驗等。這些測驗工具爲研究者或專家學者在建構，雖然有評估其信度、效度或常模，但是社會科學對於相關理論建構的問卷或工具都有其特定性與個別性，無法普遍性。同時測量工具僅是研究者的「有限度能力」或「有限度知識範圍」設計的工具，無法涵蓋所要測量的個體內涵或學校發展現象。測驗量表會因爲信度、效度不佳，所以測量誤差會增加。

　　總之，把IR等同於社會科學及自然科學實驗研究，是對量化研究無法了解深切意義及運用形式，這不僅對校務研究有誤解，而且也對社會科學與自然科學實驗研究有誤解。這些錯誤觀念是國內的校務研究所應思考。

七、IR與幾個重要名詞

　　IR是以大學資料進行研究，旨在提供資訊來支持學校計畫、政策形成與決定（Saupe, 1990, p.1）。高等教育機構的內外部報告、計畫和特定方案、資料管理及技術支持、研究與發展是IR的重要功能（Volkwein, Liu & Woodell, 2012）。然而IR與教育評量（educational assessment）、高等教育機構效能（institutional effectiveness）、認可（accreditation）、教育測驗（educational measurement）及教育評鑑

（educational evaluation）的意義不同。說明如下：

　　教育評量是指有系統的蒐集，針對一個主題分析，提出成果證據轉換爲有意義訊息（Astin & Antonio, 2012; Seclosky & Denison, 2012）。不管評量歷程由行政人員或教師，評量對於學生學習表現進行優先順序及價值的判斷。認可是一種同儕檢核歷程，它對大學校院教育品質檢視，並確保大學校院符應實務表現的標準（Bogue & Hall, 2003; Eaton, 2012; Gaston, 2014）。認可是評估整體或部分評估大學校院教育活動的歷程，並尋求獨立判斷，以確定學校達到和其他大學校院同等良好的品質。機構效能是一個多面向意義，包括行政、教學、研究、學習表現的效能（Alfred, 2011, p.104），它起源於1980年代，南美學院及學校委員會（the Southern Association of Colleges and Schools Commission on Colleges, SACSCOC），是一個地區性團體，提出的名詞，作爲描述州內政策的情形（Ewell, 2011）。機構效能與評量不同，它是檢核大學所有面向的表現，而評量僅限定針對學生學習成果及發展而已。機構效能是有系統的檢核大學內部各領域的計畫與決策（包括行政、教學與研究等），同時有不同層次來決定學校效能。而教育測驗的焦點集中在心理計量的理論及原則，運用測驗工具來蒐集學生層的教育資料。所蒐集的資料是機於測驗題目或從受試者表現來做判斷，可以作爲研究者在決定時的參考依據（Secolsky & Denison, 2012）。教育評鑑定義爲決定某些事物的功績、值得或價值的歷程或這歷程的成果（The process of determining the merit, worth, or value of something, or the product of that process.）（Scriven, 1991）。教育評鑑強調教育方案的眞實性，更特定來說，它在了解已提出什麼建議，以及已安排什麼活動。評鑑的焦點資料在於方案達成水準，然而教育評量的焦點將資料的重點放在學生學習表現水準。

第二節　校務研究的資料庫建置

壹、校務研究資料庫建置的重要

　　IR以學校為本位所進行的研究。它以一所學校為基礎，並以證據為導向，所以就需要建立嚴謹又客觀的資料庫，才可以提供校務研究在資料分析的運用。蔡宗哲（2015）指出，IR以建置集中式資料倉儲為基礎，透過蒐集校內外數據（結構化、非結構化）、進行分析、分類、預警、預測，並整合多方專業領域（資訊、統計、數學、教育、社會科學、管理等）之知識，以提供實證之數據，協助校方提升辦學品質、政府制定教育政策及提供社會大眾有用之學習數據；他以邏輯特模型（Logit Model）模型，分析依變數（校方建置資料倉儲需求之意願）（採購市場所提供之系統），會受到哪些自變數影響。經Logit迴歸分析顯示，資料倉儲建置需求（採購系統）顯著受到學校類別（國立、私立）、是否獲得教育部提升校務專業管理能力計畫經費補助、學生人數、生／職員比、校務研究辦公室主任位階、校長學術領域背景等六個自變數影響。可見建置資料倉儲系統受到多種因素的影響。而建立校務研究資料庫有以下的重要性。

一、提供校務長期分析的基礎

　　IR需要學生、老師、行政人員或家長的長期資料，這些資料包括了硬性資料及軟性資料。前者如學校的預算、人口組成、學校的家庭結構組成、教師的資格、教師進修的情形等；後者則是透過研究問卷對學校中的個體進行施測的資料。如果沒有長期蒐集資料，就無法深入進行校務研究。

二、可以隨時提取資料及分析

　　IR若有資料庫為後盾，校務研究人員可以隨時從資料庫中，抽出所要研究的校務議題之有關資料。在取得資料後，就可以深入分析，不

僅可以對學校發展提出診斷，而且可以提出學校發展處方。它具有便利性及時效性，學校決策者可以隨時要求校務研究單位分析學校發展問題，提出處方。

三、可以立即獲得解決的策略

IR以學校爲本位的研究，若在完整、有系統、有組織及長期建立的資料庫之下從事研究分析，獲得研究結果，提出學校發展方案或提出合理的學校發展計畫。換言之，它可以立即獲得出學校發展問題，也可以快速的從分析結果中找到解決問題的處方。

四、可以逐步增加資料客觀性

IR在建立資料庫之後，後續就會有第一波、第二波、第三波等多筆資料建立。如果後續不斷地蒐集資料，並長期追蹤，也就是永續累積學校發展的相關資料與更新資料，就可以長期了解學校發展的問題。因此校務研究需要不斷地更新與累積學校發展資料，找出學校發展問題，並提出學校發展特色的方向。

貳、建立資料庫的流程

校務研究的資料庫建立有其相關流程，也就是從問卷設計、資料蒐集、篩選、編碼、登錄、查核、清理與更新等都是必要步驟。說明如下：

一、確立資料庫目的與架構

IR需要有資料庫爲依據才能較完整的分析，因此需要建立資料庫。然而建立資料庫需要掌握幾個原則：

(一) 確立目的

建立校務研究的資料庫之目的要先確立。此一資料庫建立之後要回答及解決哪些校務的實際問題及其目的，應先釐清。如果校務研究的目

的無法確立，就不知道要蒐集哪些研究對象、研究變項，以及要蒐集多少次數的資料，甚至不了解要投入多少的人力與資源。

(二) 建立架構

在資料庫目的確立之後，接下來就是要確立蒐集資料類型、屬性與項目。也就是蒐集內容需要哪些資料與變項？教師及學生或家長的人口變項要建立與登錄哪些資料？學生學習狀況、選課及修課狀況、留讀率（retention）、每門課學生蹺課及出缺席情形、畢業率、教師教學狀況、每學期學生流失狀況、中輟情形等。簡言之，建立資料庫應先確立資料庫要解決哪些校務問題？建立該資料庫的目的。將具體的目的轉化為資料庫的架構（framework）。

(三) 操作定義

當確立資料庫所蒐集項目或變項之後，接著就是要對於變項進行操作型定義，讓變項可以觀察、可以測量及可以重複（在不同人用同一筆資料可以一樣獲得相同答案），這樣可以在後續的資料建置與不同波的資料登錄，會有所依循。IR以建立的資料庫為基礎，學校過往建立的資料庫，至今一樣可以做分析，資料庫有其延續性與追蹤性，不是一次資料調查就完成。尤其要對學校長期的了解發展狀況，資料的各變項要有明確的操作型定義。資料操作型定義之後，代表對變項已有明確界定，可以作為後續重複分析或串接不同資料庫卻有相同操作型定義的資料庫。校務研究者可以依其研究目的，選用資料庫資料，搭配統計軟體或視覺化軟體進行分析。

(四) 蒐集登錄

在確立登錄欄位之後，交由資訊人員或資料登錄人員將所蒐集到的資料，如透過問卷，或學生填寫資料，一筆筆登錄在電腦中，並予以備份。同時對於各變項要登錄的欄位予以確立。上述資料操作型定義與欄位確立的重點在於各項資料，可以在後續校務研究中重複操作與測

量，不同調查的波次可以做分析與比較。更重要的是可以做不同資料庫的串聯與整併，可以讓多個小資料庫整併爲大資料庫，以作爲後續分析。

二、校務研究人員的分工

臺灣的IR剛起步，在資料建立與分析的專業人力相當欠缺。這是未來應努力的。而在建立資料庫之前需對於資料庫建立的人員進行專業分工，如果是在問卷蒐集的資料，從問卷設計、問卷施測、資料蒐集與登錄及更新都需要專業分工。如果是學生填寫的入學資料及學生流動率或學習表現，或者是教師教學狀況及學校經費使用等資料的建立。這些都需要有資訊軟體、統計分析及撰寫報告者的專業投入。因此，哪些人負責統計及資訊軟體的灌入電腦及建置？哪些人負責校務統計分析？以及哪些人負責撰擬校務研究報告？甚至前置的校務問題檢核及相關文獻整理等都要明確分工，權責相稱與分工合作，才容易完成校務研究。

三、建立良好的資訊環境

IR的資料庫一定要有完善的資訊環境。這方面包括學校應有獨立的資訊空間、相關的進階統計軟體、高倍速及空間容量大的電腦、高倍速的儲存資料夾等資訊軟硬體設備。建立資料庫需要有可以登錄資料電腦，以及必要的統計軟體備份等。這是校務研究之資料庫建立的第二個步驟。在此就需要經費投入及人員對於這些資訊軟硬體的維護。不定期的對於軟體掃毒，以及對於軟體的更新版本及對於資料備份等。

雲端的資訊環境是IR應重視的。尤其要處理逐漸增加的大數據更需運用雲端計算（cloud computing），透過雲端的資料儲存、管理與可取得性。雲端提供一個可信賴、容錯（fault tolerant）（也就是大型主機）、可取得性強與可擴展的環境（scalable environment）（如虛擬空間），在此條件下，大數據系統可以容易運算（Hashem et al., 2014）。在雲端可以顯示從各地伺服器透過網路傳來的資料，使用者只要簡單操作，就可以隨時隨地提供資料取得及資料分享的訊息。傳統

的資料儲存方法及管理，有些是運用紙本的問卷調查，或學生運用電腦填寫之後，再儲存資料，最後形成資料庫。然而這樣儲存及管理受限於資料的取得及效用。雲端計算是一個便利方法，允許即時儲存及取得資料，讓分析資料者在最小互動或最少協助的投入就可以使用資料（Mell & Grance, 2011）。IR透過雲端計算的協助，可以更廣闊與快速的取得資料，並提供不受需求限制的服務。這種方法在成本效益較高。雖然它的使用及內容不完全集中在高等教育機構，但是Neves et al.（2016）討論雲端如何提供給高等教育機構人員處理大數據資料。Neves et al提供多種雲端計算議題，例如資料安全、保護隱私及資料管理，這些可以應用於大數據及在雲端處理高等教育機構的資料。IR應關心大數據資料的安全性，尤其在雲端有超載資料的狀況。IR應注意誰擁有資料與誰可以取得資料的問題。IR也應注意學生填寫資料之後，儲存在雲端可能會被盜取隱私資料的問題；在資料管理上，IR應思考資料應該保存多久時間與何時更新資料的問題。

四、選用適切的抽樣方法

　　若學校運用問卷調查法蒐集資料，此時在選用適切抽樣方法（survey sampling）也是校務研究應正視的問題。雖然IR以一所學校內的研究樣本，除非該所學校樣本數多，即母群體很大，否則都是普查資料蒐集，建立資料庫，就沒有所謂的抽樣問題。然而有許多學校規模過大，某次的校務議題僅以某些樣本進行調查，或要以他校樣本作爲校務研究借鏡，此時可以納入分析的樣本數會很多，就需要從母群體抽取樣本。常用的隨機抽樣法爲簡單隨機抽樣（simple random sampling）、分層隨機抽樣（stratified random sampling）、系統抽樣（systematic sampling）、群集抽樣（cluster sampling）。前者可以運用亂數號碼表進行抽樣，分層隨機取樣則可以透過不同年級來抽樣，也就是以年級來分層而抽樣，系統抽樣是以每間隔一些人數，如每十個抽一個樣本，抽中的所有樣本作爲分析的樣本；而群集抽樣則可以運用大學的系所來分類而抽樣。這些抽樣方法都各有優劣。

五、長期蒐集資料與登錄

　　在專業分工及良好資訊環境之後，接下來是規劃校務研究所需要蒐集的資料，蒐集資料之後宜儘速登錄在電腦軟體並儲存。它必須要對於研究工具中的每一個題目及資料有明確的界定，同時對於蒐集資料使用的變項尺度亦應明確。如果是長期追蹤調查及研究更需要對於不同波次（wave），對相同題目的資料應有一致性的登錄。

　　IR所建立的資料庫不會僅有一個時間點的蒐集，它需要長時間持續的蒐集，在每固定一段時間追蹤調查學校樣本，然後再把蒐集的資料登錄於電腦或雲端及資料庫。蒐集的資料不僅限定於學生的學習表現及人口變項，還可以包括教師職涯與教學狀況，以及行政人員和家長的相關資料。此時需要透過設計問卷，編擬與校務研究有關的題目進行調查。若是長期追蹤調查，則需要了解多久施測一次問卷；以國小學生來說，有六個年段或者是十二個學期，而國中、高中職則有三個年段或六個學期，大學則有四個年段或八個學期。而以教師來說，很可能一位老師都在同一學校服務到退休，就更需要長期填報資料。受試者要多久時間施測一次需要嚴謹規劃。若確定一學期施測一次，則每一學期則都有資料建立在資料庫中，久之，資料庫的資料更為充足。

六、資料檢核確保準確性

　　IR人員可以用有信度及效度的資料，在適切情境說明學校資源及議題，對於策略計畫與行動方案推介及組織學習有幫助。然而IR應注意資料品質。Cai與Zhu（2015）認為，資料品質對於分析相當重要，資料可取得性（availability）、可使用性（usability）、有信度（reliability）、適切性（relevance）與可呈現性都是資料品質內涵。資料生產者應注意所有資料成分的品質，以確保資料的信效度。例如資料若以學生自陳（self reported）作為學習評量結果，一定受到質疑，其資料分析結果常有偏誤。

　　在建立資料時，每次調查資料或學校樣本所填寫資料，在登錄於所建立的資料庫之後，校務研究者需要很細心及不厭其煩的對該次資料進行檢核，透過所登錄資料次數分配方式來了解所登錄的資料是否有

誤，以確保資料的準確性。這是IR在建置資料被信任程度的問題。如果IR建立的資料錯誤百出，資料也沒有清理乾淨，更沒有對於變項界定明確，所以IR人員容易不被信任。在海量資料庫之中，如果有幾筆錯誤的資料沒有被清理及檢核出來，看起來少數幾筆與龐大的資料似難以有很大的影響。然而如果每百筆有一筆錯誤，在數萬筆資料中就有數十筆資料錯誤，這對於後續分析的結果準確性就受到質疑。當研究資料有疑議，所研究的結果正確性也受到挑戰，更不用說要提供學校發展決策參考。

上述的資料品質保證的工作最好有雙人，甚至多人確認準確度為宜。登錄人員可能沒有仔細登錄，而有資料錯誤情形。例如把一筆資料登錄在電腦中應為3，卻登錄為33；或應登錄為2，卻登錄為223。這可能是校務研究者疲勞、分心、厭煩、不小心或為求速度粗心在登錄資料產生錯誤。校務研究若不確實檢核資料，誤以為3就是33，如此分析結果勢必大錯特錯。問卷資料若發現某些題目在某些受試者沒有填答，還可以快速要求學校受試者再填答。若是追蹤調查研究，缺少一個波次資料，後續就難以納入分析，更難以了解該樣本的成長變化。IR是一種永續性的校本研究，資料登錄會因人而異或人員職務流動對資料庫的管理產生漏洞，所以資料沒有清理及確保資料準確性，很容易有錯誤結果。因此資料登錄完之後，資料登錄人員務必要把整筆資料都查核，檢查是否登錄錯誤情形，若有錯誤應隨時更正，否則很容易遺忘。

七、依據不同波次資料更新

IR是一個永續歷程，它不是僅一個時間點蒐集與登錄即完成，因為每年都會有學生進入學校，而每年都會晉升年級，因而在建立資料庫是持續性工作，隨著學生的晉級與時間要不斷地建置及調查與清理。如果資料登錄人員有離職或由不同人員交接，應把先前的資料建置流程與資料登錄方式或欄位具體說明，或留有標準化作業流程手冊，以利後續人員的登錄。換句話說，對於學校發展的相關問卷的調查，若是追蹤式的樣本就需要，依據每波調查資料一筆一筆的予以登錄在電腦之中，並清理、除錯及彙整與保管，如此才可以成為大量資料，以作為後續分析

的依據。因爲不斷地建立資料，才有後續資料分析的依據。

八、資料庫的使用與管理

　　校務研究單位針對學校各處室蒐集到的資料、檔案、公文及學生與校務發展等檔案建立資料庫之後，必須要適當的管理。尤其學生及教師的資料都涉及個人資料保密的規定，所以不可以任意的對外釋出，否則容易產生研究倫理的問題及對於當事人的不尊重或標籤化，甚至影響當事人的相關權益等。

　　資料管理包括資料的存儲、格式化、分析、描述、探勘、歸檔、檢索、查詢、安全等相當重要。如果要使用資料庫之資料，需要經過一定的申請程序，或嚴謹的流程（如非校務研究者想要進行研究，要申請獲得同意）才可以取得資料分析。在管理資料庫應有一定原則，以學校發展爲目的，不可以做營利事項，也不可以任意把資料分析後對外發表的研究倫理。它僅作爲學校發展研究的分析素材，作爲了解學校發展的依據。目前臺灣的高等教育還沒有正式的校務研究中心編制，多數的學生資料分散於各單位，在資料庫的管理仍是一大問題。

九、建立資料庫注意事項

　　資料庫的建立困難度高，建立的細節應注意才可以讓資料庫的資料具有可信度。Ruddock（2012）指出，建立資料庫應注意幾項重點：1.學生單位卡的資料（student unit record data）建立，它對於每一位學生，即受訪者應該有相同的資訊，它要作爲以學生爲單位分析的基礎。如果有蒐集細部資料，可以做校內與校際的比較分析。2.獨立身分號碼（unique identifier）。也就是提供每位受訪者或學生一個獨立號碼。由於建立學生長期資料庫最大困擾，就是沒有資訊可以回溯不同教育階段與工作時期的資料。因此提供受訪者有一個獨立身分號碼作爲區辨相當重要。然而要運用什麼號碼或編碼方式來代表受試者呢？身分證號碼？或學號？或是另外設計一個號碼？不管如何，建立長期資料庫，受訪者一定要有一個獨立號碼，讓個別學生在不同階段別的資料庫

串連，同時在後續資料分析，在抓取部分號碼之後就可以進行有意義分析。統計分析常有一種現象是，若僅有學生單一波資料，較難有更多資訊獲得，可以提供學生學習表現改善機會較少，相對的，若有長期及良好樣本資料追蹤系統，就可以改變及增加決策功能與價值。3.資料定義（data definitions）。為了讓不同階段別的學生，或不同學校學生表現可以進行有意義的比較，建立資料庫需要對於每一個測量變項進行明確的定義。每一個變項的內涵與範圍有具體的界定，同時在研究工具所運用的等第也應說明，例如問卷題目的選項可能是三等、四等或五等，甚至五等以上。4.資料庫設定（database design），資料庫的設定是指在資料庫之中的資料結構如何聯結與儲存。就前者來說，長期資料庫對於樣本的追蹤，在不同施測時間，對於各波次（wave）需要有一個資料夾，不同時間施測的檔案，如何連結是資料庫設定的重要問題。就後者來說，對於受訪者的資料結構概念化通常運用雙元及單一號碼，雙元資料庫系統的學生號碼資訊存於一個檔，另一個檔則儲存學生或受訪者細部的長期資料之中；而單一資料系統則包括學生的號碼及學生的長期資料。

　　除了上述，建立資料庫的資料整理要注意幾項重要問題：1.資料輸入的疏漏與誤植。龐大資料庫，很容易受到IR人員不用心，資料登錄的缺失與把資料登錄錯誤；2.對不同時間調查的波次資料內容界定不一致，後續在認定就會有 一致情形，不同時間下，同一個單位在同一項目就會有不同名稱。3.資料定義不同。不同學系在學生滿意度內涵界定不一，可能使用不同量尺，例如A系使用三等第尺度，而B系使用五等第尺度，若沒有注意，IR在分析就會有偏誤的結果。4.學校資料多，建立資料年代久遠，多人處理與登錄產生錯誤，尤其建置資料人員因工作輪值，使得資料管理交接不清，造成後續資料有錯誤、 一致與缺漏。5.建立資料庫沒學理依據及資料庫架構，也就是並沒有一個資料庫的藍圖與架構，甚至有些資料庫設計的架構與題目沒有學理依據。這種蒐集資料，沒有學理依據，IR所分析的結果，容易會有垃圾進、垃圾出的疑慮。

參、視覺化的軟體工具

　　IR需要運用大數據做嚴密的分析，尤其若將校務研究的結果，運用視覺化呈現會讓報告效果更好。傳統的視覺化分析軟體，例如excell、SPSS、SAS軟體所製作的圖表，缺乏及時的互動性，造成數據解讀單調化，無法給予決策者，甚至無法及時多元分析結果與消費者分享。近年來軟體公司設計出幾種軟體可以克服這種困難。說明如下：

一、商業智慧

　　Luhn（1958）提出商業智能（Business Intelligence, BI）觀念認為，資料處理機器將可以自動式的把文字抽象化，同時編碼文件，以及把所編碼的文件整理出一份有趣的檔案夾，作為組織的行動點（action points）。不過在當時，BI並沒有在資料技術及發展上獲得重視。然而在很多時候，BI可以用來做分析，作為推論以及運用運算資訊來發現知識。

　　BI把電腦軟體與服務取得平衡的技術，也把轉換資料轉換為行動智能（actionable intelligence），並報導組織的策略及技術，作為商業決策的模組。它是一組科技與資料處理歷程，透過它可以運用資料來理解及分析商業表現。Milam、Porter與Rome（2012）指出，BI包括接近資料、報告資料及分析資料，它可以取得資料、分析資料庫，並呈現出所分析的報告表格、摘要、資料倉庫、繪圖或流程圖，以提供使用者對於商業任務有更細部智能之判斷基礎。它包含多項模組，例如SAP商業智慧平臺（SAP Business Objects BI platform）提供快速進行商業決策，運用分析平臺可以增加回應，減少資訊科技能診斷問題及減少資訊決策負擔，透過它的分析，在組織中可以做更好決策。這平臺可以獲得更真實商業資訊，使得分析資訊更簡單、客製化與動態性，從比較彈性的操作環境與穩定資訊機制中獲得重要訊息。SAP商業目標設定視覺（SAP Business Objects Design Studio）可以快速，又有成本效率的協助創造視覺化圖表與儀表板功能。BI的APP（它是application簡稱，應用的意義，泛指智慧型手機的應用程式，類似於電腦的應用軟體），是

決策者要正確決策的需求，它讓使用者容易診斷資料的類型，了解資訊背後的原因及獲得多元的觀點解釋。

　　線上分析處理（Online Analytical Processing, OLAP）是BI的功能之一。OLAP提供更快速、互動式及易於為某一特定目安排的探索，讓使用者多面向分析資料。OLAP從資料庫擷取資料，彙總資料之後，可進行較複雜結構的資料分析，並可依據階層組織，儲存相關的資料到資料結構（cube），而不是存在資料表中。OLAP可以進行兩種類型分析，一是了解資料的平均數或一組個案的統計數值，另一個是向度分析，這種向度可以階層性（例如縣市、鄉鎮、村里），也可以是時間性（如年、季、月、日），在分析時可以從圖表了解，每階層會變成一組欄位，在展開和摺疊之後，可以顯示較低或較高層級的數值狀況。

　　BI分析適合使用大數據，透過統計及量化方析，來解釋及預測模式，它以事實為基礎的管理，提供決策及行動的參考。BI可以就某一特定問題的需求進行界定，以相關資料來分析事件所發生情形。換句話說，BI分析可以探索為什麼它會發生？以及下一步將發生什麼？BI分析與Google、eBay及Amazon等網路公司合作，提供更便利的分析技術。在IR應用上，BI分析可以應用的層面相當廣，例如了解大學就學行為、生產力與成本。近年來學習管理系統（learning management system）建立也是BI的應用（Milam, Porter & Rome, 2012）。BI對於IR及IR人員相當重要。BI針對數位倉儲資料檢索分析、資料視覺化呈現分析結果，也有專業特定軟體可以應用包括：消費者關係管理（customer relation management）、OLAP、資料交易中心功能、資料倉儲。BI讓使用者可以從運作系統，讓資料在傳輸層給更多決策者需要的資訊。BI也支持環境掃描、標竿、合作及其他策略工具，包括KPI建立與搜尋，以及儀表板的使用等。

　　BI系統下有一個Power BI Desktop。BI由微軟（Microsoft）發展出可視覺的數據化商務分析軟體，不僅可以把靜態數據資料，很快轉化為動態圖表，而且可以作為數據統計分析。Power BI可以從散落在雲端或內部建置的資料，包括使用海量資料來源，例如Spark，透過連接系統可以將數百種資料納入分析，同時Power BI Desktop可以做不同情境深

入解析。研究者只要輕鬆準備資料，就可以操作各種互動式資料視覺圖表，就可以讓資料清楚呈現出來。BI有試用版的軟體，參考其官網 https://powerbi.microsoft.com/zh-tw/可以下載安裝。PowerBI也提供電腦線上學習課程，在短時間獲得重要的操作技巧，讀者有興趣可以到學習網址https://powerbi.microsoft.com/zh-tw/guided-learning/powerbi-learning-0-0-what-is-power-bi/。

二、資料視覺化軟體

　　IR為了讓研究報告具有視覺化，達到報告的效果，可以透過資料視覺化（data visualization）呈現，並避免分析結果受到誤解，以及可以多元化呈現，讓聽眾在短時間內更了解研究結果（Bresciani, Gardner, & Hickmott, 2009）。近年來軟體公司研發了儀表板（dash-boards）提供很好的資料視覺化效果，讓高等教育機構使用資料說明政策與實務運作更為有效率（Henning & Roberts, 2016）。有三個線上資料視覺化的軟體，即EXALEAD、iDashboards（2017）與Tableau Desktop。這三個軟體在IR使用，提供資料蒐集、分析、資料管理、報告與資料視覺化呈現。高等教育機構的IR常有大數據分析，數據資料不斷增加，更需要這些軟體輔助。

(一) EXALEAD

　　EXALEAD可以將資料快速統計分析與視覺化的重要工具之一。無論資料來自內部，還是外部，或者資料是結構化（資料有固定欄位、定義、有條理的組織），還是非結構化（雜亂無章，沒有固定欄位及無序），都可以快速統合、彙整、分析、運算，在整理及分析之後，可以透過視化的圖表即時與動態的提供對數據的判斷。它是目前在處理大數據資訊的重要智能工具之一。EXALEAD建置了校級之大數據搜尋智能，並應用開發與整合平臺，使用者可以簡易又省時串聯各組織單位之間的獨立運作資訊系統。它更能有效統整校務行政單位與教學系統之間的各類異質資料。校務研究如果透過EXALEAD平臺，可以全面系

統化的執行，包括從學生平時學習所產生的各類異質資料之獲得與分析，它更可以同步結合性向測驗、學習評量測試、能力指標、畢業生流向調查反饋，與產業企業對人才需求條件等資料，針對學習成效實施與投入資源之全面檢視，混搭教學質化量化數據。也就是將上述資料統整於EXALEAD平臺進行動態交叉綜合分析，即時檢視教學成效，同時可以支援決策之多維度資訊智能，作為學習成效指標即時觀測系統，以系統化落實校務專業管理機制，全面輔助IR工作，讓學校各期程計畫的執行與檢核所需之資訊智能。其運作流程是連結、處理、取得資料（access）、互動等過程來完成（http://www.piovision.com/index.php/Products/products15）。

EXALEAD系統以其內建之大數據連結器（data collectors），可以從來自任一來源、任一格式之大數據串連整合，透過內建的文檔處理（document processors pipeline）與語意處理（semantic processors pipeline）作業流程，逾上百項具有高度彈性與使用性的數據處理模組，以及創新獨特圖表介面混搭生成工具（mash-up builder premier），即時轉換大量異質數據，作為視覺化的各類互動圖表，提供決策參考。它運用Widget劃圖表元件，快速導入資料，並綜合使用各類視覺化的圖表對資料呈現與互動，包含儀表板、蛛網圖、散布圖、折線圖、長條圖、圓餅圖、地圖等，所有分析儀表板都可以與使用者互動。它相當友善與易於操作，客製化方式讓IR更為方便呈現資料。簡言之，這一套系統對於IR的實務應用相當有助益。

(二) iDashboards

iDashboards可以控制、分析資料，並以視覺化呈現結果。它會將資料轉換為互動式、客製化儀表板（custom dashboards）安全與知識化投入。它很省時，從不同資料頁面、資料庫及網路APIs（web APIs）將資料整合為可以自主操作的儀表板，分析結果讓人容易了解，尤其對資料不熟悉者更是如此。iDashboards易建立、易編輯與易使用的特性。它可以運用較少時間在資料編輯，而有更多的時間分析與決策。在儀表板設計方面，可以沒有限制建立，不需要編碼；設計者直覺的拉及

引入資料（Intuitive drag-and-drop designer），可以從225個以上的彩色圖與表來選取研究所需。這些圖表包括機構的圖像、影像、視聽、地圖及更多設計特別的儀表板報告與呈現方式。使用者抓取圖表及儀表板之後，可以做原因的分析，它可在任何瀏覽器都可以取得儀表板，並接受到已規格化報告。iDashboards可以連結多數資料來源，包括Excel spreadsheets、SQL資料庫及多個雲端系統（multitude of cloud）資料。它容易從不同資料來源建立儀表板，並繪出潛在趨勢圖，做更好決策依據。

(三) Tableau Desktop

　　近年來軟體公司還設計一個容易操作的視覺及統計軟體──Tableau Desktop。它不需要撰寫任何程式語言，僅透過資料聯結（connect data），只要選擇資料來源、打開資料文件與設置連接，並組合研究者所需要的資料就可以將所要分析的資料做視覺化展現。它提供了IR可以快速、便捷、準確性、視覺化及互動式的效果。研究者在連接資料方式，可以即時連接及萃取式，前者是直接連接研究者的資料，而後者將研究者導入Tableau的數據引擎，把資料萃取出來。如果研究者熟悉這套軟體的視窗操作，就可以呈現視覺化的互動畫面（worksheet）。使用者更可以隨時將所獲得資料結果，透過儀表板（dashboard）分享發布到雲端網頁與人分享。而使用者在各種分享的平臺（server），例如平板電腦、手機都可以看到資料探索與分析成果。Tableau容易使用，它具有幾個特色：一是運用拖拉與點擊即可以操作；二是資料庫連結密度相當的高；三是可以很輕鬆的混和數據分析；四是可以透過儀表板將圖與圖做即時的互動；五是它擁有更好的視覺效果；六是分享的方式容易取得，可以在任何地方都可以看到所分析的結果。學習者可以在https://public.tableau.com/s/獲得更多資訊，獲得免費的操作軟體與學習訓練機會。

　　總之，大數據需要以有效率的資料處理，來呈現正確及有意義的訊息。儀表板就是其中方式之一，透過它提供學校各單位在不同年度、不同單位的數據比較，來建立較好決策；同時透過資料呈現，可以了解資

料準確性，在視覺化呈現資訊更可以快速掌握學校狀況。儀表板可以了解學校發展的長期趨勢，也可以對週期短資料分析，即時回應社會環境變遷。

肆、資料交換

IR可以從他校或政府單位獲得有用資料。美國有許多高等教育資料交換倉庫（data exchange consortia），大都設在大學之中。Carpenter-Hubin、Carr與Hayes（2012）指出，資料交換的特性包括了應該考量資料交換的目的（主要目的與附屬目的爲何）、資料的控制是由學校內部或外部控制、可以交換資料的會員是邀請或是法定的會員、交換資料會員是雙邊，還是多邊的，也就是一個學校可以與他校交換而已或是可以與多的學校或團體交換。各大學在成立不同協會，透由會員資料交換，分享不同學校的校務發展，以作爲學校發展的借鏡。在資料交換內容，不僅限於學校部分的原始資料（如學生的學習表現、保留率、畢業率等長期資料），還包括了各大學校務研究中心研究成果，互相交流吸取經驗。Carpenter-Hubin、Carr與Hayes就提出幾個交換中心，說明如下：

一、學生保留資料交換中心

學生保留資料交換中心（The Consortium for Student Retention Data Exchange, CSRDE）設於奧克拉荷馬大學（University of Oklahoma）。它蒐集二年學院及四年制大學的資料，從資料分享、分享知識及創新，致力於達成讓學生有最高成就。它成立於1994年，一開始是由一小群校務研究中心主任的共識，後來各校交換了學校學生保留率及畢業生資料給參與的學校參考。該中心的第一本報告出版於1995年。此中心除了資料分享之外，也擴及知識分享及創新。目前已有400所學院及大學參與，每年有一份年報出刊。每年舉辦一次國家學生保留率論壇（National Symposium on Student Success and Retention）。該中心也有一些校務研究最新報告在網路系列（webinar series）呈現供學校參考，同時它也創造一個動態電子書，即《建立了學生成功的橋

梁：學院及大學的資源手冊》（*Building Bridges for Student Success: A Sourcebook for Colleges and Universities*）。以下就以在即時校務研究報告的分享爲例。說明如下：

　　學術性向是影響學生保留率的重要因素，例如進入大學時有較高的GPA、ACT與SAT分數可以明顯貢獻於高等教育成功的機會，同時也是可以預測學生保留就讀率的重要因素。依此IR建議了，社會及心理因素可以改善及預測學生學習表現的重要因素，因此校務決策者應重視。在目前的此研究中檢視了五項心理因素，來預測大一生進入大二的保留率，它們是學生的財務關注程度、學術投入程度、學校認同程度、勇氣及心靈成長情形。本研究從2014年新生調查（2014 New Student Survey），此調查對於奧克拉荷馬大學所有新生的家庭都涵蓋。透過因素分析對於研究所感興趣的因素進行探究。最後，以因素結構，再透過邏輯式迴歸分析（logistic regression）進行保留率檢定，而以學習表現爲依變項結果發現，如果將學術性向納入考量，學生擁有較高的學術投入及低度財務關心是學生保留率的重要因素（Robert Terry, Mélie Lewis, & Nicole Judice Campbell of The University of Oklahoma，取自https://portal.csrde.ou.edu/webinars/）。

二、美國大學資料交換學會

　　美國大學資料交換學會（The Association of American Universities Data Exchange, AAUDE）是一個公共服務性的組織，成立於1973年，設立目的在改善高等教育資訊的品質及資料可用性。它的會員包括支持此項任務的美國大學，同時也參與資料與訊息交換給參與的大學做決策。資料交換及報告由AAUDE來主導，包括了公共的及信心主題（public and confidential topics）。其他資訊交換則依據會員之間的互信基礎，學會也期待沒有提供資料者，就不使用這些資料。學會的會議（meets）至少一年討論一個新的發展及持續性的優先議題。相關資料可參考http://aaude.org/。

三、高等教育資料分享中心

　　高等教育資料分享中心（The Higher Education Data Sharing Consortium, HEDS）主要支持校務研究、校務效率、評估及資料使用，以提升私立學院及大學的博雅教育（liberal education）品質。HEDS成立於1983年，一開始強調技術面的協助會員學校，1990年則增加了資料分享。它是一個超過125所私立學院及大學的資料分享中心，會員需要被認可才可以加入，同時對於資料分析結果應以非營利為目的。它提供合作分享、分析及運用有來自於HEDS surveys的校務資料、也包括來自於美國的國家在學生投入之調查（National Survey of Student Engagement, NSSE）、高等教育研究機構（Higher Education Research Institute, HERI）的教師問卷調查及其他國家調查資料，這些都是要作為會員在校務提升目的。它分享的議題相當多元，包括入學申請、財務、畢業率、學雜費。HEDS位於華巴學院（Wabash College）的調查中心（Center of Inquiry）。（整理自https://www.hedsconsortium.org/）。

四、國家社區學院標竿計畫

　　國家社區學院標竿計畫（The National Community College Benchmark Project, NCCBP）主要是由國家高等教育標竿機構（the National Higher Education Benchmarking Institute）在強森社區學院（Johnson County Community College）所發展出來的。它設立了目的在於可以提供一個國家蒐集與報導社區學院的發展，以提供社區學院在比較學生學習成果與以及同儕機構的表現依據。在2004年起有蒐集標竿學校及做報導的過程。標竿學校的主題包括了學生學習表現、滿意度、學習投入、生涯準備、接近與參與、人力資源及組織表現等。美國的社區學院可以很自由的加入，在2009年已有200所社區學院是會員。在2017年標竿計畫的其他方案，即非學分的教育與工作人力訓練標竿方案（Non-credit Education and Workforce Training Benchmark Project）加入此計畫（https://www.nccbp.org/benchmarking-institute）。

　　總之，美國的許多非營利組織長期以來建立了高等教育的交流資料庫，他們對大學發展資料不斷的蒐集與建置，並提供其他大學的IR分享與交流。臺灣在這方面的努力不足，未來宜朝向這方向努力，臺灣的校務研究才有更多資料分析。

問題與討論

　　本章說明了IR的研究方法及對於IR的一些迷思問題，同時也指出美國高等教育在進行IR的一些資料交換中心。除了本章指出的一些IR迷思之外，對於IR還有哪些迷思呢？

參考文獻

一、中文部分

彭森明（2013）。高等教育校務研究的理念與應用。臺北市：高等教育。

蔡宗哲（2015）。資料倉儲建置需求之實證分析——以高等教育校務研究系統建置為例（未出版碩士論文），中央大學。桃園市。

王保進（2005）。波隆那（**Bologna**）宣言後歐洲國家高等教育品質保證機制之發展。「大學評鑑進退場機制提昇國際競爭力」學術研討會論文集（頁109-145）。新北市：淡江大學。

二、英文部分

Alfred, R. L. (2011). The future of institutional effectiveness. *New Directions for Community Colleges, 153*, 103-113.

Astin, A. W., & Antonio, A. L. (2012). *Assessment for excellence: The philosophy and practice of assessment and evaluation in higher education* (2nd ed.). New York, NY: Rowman & Littlefield Publishers, Inc.

Bogue, E. G., & Hall, K. B. (2003). *Quality and accountability in higher education: Improving policy, enhancing performance*. Westport, CT: Praeger.

Bresciani, M. J., Gardner, M. M., & Hickmott, J. (2009). *Demonstrating student success: A practical guide to outcomes based assessment of learning and development in student affairs*. Sterling, VA: Stylus.

Cai, L., & Zhu, Y. (2015). The challenges of data quality and data quality assessment in the big data era. *Data Science Journal*, *14*, 1-10.

Carpenter-Hubin, J., Carr, R., & Hayes, R. (2012). Characteristics, current examples, and developing a new exchang. In R. D. Howard, G. W. McLaughlin, W. E. Knight, & Associates. (Eds.), *The handbook of institutional research* (pp. 420-433). San Francisco, MA: Jossey-Bass.

Carrigan, S. (2012). Selecting peer institutions with IPEDS and other nationally available data. *New Directions for Institutional Research, 156*, 61-68.

Eaton, J. (2012). *An overview of U.S. accreditation*. Washington, DC: Council for Higher Education Accreditation.

Ewell, P. T. (2011). Accountability and institutional effectiveness in the community college. *New Directions for Community Colleges*, *153*, 23-36.

Gaston, P. L. (2014). *Higher education accreditation: How it's changing, why it must*. Stirling, VA: Stylus.

Goodman, K. M., & Turton, B. S. (2017). You don't have to be a research expert to use data effectively. *New Directions for Student Services*, *159*, 11-23.

Hashem, I. A. T., Yaqoob, I., Anuar, N. B., Mokhtar, S., Gani, A., & Khan, S. (2014). The rise of 'big data' on cloud computing: Review and open research issues. *Information Systems, 47*, 98-115.

Hedges, L. V., & Olkin, I. (1985). *Statistical methods for meta-analysis*. Orlando, FL: Academic Press.

Henning, G. V., & Roberts, D. (2016). *Student affairs assessment: Theory to practice*. Sterling, VA: Stylus.

iDashboards. (2017). *Bring clarity to your data*. Retrieved from https://www.idashboards.com/?_bt=215325651826&_bk=idashboards&_bm=e&_bn=g&gclid=Cj0KCQjwyvXPBRD-ARIsAIeQeoHd-OU9xyeT4VnoCBRw4fj1Ro9D0FTXmmxIyFvj6XTCwMFWisxY5xgaAgKdEALw_wcB

Kreft, I., & DeLeeuw, J. (1998). *Introducing multilevel modeling*. London, UK: Sage.

Luhn, H. P. (1958). A business intelligence system. *IBM Journal of Research and Development, 2*(4), 314-319.

McLaughlin, G., Howard, R., & Jones-White, D. (2012). Analytic approaches to creating planning and decision support information. In R. D. Howard, G. W. McLaughlin, W. E. Knight, & Associates. (Eds.), *The handbook of institutional research* (pp.459-477). San Francisco, MA: Jossey-Bass.

Mell, P., & Grance, T. (2011). *The NIST definition of cloud computing*. Retrieved from https://csrc.nist.gov/publications/detail/sp/800-145/final

Milam, J., Porter, J., & Rome, J. (2012). Business intelligence and analytics. In R. D. Howard, G. W. McLaughlin, W. E. Knight, & Associates (Eds.), *The handbook of institutional research* (pp. 434-453). San Francisco, MA: Jossey-Bass.

Neves, P. C., Schmerl, B., Bernardino, J., & Cámara, J. (2016). *Big data in cloud computing: Features and issues*. Retrieved from https://pdfs.semanticscholar. org/2731/ff2204ad40aa3e403336b94b3ecc2851de70.pdf

Raudenbush, S. W., & Bryk, A. S. (2002). *Hierarchical linear models: Applications and data analysis methods* (2nd ed.). Thousand Oaks, CA: Sage.

Ruddock, M. S. (2012). Developing k-20+ state databases. In R. D. Howard, G. W. McLaughlin, W. E. Knight, & Associates (Eds.), *The handbook of institutional research* (pp. 404-433). San Francisco, MA: Jossey-Bass.

Saupe, J. (1990). *The functions of institutional research*. Tallahassee, FL: Association of Institutional Research.

Scriven, M. (1991). *Evaluation thesaurus*. Newbury Park, CA: Sage publications.

Secolsky, C., & Denison, D. B. (2012). Improving institutional decision making through educational measurement, assessment, and evaluation. In C. Secolsky & D. B. Denison (Eds.), *Handbook on measurement, assessment, and evaluation in higher education*. New York, NY: Routledge.

Trainer, J. F. (2008). The role of institutional research in conducting comparative analysis of peers. *New Directions for Higher Education, 141*, 21-30.

Teeter, D., & Brinkman, P. (2003). Peer institutions. In W. E. Knight (Eds.), *The primer for institutional research* (p. 111). Tallahassee, FL: Association for Institutional Research.

Volkwein, J. F., Liu, Y., & Woodell, J. (2012). The structure and functions of institutional research offices. In R. D. Howard, G. W. McLaughlin & W. E. Knight., & Associates (Eds.), *The handbook of institutional research* (pp. 3-21). San Francisco, CA: Jossey-Bass.

第五章

校務研究的流程與實例

第一節　校務研究的實施流程

壹、前言

　　IR的研究歷程與社會科學一樣，需要有明確的研究問題、合理的研究假設、完整資料蒐集及嚴格科學檢定，依據檢定結果才獲得客觀結論。郭生玉（1988）認為，社會科學研究歷程包括認定問題、提出假設、設計方法；蒐集資料及提出結論。若將研究步驟更細部區分，也就是把研究進行步驟區分為如下：1.確定主題：先確定研究主題之後，閱讀有關文獻，界定問題的範圍與性質，擬定研究計畫與進度，撰寫研究大綱。2.文獻探討：本研究蒐集，並閱讀有關文獻，確定研究內容，作為研究之概念架構與編製問卷之參考。3.編製研究工具：選擇並編製調查問卷，經由專家學者的座談與討論之後，編擬預試問卷。4.問卷預試：進行預試問卷施測及分析和修訂的工作之後，確定問卷形式與內容，以便進行正式問卷之印製。5.問卷施測：將正式問卷寄送進行調查，委請受試樣本填寫。6.統計分析：收回問卷後，加以整理，利用電腦進行統計分析。7.撰寫論文：正式撰寫研究論文，根據分析結果，做成結論與建議，提出研究報告。在研究歷程如圖5-1中間各細部階段。必須說明的是，很多時候IR不是運用問卷調查蒐集資料來分析，而是運用已建立的資料庫之數據來分析，此時需要依據學校高層或IR人員對於研究議題的需求，從資料庫中篩選研究變項及資料來進行分析，不是圖5-1以編製問卷方式。而IR提出研究議題是多方面，如圖中最上框，而在完成研究之後，更重要的是要對校內外的研究報告，如圖下框所示。

　　Simone、Campbell與Newhart（2012）認為，校務研究有幾個步驟：1.選擇一個研究方法（可能是問卷調查法、焦點團體法、次級資料分析法）；2.界定研究目的（在選用方法之後，接下來就是要確定校務研究目的，研究目的敘寫應思考幾個問題：我想知道哪些訊息？誰想要知道這些訊息？這個研究結果將有什麼目的呢？）；3.發展校務研究問

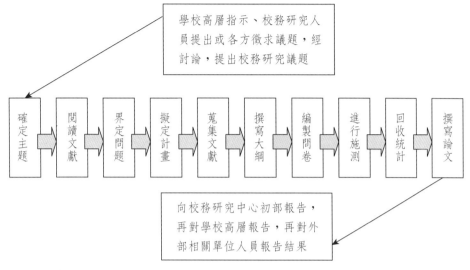

學校高層指示、校務研究人員提出或各方徵求議題，經討論，提出校務研究議題

| 確定主題 | 閱讀文獻 | 界定問題 | 擬定計畫 | 蒐集文獻 | 撰寫大綱 | 編製問卷 | 進行施測 | 回收統計 | 撰寫論文 |

向校務研究中心初部報告，再對學校高層報告，再對外部相關單位人員報告結果

圖5-1　校務研究步驟

題（校務研究者應評閱文獻，從文獻探討來釐清與界定變項的概念、捕捉理論作為研究依據，以及了解變項之間關係。從文獻探討中列出哪些已經知道的知識呢？哪些問題尚待解決呢？或已經知道某些預期狀況，但仍無法運用樣本分析呢？從這些文獻評閱，校務研究者應發展出具體、特定、校本及實務的研究問題，作為校務研究運用）；4.建立一個時間表（運用圖表或相關時間管理策略對研究的每一個階段管控）。

　　校務研究透過資料分析，完成成果之後，就需要有完整報告，以作為對內及對外報告的運用。雖然校務研究報告有很多種形式，但嚴謹的報告內容寫法與社會科學的研究論文格式相近。也就是在緒論、文獻探討、研究設計、結果與討論、結論與建議等相同之外，校務研究還多出一項對學校校務問題解決的涵義、應用價值或提供學校發展決策參考。主要的目的在讓研究完成之後，可以作為支持教師教學與研究、學校發展決策的參考。完整的校務研究報告內容包括有意義的標題（meaningful title）、執行摘要（executive summary）、表次（table of contents）或圖次、緒論與目的（introduction and purpose）、方法

學（methodology）、主要發現（findings）、摘要、結論、應用與建議（summary, conclusions, implications, recommendations）、參考文獻（references）、進一步閱讀書籍（glossary）、附錄（appendices）等。通常在報告時應有簡短的背景資訊（包括學校歷史脈絡及研究此問題的動機，並簡要說明報告的限制）、對於表的欄列數應該儘量精簡，讓表格可以完整呈現與易於理解、圖表的數字與時間軸不要太長、數字中避免呈現小數點，除非必要（如學生學習成績、在報告呈現時，可以將研究價值與應用在文字與圖表交叉並列）。

在實務上，校務研究步驟及報告內容依學校需求調整。就以東海大學校務研究在其IR的研究歷程為例如圖5-2。圖中看出，議題產生由徵求而來，還需經過委員會討論才確定，最後還要提出報告，供決策參考。

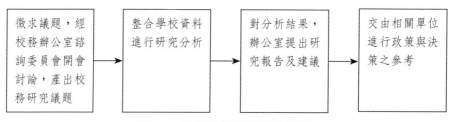

圖5-2　東海大學校務研究歷程

資料來源：東海大學校務研究辦公室
（http://ir.thu.edu.tw/web/about/page.php?scid=66&sid=111）

總之，校務研究與社會科學研究步驟相近，報告的內容重點在於對於本校校務問題的意涵及價值。尤其在校務發展的意義及價值上是，IR人員要向學校經營者、行政團隊、學生或家長報告之運用。在資料蒐集上，不一定是編製問卷，也可以從學校建立的資料庫中篩選資料分析。基於上述，校務研究過程為研究問題界定、針對研究問題提出研究假設、蒐集可靠的研究資料、選擇與運用適當理論、進行資料分析，必要時還需要透過統計方法檢定，最後對IR的研究發現進行歸納與分析解釋，並提出在校務的應用。校務研究過程說明如下：

貳、提出具體可行的校務研究問題

　　社會科學研究一定要先提出具體可行、有價值與有意義的研究問題。校務研究面向多元，包括學生入學情形、學習表現、各系的選課情形、退學比率、翹課情形；學校資源使用情形、學生教育收益率、教職員工作負荷、教師薪資水準等，其研究議題不易聚焦。因此要提出具體可行的校務研究問題，IR人員對學校發展要有高度敏感性與好奇心之外，宜多閱讀國內外學術研究期刊、了解學校本身問題、向有研究及實務經驗者請益、參與校務研究的學術研討會或工作坊，或從統計資料發現問題。

　　IR常因學校經營者或學校董事會交辦所關心的重要研究議題。多數研究議題透過學校上層交辦的研究，在美國有些是為了大學績效責任及學校認可而研究。校務研究者平時對學校發展要有敏感力，對學校發展問題要能掌握問題核心。每一所學校都有其發展歷史及其文化特殊性，A所學校面臨問題，不一定在B、C、D所學校發生。因此IR人員對於學校問題敏感性之外，平時要閱讀各國高等教育發展的學術研究期刊論文，來掌握近年來校務研究問題與趨勢。從期刊文章的研究建議，找出要進行的研究問題是IR找問題的一種方式。

　　新進校務研究者若對學校發展不太了解，可以向學校資深校務研究者請益，或多到班級及社群中了解學生學習狀況，或向學校各單位、社區家長及產業與企業界請益。當然還可以透過網路對常在學術期刊發表校務研究者或大學授課校務研究者請益，透過面對面討論，讓研究問題聚焦。而參與校務研究的學術研討會，也可以獲得研究議題，或是從他人發表研究發現獲得啟發，找出校務研究問題。若從官方組織及相關單位發布的統計資料歸納發展現象，建立研究假設，進行假設檢定，也是一種研究議題設定方式。

　　研究議題設定宜思考校務發展重點、研究可行性、學校是否有建置完善的資料、跨校資料可取得性、研究時間、研究意義與價值等都要考量。研究者可以進行跨校的教育與學生人口變項之關係探討，以了解跨校或跨區域在各種教育現象之異同與規律性。IR若運用長期追蹤研

究，應掌握分析年度資料的準確性。例如針對2000至2018年學校升學率及學生學習表現分析。研究時間點的掌握很重要，應找出以某一年度為分析起始年，其學校發展歷史的背後意義，以及以某一年度為最終年度亦應有代表性及實質意義與價值。這種以縱貫性的時間數列蒐集資料分析相當重要。IR還可以運用橫斷面資料進行校務研究。這不僅可以從各行政區、學校、系所、班級情境，或以一所學校之內的不同班級進行校務、系務或院務的議題分析，也可以進行跨班、跨系與跨院及跨校的比較。在橫斷面或長期追蹤研究的問題要具體可行。所謂具體可行係指研究問題在一定時間內（如一個月、半年）、經費足以支應、研究人力可以負擔、研究資料充足與正確，可以進行研究。若在時間、能力不足與資料欠缺，就無法得到實際成果。

　　校務研究問題要有意義及研究價值的幾項條件：1.所要分析的研究問題是否具體與清楚。不僅對學術的理論與研究成果累積具有創新與深入剖析，更重要的是此議題對於學校發展的重要性。2.對於教育實務具有明確方向，其研究結果可以提供教師的研究與教學、學系、學院與學校發展決定參考為主，而以學術理論建立為輔。3.校務研究問題要具體可行，不是一個形而上的研究問題或沒有意義的問題，研究問題涉及的變項內涵可以透過界定與具體操作，讓研究問題具體化。校務研究方法及研究設計可以具體操作，若研究者無法提出具體可行的研究設計，包括資料欠缺、沒有專業統計方法等，IR就不易實施。4.研究獲得結果之後，可以提出處方及因應策略，作為學校發展決策參考，或提供學生學習及家長參考，而不會僅限於象牙塔式研究。當然，校務研究以實務及應用研究為主，但建立理論也是追求的價值之一。

　　IR人員要提出可行的校務研究問題有幾種具體方式：

　　1.學校上層及各單位的研究需求。學校為了決策及發展需要，因而交辦許多的研究議題。這是常見的IR研究問題來源。

　　2.IR人員從學校發展過程來了解。校務研究以學校組織為出發，研究者應從學校近年來的發展，如學生學習表現、偏差行為狀況，以及教師態度與效能等進行觀察，提出研究問題。

　　3.向有教育專業背景者請益諮詢。透過他們對校務的專業領域認

識與經驗，找出可以研究的問題。

　　4. 據個人經驗提出具體IR的問題。研究者可能已有校務經驗的專業知識，修習過相關的研究方法或經歷過一段時間的行政經驗等，發現許多值得研究的校務研究議題，因而找出比較重要的問題，經由個人經驗與體悟，提出的校務研究問題。

　　5. 從學術期刊找出校務研究問題。例如《高等教育》（*Higher Education*）、《校務研究新方向》（*New Directions for Institutional Research*）、《高等教育研究》（*Research in Higher Education*）、《高等教育研究》（*Study in Higher Education*）、《高等教育應用研究期刊》（*Journal of Applied Research in Higher Education*）、《高等教育研究期刊》（*The Journal of Research in Higher Education*）、《高等教育：理論與研究手冊》（*Higher Education: The Handbook of Theory and Research*）、《國際高等教育研究》（*International Research in Higher Education*）等找出校務研究的新穎主題，閱讀文獻，歸納出議題，再思考應用在校務研究。研究者可以從專業學術期刊文章，歸納過去研究主題偏重領域、或這些學術期刊在現階段的主題重點、或過去IR的重要議題研究方法、研究設計、研究對象或研究理論等，有哪些缺陷尚待改進，從先前研究不足，找出研究題目。由於不同的教育期刊在其研究領域有其特色，例如美國的《高等教育紀事報》（Chronicle of Higher Education）是一份以學院、大學和學生事務為主要報導內容的週報。所以應以多元與廣闊視野進行文獻整理、歸納分析與建構適當的校務研究問題。

　　6. 從專業組織（如AIR, the Organisation for Economic Co-operation and Development, OECD）蒐集校務研究議題。大學圖書館提供學術電子期刊檢索，很多期刊都還與國外大學合作，從中找到有興趣的校務研究問題。

　　7. 參與校務研究的學術研討會對話。可以透過共同特殊觀點團體（special interest groups）與參與研討會過程，了解目前研究的重要議題，以及從發表者與評論者對話，來掌握最新的校務議題。

參、建立合理的研究假設

　　IR不一定要檢定研究假設，更不一定要驗證很多假設。IR的重點在於找出學校發展問題，並從研究結論中提供校務決策參考。同時學校資料庫數據龐大，某一變項或一組變項無法了解它的分布特性，也無法掌握它的分配類型，因此需要透過非傳統的統計方法，例如資料採礦來進行，在資料分析過程較少強調研究假設的檢定。許多IR的研究報告（如提供給政府的績效報告）常以描述統計或簡單統計方法來說明校務發展就能達到目的。也就是能以證據為導向的知識，提供校務決策參考即可。然而嚴謹的校務研究，或較為完整的校務研究及其報告，在其研究步驟若提出合理與具體的研究假設會更好。研究假設是對所要解決的研究問題推演出的一種合理猜測，而非漫無章法猜測。為了合理猜測，宜對過去相關文獻深入評閱與對於學校發展過程及脈絡深入了解，再提出合理假設。研究假設引導校務研究朝向合理方向蒐集資料、資料分析及對研究結果的期待。合理的研究假設引導IR研究在資料蒐集、分析方法、分析觀點、最後結論與校務發展都有實質助益。經由合邏輯分析，更可以提出具體建議。

　　若有合理的研究假設之後，接著宜將研究假設轉換為統計假設。統計假設包括對立假設與虛無假設，前者是過去在研究所要研究議題的發現，要與研究者目前所提出來的假設預期一樣。若與先前研究問題及研究資料進行分析都可能得到該研究結果，即預期研究結果與先前研究的研究結果一致。後者是一種與先前研究結果相反情形。研究者先提出與先前研究假說不一樣的推論，隨後進行研究資料蒐集，來對研究假說進行檢定，此過程讓研究結果更為科學。

　　其實，建立研究假說在校務研究過程非常重要，因為：1.它可以培養校務研究者對學校校務有初步推理及了解與認識，對學校發展現象可以更多元觀點的分析，例如：運用不同學門，如社會學、心理學、教育學的理論及研究建構合理的假設。2.建立研究假說必須有IR專業基礎或對校務研究問題深切體認。建立研究假設前提包括：(1)研究者對研究變項掌握明確。研究假設是自變項與依變項之關係說明，了解何者是造

成自變項對依變項影響？研究假設中，有無涉及中介變項或其他相關因素？(2)研究者應了解研究假設變項的先後順序，即時間在前者爲原因，時間在後者爲結果，掌握變項時間先後關係。(3)研究假說中的變項具有操作型定義，即研究者應對於變項能具體且客觀的進行操作與對納入變項的定義，如此才不會在研究假說中造成不當的誤解。(4)研究假說應以陳述句作爲說明，即研究者應簡單且明確的說明那一變項對某一變項的影響。例如：學生學習動機對於學習成就有正向顯著影響。

在校務研究議題的研究假設不少，隨著學校教育變化、各校教育發展，可以提出很多合理的研究假設。列舉幾項參考：

例一：大學老師的教學與研究之工作負擔與薪資所得關係。爲何許多臺灣的大學教師在研究及教學負擔無法取得平衡呢？老師投入教學時間愈多，可以研究時間愈少，可以發表的成果就愈少，兩者之間如何平衡才不會影響教師的工作壓力呢？同時教師的研究愈多，薪資所得會愈高嗎？如何改善此一問題呢？

例二：都會區與鄉間地區的大學生學習表現（學習壓力、快樂、幸福感、各科學習成就、未來的職涯規劃等）之研究。若某所大學所處位置偏遠，學生家庭社經地位低，弱勢子女很多，學習低落。校務研究要了解，除了偏鄉的教育資源較少，學生學習表現比較不佳，是受到教育資源，還是有其他個體或學校因素影響。它是一個地理區域發展問題，此時宜先對偏鄉定義，再選取學校的資料分析。

例三：大學生英語學習因素之多層次模式分析。例如有一所大學35個學系（department），每個學系都是一個年級一班，每班都有50位學生，此時IR想了解，不同學系的大學生在英語學習表現差異及其影響因素。IR將此樣本分爲兩層因素探究，一是學生因素，另一是學系層級因素，此時可以運用多層次模式分析35個1,650名學生在學習英語表現因素。其中學生層因素包括性別、家庭社經地位、是否在校外補習、學習動機、有沒有準備出國等因素；在學系因素包括系內是否規定大一英語學習之外，大二以上是否有英語課程學習、英語學習資源多寡與該學系學生入學的指考成績或學生英語檢定成績等。

肆、確定分析單位與範圍

　　IR宜考量分析單位、層級與範圍。分析單位是學生、家長、教職員，還是以系所為單位，或以整個學校為單位，還是以跨校，甚至以跨國跨校作為分析。在分析單位與範圍確定之後，資料蒐集就應掌握。校務研究分析單位及對象多元。以大學層級來說，學生、班級、系、院、校，或跨校（校際）等，此時就可以運用多層次模式分析。就如Bray與Thomas（1995）提出多層次模式分析將分層次分為七個層，每一層都涉及研究對象。IR研究者應先確定分析層級與範圍，接著再來確定要納入的研究對象。若為系所級、班級層級，就應確認要其範圍，哪些班級或系所要納入分析；研究範圍包括學校、班級與學生等，但是要考量到資料可取得性，分析單位的研究變項是否有缺失或遺漏；若相關變項缺失，就無法納入分析。若以學生為分析單位，此時就涉及抽樣方法與樣本大小問題。

伍、蒐集客觀且完整資料

　　校務研究資料的蒐集應全面性及縱貫性與精確性，資料來源可以從研究者自行編製研究工具來蒐集，以及從現有資料庫資料分析。IR人員依其研究主題，而有不同蒐集資料方式。校務研究資料常以各單位彙整起來，各單位建立的資料格式及欄位不一定相同，所以在取得資料之後，應該對資料清理（clean），刪除無法分析、或資料界定不一致或樣本資料有缺漏者。在資料清理之後，才將不同的資料檔整併。接著再進行校務研究議題分析。若要了解一所學校教育經費使用情形，有幾種方式來蒐集資料：1.針對該校各年度預決算書的資料長期蒐集，這種從官方所取得資料獲得的研究結果較為可靠。2.官方提供資料若無法解決研究問題，此時研究者宜自行設計研究工具以作為蒐集工具。研究者蒐集管道從官方、組織所發布的年度統計年報或從其網頁取得相關資料是校務研究常見。若自編研究工具調查，研究工具必須要有信度及效度，在設計研究工具需要掌握城鄉之落差問題。

　　在資料蒐集之前，應先確定分析單位與研究對象，即應納入的班

級、學系或學校，若以班級或學系為分析樣本，可以找出不同班級或學系的文化來分析等。納入分析單位不同，研究發現就不一樣。研究者宜以大數法則，納入更多學生分析，才可以讓樣本在變項屬性具有常態分配，其推論較為準確；相對的，僅以少數學生為樣本，研究結果僅能推論於少數學生，不能推論所有學生。如以學校、學系或班級為單位應考量學系之間與班際之差異性。雖然是在同一所學校學系或班級，但不同班級學生學習方式及學習內容有別，造成學生學習差異，除了學系或班級環境之外，更有學生形成的脈絡文化與環境，會影響學習成效，此時就應重視研究對象的層級問題。

陸、依據理論檢定研究假設

經過資料蒐集或清理資料庫資料之後，需要從得到的資料，來檢定研究假設，這是研究問題檢定過程。檢定之前需要對於先前研究及理論評閱與對學校發展脈絡了解，從相關文獻找出理論觀點，作為IR實證資料分析依據。理論是運用抽象的符號對於社會現象做合理及嚴謹描述。理論的形成需要長時間對於社會現象驗證，才可以成為理論。IR若沒有理論支持及相關研究聯結，研究結果是空泛，所獲得的研究結果可以被信任的程度會降低。同時無法與過去學校發展狀況或與研究社群對話，研究結果難以作為校務發展處方，也無法作為形成理論依據。因此校務研究在理論說明與對話相當重要。IR需要有理論依據，對於研究假設建立及資料操作才會有明確依據，若沒有理論依據與支持，充其量僅是一種數據資料的統計操作。

驗證過程要選擇適當的統計分析方法，來檢定所得蒐集到資料。統計分析方法包括參數統計與非參數統計，若分析的變項屬於連續尺度（即等距尺度與比率尺度），統計方法宜運用參數統計。參數統計方法包括皮爾遜積差相關、獨立樣本或相依樣本平均數t考驗、多元迴歸分析、因素分析、典型相關、驗證性因素分析、主成分分析、集群分析、區別分析、單因子變異數分析、多因子變異數分析、共變數分析、結構方程模式（Structural Equation Modeling, SEM）分析、階層線性模式（HLM）。若分析的變項為不連續尺度（即類別尺度與等級

尺度），則使用非參數統計，它包括卡方考驗、點二系列相關與二系列相關等。還有監督式（supervised）及非監督式（unsupervised）取向的資料採礦，但是運用這種分析方法，並不強調研究假設的檢定，這些相關的內容見第六章。

　　檢定假說的前提宜提出統計可能犯錯的機率。IR很多採取樣本抽樣之後，接著才對樣本進行統計假設檢定。若分析單位為學生，學校規模不大，可以納入學生樣本會不多，而且所選取學生不一定是隨機抽樣，但是為了這些少數資料的完整性，也納入研究分析。易言之，此時沒有所謂的抽樣問題，而是可以研究樣本多寡而已。統計假設檢定宜對所要檢定的問題，提出合理犯錯的機率，接著進行統計考驗，來裁決研究假設獲得結論及解釋。若經由統計方法檢定，接受虛無假設或對立假設之後，可能犯錯機率應說明。檢定假設常以.05或.01作為顯著水準，代表拒絕虛無假設，接受對立假設，此時說明了在100次統計檢定中，會有5次或1次的錯誤。若研究要求更嚴謹，在犯錯機率選擇可以小一些。

柒、詳實的解釋說明及討論

　　經過嚴謹的統計檢定分析之後，IR獲得了研究結果。此時，對於結果的解釋與討論極為重要。此階段除了說明研究結果發現與過去校務研究發現進行比對之外，更重要的是運用理論對結果合理解釋，同時校務研究更需將所納入變項所涉及學校環境脈絡（context）說明，尤其對學校環境脈絡與歷史發展及現階段社會經濟環境因素納入討論，並指出此發現在學校發展的規律性、意義及價值。在IR的重要發現內容應包括：此研究結果，與先前學校教育現象異同，對學校發展的實務有何可以改善，在校務研究的實務有何啟示呢？

　　校務研究在統計分析的發現，假設拒絕了研究假設。此時就應回應研究問題，此校務研究問題與預期結果一致性為何？此外，研究結果發現變項之間是正向、負向或沒有關聯？變項有哪些差異、該研究發現的實務意義與價值，以及學理及應用價值。如果拒絕虛無假設，這代表研究資料驗證對立假設說法，但拒絕虛無假設仍有犯錯機率，此時IR

對結果推論應小心。就如校務研究在了解，2017年120位學生的家庭背景與學習成就之關聯性，如果確實家庭背景對學習成就有顯著影響，此時仍有統計推論可能犯錯機率。因為這資料納入分析對象不同或人數不一，會造成沒有顯著影響，研究發現的推論宜審慎。有很多校務研究分析，運用描述統計、資料採礦（尤其是非監督式取向）、質化研究方法等，並沒有檢定研究假設，所以並沒有推翻虛無假設或接受對立假設的問題。雖然沒有這程序，但是校務研究分析的結果發現仍應深入的綜合討論與對話，以了解研究發現的背後意義及實務現場的價值。

　　在校務研究發現之後，宜對結果有意義詮釋，將研究發現作深入及有意義討論，這些結果究發現與學校發展情形或學理一致情形，與先前發展情形及相關研究一致狀況，此一結果與學校發展是否相同？若與先前不同，有哪些不同？宜深入探究原因。校務研究發現可以提供哪些政策處方，或這些發現在校務有哪些背後的意義及價值。尤其對研究結果意義詮釋，一方面要掌握學校文化及脈絡性，避免研究結果誤解，對研究結果可能誤用。易言之，校務研究發現的解說宜避免過度推論及不必要解釋。另一方面，研究結果要進行與過去學校發展或相關的研究比較。最後，對於校務研究結論不宜任意解釋為因果關係，許多校務發展現象僅是關聯而已，並非有因果關係，不可以任意有因果關係推論。

捌、學校的實務意義及價值

　　校務研究結果最重要的是提供學校發展的建議及學校改善策略。它與社會科學研究最大的不同就在於此。所以在校務研究完成之後，一定要提出對於該問題之結果，對於學校發展有哪些啟示，或學校要如何依據所提出的建議，來改善學校發展方向等。校務研究若失去這部分內容，就失去校務研究意義。校務研究以學校為本位，在於解決學校（包括學生、班級、系所、院、校等）自己的發展問題，透過IR在找出學校發展方向，解決學校發展問題。因此將研究結果要向學校領導者、各單位、或消費者進行校務研究報告，或作為績效責任報告的依據，應深入針對這部分提出建言，才符應校務研究的價值及意義。因為要向不同的人員進行研究報告，此時在報告內容及分量上就依其對象而

有不同，如果要被接受認可或績效責任報告宜用完整的內容，也就是最好有五章節形式，在最後的建議則強調在學校的應用及實務價值。如果僅是提供簡要的說明，讓決策者或支持大學教師教學及研究參考，可以運用簡短的報告內容呈現，可以省去龐雜的統計方法及文獻評閱，提供簡要的重要發現及在校務應用即可，除非參考者需要更細部內容。簡言之，校務研究報告內容應包括幾項重要成分：有意義的標題（不要太過於學術化）、執行研究摘要（將研究過程做一摘要，不要太細膩的說明）、表次與圖次、緒論及目的（指出研究的目的及重要性）、方法學（說明分析的方法及研究重點）、研究發現（說明主要研究發現）、結論（不用統計符號，而是運用簡捷及可以理解的用語說明）、應用及推薦於決策的應用（此一研究的應用價值及範圍）、參考文獻、進一步可參考資料、附錄。

第二節　大學生自律學習成長

壹、探討大學生自律學習的重要性──緒論

一、校務研究議題的分析動機

　　近年來臺灣的大學在學率擴充快速，大學生人數增加很快，然而大學生學習狀況值得關注。大學生正處於青春期，若能自我要求及自主學習相當重要。尤其在大學畢業之後，就要進入社會及職場，除了專業知識要應用於職場之外，對於自我要求相當的重要。大學生的自我要求，可以從自律學習（self-regulated learning, SRL）著手。究竟大學生的SRL為何呢？是一個很值得校務研究的議題。

　　研究者為校務研究人員，服務於國華大學（代稱），在其大學教學發現，學生的SRL每況愈下，因而想了解國華大學學生SRL，透過編製校務發展問卷蒐集五學期學生的反應，接著將這些資料統計分析，以了解與影響大學生SRL的相關因素，以提供國華大學校務發展的參考。

　　SRL與性別有關（趙珮晴、余民寧，2012）。社會上的認知是，女生較為順從師長的教誨，女生的個性上較為乖順，所以較能自我要求，所以SRL應該會比較好。而男學生則較為剛強，較不易自律學習及自我控制，在SRL可能會低於女生。研究也顯示，學生愈有時間管理及學習態度較主動，其SRL也較高（Zimmerman, 2002）。本節就想要了解究竟大學生的性別、時間管理及學習態度對於SRL是否有明顯的影響呢？

　　IR以一所學校為主的分析，透過五學期對國華大學學生蒐集SRL資料，以及大二學生的時間管理及學習態度，建構模式對學生SRL的分析。

二、校務研究議題的目的

　　基於上述，校務研究者編製問卷，運用3年時間蒐集國華大學學生在五個學期的SRL情形及相關因素。研究者除了想了解國華大學生SRL的成長變化之外，更要分析國華大學大二生的性別、時間管理及學習態度對SRL成長的影響。

貳、大學生自律學習的文獻探討

　　自律學習是個人對於自己學習歷程的一種掌控，它包括如何學？何處學？與誰學？學習什麼？何時學？為何學等認知技巧。具自律學習者擁有後設認知（metacognitively）、強烈動機及積極參與他們本身的學習（Zimmerman, 1990, p.4）。SRL源自於許多學習理論，在這些理論都相互補充解釋SRL的發展及其歷程。較常提及的是社會認知理論（social cognitive theory）（Bandura, 1986, 1989），它解釋社會環境對學習者的SRL發展。就社會認知理論來說，SRL是一種自我導向歷程（self-directive processes），在此過程中，學習者控制自己的思維、感受及行動來完成目標（Zimmerman & Schunk, 2001, p. vii）。SRL有兩種成分源自於社會認知理論，即Zimmerman之SRL的社會認知模式（social cognitive model of self-regulation）以及Pintrich之SRL的一般架構（general framework for self-regulated learning）（Pintrich,

2000）。這兩個模式相互影響。據Zimmerman的觀點，SRL由行動前的思考（forethought）、行動表現（performance）及自我反省（self-reflection）所組成。每個階段又包括許多自律歷程：第一個階段包括任務分析及動機信念；第二階段包括自我控制及自我觀察的歷程；第三階段包括自我判斷及自我再行動的歷程（self-reaction processes）。自我反省階段的回饋提供給行動前的思考階段、行動表現及自我反省的再檢討。這就是Zimmerman指出的回饋圈（feedback loop）或自我管制圈（self-regulatory cycle）。自我管制階段是循環於目前行動，也影響後續的努力（Zimmerman, 1998, 2000, 2002; Zimmerman & Bandura, 1994; Zimmerman & Kitsantas, 1997, 1999, 2002）。Bronson（2000）研究指出，家長及老師應支持發展子女及學生的SRL，就如鼓勵獨立行動及有效自我控制策略、保持與他人良好溝通，協助子女處理外在環境的負面影響。

趙珮晴、余民寧（2012）以自編問卷對北臺灣五所國小四年級生研究發現，學生SRL策略，與各科目自我效能和學習興趣之間具有正向顯著關係，而且與提升各科學業成就和縮短國文、英文科目的寫作業時間有關。SRL策略在兩性之間呈現差異，以女生優於男生；而本國籍與新移民子女則沒有顯著差異。趙珮晴、余民寧、張芳全（2011）研究發現：臺灣的國中生較高SRL到高中的SRL成長有限；國中生較低的SRL學生到高中SRL成長幅度較大；學生家庭社經地位愈高、父母學校參與和接納的程度愈高，國中的SRL會愈好；但家庭社經地位愈高、父母學校參與程度愈高，對國中到高中的SRL成長有限，至於父母接納則沒有顯著影響關係；此外國中SRL良好者，有較良好的分析能力，但SRL無法有效預測分析能力的成長。上述是針對國高中樣本進行的研究，一方面不是針對一所學校樣本的分析，一方面不是對大學生的SRL的分析，無法了解大學生的SRL成長。因此，本節以校務研究觀點來探討大學生的SRL之成長變化及其影響的相關因素。

基於上述，SRL是個人對於自己學習任務的掌控，它源自於許多學習理論。現有研究指出，很多因素影響SRL，例如性別、家庭的社經地位、學習者的時間管理、學習態度、學習策略、家長參與、家長支持

等。本節以國華大學學生爲樣本分析影響其SRL成長的情形及相關因素。

參、大學生自律學習的研究設計與實施

一、架構與假設

本節的架構如圖5-3。圖中直線代表自變項對依變項之影響。左邊是性別、時間管理及學習態度；中間爲SRL的起始點及成長幅度，右邊是五波學生的SRL。本節以LGM估計，其中截距因素（intercept factor）代表當測量時間爲0，即開始測量樣本的起始時間點，即結果變項起始狀態（initial status）或起始值（initial value）；斜率因素（slope factor），也就是結果變項，隨時間改變的線性變化率。

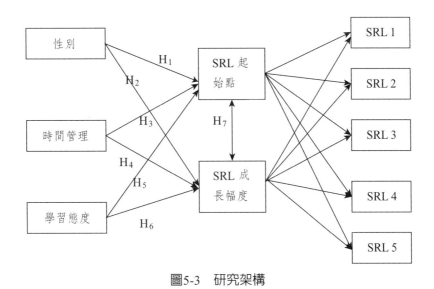

圖5-3 研究架構

研究假設如下：

H_1：大二男生的SRL起始水準明顯低於女生。

H_2：大二男生在SRL成長幅度明顯低於女生。

H_3：大二的時間管理愈好，其SRL起始水準愈高。

H_4：大二的時間管理愈好，其SRL成長幅度愈高。

H_5：大二的學習態度愈好，其SRL起始水準愈高。

H_6：大二的學習態度愈好，其SRL成長幅度愈高。

H_7：大學生的SRL起始點與SRL成長幅度有顯著關聯性。

二、變項測量

在性別、時間管理、學習態度及SRL的測量如表5-1。

表5-1　各測量變項的測量

變項	意義	記分
性別	學生的性別	男生為1，女生為0
時間管理	它是指學生平時的時間管理。以自編問卷，詢問學生每天在校時間管理情形，共有5題問題，見研究工具。	選項分成從不如此、偶爾如此、經常如此、總是如此，以1至4計分，分數愈高，時間管理愈好。
學習態度	它是指學生平時的學習態度。以自編問卷，詢問學生在學校的學習態度共有5題問題，見研究工具。	選項分成非常不同意、不同意、同意、非常同意，以1至4計分，分數愈高，學習態度愈好。
自律學習	它是指學生的SRL表現情形。依Zimmerman（2000）的觀點編製SRL問卷有7題，見研究工具。	選項分成非常不同意、不同意、同意、非常同意，以1至4計分，分數愈高，SRL愈好。

三、工具信效度與資料

本節資料透過校務研究者編製研究工具，以第一波問卷估計其效度，採用因素分析主軸萃取法，以最大變異法的直交轉軸，以特徵值大於1.0參考標準，表5-2為時間管理、學習態度與自律學習的凱薩－枚爾－歐克林（Kaiser-Meyer-Olkin, KMO）取樣適切量數各為.70、.72、.78，代表這些研究構面與題項適合進行因素分析（Kaiser, 1974），信度採用Cronbach's α係數，時間管理、學習態度及SRL的係數各為.75、.70與.88。

研究資料是透過國華大學「大學生學習狀況之追蹤調查」五波資

料，2015年對大二下學期到2017年大四下學期，每學期發出問卷4,400名，每波都有學生遺漏填答或學生沒有出席未填。本節分析採取整列剔除法（listwise deletion）刪除，即若有一波資料缺失就不納入分析，最後可分析樣本有3,125筆，有效樣本率為73.06%。

表5-2　研究工具的信度與效度

題目	因素負荷量	特徵值	解釋量	信度
時間管理				
我平時的時間管理得宜	.70	2.56	51.12	.75
我上課不會遲到早退	.61			
我會把握時間做回家作業	.78			
如有打工，我也會有效率完成任務	.78			
如有參加社團，不會影響我的課業	.69			
學習態度				
我會購買上課用的教科書	.64	2.60	51.30	.70
我上課的出席率高	.76			
上課有認真聽老師講解	.81			
我下課回家會認真做作業	.75			
我上課不會滑手機	.65			
自律學習				
我會自我檢討課業	.85	5.00	71.42	.88
我會準時交作業	.82			
我會反省我課堂的學習過程	.81			
老師交待我的學習任務，我會準時完成	.80			
我會規劃自己的學習進度	.79			
我會安排自己念書的空間	.79			
我會每週反省這週的學習進度狀況	.78			

四、資料處理

在資料處理包括描述統計、積差相關與LGM。描述統計在計算變項的平均數、標準差、偏態與峰度，以了解樣本分布情形，並繪製五波自律學習成長線條圖。積差相關係數估計各變項之相關係數矩陣作為檢定模式依據。LGM則在估計國華大學生SRL的成長變化。從五波調查資料抽取SRL的潛在變項的起始點（或稱起始值），它代表當沒有成長效果出現時的一個起點，以及潛在變項的變化速率（或稱成長率、斜率），其意義在於當出現成長時，獨立潛在變項每變動一個單位的幅度，其所相對應的相依潛在變項變動之幅度。截距項因素負荷量均固定為1，代表一個穩定常數對重複測量的影響，而斜率項因素負荷量則均固定在一個線性發展值，代表一個隨時間改變，建構的模式如圖5-4。

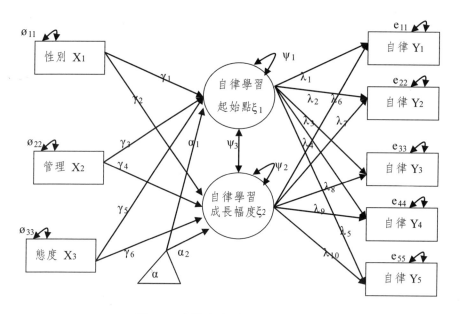

圖5-4　大學生自律學習成長模式

圖中符號說明如下：○中的ζ_1與ζ_2為潛在變項；□符號性別X_1、管理X_2、態度X_3代表性別、時間管理與學習態度。ζ_1為SRL起始點測量指

標，ζ_2為SRL成長幅度；□中數學Y_1、Y_2、Y_3、Y_4、Y_5代表第一至第五波SRL的起始點測量指標；γ_1、γ_3、γ_5代表性別、時間管理與學習態度對SRL起始點ζ_1的影響；γ_2、γ_4、γ_6代表性別、時間管理及學習態度對SRL成長速度ζ_2的影響。λ_1至λ_{10}為各潛在變項的起始值與成長幅度的因素負荷量。圖中的三角形代表常數項，α_1、α_2代表SRL的起始點與成長幅度ζ_1、ζ_2的平均截距項及斜率項參數。ψ_1、ψ_2、ψ_3分別為SRL的變異數起始值、成長幅度的變異數起始值與成長幅度的共變數。ϕ_{11}、ϕ_{22}、ϕ_{33}分別表性別、時間管理及學習態度的變異數。e_{11}至e_{55}分別代表五波SRL的變異數。

肆、大學生自律學習的結果分析與討論

一、各變項的描述統計

　　國華大學大二生第一至第五波各觀察變項之平均數、標準差、偏態、峰度及相關係數矩陣如表5-3。表中看出，性別、時間管理及學習態度與五波SRL都有顯著相關，例如時間管理與第一波SRL為.47顯著相關，與第五波SRL為.34顯著相關。而學習態度與第二波SRL為.39顯著相關，與第五波SRL為.37顯著相關。變項的態勢絕對值沒有大於3.0，峰度絕對值沒有大於10.0（Kline, 1998），資料具常態分配，沒有偏態及高低闊峰，所以以最大概似估計法估計。

表5-3　國華大學學生之各變項的相關係數矩陣　　n = 3,215

變項	男生	時間管理	學習態度	SRL1	SRL2	SRL3	SRL4	SRL5
男生	1							
時間管理	-.19**	1						
學習態度	-.23**	.75**	1					
SRL1	-.15**	.47**	.47**	1				
SRL2	-.15**	.38**	.39**	.68**	1			
SRL3	-.16**	.36**	.38**	.65**	.73**	1		

變項	男生	時間 管理	學習 態度	SRL1	SRL2	SRL3	SRL4	SRL5
SRL4	-.18**	.36**	.39**	.64**	.69**	.76**	1	
SRL5	-.20**	.34**	.37**	.60**	.65**	.72**	.78**	1
平均數	0.49	2.04	2.72	2.58	2.59	2.51	2.46	2.43
標準差	0.50	0.77	0.79	0.62	0.62	0.63	0.66	0.68
偏態	-0.01	0.57	-0.42	-0.07	-0.11	-0.08	-0.05	-0.06
峰度	-2.00	-0.32	-0.39	-0.27	-0.27	-0.22	-0.34	-0.30

** $p < .01$.

二、五波SRL的成長變化

　　國華大學學生的SRL成長曲線如圖5-5，圖中可知，國華大學學生的SRL，呈現上升－下降－下降－下降的情形。整體來說，國華大學學生在五波SRL的平均值下降了0.29。

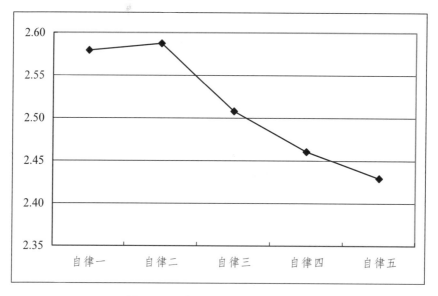

圖5-5　五波自律學習的成長曲線

三、成長模式的估計結果與討論

(一) 檢定結果

　　所建構的國華大學的SRL成長軌跡模式，經過SEM檢定的模式適配度如表5-4。其$\chi^2 = 154.94$（$p < .01$），RMSEA＝.05，AGFI＝.99、NNFI＝.98，SRMR＝.019。從這些標準來看，模式適配。表5-4可知，國華大學學生的SRL平均起始值為1.72，且每波平均以-.01的速度減少，各波成長速率分別為.00、.15、.55、.88，各波測量誤差相同。SRL的起始點與成長幅度之相關係數為.01（$p > .05$），表示國華大學學生在大二的SRL與後來五波的SRL之成長沒有顯著關聯。大二女生的SRL明顯高於男生、大二學生時間管理與學習態度愈好，則大二的SRL也愈好。大二之後的各學期，女生SRL都比男生好，同時自大二起，學生時間管理對五學期的SRL之影響效果逐漸減緩，而學習態度對五學期的SRL並沒有顯著影響。

表5-4　各變項對SRL之成長模式的參數估計值摘要

估計參數	估計值	估計標準誤
平均SRL的截距項（α_1）	1.72**	.04
平均SRL的斜率項（α_2）	-.01	.37
平均性別（k_1）	.49**	.01
平均時間管理（k_2）	2.04**	.01
平均學習態度（k_3）	2.72**	.01
截距項變異數（ψ_1）	.18**	.01
斜率項變異數（ψ_2）	.10**	.01
斜率項與截距項共變數（ψ_3）	.01	.01
性別對SRL起始點（γ_1）	-.05**	.02
性別對SRL成長（γ_2）	-.09**	.02
時間管理對SRL起始點（γ_3）	.19**	.02
時間管理對SRL成長（γ_4）	-.07**	.02

估計參數	估計值	估計標準誤
學習態度對SRL起始點（γ_5）	.19**	.02
學習態度對SRL成長（γ_6）	.02	.02
SRL第一波因素負荷量（λ_6）	--	--
SRL第二波因素負荷量（λ_7）	.15**	.03
SRL第三波因素負荷量（λ_8）	.55**	.03
SRL第四波因素負荷量（λ_9）	.88**	.03
SRL第五波因素負荷量（λ_{10}）	1.00	--
SRL第一波誤差變異數（e_{11}）	.12**	.00
SRL第二波誤差變異數（e_{22}）	.11*	.00
SRL第三波誤差變異數（e_{33}）	.10**	.00
SRL第四波誤差變異數（e_{44}）	.09**	.00
SRL第五波誤差變異數（e_{55}）	.11**	.00
性別誤差變異數（ϕ_{11}）	.25**	.01
時間管理誤差變異數（ϕ_{22}）	.59**	.01
學習態度誤差變異數（ϕ_{33}）	.62**	.02
$\chi^2_{(df=16)}$	154.92**	
p-value	.00	
RMSEA	.05	
AGFI	.98	
NNFI	.98	
SRMR	.02	

註：--代表固定參數；* $p < .05.$ ** $p < .01.$

(二) 綜合討論

　　本節分析大學生的SRL在校務研究有幾項意義：1.運用國華大學的長期資料觀察學生的SRL成長情形，不僅有別以橫斷研究，而且對國華大學學生在SRL成長的掌握。2.蒐集國華大學五波的SRL及相關資料，

透過LGM對國華大學學生的性別、時間管理、學習態度對SRL的影響，是現有研究沒有以一所學校縱貫分析SRL成長軌跡者。3.從表5-5看出，國華大學大二學生時間管理對SRL的影響，會隨著年級而減緩；在五個學期中，女生的SRL明顯高於男生。而整體來看，五個學期的SRL是下降。

表5-5　假設檢定結果摘要

研究假設	接受與否
H_1：大二男生的SRL起始水準明顯低於女生	●
H_2：大二男生在SRL成長幅度明顯低於女生	●
H_3：大二的時間管理愈好，其SRL起始水準愈高	●
H_4：大二的時間管理愈好，其SRL成長幅度愈高	○
H_5：大二的學習態度愈好，其SRL起始水準愈高	●
H_6：大二的學習態度愈好，其SRL成長幅度愈高	
H_7：大學生的SRL起始點與SRL成長幅度有顯著關聯性	

註：●代表接受研究假設、○代表與研究假設相反。

　　針對結果，討論如下：

　　(一)就性別來說，國華大學大二女生的SRL明顯高於男生，所以接受H_1。若以五個學期來看，男生的SRL成長幅度比女生減少，因此接受H_2。

　　(二)就時間管理來說，國華大學的學生在大二時，若時間管理愈好，SRL愈好，因此接受H_3。同時國華大學學生的時間管理，會隨著年級增加，而減低他們對SRL的影響。換句話說，就長時間來看，時間管理對於SRL的影響之效果減緩，因此拒絕H_4。

　　(三)就學習態度來說，國華大學的大二學生學習態度愈好，對SRL的起始水準有正面影響，也就是大二的學習態度愈好，在大二的SRL也愈好，因此接受H_5。至於學習態度對後來五學期的SRL就沒有顯著影響，也就是沒有隨著學習態度愈高，SRL就愈好，因此拒絕H_6。

　　(四)國華大學大二生的SRL起始點與後來五學期的SRL成長幅度沒

有顯著關聯，拒絕H_7。

伍、大學生自律學習的結論與建議

一、結論

(一)國華大學大二女生的SRL明顯高於男生。若以五個學期來看，男生的SRL成長幅度比女生少。

(二)國華大學大二學生，若時間管理愈好，SRL愈好。同時學生的時間管理會隨著年級增加，減低對SRL的影響。

(三)國華大學學生在大二的學習態度愈好，對SRL的起始水準有正面影響，也就是大二的學習態度愈好，在大二的SRL也愈好。而學習態度對後來五學期的SRL沒有顯著影響。

(四)國華大學大二生的SRL起始點與後來五學期的SRL成長幅度沒有顯著關聯。

二、建議——對國華大學的校務研究之實務價值

(一)國華大學或老師針對男性大學生示範不同的SRL技巧。老師依據教學內容提供不同的SRL方式，讓男生參與學習。例如培養學生整理課程內容、安排自己的學習進度及技巧，以及對課業的自我要求與自我反省，以提高男生SRL表現。尤其從五個學期中看出，女生的SRL狀況比男生還要好，因此老師持續鼓勵及追蹤學生在學科內容的SRL技巧，讓他們在學習內容增加信心，提高學習表現。

(二)國華大學應鼓勵學生時間管理。雖然時間管理對於SRL僅在大二有提升效果，後續學期學生的時間管理對SRL效果減低，這可能是學生SRL，從大三之後就開始往下降，縱然學生有時間管理，卻對SRL為減緩情形。然而大二學生的時間管理對SRL有幫助，所以學生仍應做好時間管理。

(三)國華大學大二生的學習態度對於SRL有幫助，但以長期來觀察，學習態度對後來五學期SRL沒有明顯提升。這代表學生的SRL好壞，還有其他因素影響。例如：學生的學習自信心、自我要求、學習興

趣、家長鼓勵等。

(四)國華大學大二的SRL起始點與後來學期SRL成長幅度沒有顯著關聯，代表國華大學學生從大二的SRL沒有影響後來的SRL表現。雖然五學期的SRL下降，但下降幅度沒有太大。國華大學的老師應引導學生平時養成良好學習習慣，主動思考、自我反省學習，學得組織資訊能力。此外，國華大學學生的SRL隨著年級略有下降，幅度不大，建議國華大學的校務研究人員可以相近規模及發展的學校之學生進行研究，以了解國華大學學生的SRL與他校是否接近或較低，如此可作爲改善國華大學學生SRL的依據。

(五)對未來IR建議上，本節以國華大學學生的SRL成長變化作爲校務研究例子，並了解學生的性別、時間管理、學習態度對五個學期SRL成長的影響情形。未來校務研究，在長期追蹤最好能有更完整的測驗工具來蒐集其他變項的資料，以了解國華大學學生的SRL成長軌跡及其影響因素。

問題與討論

大學校院的校務問題很多元性，假想個人就是一位IR人員在充分思考之後，提出二個最重要的校務研究問題，並依本章提供的研究步驟，撰擬一個簡要的校務研究計畫，並提出來討論分享要如何執行此問題的研究計畫。

參考文獻

一、中文部分

趙珮晴、余民寧（2012）。自律學習策略與自我效能、學習興趣、學業成就的相關研究。教育研究集刊，**58**(3)，1-32。

趙珮晴、余民寧、張芳全（2011）。探討臺灣學生的自律學習：TEPS資料的縱貫性

分析。*教育科學研究期刊*，**56**(3)，119-149。

二、英文部分

Bandura, A. (1986). *Social foundations of thought and action: A social cognitive theory*. Englewood Cliffs, NJ: Prentice-Hall.

Bandura, A. (1989). Human agency in social cognitive theory. *American Psychologist, 44*(9), 1175-1184.

Bronson, M. B. (2000). *Self-regulation in early childhood: Nature and nurture*. New York, NY: The Guilford Press.

Bray, M. & Thomas, R. M. (1995). Levels of comparison in educational studies: Different insights from different literatures and the value of multilevel analyses. *Harvard Education Review, 65*(3), 472-490.

Kaiser, H. F. (1974). An index of factorial simplicity. *Psychometrika, 39*, 31-36.

Kline, R. B. (1998). *Principles and practice of structural equation modeling*. New York, NY: The Guilford Press.

Pintrich, P. R. (2000). The role of goal orientation in self-regulated learning. In M. Boekaerts, P. R. Pintrich, & M. Zeidner (Eds.), *Handbook of self-regulation* (pp. 451-502). San Diego, CA: Academic Press.

Zimmerman, B. J. (1990). Self-regulated learning and academic achievement: An overview. *Educational Psychologist, 25*(1), 3-17.

Zimmerman, B. J. (1998). Academic studying and the development of personal skill: A self-regulatory perspective. *Educational Psychologist, 33*(2-3), 73-86.

Zimmerman, B. J. (2000). Attaining self-regulation: A social cognitive perspective. In M. Boekaerts, P. R. Pintrich, & M. Zeidner (Eds.), *Handbook of self-regulation* (pp. 13-39). San Diego, CA: Academic Press.

Zimmerman, B. J. (2002). Becoming a self-regulated learner: An overview. *Theory Into Practice, 41*(2), 64-70.

Zimmerman, B. J., & Bandura, A. (1994). Impact of self-regulatory influences on writing course attainment. *American Educational Research Journal, 31*(4), 845-862.

Zimmerman, B. J., & Kitsantas, A. (1997). Developmental phases in self-regulation: Shifting from process goals to outcome goals. *Journal of Educational Psychology, 89*(1), 29-36.

Zimmerman, B. J., & Kitsantas, A. (1999). Acquiring writing revision skill: Shifting from process to outcome self-regulatory goals. *Journal of Educational Psychology, 91*(2), 241-250.

Zimmerman, B. J., & Kitsantas, A. (2002). Acquiring writing revision and self-regulatory skill through observation and emulation. *Journal of Educational Psychology, 94*(4), 660-668.

Zimmerman, B. J., & Schunk, D. H. (2001). Reflections on theories of self-regulated learning and academic achievement. In B. J. Zimmerman & D. H. Schunk. (Eds.), *Self-regulated learning and academic achievement: Theoretical perspectives* (Vol. 2, pp. 289-307). Mahwah, NJ: Erlbaum.

Simone, S., Campbell, C., & Newhart, D. (2012). Measuring opinion and behavior. In R. D. Howard, G. W. McLaughlin, W. E. Knight, & Associates. (Eds.), *The handbook of institutional research* (pp. 502-522). San Francisco, MA: Jossey-Bass.

第六章

校務研究的工具與統計

$$\boxed{\text{第一節　校務研究的工具編製}}$$

壹、校務研究工具編製

　　校務研究單位的重要工作之一就是透過設計多種類型的問卷或量表，作為校務研究蒐集資料的工具。它是建立校務資料庫蒐集資料的方法之一。編製量表與問卷應考量其信度與效度。研究工具有信效度之後，接著對學生、老師、行政人員及家長等施測，獲得實際資料，再將這些資料登錄於電腦，儲存於資料庫之中，或與相關資料結合運用，最後產生更多元與不同層面的分析結果。設計具信效度的問卷是蒐集資料依據，因此設計問卷是校務研究的重要任務之一。整體學生滿意度調查是近年來重要的研究項目，各校可自行設計問卷進行調查。學校行銷也是校務研究的重要項目之一，如何做好學校行銷，也可以透過問卷設計來蒐集資料。問卷題目簡短，題數不用多（僅有十來題也可以）。IR可以區分幾個項目來建構問卷，例如教學、師資、設備、圖書使用、研究生產力、學校聲望、就業諮詢及學生事務服務等。藉由問卷蒐集與長期追蹤資料加以分析，以了解學校發展狀況。以下說明問卷編製的內容：

一、編製流程

　　問卷設計有其步驟。張芳全（2014）指出，問卷設計的流程如下：1.依研究目的建立問卷架構，校務研究的目的為何，要解決什麼問題？要建置哪些資料。研究者一定要有其目的，再設立問卷的設計架構。2.決定問卷之形式，它可以分為封閉型及開放型，前者讓受試者勾選選項，例如運用李克特量表（Likert scale），運用選項讓受適者填答，即1代表極度缺乏、2代表很缺乏、3代表無意見、4代表不缺乏、5代表極不缺乏，後者則由受訪者撰寫文字，通常前者比較容易完成施測，回收率也比較高。3.編擬問卷初稿，研究者依據問卷架構，找出所要調查的所有變項，包括人口變項及相關的問卷變項。問卷題目之來源

則可透過現有的文獻之閱讀，以及與校務研究的同僚討論或請教專家等方式獲得。4.專家學者審訂問卷，在問卷初稿完成之後，可以透過與研究主題有關之專家學者針對問卷提供建議。5.預試問卷，也就是把設計好的問卷，先進行模擬施測；預試目的在了解問卷內容的結構與題目是否有需要修正。預試也是用來估計問卷之信度及效度。如果進行信度及效度之後，已經確定無誤。6.問卷定稿並訂定使用說明，也就是問卷經過預試之後，確定無誤時，就進入定稿階段。Simone、Campbell與Newhart（2012）指出，在問卷調查有以下步驟：發展研究問題、將調查主題的藍圖轉為研究問題、發展問題題目、選用題目所要的尺度與選項、建立一個問卷工具（在此應該思考每一題目都可以回應到研究目的嗎？每一個題目都有考量消費者、回答者的需求，以及合於邏輯與分析計畫嗎？）、排序問卷題目（通常將簡單、容易於回答的題目放在問卷最前面）、獲得回饋（通常邀請專家學者對研究工具進行認知訪談、專家學者審題、研究工具預試（pilot study）等過程。

二、問卷設計擬題原則

問卷題目設計應掌握幾項重要原則才不會讓所蒐集到的資料有太大的誤差。這些原則包括：1.問題說明要具體，問卷題目不可以用模糊字眼讓人無法判斷，例如您生病了嗎？生病太過於籠統，究竟是哪一種病，不清楚，受試者無法回應這問題；2.文字用語簡單清楚，不用艱難、冷僻文字，甚至不用成語來表達；3.一個題目一個概念，一個題目不要有兩個概念以上，這會讓受試者混淆無法回答。例如：您喜歡西瓜、水蜜桃或是鳳梨呢？4.不要用學術用語，您是否接受藍海策略、您是否支持皮亞傑（Jean Piaget）的認知發展理論（cognitive-developmental theory），您是否了解中央極限定理？5.避免雙重否定，雙重否定難以理解問卷題目的詞意，受試者在讀完問卷的文字之後，腦海繞一圈才知道問題的意義，甚至還不了解問卷題目的意義，例如您是不是不想要去上學？您有沒有不要去就讀研究所？6.避免不當假設，也就是先有預設立場，然後要受訪者填答。例如：老師都希望我們就讀明星學校，您覺得我們就讀明星學校好嗎？7.避免用頻率字眼，也就是在

問卷題目中會有通常、常常、總是等文字，此時受試者很難去了解其程度，問卷應避免使用。例如：您經常去圖書館借書嗎？

　　IR透過問卷編製之後，可以形成一份問卷草稿，接下來就需要有信度及效度的評估。信效度的評估可以透過專家學者對於研究工具的審題，了解設計的題目與校務研究主題及目的的一致性；還可以透過預試的前導分析來了解研究工具的可行性。也就是先針對所要調查的樣本母群體抽取一部分的樣本進行施測，運用統計分析，例如因素分析來對題目刪題，以求得研究工具的建構效度，同時可以將因素分析刪題後的工具進行信度分析。以下說明問卷的信度及效度原理：

三、研究工具的效度

　　IR若使用研究問卷，此時所設計的研究工具應具有效度（validity）。它是指問卷測量的正確性，指測驗或其他測量工具真正能測量到所欲測量的特質之程度。例如：研究者要測量學生的數理智商，此時所設計的題目都是數理類有關的智商題目，而不是空間、推理或藝術智商的題目。若研究工具測量的效度愈高，代表所測量的結果，愈能代表所欲測量對象的真正特徵。問卷的效度常以測驗分數與其所欲測量特質之相關係數來表示，如果兩者相關係數愈高，代表所測量的特質愈多。評估效度方法包括從問卷所測量的特性評估，以及根據具體客觀量化指標來評估，前者可以從問卷題目之文字內容與所要測量特質的相關理論或現有研究之相符應，而後者則運用效度的統計方法來估算，例如以相關係數或因素分析等來探究。效度的類型有以下幾項：

(一) 內容效度

　　內容效度（content validity）在反映測量工具本身內容廣度的適程度，強調測量內容的廣度、題目所涵蓋性與豐富性，也就是說題目是否涵蓋了所要測量的範圍。要了解所要測量的範圍是否完整，可以針對測量工具的目標（研究目的）和內容（依據相關的理論及研究），透過有系統及邏輯方法來詳細分析，所以內容效度有時又稱為邏輯效度

（logical validity）。而與此相接近的為表面效度（face validity），指測量工具在外顯形式上（如題數及表面上看到的內容）的有效程度。

(二) 效標關聯效度

效標關聯效度（criterion-related validity）以測驗分數和特定效標（criterion）之相關係數，相關係數愈高，代表測量工具的效度愈高。它是從理論及相關研究中找到與研究者所要測量的問卷進行相關係數估算，如果兩者的相關係數愈高，表示測量工具有效性愈高。在此項效度又包括同時效度（concurrent validity）與預測效度（predictive validity）。

(三) 建構效度

建構效度（construct validity）是指從測量工具測得一些抽象概念或特質的程度。其原理為研究者依據所要設計問卷的構念。例如校長領導、學習風格、學習動機、學習態度、幸福感、快樂、智商、空間推理等的學理之內涵編製的問卷。研究者為了了解所依據學理編製的問卷所測量的內涵之有效度程度。常用的建構效度方法包括多元特質多重方法矩陣法（multitrait-multimethod matrix, MTMM）、聚斂效度（convergent validity）、區辨效度（discriminant validity）、因素效度（factorial validity）。多元特質多重方法矩陣法運用系統方法，同時評估不同特質、不同方法之下，不同測驗之間的相關程度。它需要將兩個測驗之間的相關係數透過矩陣呈現出來，讓矩陣中的每一個數值都是一個相關係數，評估MTMM矩陣有以下要點，如表6-1：1.同特質同方法：也就是信度，它需要有高度相關，表中斜對角線的粗黑數值。2同特質異方法：也就是聚斂效度，它應有高度相關，表中相關係數劃底線者。3.異特質同方法：也就是區辨效度，它有低相關，表中相關係數斜體者。4.異特質異方法：也是區辨效度，它也是最低相關係數，表中相關係數沒有斜體、粗黑及劃底線者。而因素效度是透過因素分析所獲得的一個測驗或理論因素結構的有效性。

表6-1　不同方法與特質的相關係數矩陣

方法		方法1			方法2			方法3		
特質		A1	B1	C1	A2	B2	C2	A3	B3	C3
方法1	A1	**.91**								
	B1	*.35*	**.95**							
	C1	*.70*	*.55*	**.85**						
方法2	A2	.65	.11	*.56*	**.94**					
	B2	.25	.60	*.60*	*.01*	**.89**				
	C2	.05	.20	.70	.50	.41	**.87**			
方法3	A3	.54	.22	.27	.66	.36	*.50*	**.95**		
	B3	.01	.70	.51	.40	.68	.40	*.31*	**.90**	
	C3	.58	.50	.65	.30	.28	.59	.48	.28	**.85**

　　而評估建構效度方法及技術可以運用下列方法來掌握：1.相關分析（correlation）可以了解所設計的問卷與效標之間的關係，相關係數愈高，效度愈高。2.多元迴歸分析（multiple regression analysis）則以所選定的參照效標為依變項，而以研究者所建構的問卷為自變項，如果自變項對依變項有顯著影響，則代表問卷具有效度，而效度高低可以從抽取的解釋量來了解。3.因素分析（factor analysis）則是從研究者所設定問卷所要調查的面向之後，經過因素分析萃取出因素結構是否與預期向度一致，以及因素結構的總解釋量程度來確認。如果因素結構與預期的一致，同時因素結構的解釋力高，則代表效度高。4.結構方程模式（Structural Equation Modeling）則是透過每一個潛在因素的組合信度及平均抽取量大小來判斷，如果這兩項數值高，代表效度較高。這方法可以參考余民寧（2006）、邱皓政（2011）的論著。

　　研究工具的效度受到許多因素的影響而有不同，這是校務研究在編製工具應掌握。例如：1.測量歷程中所發生的因素，在問卷實施過程沒有嚴謹的標準，因而受到許多因素干擾而影響效度；2.樣本性質的影響，也就是選用異質性高的樣本對於問卷的反應無法反應出特質，同時樣本的代表性也是重要因素，例如問卷要施測的對象為大學生，但校務

研究卻用在研究所學生；3.效標因素，也就是取得的效標不適切，包括不適當的效標選用、效標本身的測量品質低等；4.其他干擾變項的影響等。

四、問卷信度

研究工具除了效度之外，也需要有信度（reliability）。它是指根據問卷或量表所測量得到結果之一致性（consistency）或穩定性（stability）。簡言之，信度是指針對相同的量表或問卷，在不同時間，使用在相同受試者的身上，是否會得到相同結果的程度。

信度的類型有多樣。第一是再測信度（test-retest reliability），它是指以運用相同一種測量工具，對同一群受試者，前、後測驗兩次或多次的相關係數高低。如果相關係數高，代表一致性高，反之則否，因而它又稱穩定係數。第二種為複本信度（alternate-form reliability），它是指針對同一群受試者，接受兩種複本問卷或測驗所得到分量表之相關係數。相關係數愈高，代表信度愈高，反之則否。第三種為折半信度（split-half reliability），它是指對問卷題目依據題目的單雙數或其他方法分成兩半，接著計算出受測者在兩半測驗分數的相關係數。相關係數愈高，代表信度愈高。第四種為內部一致性係數（coefficient of internal consistency），它主要是反映測量或問卷工具內部同質性、一致性或穩定度。如果問卷的同質性愈高，代表量表或問卷題目測量到相同的特質。第五種為評分者間信度（inter-rater reliability），它是指不同的評量者對於受試者所評定的分數，再將不同評分者之分數進行相關係數計算。相關係數愈高，評分者的信度愈高。

在實務上估計信度係數時，如果是以KR20法估計，它適用於問卷選項為二分變數的測量或問卷；若是以Cronbach's α適用於多元尺度變數的測量。問卷編製也要掌握影響信度的關鍵因素，也就是測量誤差。問卷編製如果不精確，誤差就會增加。簡言之，如果測量工具的題目說明不精確、選項模糊，就容易產生很多誤差。因此若能減低誤差，就能提高信度。而影響信度因素與測量誤差大小有關。而影響信度因素包括受試者因素（如受測者的身心動機、健康情形、注意力、填寫

問卷的意願、持久性、配合填答的態度等）、研究者的因素（如是否使用標準化的問卷設計、問卷題目的客觀性及具體性或誘答力、評分者主觀等）、測驗情境因素（如空間的通風、光線、是否吵雜聲音、桌面平穩否等因素的影響）、測驗內容因素（問卷取樣不當、內部一致性低、問卷題目數過少過多等）、時間因素，如因為題數過多，讓受適者填答時間過長，或題目要讓受試者回憶太久等。

貳、問卷調查法在校務研究的問題

校務研究若以上述所設計的研究工具蒐集資料，也就是以問卷調查法作為資料蒐集。校務研究要以問卷調查法蒐集資料，第一步應該先界定母群體（populations），然後再來選用抽樣方法來抽樣（sampling）。界定母群體應以研究問題為依據。例如：校務研究者要了解大一新生對於大學環境適應情形，此時的母群體是該所大學的大一所有新入學的學生，不包括大二、大三等學生。抽樣的方法與問題及相關的步驟本節都有說明，最後再將蒐集資料（需經過編碼登錄與清理，追求資料準確性）與統計分析的結果進行解釋。校務研究以問卷調查法蒐集資料常有以下問題產生：

一、施測對象並非所要對象

問卷調查法在施測過程中，縱使對樣本施測，但是受訪的填答者不是先前所要的受訪者。也就是校務研究施測對象，並不是所要研究的對象，研究者發放的研究樣本之填答者，並非先前取樣樣本。例如請甲班某一部學生填寫，卻由甲班另一部學生填寫，填答者非研究所期待標的樣本。在研究者收到填好的問卷之後，將它視為有效問卷，於是整理在資料庫之中，後續也進行統計分析。這種盲目將資料視為有效樣本的統計分析，其實是一種垃圾進、垃圾出的研究報告。填答者無心填，隨便勾選，就將問卷寄回或回收，研究者將它視為「有效問卷」進行統計分析是一種資料蒐集的謬誤。填答者因學校課業忙、疲勞、精神不佳，或這些研究問卷一再要求學生填答，對問卷填寫產生反感就亂填答，研究者仍視為有效樣本。

　　校務研究若運用問卷調查，在問卷發出之前應先決定要如何抽取樣本是一個重要的問題。抽樣方法在隨機取樣方法就包括簡單隨機取樣、叢集取樣、系統取樣及分層取樣。據母群體特性讓每個被抽中的樣本具有代表性，每個樣本有被抽中的機會都一樣。問卷調查法以隨機取樣爲基準，符合樣本代表性及每個樣本都有被抽中的可能，但是實務狀況常將隨機取樣視爲隨便取樣。常見的現象是，校務研究爲了了解學校一項方案的滿意度、教學態度、學業成就或其他受試者的人格與動機，爲了抽樣方便，找認識同學或老師，懇求他們任教的班級學生作爲樣本。此種僅爲「抽樣方便」與容易得到樣本考量，卻沒有顧及到取樣合理性問題。換句話說，校務研究在問卷調查取樣方法、樣本代表性，以及取樣過程適切性都值得重視。校務研究應以大數法則分析，對母群體抽樣未顧及不同組成分子分配或分布就任意抽樣。因此，常犯的錯誤是將此樣本選取，視爲「隨機取樣」。如果這種研究方式，對研究結果之推論會是嚴重錯誤。

　　校務研究沒有顧及樣本代表性。樣本代表性有二種意義，一是所抽出的樣本數是否足以代表整體的母群體。取樣目的在節省時間及節省經費，更重要的是將所得到的結果要類推到母群體，以樣本來了解母群體特性。所以樣本數如果不足，就無法將樣本得到的結果類推到母群體之中。二是樣本縱使有充足的數量，但是所抽取的樣本，無法符合母群體在不同區域樣本分配特性。就如一位研究者要了解臺北市國民小學學生的英語學習成果，如果這份問卷在抽樣僅集中在部分的文教區學生，沒有抽到距市中心較偏遠學校—— 即該學校在英語教學可能不佳，因而以部分學生，就要以這些學生研究成果類推到整個臺北市，就會以偏概全。也就是說，隨隨便便取樣，並沒有取到所要施測的樣本。

　　樣本數量也需要考量問題。若沒估算母群體有多少樣本數？隨後再進行樣本數的取樣。若研究者自認爲有超過30名或50名，或100名以上就足夠分析。如果沒有考量母群體數目，就任意取樣本數是不正確。就如有母群體10萬名，有母群體僅一萬名，如果二者在取樣都僅取1千名，對於僅有1萬名樣本者，可能樣本代表性及樣本數無法完整代表母群特性，甚至有樣本數不足問題。

二、問卷回收率普遍低

　　問卷調查法除了樣本代表性、抽樣、受試者非眞正接到問卷的受試者等問題之外，它還有一個較爲嚴重的問題，就是問卷回收率低。問卷回收率低產生原因不外有以下幾項：1.問卷寄出要求填答的時間不對。就如要學生填答問卷，卻是在學生期中與期末考才寄出，學生忙於課業與考試無暇填寫。2.問卷題數過多、問卷的題數太多，填答者意願不高。3.郵資不足無法寄回。校務研究有時運用郵寄問卷，回收地址有誤無法回收。4.研究者提供誘因不足。無法吸引受試者填答。5.受試者常被問卷搞得疲累，不願意再配合填答任何問卷。6.受試者時間不夠、工作太忙無法填答。7.受試者對問卷內容及主題不感興趣。8.問卷工具不精美，無法吸引填答動機。9.問卷主題與受試者理念不同，例如政黨、宗教及族群不同，無法填答。

　　在上述幾項原因是校務研究者應重視，未來學校如果長期追蹤學生表現，學生長期受到問卷的疲勞轟炸，對問卷會「退避三舍」與「聞之色變」態度。儘管研究者在問卷回收之後，想要一再催收，例如重新發出問卷都很難增加問卷回收率。雖然可以將問卷製作精美、發問卷應避開受試者忙碌時間、增加填答問卷填答誘因等。這些因素無法讓研究者在有限經費中，可以突破。近年來，可以運用網路問卷的調查軟體，它包括Campus Labs、Qualtrics與Survey Monkey。它們可以運用在跨校的問卷資料蒐集與分析。學生、老師及職員使用這些平臺，可以協助管理問卷調查的資料（Goodman & Turton, 2017）。

三、問卷題目愈多愈好

　　問卷設計的題數度過多，題目又冗長，一份問卷要填好幾十分鐘，甚至有一小時以上者。填答時間長或問卷過長，造成填答者不但無心填答，同時有亂填的心態。有些問卷長者六、七頁，厚厚一本；少則也有七、八十題，要受試者在短時間內填答，縱使有誘因——如給與一份精美禮物，亦無法讓受試者有時間來完成該份問卷。

　　在問卷題目中，要讓人勾選處有以三、五或七個點數者，因而受試

者在填答有趨中情形，例如以五等第爲點數，總是如此、偶爾如此、常如此、總不如此、並沒有如此等五個等第。受訪者常會選擇居中選項，因此在進行統計分析發現，研究成果會居中，無法達到統計顯著水準。研究者設計的問卷過長，受試者不願配合作答，通常都會勾選居中選項，作爲「回應」研究者。如果眞的要運用量表以偶數個選項，讓受試者填答者爲宜。

　　縱使在問卷中置放隱藏式題目（與研究主題無關，主要在測試受試者有無亂填），但亦無法避免填答者隨便亂答測驗問卷的問題。一方面是在於填答者爲應付了事，不願意多花些時間填，而隨便的亂填；另一方面填答者對問卷本身就不感興趣，很可能是接受太多次的問卷，感到疲乏，因此無法對問卷的內容有詳實填寫。

　　上述因爲受試時間、受試者興趣、受試者看到問卷內容過長，因而感到疲態，造成不願意配合填寫。因此如果問卷有過多題目及需要過多時間填答，將無法達到預期效果。所以校務研究在設計問卷，應考量受試者填答時間，最好一份問卷不要超過60題，或不要超過5頁的問卷內容爲佳。

四、受訪者對問卷選項認定意義不同

　　問卷題目常運用的選項包括了：有一點反對、反對、不反對、有一點不反對；有些如此、總是如此、沒有如此、常常如此；經常、偶爾、不常、沒有等。這些選項，常以五分、四分、三分、二分及一分來計分，在同一群組的題目會將同幾個題目的分數加總。這樣計算方式有很多問題。很常見的是各受訪者對選項認定不一。每位受試者的有一點反對、反對、不反對或是有些如此、經常如此的概念及數量不同。即有人認爲一週如果進市場一次就算是經常上市場，但有些人認爲要一週上五天市場才算是「經常如此」。這種每位受試者都不一樣概念及所測量得到資料，事後再進行統計分析與處理會有很多誤差。簡言之，您我的「經常」、「偶爾」或「有一點反對」是不同的概念與內涵，在不精確的測量之後，又將不精確的數值計算與加總，所得到的研究結果當然就不眞。

五、樣本愈多愈好愈易達到統計顯著水準

　　校務研究者常為了讓研究結果如預期的達到統計顯著水準。在問卷調查時，為達到此目標，就以「樣本取勝」，也就是經由「大樣本調查」，來達到研究結果的意義。在問卷調查就以大樣本作為研究方向。每一次的問卷調查應抽取多少樣本，才算適當。這是一個問卷調查很重要的問題。在推論統計上，樣本數超過30個以上就算大樣本。然而一次的問卷調查，若母群體為上萬人，校務研究中常會受限於學校規模，尤其是中小學，有些僅有三、四十名學生，有些為二、三百人，有些以數千人或萬名學生為樣本。當然樣本數愈大，對研究假設問題的考驗容易達到顯著水準，但是研究者應仔細思考：「究竟是研究問題本身所反應出來，而達到統計的顯著水準，或是因樣本夠大，才會有統計的顯著水準產生。」很多研究問題的問卷設計，如果研究問題具有良好特性──例如研究問題明確，填答者容易填、容易反應，或是很具有評判標準者，很容易就可以反應出研究成果。因此只要部分研究樣本，就可以達到統計顯著水準，不一定要大樣本施測才可以讓檢定的假設達到統計顯著水準。

　　IR在進行抽樣時，除了樣本應該充足之外，研究者更應了解抽樣過程的問題。若不去面對抽樣問題，所得到結果達到統計顯著水準意義也不大。也就是抽樣的母群體在抽樣之前就將母群體界定清楚。問卷調查法常犯的問題是對隨便取樣及隨便施測，並沒有根據樣本母群體的特性及母群多寡與正確的抽樣方法抽取樣本。

六、問卷題目無法涵蓋研究目的

　　問卷調查法的重要限制之一是無法包含所要施測的研究問題與研究目的。當研究者在進行問卷編製，無法將所要了解的所有問題，都列在問卷題目中。會有此問題主因由幾項問題所致：1.校務研究對研究問題與研究目的不清，校務研究如果對於研究問題及範圍界定不具體，在設計題目時，就無法將所要研究的題目納入，也很有可能將不必要的問題列入問卷的題目之中。簡單說，校務研究應該針對學校所要解決的問題界定與釐清之後，再來蒐集資料會更有意義。2.校務研究要運用於相關

學理不了解，校務研究雖然是應用性研究，但是從研究結果的累積也是可以形成學理。因而在問卷編製時宜根據相關理論的觀點，再進行問卷編製，如果對於所要採用的理論內涵、理論所解釋重點、理論所說明現象，以及理論的相關限制等未能明確了解，此時在問卷編製內容無法完整涵蓋研究問題。

七、自編問卷之外的反思

　　其實，IR有時不一定要自編研究工具，可以採用現成的工具，一樣可以蒐集到學生的背景特性、人格特質、生涯規劃與非認知的相關資訊，透過這些資料做校務研究。這些工具是專家學者針對特定的目的及研究對象的設計，經過嚴謹的評估，所以具有較高的信效度。Nobel與Sawyer（2012）就把可以應用於美國高等教育校務研究的現成研究工具區分為認知測驗與非認知測驗，並列出了可以使用的各種工具，前者包括了大學生入學考試測驗（ACT、SAT、TOEFL/TWE）、碩士班入學考試測驗（如GRE、GMAT）、課程安置測驗（course placement tests），前兩項為教育測驗服務（Educational Testing Service, ETS）中心提供，而第三項由各校依其需求設計，通常對外籍生以英語課程或發展補救課程為主，三個測驗都有常模可以參考。另一項是非認知測驗（noncognitive measures），它的類型多樣，常以特定心理特質與需求為設計，例如學習動機、自我管理、職涯規劃、學習投入、社會投入、高風險學生特質（如無法適應學校、高輟學率、學習表現低落）。這些出版的工具應用於IR的優點在於，它們多已標準化測驗內容，尤其是入學的認知類之成就測驗，可以進行不同學習者的學習表現比較；同時可以運用這些資料來了解進入大學前的學習背景，作為入學後學習或課程安排的參考；然而，這些認知類測驗僅有入學考試分數，沒有學生背景資料及非認知類的資料，無法對樣本做更多變項的交叉分析。就IR人員來說，在應用入學考試分數應注意這些工具的限制，同時在解釋及應用時應與同儕學校比較，甚至運用認知類的工具應搭配非認知類的問卷會更適切。更重要的是，IR在取得學生入學考試成績的儲存及保留應謹慎，因為它涉及學生的個資及其可能的權益。

第二節　校務研究的統計方法

壹、初等統計分析方法

　　社會科學的統計方法相當多，然而要運用在IR就需要依校務研究的目的及資料屬性選用最適當的統計方法。社會科學對於資料衡量尺度有嚴謹區分，校務研究應掌握。它分為名目尺度、順序尺度、等距尺度、等比尺度。研究者除了依據研究目的之外，在選用統計方法應依據所蒐集資料之屬性來進行統計分析。IR需要嚴謹的統計分析，如果學校設有校務研究中心要有專業統計分析人力；若學校沒有設立校務研究中心，此時學校各行政單位或教學單位及其團隊也需要有統計專業分析能力的支持系統或諮詢人員才能較順利完成校務研究。IR所運用的統計方法有時不一定要使用進階的多變項統計方法，反而有時運用描述統計方法來說明校務研究所關心的事務之平均數、標準差或整體的樣本分配狀態，找出學校發展問題更符合學校發展及大學認可的需求。相對的，如果要進行深入的統計分析，需要長期蒐集大樣本資料，建立資料庫，運用進階的統計分析技術。以下將常用統計方法使用目的及時機說明如下：

一、描述統計

　　描述統計僅對於樣本特性進行描述，並沒有要從這些樣本推論到母群體。它包括集中量數、分散量數與相對地位量數，第一種是一組樣本所集中於某一數值的情形，最典型的數值為平均數。例如一所學校的五個班級，各班的期中考英語、數學及國語成績，如果以平均數來看，分數愈高，代表班級的整體表現愈好。第二種是樣本在某一變項的分散情形，最典型的數值為變異數、標準差。它反應出了該變項在團體的分散情形，如果數值愈大，團體的表現愈分散。如上例，五個班的第一次期中考英語學習成就表現的標準差各為2、4、6、8、10，此時就某種程度來看，代表最後一個班的學生表現，好的很好，差的很差；而第一

個班則是每位學生的表現較為接近。很多的校務研究並不一定要運用艱深或進階的統計來說明學校發展狀況，有時運用描述統計對於學生學習狀況、入學率、教室使用情形、財務運用績效及教職員工作負擔的說明，很快的就讓學校經營者及消費者了解學校的狀況。第三種是樣本某一屬性在團體中的相對地位，通常運用百分等級、百分位數及標準分數來對樣本的相對地位做描述，前面兩種這可以參考林清山（1993）的論著，後面則如下說明：

二、標準分數

標準分數（standard scores）是運用線性轉換的原理，將一組數據轉換成不具有實質單位與集中特性的標準化分數。不同的標準分數的共通點是運用一個線性方程式$y=bx+a$，進行集中量數的平移（即某一個數值減去樣本的平均數）除以標準差，這樣會使得樣本群的數值轉化，讓不同量尺與不同變項之測量數據，具有相同單位與相同的集中點。在此種情形之下，可以讓不同變項轉換過的數值，可以進行相加總，並作為相互比較依據。常用的標準分數包括Z分數、T分數（T=10Z+50）、SAT考試（Scholastic Assessment Test）（SAT=100Z+500）、比西測驗量表的IQ分數（平均數=100，標準差=16的標準分數）（IQ=16Z+100），而魏氏智力測驗則=15Z+100，它代表Z分數加權15倍，再加100分。

Z分數是指原始分數減去其平均數，再除以標準差之後，所得到的新分數。它在表示該原始分數落在平均數以上或以下幾個標準差的位置。Z分數特性為任何一組數據經過Z公式轉換後，均具有平均數為0，標準差為1，同時Z分數可以作分配內與跨分配的數值比較。因此標準化Z分數具有可加性（也就是不同的變項，經過轉化之後，可以將不同變項予以相加）、可比性（因已經轉換為平均數為0，標準差為1的分配特性，所以可以比較）、單位一致性（同樣是以該群數值的標準差為單位）及精確性（它需要查表，對於Z值有小數點者，可以查到更細微的數據）。

三、統計分析的例子

　　以下有一個很值得思考校務研究思考的例子。學校常針對每次期中考試進行優秀學生獎勵，但在學生成績計算的方式要再思考。例如：某校的一個班級10名學生在第一次期中考的國文、英文及數學原始成績如表6-2。如依據傳統經驗，這三科成績相加起來，總分最高的前三名要接受獎勵。從表中來看是A、B及F學生獲得前三名，然而這種沒有轉換分數，而以原始分數加總之後來排名是否有問題呢？若在這次考試中，國文老師出題較簡單，全班分數偏高，全班分數變異沒有太大；數學老師出題難易適中，結果全班分數變異居中。至於英文老師出的題目較難，結果分數分散很大。在這三個科目難易不同之下，依據原始分數加總，所進行排名是否正確或公平呢？在此過程是否應將這十位學生在國文、英文及數學科成績先進行標準化Z分數轉換再加總，這樣是否會更合理呢？如果將這三個科目的成績標準化Z分數之後，所得到排名與原先排名有所不同，前三名變為A、B、C生了，其他的名次也有所轉變。

表6-2　十位學生三個科目原始分數與標準化Z分數排名

學生	國文	英文	數學	國文Z	英文Z	數學Z	原始總分	原始排名	Z總分	Z分數排名
A	86	97	85	0.38	0.85	0.97	268	1	2.2	1
B	86	93	87	0.38	0.68	1.10	266	2	2.16	2
C	90	80	70	0.98	0.13	0.02	240	5	1.13	3
D	90	85	56	0.98	0.34	-0.87	231	6	0.45	4
E	83	93	67	-0.08	0.68	-0.17	243	4	0.44	5
F	73	92	82	-1.58	0.64	0.78	247	3	-0.16	6
G	90	25	76	0.98	-2.22	0.40	191	9	-0.84	7
H	80	50	77	-0.53	-1.15	0.46	207	8	-1.21	8
I	72	90	62	-1.73	0.55	-0.49	224	7	-1.67	9
J	85	65	35	0.23	-0.51	-2.20	185	10	-2.49	10

學生	國文	英文	數學	國文Z	英文Z	數學Z	原始總分	原始排名	Z總分	Z分數排名
平均數	83.50	77.00	69.70							
標準差	6.64	23.47	15.76							

　　上述例子給與校務研究的啟示，學生學習表現，不僅是班級間有差異，同時在不同科目之間因授課老師，在期中考試命題難易也不同，所以單以原始分數所獲得的成績，無法反應真實排序。應用統計分析在校務研究，上述僅是一個例子而已，尚有很多統計分析應用於校務研究相當有意義。這是從事校務研究值得重視的課題。本書在第九至十二章都有不同的統計方法之應用，供讀者參考與省思。

貳、高等統計方法

一、積差相關

　　IR常在了解學生的學習表現與學習壓力之關聯性。如果校務研究者所運用的測量變項為等比尺度或等距尺度，也就是連續變項，即適用於兩個連續變數以上的變項之相關，就可以運用積差相關（product-moment correlation）。它在了解兩個變數或以上變項的相關程度，相關係數值界於正負1.0之間。例如：同一組50位學生的身高和體重之相關程度。兩個變項的相關數值若為正向，稱為正相關；若為負向則稱為負相關；若兩者數值的共變性為零則稱為零相關；兩個變項的相關有沒有意義需要依據所計算的樣本數，查積差相關的統計表才能了解相關數值的意義性，並不是相關係數愈大，就是代表兩者的相關有意義。相關係數大小是指相關程度大小，而正負號是兩個變項之間的方向。相關也僅是變項之間的關係或關聯程度，它並沒有變項之間的因果關係。例如大學生的管理學學期成績與智商的相關係數為.85，代表兩者是正相關，並不能說，是智商高，才使得管理學成績好。

二、卡方考驗

　　IR常要分析類別與類別變項之間差異性或關聯性。卡方考驗適用的資料為類別尺度的變項，因為它需要建立交叉分析的表格，又稱為列聯表格（contingency table），又稱為交叉表（cross table），將實際所獲得的資料與期望值（expected value）之間的差異性。卡方有以下幾項用途：1.適合度考驗（test of goodness of fit）：它是在單一向度中，就某一變項考驗其觀察次數是否與其期望次數相符合，也就是實際蒐集到的資料分配是否與理論或預期的次數分配相符合的程度。2.百分比同質性考驗（test of homogeneity of proportions）：它在檢定研究者所感興趣的J個群體在I個反應的百分比是否一樣，同樣的需要一筆實際資料，計算出所要分析的變項所組成的列聯表之每一細格的期望次數，接著依據卡方公式進行理論次數與期望次數的計算，並進行檢定，以了解百分比是否具有同質性。3.獨立性檢定：它在檢定兩個類別或等級變項之間是否互為獨立，也就是研究者所蒐集到的資料所構成的列聯表，不同的變項之間是否獨立，如果沒有獨立則是兩個變項之相關。4.改變顯著性檢定（test of significance of change）：用來檢定同一群受試者對同一事件前後兩次反應之間的差異情形，這種前後測的反應是用在二分類選項上（是與否、對與錯、支持與反對等）之改變，而不是連續變項的前後測改變，經過卡方公式計算之後，依據所計算的兩個變項類別數所計算的自由度，經過查表，來了解是否樣本在變項屬性上具有改變情形。上述的四種用途都需要經過嚴謹的檢定流程才能了解是否有差異、獨立或有明顯改變。

三、兩組平均數差異檢定

　　IR有時要了解學校中男女大學生在學習表現的差異性，或者要了解學校男女教師在教學負擔的差異性，或是要了解男女學生的學習壓力、快樂程度，此時就要運用兩組平均數差異檢定。它包括了獨立樣本平均數的t考驗（independent samples, t-test）與重複量數平均數t考驗（相依樣本t考驗）（repeated measures, t-test），或稱為配對樣本與成對樣本考驗。前者是兩個平均數的差異考驗，應用於兩個互為獨立母群

所抽出來的樣本之差異性比較。例如：校務研究者想要比較大學的男女
生的英語學習動機之差異。後者是兩個平均數的差異考驗，它是使用了
一個母群中，同一筆樣本兩次獲得分數之差異比較。就如同一組學生在
第一次與第二次考試的英文成績之差異比較。

四、兩組以上平均數差異檢定

兩組以上平均數差異檢定包括獨立樣本單因子變異數分析（one-
way ANOVA, independent samples）及重複量數單因子變異數分析
（one-way ANOVA, repeated measures），前者在比較三個（含）以
上的平均數的差異，用在三個（含）互為獨立的母群的差異比較。例
如：校務研究者想要比較企管系甲班、乙班、丙班的學生在企業實習的
學習成績差異，此時可以運用單因子變異數分析，透過F檢定之後，以
了解三個班是否有達到統計顯著水準，如果有明顯統計顯著水準，再進
行事後比較，比了解兩兩班級之間的企業實習成績的差異。後者在比較
同一個群體三個（含）以上的平均數的差異。它是在同一個群體，每個
受試者都有三次（含）以上分數。例如：校務研究要比較教育學院教育
心理系的學生在第一次英文期中考試、第二次考試及第三次考試的英文
成績之差異（每位學生都必須參加這三次考試獲得成績）。

五、共變數分析

共變數分析（analysis of covariance, ANCOVA）是將會影響數個
自變項的某一個變項抽離，以便來了解及比較這多個自變項對依變項之
影響情形。共變數分析通常運用在實驗研究設計或準實驗研究設計之資
料處理。社會科學研究往往無法做到完全的實驗控制，因而常常會在實
驗完成之後，才發現某個變項會影響到此項實驗成果。此時就需要以統
計控制，將此干擾的變數予以控制（從自變項中抽離出來），然後再比
較這多個自變項對依變項的影響。例如：校務研究者要對不同三個班級
實施不同教學法（戶外教學法、啟發教學法、欣賞教學法），要了解大
學生在行銷學的學習成績之差異。一開始無法將三個班的學生運用隨機
方式打散，分配於各班（無法實驗控制），研究者在實驗之後發現，智

商對於這實驗效果的影響很大，可能已干擾了實驗處理效果，此時研究者僅能透過共變數分析的統計控制，將每班學生的智商予以排除，也就是研究者就需要讓三個班的學生透過智商量表來測量他們的智商，透過共變數分析將智商排除，再比較三個班的學習成效，才能了解實驗處理的效果。

參、多變項統計方法

一、獨立樣本二因子變異數分析

獨立樣本二因子變異數分析（two-way ANOVA, independent samples）在了解兩個自變項（或屬性變項、類別變項）對於某個依變項（觀察變項）交互作用的影響。當有兩個因子時，且這兩個因子互為獨立，若要了解其對某個觀察變項有何交互作用的影響時，可使用此項統計方法。值得注意的是，在進行獨立樣本t考驗、獨立樣本單因子、二因子、多因子的變異數分析之前，都需先做變異數同質性考驗（test of homogeneity of variance）。它是在了解各個群體之間的變異數是否同質。進行獨立樣本的差異性比較需先做此項考驗。若各個群體的變異數不同質，則所得的結果將和實際的結果有所不同。此項考驗在確定各組都同質時，才可進行變項平均數的差異比較。

二、多元迴歸分析

IR常需要了解學生的學習表現之相關因素。多元迴歸分析（multiple regression analysis）用於探討自變項預測效標變項的情形。研究者如果不確定哪些自變項較能有效預測效標變項，可以透過多元逐步迴歸分析篩選出較具預測力的變項。相對的，如果自變項對依變項已經有多數研究累積成果，此時是一種驗證性的特性，也就是校務研究者所納入的自變項可以全部的投入多元迴歸分析模式。在進行模式設定時，對於模式的自變項與依變項應有學理依據、或過去相關研究、邏輯及經驗支持，才決定哪些要成為自變項，哪些要成為依變項。當模式的變項確立之後，將所蒐集到的資料運用統計軟體的迴歸分析對每一個自變項與依

變項進行檢定，同時了解達到統計顯著水準的自變項對於依變項的預測力。例如：IR人員想了解學生的智力、學習動機、學習習慣、學習策略、考試技巧、學習態度、成就目標、自我觀念、父母的社經水準、父母的期望、教師的教學態度、教師的期望等變項，這些自變項對學習表現的預測情形。或者校務研究要分析影響教職員工的工作負擔，透過找到的教學時數、工作壓力及薪資水準及背景變項對工作負擔分析。

三、因素分析

　　IR若為了探索所設計之問卷確實是測某一潛在特質（因素），並釐清潛在特質的內在結構，能夠將一群具有共同特性的測量分數，抽離出背後潛在構念的統計技術，即為因素分析（factor analysis）。因素分析有四個重要步驟：第一是準備可以分析的資料；第二，將所獲得的資料，叫入統計軟體的視窗，如SPSS、R等，並進行資料的萃取；第三將所獲得的因素結構進行轉軸，使原本萃取出來的因素，使萃取出原本的兩個因素不是直交因素結構，在空間上，轉為直交特性；第四針對所萃取出來的因素命名。在萃取因素個數之決定，主要依據因素的特徵值（eigenvalue）大小。特徵值代某一因素可解釋的總變異量，特徵值愈大，代表該因素的解釋力愈強。特徵值需大於1，才可被視為一個因素。因素轉軸（factor rotation）的目的：將所抽取的因素，經過數學轉換，使因素或成分具有清楚的區隔，能夠反映出因素結構的特定意義，稱為轉軸。轉軸目的在釐清因素與因素之關係，以確立因素間最簡單結構。最後將因素分析獲得的因素結構、因素負荷量、特徵值、解釋量整理成一個可以容易閱讀的表。

四、結構方程式

　　IR常要運用統計方法來估計研究工具的信度及效度，也想要了解不同變項所組成的因素結構之間的關係。此時可以透過結構方程式來達到目的。結構方程式結合因素分析及迴歸分析的統計分析技術。它在處理變項之間具有因果關係的統計方法，它具有驗證研究的特性。一個完整的模式包括測量模式（measurement model）及結構模式（structural model），前者是由幾個測量指標或變項可以測量而形成的一個潛在因素，而後者則是由不同的潛在因素所形成的關係。SEM也是路徑分析（path analysis）的一種變形，路徑分析探討觀察變項之間的關係，無法處理潛在變項的問題，而SEM則是探討因素結構、觀測變項與因素結構之關係。SEM可以同時處理多組潛在自變項與潛在依變項之關係。SEM也可以提供驗證分析（confirmatory analysis）。SEM分析有一定步驟，Hair等人（1992）指出，進行SEM有五個步驟：1.發展理論模式，也就是從相關研究及學理，建構出所要檢定的理論模式；2.建立因果關係徑路圖及待估計參數，在模式圖建構之後，就評估變項之間可能的路徑，並從蒐集到的資料來估計參數值；3.評估參數唯一解的辨認（identification），在因果模式計算路徑係數之中會有無意義或不正確結果，此時要進行模式辨認的問題。它要從模式的自由度來判斷，其自由度的計算公式 $K = 1 / 2 (p + q)(p + q + 1) - t$。式中，p為外生顯性變數個數、q為內生顯性變數個數、t為自由的參數個數。經計算之後，可以分為剛好鑑定（just identified）、過度鑑定（over identified）與不足鑑定（under identified），第一種計算出來為0、第二種為大於0、第三種為小於0，前兩種都有唯一解，而第三種為無解；4.參數估計，也就是將所設計好的模式依據變項之關係進行參數估計；5.評鑑模式配適度（goodness-of-fit），針對所跑出來的模式之各種統計數值指標，依據適配度指標進行評估。

　　模式是否適配，則要依據SEM的基本配適度指標來評判。它包括絕對適配度、相對適配度及比較適配度指標。Bagozzi與Yi（1988）提出幾個重要的模式基本配適標準。不能有負的誤差變異、誤差變異必須達顯著水準、估計參數之間相關的絕對值不能太接近1、因素負荷量不能太低（小於0.5）或太高（大於0.95）、不能有很大的標準誤。SEM的模式內部品質包括個別觀察指標的信度是否在0.5以上、潛在變項的成分信度是否在0.6以上、潛在變項的平均變異數抽取是否在0.5以上、所估計的參數是否都達顯著水準、標準化殘差的絕對值是否都小於1.96、修正指標是否都小於3.84。這方面的專業書籍可以參考Byrne（2006）、Cudeck、du Toit與Sörbom（2001），以及Hoyle（1995）。

五、多層次模式分析

IR在資料處理需要了解資料結構及其屬性，再分析會更具有意義及價值。多層次模式（multilevel models）分析或線性階層模式（HLM）對資料具有階層性或鑲嵌特性時，來分析會獲得更準確結果。若校務研究獲得的資料結構具巢套性（nest），運用HLM可以減少誤差（Raudenbush & Bryk, 2002）。

簡單思考一個問題，如果校務研究要分析一所學校的20個班級學生學習成就因素。每班30位學生數學成績及相關影響因素。這20班600名學生，如僅用一個多元迴歸分析，來代表這20班學生影響成就因素，以及每一班都運用多元迴歸分析，跑出20條迴歸方程式的因素。在各班的影響因素不一定相同。試想班級文化、學生來源不同，其家長社經地位不同；性別不同，學生對學習成就不一樣。若以20班學生整體樣本估計的一條迴歸方程式來替代20班，在解釋影響因素會有很大問題。為解決兩層樣本分析，透過HLM分析最適當。

HLM可以分析具有巢套在不同層次的資料，分析脈絡變項（contextual variable）對於其他變項影響，也可以了解不同群、班際之間的差異，更可以分析跨層次的變項之交互作用的效果。如果是大型學校，或在大學不同系所，所蒐集的資料，其資料屬性包含班級和學生階層，此時就可以透過HLM分析。相對的，若分析不同階層的變項關係，沒有考慮層與層之結構關係，將會造成型 I 誤差（type I error）過於膨脹，易發生解釋偏誤（Kreft & DeLeeuw, 1998; Raudenbush & Bryk, 2002）。這方面可參考Coughlin（2005）、張芳全（2010）及溫福星（2006）的作品。

肆、資料採礦與應用

一、資料採礦

(一) 監督式與非監督式取向

資料採礦（Data Mining）是運用統計方法的知識來探索大資料

庫的一種技術。在大數據的資料庫中，常無透過傳統的統計方法護工具，來了解這些大資料的潛在組型、變項之關聯與趨勢。高等教育機構的學生資料不斷累積，並加廣資料蒐集面向，如果沒有多元的資料探礦，難以了解及探索大資料庫中資料的組型（patterns）、趨勢及找出IR所要了解校務發展的重要因素。資料探礦包括監督式（supervised）及非監督式（unsupervised）取向，前者是研究者運用已知的一組輸入範例及預期結果來測試新的團體；後者則是研究者不斷透過輸入的資料，並沒有提供範例或預期結果，不斷地測試與修正，來了解資料結構的潛在組型。

　　如果要了解大量資料的潛在組型，在研究者不了解這筆資料特性，也不了解這筆資料的分布狀況之下，想要了解資料分配情形，研究者宜運用非監督式取向。在此種分析中，研究者會運用多種視覺化、關聯性及群集分類方式來掌握資料的特性。如果是小型資料庫與可以管理的資料庫，研究者要提供資料報告可以用線上分析處理（online analytical processing, OLAP）透過圖表來了解資料分配狀況。有時透過OLAP可以更清楚了解資料所隱藏的潛在意義。若運用視覺處理技術，透過圖表或圖形呈現會更友善。這種取向是探索式，不是驗證式分析。未監督式取向的技術包括Kohonen映射法、普遍式歸納原則、K-mean法、序列檢測算法（squence detection algorithms）。Kohonen法為芬蘭學者提出，它是人工類神經網路（artificial neural network）分群方法，運用鄰近函數（neighborhood function）概念降低資料維度（通常降至二維），並透過視覺化方式，從低維度圖形來了解高維度的資料結構（Kohonen, 1982）。Kohonen法又稱為自我組織圖（self-organization maps, SOM），其基本概念是未經標示的樣本群（unlabelled samples），也就是雜亂無序一筆資料，而研究者要尋找這筆資料某些相似特徵、規則或關係，透過此方法可以找出共同特性的樣本群聚成同類。K-Means也是分群法，針對一筆雜亂無序的資料，先設定所要分成的群數，將所納入要計算的個案資料變項，並藉著多次對於變項反覆運算，逐漸降低誤差目標函數值，達到最後分群結果。SPSS for Windows V22版統計軟體有K-Means的功能。

　　監督式取向的資料採礦用於研究者可以了解資料的組型，也可以作為預測結果。研究者可以運用幾種監督式方法來預測，從其中挑選出最好的一種預測結果。然而研究者此時所挑出的最佳預測模式也是一種試探性質，並非驗證性。有很多監督式分析方法，其中以人工類神經網路、集群分析、迴歸分析、C5.0及歸納法（induction approach）較常見。集群分析及迴歸分析在上節說明，而C5.0是一種決策樹常用方法之一，為澳洲電腦學者Quinlan研發，稱為ID3，以訊息熵（information entropy）為分類，經過改良稱為C4.5，再改善一些缺失稱為C5.0，此方法從資料分析找出可能的潛在分布類型，可以做資料預測與決策，它是較為快速精確的方法之一（http://CRAN.R-project.org/package=C50）。人工類神經網路是一種資料分析方式，它模仿人類神經網路結構，重點放在網路結構與神經元運算，其結果能分享了解資料整體結構形式。它在估計上分成輸入層（input layer）（類似自變項）、隱藏層（hidden layer）（類似中介變項，負責運算神經元，以輸入層加上輸出層數目開根號計算）及輸出層（output layer）（類似依變項）。透過相關演算法及估計，可以找出資料的潛在組型、關聯性或作為預測運用（Murray, 1993）。實際上，如果在這三層中沒有隱藏層函數，此種輸入及輸出的神經元網路等於一個線性迴歸分析的函數。

(二) 資料採礦的特性

　　資料採礦不同於傳統的統計方法，不僅在資料庫，而且有些分析方式也不同。資料採礦強調視覺化的對於資料進行分析。資料的用途在提供描述現象，並給予以抽象化，透過圖形化是最直接方式。圖與資料有著潛在的關聯。往往一個圖就可以把大量資料呈現有條理的分布類型、關聯及趨勢。就如同運用公式將複雜的現象抽象化是一樣的。監督式方法較少強調資料的分配假設，以及較少研究假設檢定。高斯分配（Gaussian distribution）（又稱為常態分配）、變項之間的交互作用（interaction）、多元共線性（multicollinearity）以及較少提及所建立的研究假設。相對的，在此種預測模式，強調模式的精確驗證，其做法是運用一筆大資料找出組型或關聯之後，在運用一筆大資料庫來分

析，了解後面的資料庫與先前的組型及關聯的一致性。研究者會將資料分為建模資料（training data）與驗證資料（testing data）等兩部分，研究者會先找出一筆資料作為建模資料建立模式，再將驗證資料代入建立完成的模式，以了解其預測力高低。必須注意的是，監督式取向在這兩類資料都必須有輸入變數和輸出變數值，透過建模資料取得輸入變數與輸出變數的對應規則，然而非監督式方法的建模資料只有輸入變數值，透過建模資料找出內在或潛在的聚類規則或資料的潛在組型，再以這個聚類規則應用於新案例的分析。這是資料採礦主要做法。

(三) 資料採礦不太強調假設檢定

在實驗研究設計中，會找一組實驗組與控制組的樣本，前提是兩組樣本的起點行為相近，所以需要將所要參與實驗樣本，隨機分派於兩組。然而很少資料可以滿足資料採礦，要應用於實驗組與控制組的研究。資料採礦不需要有研究假設。研究假設在研究過程中是一種合理猜測，提供研究者蒐集資料及預期結果參考。傳統上的統計分析過程，研究假設提出之後，就會設定一個信賴水準，也就是一個機率的門檻，期待拒絕虛無假設之後，可以獲得研究者所期待的結果。這是從母群體抽樣之後，做統計檢定常運用的步驟。

在資料採礦中，並不是從理論或假設來驗證。資料採礦很重要的特性是母群體就是研究樣本，因此顯著水準運用於資料的準確性的推論失去意義。因為統計顯著性並沒有直接與實務運用或發現價值必然關係（Mailund & Denmark, 2017）。達到統計顯著水準不一定可以應用於實務。尤其在大型資料庫，統計顯著水準往往很容易受到樣本過大，或只要從資料庫中增加一些樣本，也就是從原本樣本數增加數量就可以達到顯著水準。這種研究取樣的過程僅僅幾分鐘或幾秒鐘就可以完成。統計檢定是統計推理主要原則，也是研究社群長期依循。然而在高等教育機構中要運用實驗組與控制組、隨機分派，或以人作為實驗，不僅有研究倫理顧慮，而且也有困難。IR往往無法讓人可以嘗試錯誤的進行探究。其實，隨機分派及以人為實驗在傳統的研究就無法達成，何況要在IR之中，更何況還要進行統計檢定。IR研究是以一所學校為範圍，資

料採礦有益於以學校師生為樣本，經由個別學校及特定範圍分析，找出重要的研究發現。例如IR可以研究預測學校的就學人數與可能輟學數、校友捐獻、學生學習成就等。

(四) 資料採礦的步驟

　　資料採礦有一定流程。翁慈宗（2009）指出，資料採礦的步驟包括設定目標、資料取得、前置處理、資料採礦與結果詮釋。研究者應該先要確立為何要進行資料採礦，目的要做什麼？接下來在資料取得可以包括傳統資料檔、資料庫、資料倉儲、網路資料、影音、圖形等；再來要進行的是資料前置處理，針對異常值、遺漏值、欄位型態、欄位篩選、資料正規化（例如每個欄位或變項的量尺不一，有些是以公尺，有些以公分，或者體重、身高、溫度等，單位及刻度不一樣，需要規格化）、欄位轉換（例如一個欄位的資料無法呈現有意義的資訊，需要結合不同欄位，才會有意義，這種類似因素分析，將眾多題目歸類而更能有意義的表現其內涵）等予以處理。第四個步驟是資料採礦，也就是對資料分類、關聯分析、分群、數值預測、時間序列與異常偵測；最後才對於採礦結果詮釋。

　　對IR的應用來說，常要以大量數據來了解變項之可能分配的組型、群組或是關聯性。例如數年的學生入學人數資料（各系與各學院等）、學生學習滿意度、學生學習表現，往往無法以傳統的統計方法分析與分類，也無法了解其正確的關聯性及做好預測。IR的資料分析常透過大數據資料倉儲，從資料庫撈出樣本數分析，隨時會因為情境需求，就改變樣本數量，分析結果很容易會有原本沒有達到顯著水準就達到統計顯著水準。何況在一個大資料庫之下，IR人員對於大資料庫不了解龐大資料分配狀況，此時就需要透過資料採礦的方法來探究。

二、集群分析

(一) 原理

　　集群分析探索資料分析的工具，它將許多的個案，如學生、事務、及事件等，予與分組或分群，在分組之後，同一組內的樣本同質性較高，而組與組之間的異質性較高。集群分析不僅可以讓我們可以理解資料（樣本、個案、學生、老師）的分組情形，而且也可以了解變項之間的關係。IR的很多研究需要應用集群分析來了解哪些變項可以區辨組別與組別之間的差異性。不管是探索性分析或預測分析都需要找出重要的變項。集群分析的分群依據是以分析的某一變項之間距離，兩個案在某一組變項的距離愈近，就可以聚集為一個群組；反之，如果個案之間的某一組變項之間的距離愈遠則無法形成一群組。集群分析使用的變項包括等距及比率尺度，當然也可以有等級和類別尺度，李克特五等第量尺也可以列入分析資料。集群分析的例子，例如Bahr（2010, 2011）。

　　IR在許多情形需要對大學生學習表現、教職員工表現或校際之間的學校分類。此時很適合透過集群分析來對於納入的樣本分類。集群分析依據研究者投入的資料來計算個案（樣本）之間，在某些變項的距離或相似性矩陣，再依估算出來的變項之間距離（或相似性），將樣本進行分類。它的步驟如下：

　　第一，對不同樣本要分類的變項計算距離。集群分析把變項之間算出來的距離做分類。個案（樣本）之間的距離較近，代表個案之相似度高，或代表他們具有同質性。在計算個案之間的距離方法常見包括歐氏距離（Euclidean distance）、默氏距離（Mahalanobis distance）、城市街道距離（city block distance）等。

　　第二，決定要採用集群分類的方法。集群分析有二種方法：一為階層式分析法（hierarchical method），又稱為凝聚分層法（agglomerative method），它將投入的個案資料，如為m個就視為m群，接著將個案與個案之間的距離愈相近者集成一群，一個個案一個的逐漸群聚，直到讓所有個案整合成相同的一群為止。此種分類方法在形成群組過程，個案一旦分至某一組之後，即不再脫離該群組；二為非階層式分

析法（non-hierarchical method），在此方法常見的是K-Means集群分析，它將所納入的所有個案，假定分為N個群，再根據每群中心點，來求出每個個案可能歸屬的群組，上述N個群組由研究者設定；簡言之，它是將原有分類好的集群打散，重新形成新集群。

　　第三，決定估計不同樣本之間距離的方法。當決定分類方式之後，研究者宜掌握將算出的樣本之間的距離做一個集群連結。也就是，研究者將投入的資料透過集群連結法合併組別，在階層式分析法的合併組別方法，包括華德法（Wards method，又稱華德最小變異法）、形心集群法（centroid method）、單一連鎖法（single linkage method，又稱最近法）、完全連鎖法（complete linkage method，又稱最遠法）、平均法（average linkage method）等。

　　納入分析的資料要分為幾集群才適當呢？其判斷門檻以立方區分標準（cubic clustering criterion, CCC）為指標。如果在一個系列數值中，經過集群分析之後，發現該值為先升後降的情形，則數值最高處值即為較佳分群數（馬信行，2000）。判定集群分類適當性運用擬似F值（pseudo F, PSF），判斷方式是在集群分析過程，觀察值經過分析之後，發現該值有「突然上升」情形，即可判斷該數列最佳分群數。在此要說明的是，CCC指數在SPSS的軟體中並沒有，需要透過SAS軟體來進行估算。實務上還可以先設定幾種分群的方式，在區分之後，再運用區別分析來檢視所分類的準確性，準確度愈高，就視為較合宜的分類方法。

　　最後，對集群分類之後的群組命名。集群分析如同因素分析一樣，在分類完成之後，宜對分類樣本屬性命名。集群分析不僅在對研究者納入個案分為幾群，重要的是，應針對分好的群組，依據這些群組特性進行群組命名。

　　集群分析有一項值得注意的是，研究者最好將要納入分析的變項，先進行變項標準化分數轉換，如以Z分數標準化轉換，讓每個變項在相同標準下估算，如此才不會造成不同變項之間，單位不一致情形。為了讓某一集群與另一集群差異性最高，而在同一集群之內差異性最低，可以用幾種距離量尺計算，如上述的歐氏距離法估算，來掌握樣本與樣本

之間距離，透過距離大小進行樣本分類。

(二) 實例分析

　　校務研究者蒐集到臺灣的31所大學的表現指標，包括學生蹺課率（分數愈高，每百位學生蹺課比率愈高）、教師研究能量（分數愈高，每位老師的研究能量愈高）、社會評價（分數愈高，社會對學校的評價愈高）、留讀率（分數愈高，從一到二年級的留讀學生比率愈高）、畢業率（分數愈高，每百位學生畢業比率愈高）、學生滿意度（分數愈高愈滿意），如表6-3，他依據相關的理論及研究，要把這些學校區分為表現優異群、表現平穩群及尚待加強表現群，也就是分為三群。他想透過此分析可以了解所服務的學校要在大學表現上與其他類似的學校做比較，並對於表現優異的學校有學習方向。因此他對31所學校進行集群分析，透過集群分析以華德法最小變異法之後，所分類的群如表中最後一欄，而在所區分的群聚狀況，如圖6-1。最後從表中發現，在最後一欄的1、2、3各有10所、4所及17所。這些結果又依據上述的變項以區別分析區別正確率發現，它高達98.6%正確。可見上述分群合理。而針對三群分類表現的指標可以命名為優異群（簡稱優）、平穩群（簡稱平）、加強群（簡稱為加）。

表6-3　31所大學的指標及分類

學校／指標	蹺課率	研究能量	社會評價	留讀率	畢業率	學生滿意	分群
1	5	1	1	2	1	1	1
2	1	3	6	4	4	5	2
3	3	2	3	2	2	1	1
4	4	2	2	3	2	1	1
5	2	3	5	2	3	5	2
6	4	1	2	1	1	2	1
7	4	1	2	3	2	1	1
8	2	3	5	3	4	5	2

學校／指標	蹺課率	研究能量	社會評價	留讀率	畢業率	學生滿意	分群
9	2	1	3	2	1	1	1
10	1	2	3	3	2	1	1
11	2	3	6	5	5	4	2
12	3	2	5	4	2	2	3
13	4	1	2	4	2	1	1
14	2	2	4	3	2	2	1
15	1	3	5	3	4	3	2
16	2	2	5	5	3	2	3
17	2	2	4	4	5	2	3
18	1	3	5	5	4	4	2
19	1	3	6	6	5	5	2
20	4	2	2	4	1	1	1
21	4	1	2	2	1	1	1
22	5	1	2	2	2	1	1
23	4	1	3	3	1	1	1
24	3	1	2	2	2	1	1
25	3	2	3	4	3	2	3
26	1	3	4	4	4	4	2
27	4	2	2	3	1	1	1
28	3	1	2	2	2	2	1
29	3	2	2	2	1	1	1
30	1	3	4	4	5	4	2
31	1	3	5	5	4	5	2

　　上述的分群經過單因子變異數分析發現，在每一個指標在三個群組中都有明顯差異，其中表現優異群明顯高於平穩群，而平穩群又明顯高於加強群，如表6-4。如果IR人員所服務的學校為平穩群及加強改進群，則需要依據上述的六項指標提出初步的規劃，讓學校決策者了解應該在上述各方面提出如何改善學校表現方案。

使用Ward連結的樹狀圖

調整後距離集群合併

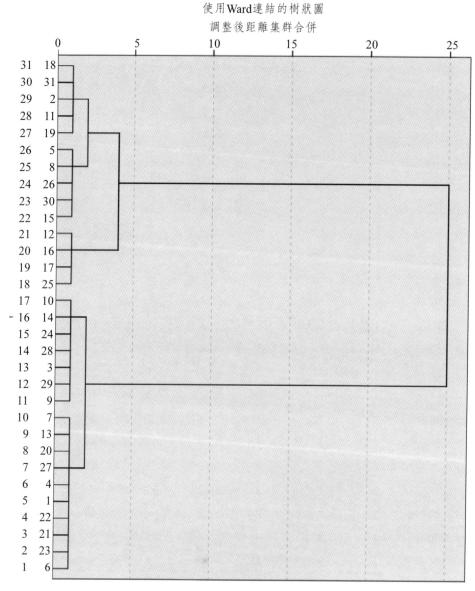

圖6-1 31所大學分群狀況

表6-4　各類大學在指標的差異檢定

指標	類群	平均數	標準差	F值	事後比較
曉課情形	優異群	1.30	0.48	19.5[**]	優>平>加[**]
	平穩群	2.50	0.58		
	加強群	3.47	1.07		
	總平均	2.65	1.31		
研究能量	優異群	3.00	0.00	54.0[**]	優>平>加[**]
	平穩群	2.00	0.00		
	加強群	1.41	0.51		
	總平均	2.00	0.82		
社會評價	優異群	5.10	0.74	48.4[**]	優>平>加[**]
	平穩群	4.25	0.96		
	加強群	2.29	0.69		
	總平均	3.45	1.50		
留讀率	優異群	4.10	1.20	11.7[**]	優>平>加[**]
	平穩群	4.25	0.50		
	加強群	2.53	0.80		
	總平均	3.26	1.21		
畢業率	優異群	4.20	0.63	52.0[**]	優>平>加[**]
	平穩群	3.25	1.26		
	加強群	1.53	0.51		
	總平均	2.61	1.41		
學生滿意	優異群	4.40	0.70	134.2[**]	優>平>加[**]
	平穩群	2.00	0.00		
	加強群	1.18	0.39		
	總平均	2.32	1.56		

$**p < .01$

　　總之，本節所提出的統計方法都有統計軟體可以操作，例如SPSS、R語言、SEM、HLM、LGM等，但是它們都需要長時間學習才

可以獲得專業知識。若學校有校務研究單位，一定會有這方面專業人力；若沒有校務研究單位，要培養這方面的專業人力，才能有效做好校務研究。

問題與討論

本章說明了要進行IR很重要的工具及方法，IR是以資料分析及證據為本位。讀者可以思考是否在統計方法已具備了操作統計軟體，如SPSS、R語言、SEM等之基本能力。如果仍不熟悉應思考，如何快速具備這方面的能力與技術，否則難以做IR分析。

參考文獻

一、中文部分

林清山（1993）。心理與教育統計學。臺北市：東華。

余民寧（2006）。潛在變項模式：SIMPLIS 的應用。臺北市：高等教育。

馬信行（2000）。教育科學研究法。臺北市：五南。

邱皓政（2011）。結構方程模式：LISREL/SIMPLIS原理與應用（第二版）。臺北市：雙葉。

張芳全（2010）。多層次模型在學習成就之研究。臺北市：心理。

張芳全（2013）。統計就是要這樣跑（第三版）。臺北市：心理。

張芳全（2014）。問卷就是要這樣編（第二版）。臺北市：心理。

翁慈宗（2009）。資料探勘的發展與挑戰。科學發展，**442**，32-39。

溫福星（2006）。階層線性模式——原理、方法與應用。臺北市：雙葉。

二、英文部分

Bagozzi, R. P., & Yi, Y. (1988). On the evaluation of structural equation models. *Journal of the Academy of Marketing Science, 16*, 74-94.

Bahr, P. R. (2010). The bird's eye view of community colleges: A behavioral typology of first-time students based on cluster analytic classification. *Research in Higher Education, 51*, 724-749.

Bahr, P. R. (2011). A typology of students' use of the community college. *New Directions for Institutional Research, S1*, 33-48.

Byrne, B. M. (2006). *Structural equation modeling with EQS: Basic concepts, applications, and programming* (2nd ed.). Mahwah, NJ: Erlbaum.

Cudeck, R., du Toit, S., & Sörbom, D. (2001). *Structural equation modeling: Present and future.* Lincolnwood, IL: Scientific Software International.

Coughlin, M. A. (Ed.). (2005). *Applications of intermediate/advanced statistics in institutional research.* Tallahassee, FL: The Association for Institutional Research.

Goodman, K. M., & Turton, B. S. (2017). You don't have to be a research expert to use data effectively. *New Directions for Student Services, 159*, 11-23.

Hoyle, R. H. (Ed.). (1995). *Structural equation modeling: Concepts, issues, and applications.* Thousand Oaks, CA: Sage.

Kohonen, T. (1982). Self-organized formation of topologically correct feature maps. *Biological Cybernetics, 43*, 59-69.

Kreft, I., & DeLeeuw, J. (1998). *Introducing multilevel modeling.* London, UK: Sage.

Mailund, T., & Denmark, A. N. (2017). Beginning data science in R: Data analysis, visualization, and modelling for the data scientist. New York, NY: Springer.

Murray, S. (1993). *Neural networks for statistical modeling.* New York, NY: Van Nostrand Reinhold.

Nobel, J., & Sawyer, R. (2012). Institutional research with published instruments. In R. D. Howard, G. W. McLaughlin, W. E. Knight, & Associates. (Eds.), *The handbook of institutional research* (pp.523-549). San Francisco, MA: Jossey-Bass.

Raudenbush, S. W., & Bryk, A. S. (2002). *Hierarchical linear models: Applications and data analysis methods* (2nd ed.). Thousand Oaks, CA: Sage.

第七章

校務研究支持機構系統

─────────（ 第一節　校務研究支持行政 ）─────────

壹、IR支持分享治理

　　IR是大學分享治理（shared governance）的一環，分享治理更是大學行政及發展的重要趨勢。分享治理由大學教師、職員、行政人員、學校領導者、學校相關委員會被遴選代表及學生對於治理學校，所要共同參與治校與決策的分享歷程，它包括了學校的任務、政策及預算與財務分配優先順序的策略計畫及相關活動參與。高等教育機構在分享治理下，每位利害關係人努力思考與投入學校整體良好發展方向而努力，並在集體運作中，在做最後決策時可以達到共識。簡單說，分享治理就就是透過學校不同人員，包括IR人員共同對於學校事務的集體決策。好的校務治理建基於集體關心做什麼對校園及學術發展最有利。IR人員應運用資料提供多元角度支持校務，包括學術、財務、學生支持與提高補助等，透過資料分析來協助學校獲得最大成就。Purcell、Harrington與King（2012）指出，高等教育機構分享治理內容包括預算及策略計畫、學術規劃及學術人力政策，以及甄選與評估學術行政人員。就IR與學校領導者的關係來說，校長、副校長或教務長對於學校發展規劃與執行計畫常以個人工作經驗與學術背景為主，然而學校發展需要依賴訊息及證據來支持系統運作，確保學生學習品質，以及有適切資料來做決策。

　　高等教育機構往往許多策略計畫執行成效不彰不是缺乏計畫內容，而是缺乏執行或重要焦點。主因在於學校找不到關鍵證據及資訊來支持方案。此時IR應供提供及分享品質訊息與發展觀點，將校務研究結果提供領導者決策參考。IR與校長是一種特殊的關係。校長為最後決策者，而IR是提供正確、及時及完整的證據給校長或高層，它是幕僚與智囊團的角色。學校高層會因為個人背景、經驗、時間限制及決策風格，因而執意個人偏好價值，在此偏好下的決策不一定對學校發展有利。此時IR人員應善用時機或詞令，向學校高層說明，他們所執意偏

好決策的正反面效益。換言之，IR人員不能代替校長決策，僅能將正確的訊息供決策參考。在集體投入分享治理，所有單位可以公平及與無憂無慮的取得資料，並以資料做決策。各單位都可以分析學校資料，依據標竿提出他們的計畫。好的決策需要精確、可信任及及時的資料，IR就在扮演這種角色。校務研究辦公室通常視為資料管理員，以及學校的資料經理人（broker）。McLaughlin與Howard（2004）指出，資料經理人角色把資料轉換為有意義的資訊，讓資訊產生附加價值。因此，IR專業人員在分享治理，扮演資料管理與支持的角色。

此外，IR人員在分享治理最重要的角色在於資料管理與支持決策。在集體投入分享治理的基本假設是，參與的各單位應該同等重要，可以無憂無慮取得資料，以及透過這些資訊的分析協助決策。每個單位發展計畫常有相同指標與標竿作為決策參考。美國的大學強調分享治理，在大學的每個層級中，經營者重視IR，給與分享治理校務責任，例如在學校層（institution）方面，IR提供區域認可、表現報告、治理管制的資料。在學術及行政部門、學系與服務（academic and administrative department, program, and services）方面，提供檢核、評鑑及認可。這部分就是學院、學系或行政部門的資料及分析。在教師（faculty）方面，協助提供教學評鑑、學術補助、研究及服務的相關資料；在班級、課程與學生（classroom, course, and student）方面，IR提供學生評量表現、證照取得或學習成果的資料。

總之，IR人員不僅要維持可信度的資料與管理資料，了解何種資料為學校發展最有效用，而且也是傳達資料與轉換資料成為適切格式給所有聽眾。IR人員在大學校園中應同理聽眾需求，在知道聽眾的資料需求可以提供協助，並從這些資料讓聽眾了解高等教育機構運作，這種付出幫助學校各單位做好公共關係。同時學校經營者應以授權、合作、信任、尊重，並在大學自治精神的前提下，給予IR有更多參與校務決策的機會，讓IR發揮功能。簡言之，它在大學分享治理中是一個重要的支持角色。

貳、IR支持集體組織學習

一、IR支持集體組織學習的優點

　　高等教育機構是一個複雜組織，組織需要透過學習才可以因應外在變遷。IR不僅在組織學習文化較好的環境可以適切的運轉，而且IR更是支持與創造組織學習文化的重要媒介及驅動力。高等教育組織成員包括教師專業領域的管理體系與負責例行的行政人員之業務管理。這種組織是相當特殊的專業化科層體制，具有鬆散組合特性。教師專業領域與行政體制的管理體系都具有高度分工，各自獨立，兩者為鬆散結合。IR人員宜運用集體組織學習觀念，透過互動式的學習經驗，讓教師與行政人員，或更多組織成員共同探究與分析複雜的現象。當校務問題提出之後，就需要不斷討論，增加以證據為基礎的思維，將不同觀點納入思考。透過這種觀念應用於IR的設計、執行及傳達資訊及服務之中。如果IR可以調整此觀念，不僅可以協助IR初始參與者生產更多有用訊息，而且讓這些訊息獲得更多應用。也就是，若缺乏對於這些學習歷程的適切關注，會縮減IR的功能，以及對IR人員的重視。

　　Borden與Kezar（2012）認為運用集體組織學習於高等教育機構有幾種優點：一是增加集體性，創造更多我們在一起的感受以及更會投入學習歷程，加速了學習遷移。知識遷移的困難在於組織成員不願意參與學習。IR人員會面臨組織的抗拒與提供資料都受到質疑。二是集體組織學習對個人及團體都可以增加集體智慧潛力。集體學習的力量勝過於個人。集體與社群提供更複雜環境與機會，會更有力量來解決組織發生的問題。三是讓更多人參與學習。當集體組織學習之後，如果其他人質疑組織現存的信念及價值，參與組織學習者也會質疑傳統價質及假設。集體組織學習增加組織可能的假設，因而被挑戰機會增加，當組織成員意見多元反而會增加組織學習。上述看出，IR運用集體組織學習可以建立良好的組織學習文化，也可以提高創新的研究風氣。

二、集體組織學習方式

　　美國的大學強調績效及持續改善的目標，這不僅說明資料分析及公開的重要，而且透過這兩項目標執行讓大學組織學習（organizational learning）。組織學習包括透過資料分享、討論及研究活動讓組織持續思考與計畫，並檢核組織的發展變化，目的在讓組織可以讓成員心智能長與組織可以適應外在環境變遷。這在第三章已有說明。組織是一個複雜的結構、文化及個人所組成，伴隨著多種動機及觀點的系統，會從經驗學習與反省學習來改變組織成員的行為。在此種環境下，資料傳播相當重要，但它本身不會提升學校的反省或行動。組織學習經由組織成員從來自不同組織層級的背景、學系及所在地點來分享資訊，討論與組織有關的價值與目標，以及集體反思和理解組織發展的活動。在組織學習中，成員對於資料及研究討論是有感覺組織知識及心靈的成長。領導者與管理者應協助與支持這種組織學習氣氛及活動。在資料傳達歷程與建立組織或委員會的視野，IR人員可以透過他們的研究有關於組織任務及價值的發現貢獻組織學習。透過此，不僅讓對於學校有關的新知識成為分享的視野，而且也可反應與再檢視個人對組織重要承諾與增加新的能量及觀點於組織之中（Billups & DeLucia, 1990; Matier, Sidle, & Hurst, 1995）。IR可以協助集體組織學習，透過參與或形成垂直或水平的團隊輪調、提供校園組織委員會、開放性論壇、或協助處理參與討論適當的資料、研究及脈絡議題等。

三、IR在集體組織學習的展現

　　IR是一種集體組織學習。Borden與Kezar（2012）指出可從三種生產任務來看IR的集體組織學習表現，也就是標準化管理報告、為某一個特定目的安排的資訊回應、研究與分析。

(一) 標準化管理報告

　　IR所提供的事實小書冊、就學人數報告、學生檔案、學系檔案與學生問卷調查報告是標準化管理報告。這些都是校務研究辦公室透過集

體組織學習及智能所完成的成果。這些報告內容及格式相當穩定，只要新年度就學人數確定，將此數值及內容替換先前的表格即可。雖然這些報告內容為有意義的訊息資源，但是通常效用較低，因為它是既定格式，僅將蒐集訊息替換，不需要做任何資訊轉換。然而IR需要了解這些訊息如何搜尋、如何進一步轉換與分析，以及如何將這些訊息轉換為學校決策更有效率與更有意義。校務研究人員要與同僚如何解釋資訊及使用。這些都是集體組織學習的結晶。

(二) 特定目的的資訊回應

　　IR有時需要為學校某一個特定目的安排的資訊回應。對校務研究者來說，可以相當簡單，也可以相當複雜。例如政府部門對學校績效報告提出疑義，或是校園新生對於學雜費水準提出質疑。這兩項不同情境的問題，IR都需要回應，都需要占用校務研究相當多時間及資源。簡言之，它需要依據所分析的議題或問題品質而定。擅長於校務研究者會幫助同事把問題釐清，並決定宜採用哪一種資訊及方法較適切。在探究過程中，從問題認定，到預期想要發現事實都需要認真的關注。如果IR的研究問題在脈絡環境很明確，這對IR很好回應，反之則否。IR辦公室及其人員在思考問題、分析問題及回應問題的過程就是一種集體組織學習的歷程。

(三) 研究與分析

　　IR需要應用進階研究方法與分析技巧來探究學校發展目標。IR對於學生進步情形、教師工作負擔、學系評估及校園氣氛等主要研究議題，透過IR人員的行動研究分析獲得結果，提供決策參考。林珮璇（2012）指出，行動研究強調參與的重要，而此種參與強調認同的責任感、合作的分享性以及文化授權的對話關係；同時在行動研究的歷程上展現了對情境脈絡的關注、動態的循環性、研究程序的靈活性，它需要找尋一個焦點、擬定計畫、採取行動、找尋證據與知識分享。傳統的研究，在研究完成之後，才把研究結果告訴當事人或研究對象。相對

的，行動研究需要研究者參與投入於團體，或研究者就是被研究的當事人。從研究開始、研究問題及研究方法採用，一直到研究結果產生都與研究者有關。行動研究也讓團體成員集體行動，並持續整個研究歷程，包括利害關係人的資料蒐集及分析、初步發現分享與在團體脈絡中的檢核，後續解釋及未來進一步探究需求等。當研究完成之後，研究者和利害關係人解釋結果及設計行動方案，包括修正與評估資料，以了解是否達成預期目標。在這種研究分析過程正是集體組織學習的最好註解，而IR在高等教育機構之中也有這樣的特性。

參、IR支持入學管理

IR的重要功能包括：1.機構報告及行政政策分析、2.策略計畫、就學狀況及財務管理；3.學生學習成果評量、方案評核、績效、認可與機構效能（Volkwein, Liu, & Woodell, 2012）。其中就學狀況就是大學入學管理（enrollment management）。Cheslock與Kroc（2012）認為，未來入學管理相當重要在於：1.入學管理對於大學的任務會愈來愈重要；2.IR人員對於入學管理的投入也愈來愈重要；3.入學管理將會整合學校的策略計畫與預算資源；4.入學管理及學生學習評量之關係將會強化；5.IR人員將與其他部門或其他高等機構合作的機會逐年增加。換言之，它也是IR的重要一環。入學管理包括學生從哪裡來？學生在校學習狀況以及畢業後的流向等。他們把學生流向，從其來源到畢業，甚至到工作場域的訊息掌握稱為教育的重要訊息管道（educational pipeline），在此一管道需要了解招生（recruiting students）、篩選入學生（admitting students）、獎助學金（awarding financial aid）、預測就學人數及學費收入（predicting enrollment and tuition revenue）、安置學生（placing students）、測量學生就學狀況（measuring student enrollment）、維持與畢業生（retaining and graduating students）、畢業之後（beyond graduation）等問題與策略。

以招生來說，IR人員常被問到幾個問題：學生的來源呢？哪些學生喜歡或不喜歡進入這所學校就讀呢？、為什麼他們會選擇這所學校呢？因此有效率的招生應該理解為什麼學生會選擇這一所學校或學

系？DesJardins（2002）建議運用市場調查研究、對高中舉辦入學說明會（high school outreach）、從學生群的檔案（student group profiling）來了解，以及運用預測模式（predictive modeling）來分析等，可以幫助招生的方向，此時IR人員可以提供歷年來所招學生來源、入學管道、入學成績及其後來的表現等。

就篩選入學生方面，會因為入學者的不同，在大學組成及其特性就有不同，它會依不同管道及其項目或指標而篩選出學校較期待的學生。就以臺灣的大學個人申請入大學管道來說，學生的基本資料、高中的修課紀錄（學習內容及成績）、學習成果（書面報告、專題小論文、實作作品、質性評量）、多元表現、自傳與讀書計畫等，大學接到申請者可以可透過修課紀錄及學習成果充分了解學生興趣或是否具備專業能力。IR辦公室及其人員可以協助招生單位發展出學術性向或學習適應力較強的指標，作為提供選擇較高素質學生的參考，或者可以運用高中生的在校成績及社團表現與相關的非認知性的資料作為參考。

以學校獎助金來說，學校如果提供較多的獎學金名額或額度，是增加入學率及保留率的重要因素。IR可以針對近年來受到學校獎學金補助的學生與學習表現進行分析，並設定每年提供獎學金名額及額度，提供招生策略與分析就學獲得獎學金學習表現、保留率之關係。在預測就學率方面，需要了解學校的空間、師資、課程安排，乃至於學校預算及資源，同時還需要考量學生對於學校學雜費與地區生活費負擔能力，尤其在美國的大學更是如此。假如學校決定招生人數，IR人員應針對相關因素探索未來可能的招生人數。Brinkman與McIntyre（1997）運用優劣方式比較許多預測招生的預測方式，但沒有一個最佳方式。在許多個案中，學校長期規劃，運用質性方法更有效，例如運用學校本身條件撰寫劇本，了解自己學校的問題及品牌特色，預測招生人數是適切方法。

總之，這管道從建立招生與學習資料庫，並整合學生在入學前學習歷程、入學成績、入學後學習表現及畢業進路與工作發展等資料系統及研究，都是IR研究所要關注。學校經營者期待學校招滿招好，或招到準備好要進入大學學習的學生，尤其政府無法投入過多經費補助，如此

可以對學校的學雜費有貢獻，同時招到優質學生更可帶動學校聲望與大學排名。因此，入學管理就變成學校的重要任務與目標。

肆、IR支持績效責任

　　IR與績效責任密不可分。IR在大學的重要角色之一就是支持績效責任。美國憲法規定聯邦政府不管轄教育業務，而是授權各州。因而美國的州政府對於州內教育業務由州教育局來執行與監督。各州有不同的課稅規定，各州每年於教育業務，甚至各級教育學生的教育經費不同。各州都設有不同類型的公立高等教育機構，當然也有私人興辦大學及學院。各州的高等教育機構為了更有效率經營與溝通平臺，各州的大學設有大學系統。一個大學系統有幾所大學所組成，每個大學系統設置一個管理委員會，名稱可能是Board of Regents、Board of Higher Education或Board of Trustees。例如1971年威斯康辛州立法成立威斯康辛大學系統（University of Wisconsin System），其成員包括威斯康辛大學（UW-Madison）、威斯康辛大學（密爾瓦基）等13所大學及13所社區學院，它的管理委員會稱為Board of Regents（https://www.wisconsin.edu/offices/）。州政府可以要求大學系統及高等教育機構提出績效報告，並公布於網頁，讓機構的內外部人員了解學校的發展狀況，甚至州政府會依據學校績效狀況來補助學校經費。吳清山（2001）認為，教育績效責任是一套承諾、政策與措施，彼此要對績效負責，其主要內涵在於績效改進，而其要素則有責任、標準、評鑑及獎懲。上述可以了解，美國在各界要求下，大學的績效責任變成是重要的責任與趨勢。

　　在州及大學系統的校務研究人員在準備學校表現及績效報告扮演重要的角色，因為這些內容與內外部政策關係人相當密切。美國州高等教育報告卡（higher education report cards）於1980年至1990年代初期興起，主要是社會大眾對於政府辦理的教育產生質疑，而許多州立法者，期待公立高等教育系統及其高等教育機構有較好的績效表現。因而州政府要求學校提出績效報告。科羅拉多州、新墨西哥州、南卡羅來納州、田納西州以及西維吉尼亞州為最早執行每年報告卡給州立法當局。從此以後，州就立法規範高等教育機構需要績效報告，並成為例

行公事。北達卡他世紀條文（North Dakota Century Code）（第15-10-14.2條）指出，大學系統的管理委員會每年需要提供的表現及績效報告州政府之用（http://www.legis.nd.gov/cencode/t15c10.html）。北達卡他的績效測量報告（Accountability Measure Report）分為經濟發展（economic development）、教育優異性（education excellence）、彈性及回應系統（flexible and responsive system）、可接近性（accessibility）及補助（funding）等五向度。上述各向度都指出與績效責任的相關性。就以教育優異性來說，它說明了畢業率、大學保留率、國家考試的表現、第一時間通過證照比率、學生及校友的滿意度。所有測量項目都以大學整體表現來說明、學雜費比較、也有機構多部門資料（例如研究型大學、四年制的區域大學、社區學院）（Krotseng, 2012）。與個別學校有關資料沒有在報告中。相對的，這些個別報告彙整後，由大學校長作為學校內部管理之應用。這資料報告資料送呈州高等教育委員會（the State Board of Higher Education）、州的立法單位（the state legislature），並放在大學系統的網頁中供各界參考。

麻薩諸塞州大學系統有每年指標報告（Annual Indicators Report），此報告有五個部分：學術品質（academic quality）、學生成功及滿意度（student success and satisfaction）、可接進與可負擔性（access and affordability）、對州服務（service to the commonwealth）及財務健全性（financial health）。在這五個部分，學校有九項優先策略：改善學生學習經驗、強化研究與發展、教師進修、持續把焦點放在學校的多樣性與正向氣氛、維持與改善學校的可接近性與可負擔性、在公共服務上發展領導角色、增加捐贈經費、改善行政與科技服務、以及發展第一率（first-rate）的產業結構。上述的可接近性與可負擔性與對州服務、財務健全性則以整個州大學系統呈現。此報告也包括系統內每所大學資料，在網站可取得（https://www.umass.edu/oir/sites/default/files/publications/pms/pms_uma_2017.pdf）。

上述看出，學校為了爭取州政府補助經費之外，不僅高等教育機構在固定時間需要提出績效報告，而且州大學系統也需要提出州的整體績效報告。然而這些績效報告不等於大學就被認可，而是作為學校對外及

對內說明經營狀況的依據。

伍、支持提供績效的單位

美國的大學重視績效責任，有幾個重要系統提供績效責任分享平臺，這對國內的IR可以借鏡，說明如下（Keller, 2012）：

一、大學校院績效網絡

美國的大學校院績效網絡（The University and College Accountability Network, U-CAN）成立於2007年，提供給即將進入大學學生及其家人，了解各大學的簡介，透過網路與以友善消費者為基礎，提供美國的私立與非營利大學的共同資訊。它由國家獨立學院與大學協會（the National Association of Independent Colleges and Universities, NAICU）所發展與維護（http://www.ucan-network.org）。其網頁提供全美國的大學校院資料，每所大學都以學生（about our students）、畢業（about our graduates）、學生支付學費（what students pay）與校園生活（about campus life）等四個面向來介紹，讓即將進入大學者可以選擇參考。它提供可比較的資料，讓入學諮詢者、學生、政策分析、消費群在比較學校依據。Keller（2012）指出，U-CAN在網頁提供給消費者有意義、可以比較資訊，以增加學生入學決策；同時它運用視覺化的資料訊息，令人更容易理解及親近，同時可以動態的搜尋資料，依據消費者的需要，在網頁中設定標題就可以精確的找到所要資訊。U-CAN的網頁協助了美國的大學在學生入學時的協助，提供給國際人士了解，同時引導消費者對於美國大學的認識，也讓政策決策者可以透過此，對高等教育績效責任較為完整說明。Keller指出，美國教育部（Department of Education）認為，它提供可以比較、精確、適切及易於接近的訊息，來協助公眾對於大學的評量及選擇。

二、績效自願系統

美國的績效自願系統（The Voluntary System of Accountability,

VSA）是一個由四年制公立大學所組成的團體，提供可以理解與可以作為大學生經驗資訊比較的機制。它透過可取得、公開透明及可以比較的資料，也提供更多績效的訊息（http://www.voluntarysystem.org/）。此系統提供即將進入大學的學生及其家庭與高中輔導老師重要訊息，也作為公立大學的績效責任，以及支持高等教育在測量與報導學生學習成果的重要資訊。VSA由公共及土地贈與大學協會（the Association of Public and Land-grant Universities, APLU）與美國州立學院與大學協會（the American Association of State Colleges and Universities, AAS-CU）於2007年共同建立。它的目的在提供更直接、彈性及可以比較的大學生經驗訊息，包括學生表現及學習成果。它於2008年成立學院圖像網站（the College Portrait website）（http://www.learningoutcome-sassessment.org/eiadesignation.html）作為分享平臺，以期報導四年制公立大學資料為目標。提供分享的學院圖像（the College Portrait）是從美國高等教育社群中，選出70所代表性的大學來呈現。近年來隨著外部報導資料需求，VSA的前瞻委員會（Oversight Board）提出變革方案，VSA從原先提供學院圖像網站（College Portrait website）轉變為綜合性與更客制化的工具組，提供更多資料產品與專業發展設計機會，來提升高等教育機構績效分享的能力。2017年VSA的簽署者可以取得政府對高等教育機構補助程度的資料，以作為分析及了解高等教育機構標竿的參考，此系統也設計視覺化的工具呈現方式。這系統有三項目標：1.提供大學及學院以證據為基礎來與政策決定者、州政府官員、學生、家庭與大眾溝通的依據；2.提供公立大學作為展現績效及透明資訊的機制；3.支持學生學習成果測量及報導的創新。上述都有績效責任的意義在其中。在此系統中也連結了透明架構（The Transparency Framework），它主要是高等教育機構用來與外部消費者，對學生學習完成程度的溝通媒介。此系統有六項成分來說明校園中的學習成果評量：1.學生學習成果說明（Student learning outcomes statements）、2.評量計畫（Assessment plans）、3.評量資源（Assessment resources）、4.目前評量活動（Current assessment activities）、5.學生學習證據（Evidence of student learning）、6.學生學習證據的使用（Use of student learning evidence）。上述的六項指標都有細部說明，有興趣者可以參考上述提供網站搜尋。

三、透明設計

透明設計（Transparency by Design, TbD）是美國高等教育績效責任機制之一。它可回溯於2004年美國的大學校長論壇（the Presidents' Forum of Excelsior College）（http://www.presidentsforum.org/）的討論議題。校長論壇是一個區域認可的合作機制，以成年人學習為服務的高等教育績效責任機制與方案，它強調了遠距離教育的重要性。校長論壇任務在宣揚創新實務，提供成年學習者優異性參照。在該次校長論壇之後，2008年美國的西部州高等教育合作的教育科技委員會（the Western Interstate Commission for Higher Education's Cooperative for Educational Technologies, WCET）投入第三部門資料品質確保檢核者（the third-party data quality assurance reviewer）及方案管理與網站的設立。2008至2012年一所高等教育機構獲得利母納基金會（Lumina Foundation）補助，建立改善高等教育透明與績效制度，後來稱為透明設計（TbD）。2009年TbD提出成人學院選擇（College Choices for Adults）方案，協助成年學習者使用資料，尋找與他們專業及個人目標相符的遠距離教育。TbD以協助成年學習者為目標，讓他們在線上的高等教育學習，變成更博學多聞的消費者。TbD提供有用的高等教育機構訊息及特定方案，包括學生成功的比較訊息，來協助成年學習者安排他的個人及專業目標，以獲得教育機會。TbD為達成此目標，在網頁提供了學生學習成果訊息，以及提供可以作為不同高等教育機構比較的資訊。TbD特性與U-CAN、VSA在衡量績效有以下四項的不同（Keller, 2012）：1.TbD的參與會員混合，包括社區學院、僅有研究所、公立、私立非營利，以及私立營利的機構（private for-profit institutions）混合，使得高等教育機構之間的比較更為複雜；2.提供資訊給成年人的學生，他們有不同需求及課程，有別於直接從高中進來就讀大學的年輕學生。3.TbD的參與會員，在登錄及分析資料是自願性。4.參與學校的方案資料在提送呈TbD之後，需要再由WCET檢核，以確保資料的一致

性，以作為績效報告標準。

四、績效的自願架構

　　績效的自願架構（Voluntary Framework of Accountability, VFA）是美國第一個又最完整專門為社區學院建立，來了解社區學院的績效系統。它受到美國社區學院協會（the American Association of Community Colleges, AACC）協助而建立，從孕育、發展及測試VFA的指標（metrics）都由AACC協助，相關指標項目可以在以下網頁取得：https://vfa.aacc.nche.edu/Documents/VFAMetricsManual.pdf。因為現存的高等教育績效責任制度，並沒有適切的將社區學院納入。學生進入社區學院是多樣目的，例如要提升工作技能、想要轉入四年制大學準備、個人豐富化，因此在績效衡量需要不同方式。同時在四年制的高等教育績效，排除了部分時間學習的學生或沒有學分及學習技術性的學生，然而上述又是社區學院的主要任務。缺乏表現測量內容及方式，限制了社區學院的領導者要改善學生學習成果及提供外部績效責任需求，以及展現社區學院對教育需求的貢獻等。就現有的績效不適切性來說，VFA站在一個提供社區學院擁有一個重要改善學生能力，可以評量學生能力表現的角度，認定所要改善的領域，以及強調學生的學習應與學校任務結合為使命。因而成立VFA，它有三個衡量面向（Keller, 2012）：1.測量學生的進步及成果（measures of student progress and outcomes）、2.測量工作、經濟與社區發展（measures of workforce, economic, and community development）、3.評量學生學習成果（assessing student learning outcomes）。AACC已經讓VFA指標（metrics）完備，所以在獲得所有社區學院的資料，以及在2003年就可以在網路獲得相關資料。參與此團體可以有幾種功能：1.發展學系及學院的策略計畫、2.在該州內可以與其他標竿學校比較與學習、3.形塑州層級的表現公式及計畫、4.回應地區、州及國家在績效的訴求、5.與IR站在同一線上，並清理校園的資料系統、6.對於社區學院可以分享更多經驗。

　　總之，美國的大學績效責相當重要，透過許多資料呈現及分享的平

臺可以了解各學校的績效狀況，也是臺灣在未來進行IR所需要學習。

第二節　校務研究支持學術

壹、IR支持教學

　　IR除了支持大學行政之外，它更支持大學學術發展，而此一支持的領域包括教學與研究。IR支持此領域的主要目的在提升學校競爭力及學校效能。Cameron（1978）指出高等教育九個效能向度及其相對應指標包括：學生教育滿意度（student educational satisfaction）、學生學術發展（student academic development）、學生職涯發展（student career development）、學生個人發展（student personal development）、教師及行政人員的工作滿意度（faculty and administrator employment satisfaction）、教師的專業發展與素質（professional development and quality of the faculty）、系統開放性與社群互動（systems openness and community interaction）、獲得資源的能力（ability to acquire resources）、組織的健康程度（organizational health）。這些效能都相當重要，然而本節僅說明IR對教學及研究的支持，以下參考Purcell、Harrington與King（2012）。

一、績效及生產力資料的學術支持

　　雖然各校IR提供給學校高層資料依學校規模及任務而定，但是以下是IR在支持教師教學常提供學校層、學系及老師與學生層資料作為分析依據。

(一) 學校層級的資料

　　美國的高等教育機構的經營者需要學校層級（institution level）資料，主要是為了認可與績效責任，作為對外報告給消費者了解所使用。高等教育機構的消費者對於教師研究案或教師層的資料較為不感

興趣，但是他們卻想了解一所學校整體的經營及學術表現，也就是一所學校與其他學校之間的差異與特色。IR人員應建立同儕學校（peer institution）及標竿學校的資料，以作為學校分析的參考。IR人員應了解，如果提供與外部標竿學校比較資料，在校園內會產生一些爭端。因為學校可能並沒有考量到學校特殊性，被分成幾個單位被比較，尤其教師、行政人員及決策層級的人員對於自己學校發展與同儕學校發展觀點不同。在考量學校資源分配問題時，提供同儕學校的比較資料對校務研究相當有價值。這方面資料可作為不同學系的學雜費調漲、每位教師研究生產力比較、教師薪資調整、人員水準及師生比評估。這些比較資料可以用來確認及調整學雜費、預算需求、教學負擔或調增薪資參考等（Teeter & Brinkman, 2003）。因此，IR人員應平時就準備好這方面的資料。

(二) 學系資料

雖然學校領導者較需要了解學校層級資料，作為學校的競爭標竿，來與同儕學校比較，然而學系資料無可避免成為學校內部績效及評鑑的重要資料。因此學校層資料要打破為學系、學院層或個別老師資料的思考，以學系層的資料來了解學校的預算分配及發展，對學校政策決定相當重要。學系資料如下（Purcell, Harrington, & King, 2012）：

學生申請人數及整體人數趨勢（包括不同入學方式的人數）

在最少學分可以獲得學位比率（每一班級休學人數比率）

每學期必選修課程的人數

三年或六年的畢業率

開課資料包括到課數、課程可獲得情形、平均班級人數、每項課程就讀人數

每位正規學生平均費用

依不教育層級的學位授予數（學士、碩士、博士）

每位學生受補助經費

每班級生師比率

學校提出的方案在國家排名

教師薪資分析
總學生學分數
學生和教師保留率
學生畢業後獲得進階課程人數與比率
每位教師獲得補助研究案費用及總費用

(三) 教師資料

　　教師的績效表現及學術生產資料需要有質化及量化的衡量方式。例如教師人數應可以計算出生師比、教師人口變項，它可以看到老師的多樣性與組成、依老師的專業等級（如永久聘任或非永久聘任）、不同職級的教師人數、兼任教師人數、老師兼行政或純學術研究及教學的人數、全時與部分時間授課教師數、教師所教授課程科目及各科教學人數、全時制與部分時間老師的年齡比率、教授七年休假人數、釋出課程的學分數、學生對老師評價、教師論文發表被引用率、教師獲得研究經費補助、教師被選為國家的委員會代表比率、教師獲得專利數、教師在研究及發展獲得的經費。

(四) 學生資料

　　學生的資料包括學生的人口變項，並量蒐集資料的多樣性與學校的組成，包括來自弱勢家庭或高社會階層家庭、年齡、居住地、性別比、進入大學考試成績、父母親的家庭社經地位、獲得獎助學金比率、貸款人數比率、工讀比率、學生對於學校滿意度，包括從不同來源對學生調查等、學生認同選擇此學校比率或修讀該系課程比率、一季或一年的保留率、學生實習或產學研究的合作經驗。

(五) 學術支持資料

　　大學校院提供多樣學位，也提供學術支持服務，例如教學及學習中心、培訓單位、考試參與，或提供進修學習的空間等。教務長需要這些資料來評估上述支持項目的功能。這些資料包括學生使用這些服務的人

數與比率、使用學生的人口組成，以及依課程主題、上課次數、每天使用分析、影響的結果或成效，如可以改善學生學習成效、保留率及畢業率的情形。

二、支持品質確保及改善證據的資訊

這方面的目的在於促使品質確保及改善，包括學習評估、學系評估或方案評估（program review）、策略計畫及大學認可。這部分的資訊焦點來自以下資料，這些資料對學校領導者很重要。

(一) 學生學習評估

對學生學習評估的資料包括從學生、校友及產業界的問卷調查資料。尤其教師及職員對於學生評量的了解，以及教務長對學生學習評估了解扮演重要角色。要了解學生學習評量狀況相當困難，需要給教務長一段時間整理及了解學生表現優劣報告的掌握。IR人員應該協助教務長，取得學系的學生保留率，還應該提供以下的學生評量資料（Purcell, Harrington & King, 2012）：

1. 從學術單位或問卷調查的多樣評量結果來認定共同議題或主題之重要性。

2. 提供有關於學術支持服務效率的表現，這些學術活動真的有改善學生學習嗎？

3. 除了來自學校層級所關注的議題，學習評估資料比個別學系為單位還重要。

4. 了解隨時間的學習評量結果主要改善情形，加速學生學習成功，幫忙維持評量的努力及提供大學認可必要的訊息。

5. 摘要學生評量結果，包括學生優異領域及應改善的領域或課程。

6. 提供學校與地方政府對大學認可的學習評量標準的落差情形。

(二) 學系評估

　　IR若提出研究議題應讓學校領導者注意，因爲它可能與學系發展有關。學系評估雖然可以採用多種方式來執行，例如行爲觀察、學習檔案的了解、問卷調查、實地訪談等，但依據學校發展及任務而有差異。不管哪一種模式，教務長應關切注意實驗室的安全、就學率下滑或特殊學位授予等。教務長應被告知學系所期待的品質及潛在表現，或未來有較高水準表現方案等。校務研究人員要認定相同議題的證據，而這方面證據要從不同學系評估才能看出成果。在評估過程中，從多個學系檢核，來了解共同要解決的問題，以提高學校高層注意。就如有許多學系可能因爲學雜費政策不明確，無法吸引更多學生入學，使得學校沒有競爭力。IR人員應摘要校務研究分析及改善結果作爲學系檢核參考。領導者從過去評鑑結果提出問題，要求學系提出改善，以了解還有哪些問題尚待改進，哪些問題已經改善。IR人員提出這些改善狀況，有助於給大學認可團體的了解。

(三) 策略計畫

　　學校每年都會有許多策略計畫（strategic plans）。它可能是學校內部自發性的提出方案，就如校長想推動學士班畢業前，需通過中階英語能力檢測，也可能是上級機關的重要政策影響所提出。就如教育部於2018年起推動《高等教育深耕計畫》，期望各大學培育各級各類多元優質人才，協助大學依其定位發展多元特色，進而帶動國家整體的幸福與繁榮。許多學校獲得大量經費補助，勢必在校園內部提出不少策略性計畫。一個大學的策略計畫應該包括五至十個目標，當然三至五個也可以，每個目標應有數個行動方案，來完成目標。同時每個策略計畫都有時間表，透過設定優先順序、最佳選擇方案及資源分配做有效的計畫與資源的管理。Dooris與Rackoff（2012）指出，策略計畫在資源分配也需要注意一些狀況，計畫一定涉及到人的問題，大學是人力密集的產業，人的因素會影響策略計畫的執行，因爲新的變革會改變人的生活，可能會帶來讓人不便利或利益減少，學校並無法讓新計畫滿足所

有人的需求，加上提出的計畫會在跨部門審查會議刪除部分經費與資源，所以IR人員在各單位提出計畫時應建立一個分配資源的工具與機制：而校內提出策略計畫規劃時，各單位應有共同格式，例如願景、目標、方案、結果及評估等，並對於校內外環境掃描，如區域、經濟、財務、法規、人口變項等，找出同儕單位蒐集資料作參考，或檢核與分析同儕的策略計畫，找出最佳方案作為規劃參考，當然了解過去策略計畫執行情形也是必要的。如果策略計畫執行之後，IR人員應該追蹤進度及蒐集或提相關的資料，掌握這些策略計畫在任務及目標達成程度，以提供經營者了解。IR人員應報告各單位策略計畫執行進度。每季、學期及年度應該彙整資料，並提供學校領導者一個策略計畫執行進展摘要，讓領導者了解對任務目標完成程度。為了掌握進度，IR人員可以設計一個矩陣式工作表，橫軸為任務目標達成程度，縱軸為各策略方案（或包括各細部活動），這樣可以掌握各單位策略計畫執行進度，了解哪些單位的策略計畫尚未達到預期目標，哪些單位已經完成任務。總之，IR很重要的任務之一是做大學政策分析，此分析就在提供策略計畫的規劃、執行及執行後評估之決策參考。

(四) 學門（specialized）認可資訊

　　教務長及院長為了持續了解學術或學門方案認可情形，因此IR人員應協助完成學門（specialized）認可的任務。美國的高等教育機構認可分為機構認可（institutional accreditation）與學門或專業認可（specialized accreditation），前者係以整個高等教育機構為對象，可視為校務評鑑，包括機構目標的完成，無須皆達到相同品質，各種區域性認可協會成為機構認可的代理機構；後者以專門學程或學系為對象，可視為學門認可，應用於方案、部門或學校之部分機構（王保進，2003）。在學門認可透過以下方式來完成：一是彙整及年度更新學門認可的資訊。多數大學可能有多個學術方案進行學門認可審查。IR人員要提供相關資訊給領導者了解，學校有哪些單位正要接受認可，以及有哪些學術方案已經認可。IR應轉知領導者，學校將要接受認可的學系及學門有哪些？這樣可以轉知學院院長或相關學系儘早準備認可資

料。而受檢核單位也可以盡快完成與認可標準之落差分析。二是協助教
務長透過行動計畫，來管制認可方案審查的進度。

三、認定及支持新的活動

　　大學的持續改善及變革需要在正確時間協助認定正確活動。因此
IR更需要朝著這方面努力，因為透過執行新的學術方案，高等教育機
構會有很大的變革，IR常需要提供以下資料（Purcell, Harrington, &
King, 2012）：

(一) 對新方案及新優先順序的需求及資料必要性

　　如果新的學術方案由教師群提出，他們熱衷投入，此時方案較容易
成功。例如學校提出強化學生就業能力方案，IR人員應提供勞動市場
資訊作為規劃方案參考。如果教師想執行此方案，就需要尊重他們的需
求及提供必要的支持資料，作為方案規劃參考，這時提供相關資料與評
估就需要IR協助。學校老師可能想了解其他學校是否實施此方案，IR
應找出資料，提供訊息給老師參考。如果其他學校曾考量過類似的方
案，但後來沒有實施，IR人員應深入了解該校在此方案為何沒有被接
受的原因。如果其他學校沒有實施，但是學校在權衡之後，認為高度重
要性與有實施必要性，就要接受挑戰，發展新方案。

　　有一種情形是：新方案有市場需求，但學生對新方案不感興趣。
雖然受到市場需求影響，但是學校也要考量學生需求及經費預算的兩
難，所以學校應思考提出新方案的可能性。此時，IR、學系老師或兩
者可在社區中，對目前就讀或未來學生做問卷調查，來了解學生對新方
案支持程度。當然新方案應符應學校的任務、需求與必需性，甚至課程
適切性與學校師資是否足以承擔。或者學校應思考，為了作為後續方案
認可，也需要準備相關資料。因此，預估多少學生會選擇新方案與所需
成本都應考量，用這種形成業務計畫的觀念來評估新方案，以確保新方
案可行性。

　　新方案要實施，需要經過學校行政人員與委員會討論，此時需要透

過以資料為本的分析，來對學校發展的新優先順序支持。此時，IR應提供資料及目標分析，並相信行政人員提出的新方案，可以提升學校發展，不過也會面臨挑戰，因此在決策時需要有更資料要納入考量。如果校長或高層熱衷於新方案，但是IR發現新方案對學校發展有負面影響，此時IR應善用外交詞令，傳達正確訊息給行政人員、校長與高層了解其問題。這是AIR的倫理信條強調：在此情境中，IR這樣作為是有價值的。而有些狀況IR應注意：就是擴充新的學術支持及新方案的服務。IR應從多元管道資料，提供分析依據之運用。例如分析學系及學院學生特性，資料可能來自外部組織的問卷調查，例如學生滿意度及就業狀況。同時IR應分析不同年級的發展狀況，如對某一些課程有高度無法通過比率；或者從學生入學考試的一些標準化測驗來了解學生程度。IR對於這些資料分析，重要在於提供學校經營者對於學生學習狀況的了解，以及掌握學生學習成功的狀況。

(二) 從資料了解需要轉型變革

　　轉型變革通常是相當立即性。它常來自於學校高層經營者的觀念改變，就如來自於經營者對於學校願景思維的改變，或可能要掌握某一些學校發展特定機會（Purcell, Harrington & King, 2012）。學校發展轉型變革的機會及內容有時聽起來令人訝異與驚奇，此時IR人員就需要儘快的尋找出真相。它需要分析可能要轉型變革成功的機率及可行性與必需要投入的可能資源。也許在這種情形下，會過於樂觀評估所有的成本及損益狀況，但是IR人員不可以有這樣的態度與作為。IR人員應不偏不倚與公正的分析，讓學校其他單位了解對於變革方案評估應從多元觀點，革方案評估才會沒有偏差。IR人員應將高層可能提出的計畫做正反面論證，提供給校方高層參考。也就是在大學轉型變革中，IR透過資料證據來說服經營者是重要的方向。

　　高層領導可能無法適應於強勢或前瞻的IR及其資料，尤其是此方案變革是一個重要的轉型，可能不會尋求IR協助，高層可能會由委員會（如校務會議）、專案小組（臨時成立的任務編組）、領導者個人決定。但是IR仍應在重要議題上，提供實質訊息給大學領導者，而不是

等到領導者問起此議題時才提出觀點。這是IR應建立的價值觀念及態度。如果學校的願景要做重要的轉型變革，IR應提供的資訊包括：轉型變革的成本分析、分析學校可以趕上轉型變革的能力、分析此轉型變革潛在影響力資料（包括正反面影響）、從其他學校取得轉型變革的經驗。

　　總之，IR支持大學老師的教學之相關資訊，並從這些教學資料中作為IR的分析素材，從資料獲得證據，更成為大學老師改善教學參考，也作為學系及學校發展的依據。

貳、IR支持研究

　　大學的研究產業是學校相當重要的核心任務。大學研究的主要任務在於追求競爭力、聲望及維持較高的研究地位。IR的任務之一在支持大學整體研究能量及老師研究生產及分析之相關資料。楊國賜（2006）指出，國外高等教育機構分類依據包括：1.以角色與功能作為區分標準的美國卡內基分類（Carnegie Classification）、2.以任務作為區分的美國加州高等教育分工系統、3.以研究成績作為區分標準的英國大學評鑑作業、4.以經費來源作為區分標準的經濟合作暨發展組織（the Organization for Economic Co-operation and Development, OECD）分類。美國的卡內基教學促進基金會（The Carnegie Foundation for the Advancement of Teaching）於1970年委由高等教育委員會（Carnegie Commission on Higher Education）對大學分類，1973年首次出版全美大學院校分類結果，後續並固定時間公布大學分類情形。卡內基分類可以描述美國高等教育機構多元架構，它在1973年首次出版對全美大學校院分類結果，並於1976、1987、1994、2000、2005年公布其分類標準情形，其中2000年將美國大學校院分為六大類：博士型／研究型大學、碩士型大學與學院、學士型學院、副學士型學院、專門性機構、原住民大學與學院。侯永琪（2006）指出，2005年分類表採用五大類分類架構：以規模與環境分、以大學部學生背景分、以大學部學生與研究生入學比例分、以大學課程分、以研究所課程分，共72項細分類。臺灣則區分為教學型、研究型、專業型與社區型。不管大學

如何分類，各校期待有更多的學術生產力是事實。大學雖然以教學爲主，但是研究創新爲大學內在本質，研究是大學主要功能之一，它包括學術的創新與批判、創新文化與知識、培養研究人才、維持並提升研究品質、提高研究產能、維護學術自由、批判與改革社會等。可見大學的研究相當重要，IR應如何支持大學老師的研究及整體的研究能量提升呢？需要IR提供許多重要資料。

一、績效與生產力的資料

學校的學系與學院老師的績效與生產力資料包括（Purcell, Harrington & King, 2012）：

1. 受學術單位補助研究的生產量的趨勢。這方面資料包括依據學校、學院或學系有多少教師及有多少比率獲得補助計畫的趨勢；依據學校、學院或學系每年獲得不同政府部門研究經費及支出。臺灣像這類資料可以在行政院科技部查詢。

2. 依據學校、學院或學系的老師獲得專利、證照或權利金。它也需要多年的資料，來了解這方面的趨勢。

3. 教師發表相關研究作品，即重要期刊接受刊載數量及被引用情形。教師的研究在同儕審查獲得刊載及刊登數量與被引用情形，對大學的研究能量累積相當重要。這些等於是學校的創新與研究能量，甚至要能吸引學生與發展學校特色及與產業合作，甚至是全球大學排名的重要支柱。它還包括技術報告及專業書籍的出版。有聲望期刊文章勝過於書籍的出版。期刊有不同等級與聲望，因而可以投稿被刊載的機率也受影響，所以在衡量研究生產力應注意。

4. 研究的投資報酬率資料。從人力資本理論來說，大學的研究功能具有提升國家經濟的效果。然而它較受到挑戰的是研究的投資報酬率。各國政府無不期待大學研究可以促進區域或國家的經濟發展，尤其在知識經濟年代更需要如此。因爲研究能量不易測量與評估，所以從以下面向來掌握，一是大學生與研究生投入於學校研究努力人數，以及這些學生對研究發表及出版狀況。經由補助研究所獲得經費比率，以及從證照專利獲得支應於研究方案的經費。技術轉移的數量與從技術轉移獲

得的工作機會。

二、大學排名與重要表現

　　與大學研究表現極爲有關的是大學國際排名，以及從這些排名中，了解排名組織是使用哪些資料與指標來排名。美國的大學排名以卡內基委員會設計的架構與標準，它讓研究者搜尋到同樣類型的大學，在研究表現的內容。大學排名不僅從學校就學、規模、師資素質，還包括學校研究能量、教師研究發表與出版、接受補助經費、獲得專利及從專利獲得權利金、學校聲望（例如校友及老師獲得諾貝爾獎數）等多重指標。目前有5個全球大學排名系統，分別是上海交大世界大學學術排名（Academic Ranking of World Universities, ARWU）、英國的QS World University Rankings（前身爲泰晤士報／QS）、西班牙網路排名（Webometrics）、臺灣世界大學科學及研究論文質量評比（HEEACT Ranking）、英國《泰晤士報高等教育》（Times Higher Education World University Rankings）（THE World University Rankings），都有其主要的相關重點。上海交大：追求非凡研究成果；QS：強調同儕聲譽評比；Webometrics：著重網路資源分享；臺灣HEEACT Ranking：論文質量並重與參考排名爲特色；THE：新增教學評比（財團法人高等教育評鑑中心基金會，2010，取自file:///C:/Users/Administrator/Downloads/608_3345aac4.pdf）。邵婉卿、林明佳、陳昀萱（2016）運用上述大學排名系統對臺灣的大學分析發現，臺灣的前四名大學評比結果大致一致，依序爲臺灣大學、清華大學、成功大學、交通大學，各評比雖非全然客觀公正，或反映大學任務所應包含面向，但是作爲了解我國大學在世界大學的相對位置參考。其實，研究型大學比起非研究型大學，更要面對國際化及更深入的參與全球對話與建立網絡（Altbach, 2011）。國際化隱含著參與國際更多活動，例如教師與學生的國際交流、校園的國際分部、跨校合作、提供英語爲媒介的方案及學位、國際認可制度及品質確保的努力等（Altbach & Knight, 2007）。這些都需要國際聽眾的支持，也需要校務研究者提供及掌握更多的資料分析，作爲追求國際大學的期待。上述對IR來說相當重要，一方面要因應國際

競爭的事實，因而對於學校發展更需要透過證據來做決策參考。一方面更需要找出世界的標竿學校及其被評比內容與指標作為自我學習的對象。雖然文化及環境與國情不一定相同，但是透過學習及藉鏡，IR人員更應取經於這些排名百大的大學之IR經驗及運作模式，可以作為提升自己學校的IR參考。

三、設定標的作為轉型變革因應

學校領導者常以大學的研究能量，來作為期待轉型變革的參考。此種情形是以設定未來發展的標的，以作為學校轉型變革的依據。它有幾種情形：一是學校老師的研究能量低於同儕的學校、一是老師的研究能量高於同儕學校，甚至與較優質的標竿學校的差距愈來愈小。此時學校領導者可能想要做轉型變革，就第一種狀況即在提升老師的研究能量，就第二種情形可能是繼續爭取更多研究產能，增加產學合作，從權利及技術轉移提高學校經營收入、改變大學經營策略，或者改變大學類型，如從教學型改變為研究型。此時，IR人員應協助，並試著安排好路徑配合此轉型變革。轉型可能涉及到整個學校重整，期待讓所有學系在研究能量及學術聲望可以提升。或者轉型變革僅是少數或重點學系，需要重點經費補助，以提高其研究能量。IR在轉型變革中應提供與安排以下資訊：歷年來的學校人口變項、研究生產力資料、從執行特定目的策略方案獲得的訊息，獲得這方面專家意見，作為轉型變革參考。學校在轉型變革應考量學校與政府或地區發展利益的平衡。IR需要分析若轉型變革之後，教師可能的教學負擔、終身教師及晉升標準，以及提供老師補助金應修正、站在同儕觀點支持轉型變革的學系、增加外在補助機會。

總之，IR支持大學的研究系統，除了蒐集及分析大學老師的研究發表量之相關因素之外，更從這些大學老師的研究能量提供檢測大學學術發展及競爭的重要依據。

參、教師負擔的相關系統

上一小節針對IR在教師的教學與研究應準備及分析的資料說明，

本小節則說明教師在教學負擔的相關資訊。由於美國有許多非營利單位，蒐集了大學老師教學資料、學生資料與學校經營支出，提供了IR分析的重要依據。這些單位及資料庫，可以提供國內高等教育及IR參考，說明如下（Kelly, Seybert, Rossol, & Walters, 2012）：

一、教學成本與生產力的國家研究

美國的教學成本與生產力的國家研究（The National Study of Instructional Cost & Productivity），又稱為戴威爾成本研究（The Delaware Cost Study）（取自http://ire.udel.edu/cost/）是美國的大學教學成本及生產力的標竿資料庫，它在了解四年制大學的大學教師的工作負擔及教學支出狀況。從1996年成立以來，超過600所大學參與，這二十多年中，the Delaware Cost Study成為美國的大學，在比較大學教師教學負擔、直接教學成本及學術活動的工具選擇。在此資料庫中，每年大約有200所大學參與，而使用此資料庫的單位包括：美國大學資料交換協會（Association of American Universities Data Exchange, AAUDE）、美國南部大學團體（Southern Universities Group, SUG）、北卡羅萊納大學系統（University of North Carolina （UNC） System）、賓州州立高等教育系統（Pennsylvania State System of Higher Education, PaSSHE）、密蘇里大學系統（University of Missouri System）、尼伯斯卡大學系統（University of Nebraska System）、康乃迪克州立大學系統（Connecticut State University System, CSUS）、紐約城大學系統（City University of New York （CUNY） System）。Delaware Cost Study把參與學校資料排列、系統整合、系所單位改善及增加高等教育機構效率的資料庫。此資料庫包括教師教學課程、研究及公共服務支出，作為學術方案評估（Academic Program Reviews, APR）。此外，透過此資料分析，提出相關的議題、規劃及發展學系的新發展方案。美國高等教育的專任教師幾種分法，一是以職級區分為教授、副教授及助理教授，另一種分為終身職教師（tenured faculty）與終身職候補教師（tenure-track faculty），然而終身職教師逐漸減少，取而代之是兼任教師（adjunct faculty）或行政人員授課，這些稱為協助教師

（supplemental faculty）。在此資料庫中，除了上述教師教學負擔之分析外，也將研究所的教學助理納入。它也對大學及研究所每生每小時教學支出，以及老師在教學、研究及公共服務時間統計。此資料庫優點在於：它具理想性的分析工具資料庫，作為美國高等教育學系教學成本、研究及公共服務支出之標竿、多數資料以教學方案分類為基礎，有系統化及嚴謹的概念化、協助教學資料及單位安排、協助了解成本的誤用、提供學系評估及認可、提供新方案或學系規劃、對高等教育資料庫（Higher Education Consortia）有助益的中介夥伴。它可以讓一所學校了解教師教學狀況與美國的國家平均水準差距，也可以了解一所學校大學生，由專任老師教授比率。它更可以傳達一所學校每生每小時教學支出，以及與其他學校的比較狀況。它的限制包括：在學校或教學支出不是一個整體成本（whole cost）標竿工具、不是一個完美的學系及學術預算單位相配合的機制，也不是一個以績效表現補助為基礎的工具資料庫。

二、堪薩斯社區學院成本及生產力研究

　　美國的堪薩斯社區學院成本及生產力研究（The Kansas Study of Community College Costs and Productivity）是在Delaware Cost Study以四年制大學資料庫之後，於2004年建立的資料庫，主要測量社區學院教學成本及生產力，包括每學分的教學成本及教師比率與其負擔。它也蒐集、分析與報導學系的資料。在成立時有200所二年制社區學院參與，蒐集這些學校的教學成本及教師生產力資料。參與者常由學校的校務研究主任或分析人員提供學校資料。每年就學資料建立之後，參與者可在網頁（http://www.KansasStudy.org）下載學校有關教師負擔與成本及學校環境資料。若以學校環境資料為基礎，參與者可以做不同學校或不同社區學院組的教師成本與生產力比較。在資料上區分為兩類，第一類蒐集秋季學期資料，依據老師類別，蒐集他們教學負擔；第二類以年度蒐集教學成本，特別是在於教師、支持教師及行政人員的薪資與福利。參與者可以依據需求對上述兩類資料下載與分析之外，還可以看到美國每年全部社區學院成果，以及個別學校報告內容和同儕學校的分

析工具。運用同儕學校分析工具，參與者可以依學系或依據學校環境變項，創造一個同儕學校名單，如此可以獲得發展相近的社區學院的概觀。換言之，此資料庫提供了同儕學校個別校務報告的價值。

　　Seybert與Rossol-Allison（2010）以該資料庫分析美國社區學院每生最高支出的十個學系包括：牙醫衛生、藥學實驗技術、呼吸照顧、職業諮商協助、外科技術、博雅研究、護理、旅遊、物理治療協助、電力設備修復；然而最低的十個教學支出的學系為人類學、房地產、社會學、歷史學、經濟學、哲學、營養及福利、政治科學、傳播學；他們發現，社區學院主要的教學支出在於誰是教學者？也就是專職與兼任教師，而不在於社區學院提供的教學類型。堪薩斯社區學院成本及生產力研究對美國的績效政策相當有價值，尤其州大學系統與個別學校進行校務計畫，以及向州政府申請經費補助有正面助益。此機制也提供美國的南部學院與學校協會（Southern Association of Colleges and Schools）在社區學院的認可以及評鑑改善的參考依據（Kelly, Seybert, Rossol, & Walters, 2012）。

三、國家社區學院標竿方案

　　美國國家社區學院標竿方案（The National Community College Benchmark Project, NCCBP）是社區學院在評量社區學院效率核心指標最完整的資料庫。NCCBP成立於2004年，提供最簡單又易使用的工具給社區學院，來執行同儕學校效能的比較，同時也有主要表現測量活動。它超過150所二年制社區學院的投入及產出指標，包括學校層級的學生學習成果、接近性、工作發展、教師或職員、人力資源及財務變項。這樣廣泛內容協助參與學校評估教師工作負擔、成為學校教師工作負擔的標竿與教學成本的了解（Kelly, Seybert, Rossol, & Walters, 2012）。

　　經過多年努力，NCCBP成為全美最大的社區學院資料蒐集與分享的自我維持及成長的資料庫，至今超過350所社區學院參與其中。它的資料包括整體全時（full-time equivalent）教師數、全時學生數、所有

學生學習的學分數、所有領域的學分數、所有學分的教學支出、整年度的學生學分數。它從每年的1月至7月底蒐集資料，參與的學校可以到http://www. NCCBP.org網頁填入資料，就可以自主計算所有標竿學校狀況。這資料庫引導加速分析時間，可以早一點獲得標竿學校的資料與表現。它在蒐集登錄相當自主，各校將缺失值及極大值做嚴謹檢核之後，就可以上傳資料庫。要上傳的資料都透過嚴謹檢核，所以各校從這資料庫的分析結果不僅準確度高，而且可以做校際比較。此資料庫有三種功能（Kelly, Seybert, Rossol, & Walters, 2012）：1.提供國家的社區學院之平均發展水準，它將參與的社區學院發展程度，依據指標區分為第10、25、50、75、90等級，提供各校參考。個別學校可以獲得整體參與學校的相對地位表現，還可以將NCCBP的標竿學校視為主要表現指標（KPI），這促使學校朝向發展目標及任務努力，讓學校作為逐年改善發展依據。2.它可作為同儕社區學院的比較工具，也就是從標竿學校或以學校的相關指標，例如學校規模、經費預算、弱勢學生人數等，來選取所要比較的學校。透過上述兩種比較方式，各校可以了解所要發展及應改善方向。3.它提供最佳表現學校作為參照，在此資料庫中將所有學校排名，並將百分等級為80以上的列為標竿學校，作為其他學校學習創新與改善學生學習成效的榜樣。

IR可以透過NCCBP的標竿提供社區學院在策略規劃及品質改善的努力。參與者可以透過整體的結果及同儕比較，讓社區學院的品質改善活動研擬，也提供學校認可的需求。目前NCCBP被視為高等教育透明及績效的工具，它提供社區學院的校務研究做同儕社區學院比較的工具，讓社區學院更有效追求標的品質改善歷程，並作為認可報告的準備，提供參與學校有系統的報告，以及提供正規量化的學校表現指標，這些都可以提升社區學院的學校效能。

四、教師研究生產的支持

如果就老師的研究生產力來說，美國有兩個重要的學術研究資料庫提供IR作為分析之運用（Kelly, Seybert, Rossol, & Walters, 2012）。一是科學資訊機構（Institute for Scientific Information），一是學術分析

（Academic Analytics），前者是美國的大學科學指標資料庫（US university science indicators database），它摘要整理美國主要大學教師的出版及文章被引用狀況；後者則是教師學術生產指數及資料庫（faculty scholarly productivity index and database）。學術分析成立於2005年，它的資料在支持大學領導者追求卓越所設計。資料庫的資料對於高等教育機構在了解自己的強弱、建立標準、分配資源及管制表現是很有用的工具（https://www.academicanalytics.com/Public/About）。它蒐集教師學術生產力狀況，包括專業書籍、學術期刊出版、文章被引用狀況、聯邦補助研究經費以及個人學術榮譽等。科學資訊機構與學術分析的資料可以作為比較的標竿。美國還有針對教師工作負擔的特定調查及研究，即績效報告聯合委員會（Joint Commission on Accountability Report, JCAR）、國家後中等教育教師研究（National Study of Postsecondary Faculty, NSOPF）（https://nces.ed.gov/surveys/nsopf/index.asp）、高等教育研究機構（Higher Education Research Institute, HERI）。JCAR的焦點集中在教師活動與他們如何影響高等教育機構的成果；它不僅在了解老師的教學時間、接受研究補助費用與公共服務，而且還以學校方案成果，來看教師的教學及研究情形。

　　NSOPF在回應教師及教學者資料持續增加，而這些人員直接影響高等教育機構品質。大學老師是後期中等教育（postsecondary education）的重要資源。他們決定課程內容、學生學習表現標準及學生對未來職涯準備的品質。教師成員在研究及發展表現，也關係著國家的科技與經濟發展。經由他們的公共服務對社會產生貢獻。基於此，有必要了解他們做什麼？如何作？為何做？以及為何他們需要改變？NSOPF提供高等教育機構研究者、規劃者、政策決定者有關大學老師資料所設計，它是目前美國高等教育機構老師資料最完整的資料庫。NSOPF於1987-1988年第一次調查，就有480所學校參與（包括二年制、四年制、博士養成大學及其他學院），超過3,000個學系與超過11,000名教師。

　　機構研究合作方案（The Cooperative Institutional Research Program, CIRP）是美國高等教育系統長期資料的執行單位。它被視為美

國最完整的大學生訊息資料庫，成立於1966年的美國教育委員會（the American Council on Education），CIRP是目前美國最大且最久的高等教育實證資料庫，包含1,900所機構，超過1千5百萬名學生以及超過300,000名教師的資料。1973年之後，CIRP調查資料為HERI管理。CIRP長期資料庫包括大一學生調查（the Freshman Survey, TFS）、您的第一次念大學（Your First College Year, YFCY）調查、多元學習環境調查（Diverse Learning Environments Survey, DLE）以及學院調查（the College Senior Survey, CSS）；它的任務在報導教育政策及透過增加對於高等教育理解與它對學生的影響，來提升高等教育機構改善（https://heri.ucla.edu/about-heri/）。

總之，美國的戴威爾成本研究、堪薩斯社區學院成本及生產力研究、國家社區學院標竿方案、科學資訊機構、學術分析、績效報告聯合委員會、國家後中等教育教師研究、高等教育研究機構等，蒐集了大學老師教學資料、學生資料與學校經營支出，提供了IR分析的重要依據。

問題與討論

本章說明IR與大學行政、大學老師的教學及研究的支持關係。在IR的行政支持說明了分享治理、集體組織學習、績效責任，並指出美國的大學績效責任的相關平臺。而在老師的教學及研究方面則說明，IR在分析時需要提供資料，本章也提供美國幾個教師負擔的資料庫。針對這些內容，您認為臺灣的IR若要對大學老師的教學及研究支持，需要做好哪些工作及條件？同時找出一篇有關IR與教學及研究或行政支持的文章來分享您的閱讀心得。

參考文獻

一、中文部分

王保進（2003）。主要國家高等教育評鑑實務暨我國資訊學門評鑑制度之規劃。臺北市：高等教育。

林珮璇（2012）。課程行動研究——實踐取向的研究論述。臺北市：紅葉。

吳清山（2001）。績效責任的理念與策略。**學校行政，6**，3-13。

邵婉卿、林明佳、陳昀萱（2016）。我國在五大世界大學評比系統表現之研究。大學圖書館，20（1），113-139。

侯永琪（2006）。解讀2005美國新版卡內基高等教育機構分類表。**評鑑雙月刊，7**，25-28。

楊國賜（2006）。新世紀高等教育的分類與定位。**高教簡訊摘要**，182期。

二、英文部分

Altbach, P. G. (2011). The past, present, and future of the research university. In P. G. Altbach., & J. Salmi. (Eds), *The road to academic excellence: The making of world-class research universities* (pp.11-32). Washington, DC: The World Bank.

Altbach, P. G., & Knight, J. (2007). The internationalization of higher education: Motivations and realities. *Journal of Studies in International Education, 11*, 290-305.

Billups, F. D., & DeLucia, L. A. (1990). Integrating institutional research into the organization. In J. B. Presley (Ed.), *Organizing for effective institutional research offices*. New Directions for Institutional Research, 66, San Francisco: Jossey-Bass.

Borden, V. M. H., & Kezar, A. (2012). Institutional research and collaborative organizational learning. In R. D. Howard, G. W., McLaughlin, W. E. Knight, & Associates. (Eds.), *The handbook of institutional research* (pp.86-106). San Francisco, MA: Jossey-Bass.

Brinkman, P. T., & McIntyre, C. (1997). Methods and techniques of enrollment forecasting. *New Directions for Institutional Research, 24*(1), 67-80.

Cameron, K. (1978). Measuring organizational effectiveness in institutions of higher education. *Administrative Science Quarterly, 23*(4), 604-632.

Cheslock, J., & Kroc, R. (2012). Managing college enrollments. In R. D. Howard, G. W. McLaughlin, W. E. Knight, & Associates. (Eds.), *The handbook of institutional research* (pp.221-236). San Francisco, MA: Jossey-Bass.

DesJardins, S. L. (2002). An analytic strategy to assist institutional recruitment and marketing efforts. *Research in Higher Education, 43*(5), 531-553.

Dooris, M., & Rackoff, J. S. (2012). Institutional planning and resource management. In R. D. Howard, G. W. McLaughlin, W. E. Knight, & Associates. (Eds.), *The handbook of institutional research* (pp.183-202). San Francisco, MA: Jossey-Bass.

Keller, C. M. (2012). Collective response to a new era of accountability in higher education. In R. D. Howard, G. W. McLaughlin, W. E. Knight, & Associates. (Eds.), *The handbook of institutional research* (pp.371-385). San Francisco, MA: Jossey-Bass.

Kelly, H. A., Seybert, J. A., Rossol, P. M., & Walters, A. M. (2012). Measuring and evaluating faculty workload. In R. D. Howard, G. W. McLaughlin, W. E. Knight, & Associates. (Eds.), *The handbook of institutional research* (pp.550-572). San Francisco, MA: Jossey-Bass.

Krotseng, M. V. (2012). System- and state-level data collection issues and practices. In R. D. Howard, G. W. McLaughlin, W. E. Knight, & Associates. (Eds.), *The handbook of institutional research* (pp.386-403). San Francisco, MA: Jossey-Bass.

Matier, M. W., Sidle, C. C., & Hurst, P. J. (1995). Institutional researchers' roles in the 21st century. In P. T. Terenzini (Series Ed.) & T. R. Sanford (Vol. Ed.), *Preparing for the information needs of the twenty-first century*. New Directions for Institutional Research, 85, 75-84. San Francisco: Jossey-Bass.

McLaughlin, G. W., & Howard, R. H. (2004). *People, processes, and managing data* (2nd ed.). Tallahassee, FL: The Association for Institutional Research.

Purcell, J., Harrington, C., & King, C. (2012). Supporting institutional governance. In R. D. Howard, G. W., McLaughlin, W. E. Knight, & Associates. (Eds.), *The handbook of institutional research* (pp.133-144). Hoboken, NJ: John Wiley & Sons.

Ruddock, M. S. (2012). Developing k-20+ state databases. In R. D. Howard, G. W.

McLaughlin, W. E. Knight., & Associates. (Eds.), *The handbook of institutional research* (pp.404-433). San Francisco, MA: Jossey-Bass.

Seybert, J. & Rossol-Allison, P. (2010). What drives instructional costs in two-year colleges. *Planning for Higher Education*, *38*(3), 38-44.

Teeter, D., & Brinkman, P. (2003). Peer institutions. In W. Knight. (Ed.), *The primer for institutional research* (p. 111). Tallahassee: Association for Institutional Research.

Usher, A. (2009). University rankings 2.0: New frontiers in institutional comparisons, *Australian Universities Review, 51*(2), 87-90.

Volkwein, J. F., Liu, Y., & Woodell, J. (2012). The structure and functions of institutional research offices. In R. D. Howard, G. W. McLaughlin, W. E. Knight, & Associates. (Eds.), *The handbook of institutional research* (pp.22-39). San Francisco, MA: Jossey-Bass.

第八章

校務研究的實務經驗

第一節　校務研究中心主任的經驗

壹、中山大學蔡副校長的經驗

一、大學進行校務研究的優點與限制

　　校務研究的優點在於大學利用校務研究可以了解大學校務治理的盲點，使校務推動更順利與更有效率。舉例來說，「一般大學招生宣導常從高中輔導室著手，然而這樣真的有效嗎？」、「學生選擇該所大學的原因為何呢？」、「經濟弱勢與城鄉地域弱勢的學生，進大學之學習成效是否受影響呢？」、「學校推動英語門檻，英語分級教學，學生的英語程度提升了嗎？」、「學生會打工、玩社團的學生、學習成效會受影響嗎？」等都是很重要的校務議題。藉由校務研究的分析結果，可以建立相關機制，使校務推動更順利。然而臺灣目前高等教育之校務研究限制在於校務研究分析結果如涉及特定族群，例如清寒學生之經濟或課程輔助的機制，是否可以將學生的個資公開給導師知道等法規宜規範，以利校務政策之推動。

二、大學要做好校務研究的重要條件

　　大學校務研究的重要條件包括：1.校務研究之執行長需有豐富的行政經驗，才能引用正確的研究數據資料，並將研究結果作正確的解釋。2.校務研究是大數據分析，需要有良好的資料庫，因此建立完整的校務資料庫是校務研究的必要條件。3.校務研究要有傳承，長期追蹤才能幫助校務發展。4.大學校長要重視校務研究，才會以校務研究結果凝聚共識，並將研究結果用於正確的校務發展推動上。

三、大學做好校務研究可行性與進行校務研究的困難

　　大學有良好的學術研究工具，可以成就校務研究的功效與角色。但是主事者要有相當的行政經驗，才能知道引進校務研究的時機及主題方向，故加強行政主管之校務研究具體觀念及聘任資深校務研究執行

長，是校務研究在大學是否能順利推動占重要角色的關鍵。

四、學校設校務研究單位應有的編制及其功能

校務研究單位屬於大數據分析之一環，該單位橫跨學術與行政兩單位，所以除執行長需有豐富的行政經驗外，需聘任博士後研究員等級可以從事統計分析的人員。另外，建立完整的校務資料庫是校務研究的必要條件，因此需要有資訊人員協助。

五、學校主管應如何推動校務研究及推動策略

學校主管推動校務研究應注意的事項及策略：1.行政主管大都為兼任教師，建議在任職期初以實際的個案教學方式進行教育訓練。讓行政主管了解何謂校務研究，以讓校務研究能在各行政單位推展。2.初期，學校應有校務研究推動委員會，定期將相關之校務研究主題結果，公開討論，回饋至相關校務政策之推動。使大家熟識校務研究的功能後，就自然將校務研究變成校務治理PDCA內控機制之一環。此時IR就在大學落地生根了。

～2017年8月16日訪談中山大學蔡副校長逐字稿

貳、高師大王政彥副校長的經驗

一、大學進行校務研究的優點與限制

(一) 優點

IR的優點包括：第一，將學校很多有關教師、學生、行政等原來為紙本資料或既有資料庫加以串聯起來，透過資訊科技，尤其像雲端或大數據做分析，讓資料產生有機結合。然後能夠發現新的資訊作為學校發展參考，這是很重要部分。在應用層面上，這部分資訊就可以供校務行政、學術行政或師生的教導跟學習可以參考資料。第二，資訊科技比較可以上軌道。資訊儲存能力和容量增加，分析技術比較精緻，校務研究優點就更能夠發揮。而校務研究的限制包括：第一是學校基礎建設要

好；第二是檔案管理要強；第三，學校各部門之間資訊流通要順暢，否則校務研究不順暢，會沒有辦法讓各種資料庫發揮最大效應。

(二) 限制

IR有可能做校際的校務研究，比如說本校和他校結合，或做個別的研究要取得學校資料。因此要有學校交流機會，教育部高教司有這個企圖，或高教評鑑中心有這企圖心，但以學校來說，這涉及商業機密、個人資料、校務資料，要開誠布公交流，有其限制。只能部分的比較客觀，公開資訊交流，譬如我們學校輔導中心有很多新生進來就有性向測驗，這些資料有很多個資，雖然沒有個別名字等，但是也不宜交流，有違諮商倫理或心理測量的倫理問題。

二、大學做好校務研究應具備的重要條件

(一) 重要條件

大學做好校務研究應具備的重要條件包括：第一，資訊基礎建設；第二，電腦資訊部門要強，要有資訊分析能力；第三，要有專責部門（校務研究中心）。現在大學做事，教育部補助，哪天斷了補助，學校願意再投資，要有一個專責部門、專業人力做這些事。校務研究是跨學校行政部門，不僅是校務行政，還有學術行政，所以專責部門有其必要，而且層級要高，才能夠統整校內行政或學術部門，這個是重要條件，這當然要有經費支持；第四，學校內要有專業人員，能夠讓數據說話，這很多還是需要資料（data），各種資料能夠有機結合，要能夠解讀數據的意義。解讀需要很多專業知識，比如說學生性向或職涯發展，要能夠解讀性向測驗跟選課，職涯發展結合；教師的研究與專長配對，或所謂教務行政如何協助教師教學，或學生學習輔導等，這些都需要解讀。解讀就需要教育心理、統計這方面專業人員，所以學校如果沒有這樣專業人員，在解讀數據會受到限制。如果日後要有專責辦公室或人員，可能要有這一方面專業。

(二) 成立專責單位

　　在校務研究單位上，學校應編制一個辦公室，但是現在只是教育部補助，所以我們學校都是兼職，僅有一個專職助理。基本上各校都是如此，算不上是很充實，受限於經費限制。校務研究的其他支出都由經常費延聘相關諮詢委員，或是單場會議出席費，沒有外聘校外專業人力。我們學校編制以部門首長，就是學術發展主管來兼任，而在我們學校成立研究中心，以副校長為首長。

　　我們學校的校務研究中心是虛擬，辦公室就設在副校長室。校務研究讓除了學校行政人員去擔任之外，還有其他如博士後或專任助理擔任。學校現在還沒有實質辦公室，因為教育經費投資還不夠。這就是我剛剛所說，要成立一個專責部門，要補實有專業人力，需要一些解讀教育心輔的專業人力。大學具有教學與研究及服務功能。教學機構要讓數據能夠發揮最大效益，就需要專業解讀學校長期建立的數據資料。如果學校沒有師資培育或教育相關科系，可能就要聘任博士後的研究人員與專責人員，這樣校務研究功能才會發揮作用。

　　IR要有對外聯絡人員。祕書及助理職責對外的事務聯絡。專案助理是計畫中的人員，還要聘其他專業助理及專業人力才能讓校務研究發揮。教育部補助案的人事費是專任助理，不是學生身分。因為做關學生事務，在學校體制內，學生沒有特別權力參與。人力部分投資還不夠，無法運作。教育部現在還在試辦，算是第一階段試辦。未來有可能多編制，要進行校務研究要有專責編制。

三、大學要做好校務研究可行性與校務研究會遇到的困難

　　臺灣的高等教育IR可行性高，但要看學校屬性。像我們師範大學，有教育、統計、心輔方面的專業人力，當然也有資訊相關專業人員，所以這是很重要的專業人力基礎。如果沒有這些專業資源及人力，做校務研究要臨時約聘專責人力，否則在解讀，總不能每次都借助校外委員吧，因為有一些校內機密，要專聘專責人員會比較好。IR算是大數據（big data）分析，一次都大概蒐集幾千到幾萬筆資料，在

可行性和困難度上，在蒐集資料或分析數據、建置資料庫要看學校狀況。因此需要有資料分析的人力。我們學校有圖書及資訊處，研發處處長也是這方面專業，學校有軟體工程學系，也有這方面專業，加上有一個團隊接受中華電信相關的一個專案委託，整體來說，雖然是虛擬編制，但是有一個團隊。所以在校務研究的資訊能力分析還沒有問題，各處室相關資料很多都是現成，也沒有困難。我們在這部分能力比較滿足IR的需求。

四、學校主管推動校務研究策略

(一) 主要策略

　　學校主管在推行IR應注意幾項：教育部永續的補助經費，現在屬於第一階段初探期，是一種試辦性質。我們期中報告剛繳交，要看實施成效。在執行IR過程的發現，有些可以應用在校務治理，都透過行政會議讓學術單位了解校務發展情形。行政單位主管能夠知道，這些訊息可以應用這些資訊在招生策略，甚至學生選課或教師專長。它可以應用研究團隊組成、專業社群組成等做很多參考。學校一直有資訊成果分享，算是書面研究成果讓他們分享。學校在第一階段反省還有哪些可以改進的地方。改進地方就是第二點提及的，如果要做校務研究，教育部是希望再持續第二階段，我覺得應再投資，協助大學院校進入第二階段，讓公部門資源進到大學。現在學校都有配合款，學校覺得第一階段有成效可以繼續做，就繼續再投資，所以經費投資是必要。後續的就是慢慢往專責辦公室與專業的人力，成為一個很重要的常設部門。

(二) 實例分享

　　中國大陸的華南師大是我們學校的姊妹校，去年來我們學校交流分享IR經驗。他們把IR做得非常體制化，跟學校既有的組織並列，IR是一個很重要的參謀與諮詢。學校做決策經過IR的分析之後，再給行政部門或學術部門做參考，有這樣監督或諮詢等重要功能。這讓我非常訝

異，做得這麼嚴謹，整個IR體制非常嚴謹，等於有點打破學校既有編制。臺灣在這部分就要往專責辦公室，然後能夠有專業人力。在學校整合運作有很好定位，IR成果如獲得大家認同，各處室同仁也會支持，因而形成一種智囊團，或重要後勤單位，協助行政或學術單位做很多有關教學、研究與行政工作的協助。所以IR專責單位能夠發揮這功能，是一個一加一大於二的效果。要達到這目的就是要專責團隊，此團隊要依學校規模與業務狀況增加經費跟人力來推動，慢慢成為學校體制的一部分。

(三) 學校決策的應用

在開校務會議會提出這數據來說服各系所主管。學校每次開會都會提出一些成果，若要進行一些政策改革都會以這些數據來說服大家。譬如說要招生的員額多少、博士生招生狀況、註冊率，這數據拿出來，白紙黑字很清楚，當作很好的證據，支撐論述一個重要事實基礎，讓大家心服口服，而且非常客觀化、非常的科學化，不再主觀論述。學校慢慢往這方面發展，在校務品質精進，決策品質提升有幫助。因此，若IR專責單位能夠發揮這功能，它的必要性就存在，相對的，它的地位也會被強化。

總之，現在高等教育機構慢慢變成自我評鑑，不是官方評鑑。學校在提出自我評鑑，尤其以校為單位，用校務研究的研究成果及資料做標準是一個可能方向。2016年高師大辦過一次研討會，高教評鑑中心來報告就是看這部分，所以未來高等教育宜應用這部分在校務評鑑，或自我評鑑的部分。

～2017年6月23日訪談高師大王政彥副校長逐字稿

參、楊志強副校長的經驗

一、高等教育機構進行校務研究的優勢與限制

(一) 校務研究的意義

在回答問題前，我還是要先提一下什麼是校務研究。事實上，IR 在臺灣的大學成立非常晚。大概在兩年前（2015年），教育部要各大學提出競爭型計畫，來成立校務研究的辦公室或校務研究中心。臺北教育大學是兩年前少數公私立大學之中被補助的學校之一，因此臺北教育大學在兩年前（2015）成立校務研究中心。成立的同時，以教育部為主軸，漸漸的有一些團體出現，比方說「臺灣校務研究專業協會」在2016年成立，本校也是創始會員之一。

大概進行兩年，學校組織架構如圖8-1，由我來擔任校務研究中心主任，還有執行祕書，是我們的研發長。校務研究中心分三個組：系統建置組、資料分析組，還有工具編製組。系統建置組是由計網中心主任兼任，資料分析組由研發處綜合企劃組組長擔任，工具製制組由教學發展中心主任兼任。也就是說，校務研究中心以原來的學校行政組織架構再重新組合成一個跨單位合作的虛擬單位，即沒有實質的辦公室，辦公室事實上就是在我這邊（副校長室），但是必須要跨單位的合作，而經費來源就是來自教育部的資助。

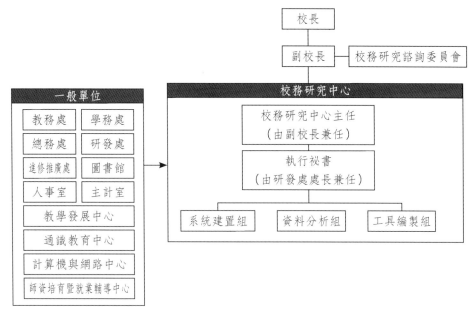

圖8-1　臺北教育大學校務研究中心組織與定位架構

(二) IR的優點

　　IR的優點與缺點方面，在大學校務治理上，尤其是公立大學，最高的決策者——校長、校務諮詢委員會、校務發展委員會，甚至是校務會議，位階都是平行，並不是校長說，要怎樣就怎樣，這是一個委員會結構要發揮的功能。所以校長提出的治校理念，也需經過校務委員同意才可以進行，校務委員的代表結構就是有教職員生等，所以要說服他們。以往校長要怎麼做就怎麼做，但現在不一樣了，現在一定要有證據說這樣做是好或不好，以前經驗顯示這樣子，做會有什麼問題，所以校務研究因應而生。尤其在公立大學要說服這一群人，要有一定的證據，然後從證據的說理當中，來請委員支持即將推動的政策或政策改革，這就是校務研究的優點，否則以前討論時，常僅於用所謂個人心證或主觀判斷方式來決策提案。這大概就是優點。就是可以拿來做實證。

(三) IR的限制

　　IR就是實證資料，可以讓委員知道為什麼要推這個政策，原因是我們發現這幾年來發生了什麼問題，所以要做這樣改變，來說服委員支持提案。不過當然也有限制，因為畢竟這是一個新的變革，以往不是這樣做，是透過直接提案、直接討論表決就結束。但這裡面還有很多證據，當證據顯現出來時，委員也不見得認同，就一而再，再而三的反覆溝通，讓委員理解到我們要做是有原因的。校務研究的限制就是，做出來的實證結果，要花很多時間去告訴委員，但是委員不見得認同，所以就反覆的溝通，讓他們覺得這件事情做下去是對的，不過就需要花多一點時間。以往沒有，推動者就得要憑空，類似瞎子摸象，或是看其他學校經驗去判斷一個提案，可是比照他校或國外經驗都是有風險。因為有太多學校有所謂的地區性或地域性，或是個別差異跟文化，發展出來的模式或策略，或許只適用這個學校，並不盡然適用其他學校，可是以往都是比照他校，他校適合也不見得本校適合。所以就以校內本身的文化或差異衍生出的一套做法讓委員能接受，這些證據一定都是過往資料的累積，以看到統計脈絡，校務研究必須要仰賴相當多的統計資料分析。

二、校務研究編制人員，學生與研究生能否參與呢？

　　我們目前並沒有這塊，大概都是直接由師長來負責。在第一年曾經花了相當多時間去應徵博士後研究跟助理研究員。可是我們學校應徵了兩年，沒有一個人有辦法能勝任一個單一、一個整合性專長來做這件事情。因為這是一個整合能力的概念，這需要有高等教育人才、量化統計人才，還有資料科學人才，就是這三種能力的整合，但是臺灣少有這種人力啊！我們花了一年多時間，試圖要找到跟我們一起合作的夥伴，到目前為止還是很難吶！今天也沒有打算直接從學生裡面找，重點是我們沒有相對應科系，我們沒有統計系，唯一有的就是資料科學部分，例如資科系或數資系資訊組，畢竟是技術部分。

　　這部分很容易，我們用外包方式也可以達成，所以我們目前就沒有讓學生參與這一塊。而且假設真的參與後，就必須要填寫保密協定，因

爲校務資料涉及學生及老師的個資，事實上這是高度機密資料。所以基本上，還是由師長來擔任，師長也是跨領域合作，有統計分析的人、資料科學的人、問卷編製的人、高等教育解釋的人，必須要經常性的開會才有辦法從不同領域當中得到一些結論或想法。

三、校務與研究結合具備的重要條件

(一) 校務研究中心成立過程艱辛

　　學校爲了要成立校務研究中心，花了一段好長的時間，但是校務委員通常會認爲要成立新單位，就必須要額外花費一定的校務基金。所以在評估成立單位的時候都非常審愼。也就是說，我們需要花很多時間在各式各樣的會議場合中，跟師長與校務代表委員說，IR是新的變革。我們勢在必行，但是不見得每個校務委員會聽得進去，所以我們花了很長的一段時間去做。一開始我們還只叫做「提升校務專業管理能力專案辦公室」而已。當然我們希望變成是這個架構、這個學校編制的，這樣就花了一年的時間去做溝通跟討論。當然委員會覺得說，你是不是成立一個單位、要不要變成是一個虛設單位，或是一個只花錢沒有貢獻的單位之類的……。因爲這是國內在大學中的新研究單位，畢竟本校又是少數被教育部補助的學校之一，其他學校沒有。他們會誤會說是不是特別成立這個單位，把一些閒缺放進來之類的，會有這誤會。我們要三番兩次地在各式各樣的場合溝通，但是在溝通場合效果不是很好。畢竟，要推一個新方案眞的很難。所以，不管怎樣花了一年多的時間終於成立。然而委員有但書說，不能有額外空間與額外人力配置，我們就全部承擔下來，就由副校長室勉爲其難成立校務研究辦公室，或稱爲校務研究中心。爲做校務研究就將研發長、計網中心主任都一起納入，並包括研發處助理來幫忙。因爲校務委員說，不能因爲中心成立，額外再用到學校的空間、設施、人員。所以重要條件就是大家要理解，這是要做很長期的溝通，所以現在都很希望說，每個月的行政會議只要有一些議題發現，我們就希望在行政會議做報告，校務研究在這週、這學期或這個階段發現了什麼。

(二) 學校各單位溝通困難

　　譬如說，為了校務研究發現一些證據，我們直接拿各系的資料、讀師培生的資料，跟勞動部的公勞保資料直接估計、直接串在一起。這是一個非常大的海量資料庫，去估計之後發現一些特別現象，就是什麼樣科系的目前畢業生繳納勞保學生特別多，或是納公保的人比例特別高，或是納勞保者基本薪資水平是多少，大概都可以了解。我們利用這些比例做成一個公式，未來與師培有關的系，如果要續招師培生的話，就要根據這幾個指標。如果指標顯示在前面的話，比方一個系是40名師資生，就可以保有40名。但是如果說一向培養出來的outcome，並不是在指標前面，同時給40個名額，但你的學生又都不修。比如說讀了一年就放棄，等於是這40個名額到最後成功率只剩20名之後，我們就認為浪費了20個補助名額，何不妨給有需要的學生。我們就換算一個公式，這就是從校務研究來的，就是校務研究在師資培育學生學習成效之應用。我們就是用這幾個指標，第一個指標就是各系的教師甄試錄取率，第二是教師資格檢定的通過率，第三是師培課程的續讀率，加權之後變成學習成效評估，就是一個績效指標。之後排序就可以看到，有些續讀率很糟，名額可以釋放到教程班，讓別人用考的方式。這個系就不要這麼多念師培的學生了，就是充分應用這些名額。但是光這個分析會就花費好幾個小時，還是沒有決議，因為系主任認為不行，這40個名額是我們系的，就是我們系的，系的本位相當的濃。

(三) 證據的說服力很重要

　　當然今天必須要很成熟、互相信賴，要有證據，還要充分的溝通討論，所以我就舉這個實例，到現在早就研究出這樣子，但是他們認為量化指標有所謂的缺陷，可能沒有辦法完全代表一個系的績效指標，應該要額外再多看什麼表現才正確。我們都願意去做調整修正，但不能說上面的分析結果就不能討論，這不是碰觸不得。目前有些部分議題碰觸不得，即使已經有這麼好的證據顯現出來，我寧可說我的指標不妥適，但沒關係看看再怎麼修正，大家會議當中找到一個共識，調成是大家都可以接受的指標，並不是不可碰觸。但目前會議碰到的是有些系主任認為

是，連碰觸都不可碰觸。所以基本上，條件要等時間成熟，學校執行的條件具備了，但是時間還不太對，大家不會理解到我們今天在做這件事情，並不是拿掉你什麼東西，而是用證據方式顯示，各系所提供的課程為學生的需要與不需要，但是我認為還是需要時間。

　　我再提一下，各系主管認為指標還不夠全面性，我就再用勞動部資料估計發現，這個系績效根本就不好，難道要拿這個資料出來討論嗎？諸如此類，開始就在攻擊IR的研究方法不對、資料有問題等惡意批評。其實這都不太適當，但這需要歷程，慢慢來，畢竟臺灣才兩年，美國有50年基礎，人家畢竟走那麼久了，我們確實比較晚，就需要溝通。因為教授的想法或許做研究，但是真的研究實踐才知道困難度有多高。所以我們就挑，未來策略想法就是找願意配合的去試行，可能某個單位或系所，他可能願意配合什麼樣的議題，我們就從那裡做試點，如果願意配合我們，就給經費讓他去做實驗，實驗完看到成果或許其他系就會覺得不錯，一起來加入，這或許是一個時間養成的過程。

四、學校主管推動IR有什麼好的策略？副校長提到找願意配合單位先試點，未來要用什麼策略呢？

　　現在是這樣，學校有兩種不同的單位：一個是行政單位，一個是學術單位。行政單位無非就是教務處、總務處與學務處；學術單位就是各院、系所。當然系所負責的就是教學研究，行政單位當然就是比較全面性的行政服務。行政團隊由校長找來，所以大家的思考與目標會較為一致，系所做教學及學術性發展。所以我們目前找到最好時間就是，一方面是願意配合的系所，二方面就是全面性的在行政單位做這個事情，就是每個月找一些議題。例如符合學務處的議題或屬於教務處議題，我就跟這些單位開會，分享我發現這些內容，一個月第四個禮拜就是行政會議，行政主管跟學術主管都要到，所以在第三個禮拜就會跟行政主管，還有承辦人講說，我在你們資料當中發現一些特別現象。然後你要去想有沒有一些因應策略跟方法，第三週討論完就會在第四週行政會議再講給大家聽。一方面我們找願意配合的系所，願意配合畢竟是少數，而行政單位目標一致，所以我們做這樣子推廣，讓他們知道，原來

有些行政管理可以這樣做。在行政會議報告系主任聽得到，院長也聽得到，或許就會有一些改變。我們無時無刻在講，比方說每一年新任行政主管上任時，我們就會有一天共識營，一定會安排時間去講這校務研究的重要，因為這個中心剛成立，不見得有很多人知道。本校的校務研究中心沒有特定地點，就是虛擬地點在這裡（副校長辦公室）。目前我想說，先只能這樣子，畢竟公立學校要推動IR需要時間，現在做的大概就是如上所說的這幾個方向在做。

五、副校長有要校務研究的例子分享嗎？

(一) 通識課程的改革

其實可以分享的例子很多，因為我們做很多校務研究案。舉個例子，我們最近要做課程改革，作大學部的共同科目與通識學分的課程改革，目前教育部所主推的就是跨領域、跨界，就是說同學畢業之後，不能只有唯一專長，可能要有雙專長之類的。課程改革是全面性，所以必定含在共同科目、通識科目要一併思考，不能像過往一樣說，通識教育為營養學分，或共同科目為營養學分，這都是學生對它的既定觀念。如果想要知道為什麼共同科目叫營養學分，我拿出資料分析給你看。從這幾年海量資料倒進去之後就發現到，天哪，共同科目的某些科目，缺席率、曠課率最高，然後分數給最高，這不就叫營養學分？大家都說這樣，可是你有什麼證據，我就給你看，這幾年資料倒進來就是這樣。這是我們發展的系統，可以給你看一下。

(二) 學校有專屬資料庫

我們學校有一個特別專屬的資料庫的集合。我們這個叫做集中式倉儲資料庫，意思是說我們學校有很多個資料庫，學生教務有教務，學務有學務的，包括會計有會計、總務有總務的，各個單位有自己獨立的資料庫。我們必須把這幾個資料庫倒進來一個所謂的資料倉儲，這個資料倉儲就是校務研究非常重要依賴的一個工具。這個我們花了很多錢建

置，我們簡稱IR系統，但是它的全名應該是集中式倉儲資料庫。這個也可以做一些分析，比如說系所在做個人申請時，到底這個系所的學生都是被哪個對手搶走了，這個我們也有辦法分析。還有我們也有辦法分析我們的大學生主力是哪些，是哪樣等級高中入學進來的。我們都可以做一些分析，就是從他最早先的背景端，就是input端開始，到我們所謂的教學應用，比方說我用什麼樣的教學方法、什麼樣的獎學金給與，或你參加什麼社團的process，一直到outcome就是你的就業，或者是教師資格檢定，或學生是不是實習等之類的這些資料全部都有，包括學生多益成績。

(三) 大一英文課程的發現

我們最近發現到滿有趣現象，我們為了要做課程改革，希望在課程改革裡面有一個軸心，就是完全幫學生量身訂做一個語言能力，就是說語言能力不能結束，在大學還是希望學生持續發展英文或是第二外文。我們就要證明到底哪裡有什麼不好，為什麼學生要改，為什麼學生要再做加強英文部分，結果就發現很好玩，我們的共同科目，英文的相關課程，居然跟同學通過多益，也就是跟多益成績沒有關聯。邏輯上，學生在英文共同科目表現愈差，學生就比較不會通過多益，可是不是這樣子，你會發現分數很高，奇怪他怎麼多益分數很低，就是有一個矛盾現象。我們大概會主推，從這個政策來看，兩者沒有關聯，是不是我們沒有經營好英語通識，比方說大學生在學英文時，學生是怎麼樣的考量，我是不是挑輕鬆，還是說學校在這麼多班的英文1、英文2沒有做好分級，分級是虛設，還是怎麼樣，就必須要去重新檢討，這都是在這裡面做到的一些發現。這個就是一個IR系統。甚至我們還可以到，學生從什麼高中畢業，學生畢業成績有沒有比較好或比較不好之類。

六、校務研究應注意的事項

(一) 資料保密的重要

　　他的保密性必須要非常高，就包含校與校之間的、系與系之間。所以基本上我們目前沒有辦法讓學生參與，或是做什麼樣的學術發表。IR沒有辦法去做學術性發表，有時候也有一定機密跟困難。給你看一下這個很有意思。這是目前教育部要我們做，但教育部自己沒有資料，他要各校發展一到二年級的續讀率，就是說你大一讀一讀，大二會不會繼續讀，教育部只有一筆資料叫做註冊率，他看你的註冊率太低，就會酌減下一年度新生名額，教育部會類似這樣子做法，但是他希望說，註冊其實一個還滿虛的。因為註冊完說不定學生就離開了，國外就不看註冊率，國外他看續讀，續讀就是說保留率（retention rate）。這意思是說，學生是不是能夠持續從大一到大二之間留下來。如果留下來的話，可以衡量大學辦學績效的某一項指標。美國因此把這一指標做排序，我們就利用這樣子概念，去做出大一到大二續讀率，就可以看到某些系的續讀率比較不好。為什麼會比較不好，你必須想說你的競爭對手是誰，是不是大二都轉學了，或者是說你的系所是不是沒有特色，還是說就業進路有問題，你自己系所就要去檢討。但是很多系不願意面對這種事情，學校或教育部要減少某一系所名額嗎？因為我會認為續讀率低、就業率低，是不是已經沒有社會需求呢？就競爭力角度、就企業來講，相當的重視，可是大學不是這樣子看待的。

(二) IR有趣的發現

　　你今天應該要支持學生、輔導學生、讓學生改變。用業界角度來看，我就先砍了經營不善的部門再說，賠錢當然先砍，所以有時學校系所經營不當，要刪減或關門也是一定困難，你是要繼續給錢支持，還是砍掉？這個有時候在拿捏非常困擾。甚至還有一些滿有趣發現，我們有一個特別的，目前全國有設IR中心，因為我們有時會固定時間或不定期交流，我們這塊最特別，就是特別針對師資生做分析，我們分析到一

個非常有趣現象。其實我們還有這個C pace，畢業流向，就是大學生進來之後，我們會做職業取向的一些調查，就可以看到系招進來的是學生，是什麼職業取向的學生，再去做一些職涯建議。

再看一下師資生分析區塊，這裡有一個非常特別的現象，資料庫中的各系，在我們的校務研究中心會分配權限，各系其實只能看到各系，你必須要針對自己系的發現做一些與自己系想要因應跟調整的做法，若自己在系務會議裡要去跟老師溝通也比較容易。來看這一個非常有趣現象，因為這是海量資料，所以人很多，**趨勢**就很明顯，就不需要去做任何推論統計，看敘述統計就可以看出一些**趨勢**來。看這個有趣的圖，這個長條不是卓獎生，這個則是卓獎生。卓獎生意思就是大一進來，表現好的，一個月就給你8千。我們長期追蹤卓獎生，這群人有領卓獎，這群沒有領卓獎，發現這群人通過教檢比例高，通過教甄比例也高，放棄實習比例低。就代表這筆資料很有用，非常有用，如果你要優質培育、獎優汰劣，這個政策是對的，這就是一個非常重要的政策支持證據。

這個就是史懷哲，這位沒有參加史懷哲，這位有參加史懷哲，而且史懷哲可能發生在大二、大三、大四都有可能，你注意看，他那個影響是深遠的，通過教檢是高的，通過教師甄試也比較高，他會去實習，也就是說只要參加所謂史懷哲活動，他就比較會去實習，如果不參加史懷哲，可能會放棄實習。這裡面也幫助同學在做定調職涯探索得當老師，是非常非常重要，這些都是重要支持證據，其他包括這位是參加希望小學，這位是海外實習，海外實習實施比較晚，所以還看不出來，這三塊很重要的是師培主軸裡面其實都已經看到一定的證據。

(二) 臺灣的IR有很大的改善空間

上述的結果就是說，我在歷程（process）端，過程中介入了什麼，是會加強他的職涯定調。類似這個都是我們目前最特別的地方，其他大學並沒有這樣子做。我們因為這個證據就認為必須要持續去做這個事，這個比較好，持續做了，人家不會反對，但是你要改掉了，人家會反對，這就是困難所在。這些是本校比較特別的地方，這個系統要做三

年，目前是第二年，大致上我們希望把整個學生歷程都串接在一起，就是這樣子。我們是有一個很大的藍圖，我們要議題分析就是透過這張藍圖，投入（input）端就是學生背景資料蒐集。這一端就是學校到底給學生什麼，給學生什麼樣的處理（treatment）、給學生什麼樣的介入、給學生什麼樣的輔導。再來就是成果（outcome），學生展現出什麼。我們就是要看，學生的背景端，跟這個有沒有什麼樣關聯，這個介入之後有沒有什麼樣關聯，如果不好就會循環。看你要調整招生方向，還是做資源分配，還是課程調整之類，然後就回到這邊來，所以它是一個類似PDCA的概念，但基本上，校務治理用PDCA，然後建築在IR基礎上。基本上，目前大家都還在學習階段。我們IR就根據這個在走，我自己是校務評鑑委員，我們到各校去看，評定項目很重要的主軸是校務治理機制。校務治理機制要有證據下的機制，他們講的就是IR。當然我們在評鑑所看的學校發展不盡然如此，就是少數學校有，多數學校目前在IR還是空白，臺北教育大學走得非常早，也是一個因緣下參加競爭型計畫，得到教育部青睞才有這機會，但是三年之後，學校就要自己想辦法，沒有補助，就要自己持續進行IR。

～2017年5月24日訪談楊志強副校長逐字稿

第二節　專家學者的校務研究經驗

壹、陳柏霖教授的經驗

一、大學進行校務研究的優點與限制

(一) 優點

　　我覺得大學進行校務研究有多項好處。第一，可以把各單位的資料盤點彙整。過往學校的資料散落在各單位，可能並未盤點或整理，總是每次資料分析完，所繳交的成果報告回饋有限，若能將各單位資料串

連，這對於以數據為導向決策有助益。第二，校務研究的推動支援校系發展與評鑑，評鑑結果又回饋於校務研究，構成一種互賴循環。教師職涯發展自然也融入這個循環體系。校務研究之學生學習歷程紀錄、學習回饋、教師教學輔導投入、學習成效實證分析結果，都是評鑑教師職能與發展的重要指標。在多元升等制度的推動下，校務研究並可作為是教學實務研究一環，校務研究資料庫更可提供教學實務研究的素材或背景資訊。

(二) 限制

但是校務研究有一個要點，就是每個資料的蒐集，需要有教職員的ID，因為要把資料串連，需要有基本資料，但是目前各校在辦理活動，並未全面線上化刷卡，接著就算全面線上刷卡，現在工讀生的薪資又很高，再加上學校的經費有限，真的要把資料串連起來，有它的難度。尤其很多活動是紙本問卷，填寫者比較能真實的撰寫，但是若線上化，是否所蒐集的資料會有偏誤，如果再串連事實資料，其得到的結果意義為何？可能得再深思。另外，校務研究的概念，能讓全校教職員生認同，可能會有一些阻礙，這當中涉及個資及是否有侵犯人權，可能都是值得再討論的課題。

二、大學要做好校務研究的重要條件

在大學做好校務研究，一定要讓學校透過自我研究的歷程，例如本校運用「大專校院就業職能平臺」（UCAN）（https://ucan.moe.edu.tw）功能實施學生職業興趣探索及共通職能診斷，結合校務研究資料庫資料，逐年定期追蹤學生之學習歷程之特質變化，作為校務研究中評估學生在校期間學習成效之參考。因此大學要做好校務研究有幾個條件：第一，資料清理正確與系統化；第二，校務研究分析。校務研究者為評估帶來許多潛在的資源。部分取決於研究人員所擁有的技術，這些資源也會根據一些條件而有所不同，包含在大學內校務研究辦公室的位置與評鑑領導人、校務研究辦公室被指派的任務、校務研究專業人員與

教職員之間的聯繫，以及在大學當中還能獲得哪些與學習成效有關的資料（更多的可能性／或更多的資料空間）。許多教職員與管理者都沒有意識到，大學儲存學生資料有一個所謂的典型的資料區間，這是隨著資料的操作型定義、定期性的事務，或是萃取與操弄資料的技術。第三，校務研究資料解讀。資料分析是校內從事量化研究者十分擅長，但是如何解讀資訊，必須同時找業務單位主管及學校決策者共同討論分析。以目前國內有許多學校的推動者，自稱自己是校務研究專家，可能還未成火候。畢竟國內才剛導入這樣的決策思維，如何從主觀到客觀的評估，我覺得還需要時間的醞釀。校務研究工作者，除了熟悉資料的清理與分析外，更重要的是和各單位溝通，很多私立學校可能因校長的指示，校務研究人員澈底執行，但對於各學系或其他行政單位，可能有擾民的問題，不可不重視。畢竟在研究上，有量化與質化派典，對於不擅長從數據說結果的同仁而言，若不好好溝通，說明這樣用意，久而久之各單位或疲乏，這就不樂見。

三、大學要做好校務研究可行性與困難

　　我覺得對於大學而言，校長跟副校長們期許校務研究辦公室要能夠處理的，不光只是組織或是整個系統的資料，也要能夠持續不斷地使用第三方所提供的資料，並將這些資料整合在一起進行比較。個人認為，校務研究最高原則有三項。第一，校務研究數據資料具有整體連貫之不可分割性。前一階段包含後階段之準備，後階段包含前階段之檢討修正，各階段有工作重點的比重挪移，但其間並無平整的斷面。由於校務資訊需求自始存在且有其持續性，並不能等待資料庫建置完成始進行分析應用。為了能夠滿足資料庫建置及分析應用之雙軌並進需求，在資料清理及製作資料編碼簿等資料庫建置過程，同時必須產生主題資料檔提供分析探索，並整合業務單位單項實證分析分享應用。第二，資料區分應明確。以本校為例，將資料區分為學生、課程學習、非課程學習、畢業發展、教師及資源配置等六個擴充實體集合。各個實體所包含的屬性及其關聯。為提供研究人員或各單位能夠彈性的依其研究架構，從龐大的資料庫中挑選出所需的變項，進行特定主題的深度分

析，玄奘大學於104學年先完成一個簡易的資料重組管理系統。該系統可由使用者從資料庫中的不同檔案裡，依自己的分析架構選擇所需要的變項（欄位）重組出分析所需主題資料檔案，也可自建資料夾及資料檔，以構成特有的資料集或資料庫，再從資料集或資料庫中選取所需檔案及欄位重組出所需檔案進行分析。第三，即時監測與快速支援決策需求。此外，並依管理與應用的層級不同，提供不同層次的即時資訊於決策參考、管理運用、教師發展、教學輔導學生及學生學習等需求，並將即時資訊呈現的對象分為決策層、管理層，教師、學生及非特定之大眾等五種類別，分別規劃不同層級的即時資訊內容與使用權限。

四、學校設校務研究單位的編制及功能

校務研究單位要納入組織章程，以玄奘大學為例，我們就納入組織章程，且為一級單位，在編制上除了設有校務研究中心主任一職，底下可設有工作圈，如資料平臺、資料探勘、法規倫理、分析應用及發展規劃。在功能上，IR中心每學期應該設有收回資料的截止時間，同時與教學發展中心或教務處等一級單位，針對各單位所推動的方案進行分析與評估，如圖8-2。

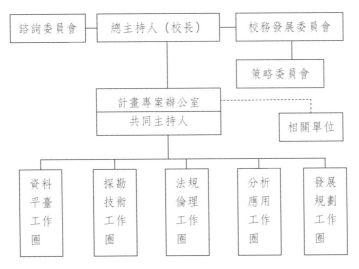

圖8-2　玄奘大學校務研究中心的架構

　　本校IR中心的設置辦法中，列出的任務說明如下：1.校務資料之彙整、管理與運用。2.全校性初級資料之蒐集及運用之管理與推動。3.校務資料（平臺）建置與釋出研究分析之審議與執行。4.重要校務規劃決策參考資訊之提供及運用情形之追蹤。5.校務研究即時資訊呈現之彙整、觀測與規劃調整。6.各單位校務資料專責人員之聯繫服務，以及校內外必要之客製化校務研究的服務。

　　以目前國內的校務研究單位，基於教育部的大學提升校務專業管理能力計畫是以學生學習成效為導向，也就是各校在前期推動過程中，可逐步對接至深耕計畫。因此在功能上，協助教務處、研發處或教學發展中心申請各大型計畫時，作為數據分析的方案基礎，或是在校務評鑑作為客觀成果的呈現。未來再慢慢擴大至不同面向進行資料的整理、串連及分析。

五、學校主管應如何推動校務研究與推動策略

　　以本校為例，由於學校比較早期時，即推動學生學習歷程資料的蒐集，藉由間接與事實資料的串接，可以看到學生學習成效的課題，進而從中作為方案的規劃。因此以我目前擔任教學發展中心主任而言，在決策上我會請同仁或自己分析想關注的課題，接著再將目前計有的方案加以檢視，看看這樣的分析結果，其成效是否與推動的方案有關；同時，為了減少數據決策的偏誤，也會請助理針對特定對象進行訪談，加以了解是否是這樣的現象而有這樣的成果。因此，我會常找校務研究中心主任或研究員，討論校務研究課題分析結果，並詢問是否有蒐集哪些資料，可以進行後續的分析，經由逐次的討論，以及縱貫資料的蒐集，漸漸可看出學生學習成效的亮點，並將這些分析結果向校長報告，共同再討論可以推動哪些新方案。

　　　　　　　　　　　　　　　～2017年7月15日訪談陳柏霖教授逐字稿

貳、高等教育評鑑中心品管處林劭仁處長的經驗

一、臺灣的大學進行校務研究的優點與限制

(一) 優點

　　校務研究以數據分析與決策有關，它是組織學習的過程。在大學中，不是管理背景要學會以數據資料做教學或治理學校判斷，也期待非管理類的師資也要會運用這方面的觀念。過去的大學治理或教師教學常以個人習慣及經驗來做判斷，沒有充分證據。現在IR要讓學校老師參與學校治理，慢慢接觸IR，對學校有更多的了解與認同。IR要讓老師及治理者，除了以自己經驗來教學或治理學校之外，還可以吸收其他學科領域的經驗。IR就如社會科學研究一樣，透過研究歷程來探索解答。校務研究是一個文化運動概念，在大學校園中愈普及愈好，讓各校老師都可以依據自己的需求，來投入所需要的研究，這樣就可以了解其重要性及功能。換言之，它不僅有資料蒐集，還有資料分析的價值，讓專業知識不斷成長。所以，IR不是僅有統計數字而已，還可以做有意義的價值判斷。

(二) 缺點

　　在缺點方面，到底所分析這樣多資料，對校務研究有幫助嗎？或僅有一些數據表格及研究發現，卻無法作為校務發展應用。美國的大學會有IR背景是因許多學校招生有問題才開始進行這方面的研究，當時要找出原因，所以才會投入IR。但是表現好的大學有資金有學生來源，可以支持營運，是不太需要IR。相對的，招收不到學生的學校有生存壓力，所以IR有其發展背景，臺灣應該要了解這些背景。IR雖然提供決策給學校的貢獻，但是近年來IR也受到很多質疑。例如做很多研究，發現變項的因果關係究竟對大學校務有何貢獻？這樣的分析可以類推後來的發展嗎？究竟這些校務研究報告及產出對學校決策有何貢獻？很多的數字表現對教育問題的解決有幫助嗎？IR的研究結果可否

對於學校發展有幫助呢？都是一些質疑。

　　因此推動校務研究要了解學校推動誘因何在？這些資料準確性及成熟度，通常資料庫愈成熟愈好。但是學校平時就要維護資料，如果學校沒有提供經費誘因，資料就維護不易，所分析的資料之正確性就受質疑。學校同仁也會對於資料正確性及價值性產生質疑。因此做IR分析，若無法把前端資料管控及準確了解，IR很難實施。如果無法解決前端資料品質及準確性的問題，校務資料會有缺點，無法執行研究。

二、校務研究的學理依據與做好校務研究應具備重要條件

　　基本上IR是一個教育研究與社會科學的研究，它從管理學觀點來探究學校事務。IR的基本要素要有校務研究中心，中心需要有資訊人員、議題探索人員、政策決定者、統計分析人員，當然還要有結果判讀過程，所以需要多方面學理依據。重點是要讓大家一起討論。

　　　我先前訪問韓國高麗大學，韓國的高等教育不講IR，但有很多老師在做校務研究相關工作。他們認為，有很多老師所進行議題與校務研究有關，只是沒有明確的IR名詞。其實，就如同我們的大學一樣，也有很多教授過去研究這方面研究議題，只是沒有把IR說出來而已。韓國政府沒有推動IR，但在大學治理上，還是有與IR有關。要推動需要的條件包括：1.要有主管的重視。校長、副校長，需要投入資源及重視。2.專任辦公室的成立。它由研發處、教務處、副校長來擔任中心主任都可以，但一定要有專責單位。3.專人研究。它需要科技人員維護全校各部門資料，但它不是電算中心人員，電算中心人員僅是一個溝通平臺，而是校務研究中心要有電腦科技人員之外，學校各單位也最好有這方面人力。因為跨單位資料維護很重要。4.要讓IR成為一個行政領導角色，可以統合各單位的資料維護。5.資源的投入與學校跨單位支持上述人員。高等教育議題探索的人員很重要，主要找出哪些的重要議題可以與學校高層討論，也可以引導各系所人員投入IR。此外，學校投入資源讓各單位提出校務研究計畫案的申請。類似科技部研究案申請過程一樣，共同的來研究學校的問題。

三、大學做好校務研究可行性與臺灣的校務研究的困難

　　臺灣在IR要能可行的兩個重要條件：經費與專責單位。沒有經費支持，也沒有專責單位，後續的資料蒐集、清理及建置都欠缺，所以這兩個條件很重要。然而要如何定義IR的成功呢？需要由各校去認定。如果學校沒有需求IR，IR就沒有成不成功的問題。每所學校都有自己發展背景，所以對IR重視與否，取決於學校如何看IR。舉個例子來說，臺北藝術大學每年都是獨立招生，並沒有聯合招生，學校內部自己有招生組，每年對招生背景分析，其實某種程度就是一種IR了。學校運作得很好，如果學校認為那樣是成功，就成功了。中原大學前年在教育部補助，購買了四、五百萬經費的分析軟體，但其成效還有待評估，是否成功也很難說。但假如教育部沒有這些IR的投入經費，後續的執行IR會有問題，更不用說是成功與否。

　　未來若教育部沒有補助支持，發展較完整或規模較大的學校，例如臺大、清華、交大應該會繼續執行IR，因為它們校務基金充足，但其他學校經費不足下，會有另外一種方式呈現，就是讓IR縮編或功能減少。這也是IR成功與否的因素。

四、大學校長應如何推動校務研究才能帶動校務研究呢？

　　大學校長推動方式應包括：1.校長本身要重視IR，身體力行。2.要有專責單位，不一定要設為學校的一級單位，但是一定要給人力資源及經費。除了教育議題探索人員之外，電腦資訊科技與統計需要的人力，可以從大學現有單位人員臨時編組或諮詢。其實，把對的人找進來，放在對的位置就好，當然很重要的是將資料分析與資料校正正確是關鍵。3.學校內部可以用Call for paper的方式，讓各單位用教學人員及行政單位人員申請學校的校務研究案，但學校一定要給研究誘因。4.學校設校務研究中心完整編制才能發揮功能。我認為，它需要有電腦科技人員、統計專家、政策分析者與教育議題探索者。教育議題探索的廣義包括對高等教育或專業背景都可以成為議題專家，主要是讓學校發展的議題可以有深度與廣度。當然如果學校有需要了解財務，也可以納入這

方面的人力。所以編制就依據各校需求而定。

　　如果IR要向國際大學吸取經驗的話，可以從跨國的大學合作，但前提是學校先做自己的需求分析，接著才把國外標竿學校與學校發展接近者納入探究。要從國外經驗有所啓發，務必先做好自己學校的校務研究，再學習他國經驗會更好。目前美國賓州大學、佛羅里達大學、印地安納大學IR做得很好，有很好的IR經驗可以學習與參考。若要做標竿學習要先了解標竿學校的脈絡，再來了解是否要以他國的經驗學習。

　　最後也對臺灣校務研究協會（Taiwan Association for Institutional Research, TAIR）的發展及期待方面，它的成立受到美國AIR影響。2015年TAIR成立於清華大學，使命推動校務研究，過去每月辦一個活動，主要在讓國內的IR持續滾動，成爲一種風氣。它在每月辦研討會活動、邀請國際學者經驗分享，後續由各校經驗分享，可以看到廣泛的議題及活動變窄化了。現在TAIR討論議題已縮小很多，例如各校班級老師授課經驗的分享，落入各校、院系所及班級。未來就是學校應該找自己的議題分析來解決學校的問題。當然學校應該把IR文化納入校園才是重要，尤其大學老師個人研究方向及主題納入IR更不可忽略。

～2018年2月8日訪談林劭仁教授逐字稿

參、教育部高等教育司教育品質及發展科李政翰科長的經驗

一、臺灣的大學進行校務研究的優點與限制

　　IR的優點在於可透過系統性、縱貫性的數據蒐集與分析，了解大學在各面向辦學的過去與現況，以及作爲未來發展及調整策略的具體參考，讓學校的發展及領導者的決策更有方向性，避免落入以經驗法則推動校務的迷思。而在限制上，大學的校務推動能否成功，除了科學、客觀的數據支持外，學校領導者的對於組織文化的營造、團隊士氣的建立與願景的形塑、友善溝通環境的建立等，也是相當重要的一環，如同我們所理解的，領導是科學也是藝術，單憑科學化的領導也難以成就成功的校務發展。

二、校務研究的學理依據

　　IR的學理依據在於大學校務的科學化治理，而這個科學化的基礎在於數據的客觀分析以及資訊化的資料管理。透過長期且明確的資料蒐集過程，可提供重要校務面向的可靠事實，進而能建構出完善的資料倉儲及管理系統。之後，再對於這些資料進行科學化的統計分析，以結合校務發展的重點或擬解決的問題，提出重要的校務推動發展策略。

三、臺灣的大學要做好校務研究應具備的重要條件

　　學校領導者對於IR的功能及重要性要有正確認識，願意在做決策時參考相關資料蒐集及分析結果，並且願意進行更多的校內決策溝通與意見交流；其次，校內的資料蒐集並須系統化，在軟硬體上都能建置完備；另外，學校成員對於校務研究也必須能夠加以配合支持，願意在日常工作中就重要的數據資料進行蒐集、管理、分析及檢視。

四、大學做好校務研究可行性與臺灣的校務研究的困難

　　大學要推動IR，在技術上應該不會有太大問題，但重點在於人的觀念有無辦法接受及配合。因此如何讓校內重要校務推動的成員或單位，以及擁有重要數據的相關單位願意進行合作，並釋出重要資料，且能眞誠的檢討過去或當前的校務運作模式，進而能夠提出檢討或改進，則涉及到大學內部治理與校園文化的問題，這是臺灣校務研究發展必須面對。再者，校園內部決策模式也勢必有所調整，不再是領導者單方面認知或個人偏好，而是要建構在證據本位的基礎上，因此領導者能否採更爲賦權增能的領導方式，也是IR能否有效落實的一個前提要件。

五、學校設校務研究中心的編制及功能

　　IR要能成功必須集結資訊管理、統計分析及嫻熟高等教育理論實務等三方面的專業人才。透過資訊化的系統建置，才能長期、有效地蒐集及儲存重要的校務資料。另外，來自於不同數據資料庫的資料尙需進

一步進行串接或整合；而具有統計分析的人才才能根據待解決的校務問題或所提出的研究假設，透過適當的統計分析方法及工具客觀正確的分析所擁有的數據資料；再者，要能提出的適切的研究假設或研議可行的校務推動策略，也必須充分了解國內外高等教育的重要理論及當前發展趨勢，因此也必須具備嫻熟高等教育理論實務的人才。

六、教育部在推動校務研究的策略

2015年起教育部透過試辦計畫補助大學校院推動校務研究，目的在於讓校務研究的觀念能在國內大學開始萌芽，協助大學成立內部專責單位，並建構重要校務發展議題。後續教育部也與民間專業協會（例如臺灣校務研究專業協會）合作，透過辦理多場的國際研討會、工作坊及論壇，讓校務研究的推動及落實更為具體。目前教育部也正委託國立臺北科技大學進行「我國高等教育校務研究跨域整合資料庫建置、分析應用與綜效管理計畫」，未來將向各大學蒐集重要的校務資訊（以學生學習成效為重點），並研擬與相關跨教育階段的重要資料庫進行數據串接。此外，未來教育部將配合2018年高等教育深耕計畫的推動，持續敦促大學在自我課責（績效責任）及校務資訊公開的高教政策目標，落實校務研究。

七、大學校長應如何推動校務研究才能帶動校務研究呢？

以國外的經驗，IR要成功必須要能是校內跨單位間高度整合，且多直接隸屬於副校長層級，以收統合之效。IR為高度專業分工，因此多元及專業的人力編制是必須。對於重要議題的了解及發展必須長期追蹤，如此才能研擬出有效的校務發展策略。因此校務研究重點不在於提出多少研究假設，進行了多少的統計分析，而是要將重點置於挖掘重要的校務發展關鍵議題，而透過長期、整全的資料數據蒐集及分析，了解問題的成因及有效解決對策，並真正落實於校務治理，如此校務的發展才能有所精進。

〈～2018年2月2日訪談李政翰博士逐字稿

肆、結論

一、大學進行校務研究的優點與限制

經由訪談發現，大學進行校務研究優點包括提供學校發展、把各單位資料盤點彙整、形成學習型組織文化、用證據決策、大學會有更多人參與決策、可以讓校務研究與校務評鑑結合、可以增加學校電腦科技能力與資料庫的建置。而缺點在於分析的研究結果應用性受質疑、校園人員保守會受到阻礙、欠缺完整資料的建置、缺乏長期經費支持，可能無法延續等。

二、大學要做好校務研究應有重要條件

經訪談的結果發現，IR需要學校最好能有專責研究單位，並有專業人員對學校發展相關資料有系統的蒐集，有組織建置資料。同時需要有長時間投入經費，不僅教育部要支持，學校本身也要支持，如此才可以對所蒐集資料深入分析，以提供學校發展資訊，讓學校各單位決策參考。校務研究單位應緊密與各單位結合，校務研究中心不一定要設在學校的一級單位，但應該與各行政單位與各教學部門院系所等資源連結與整合，重要是各單位的溝通要好才可以。

三、大學要做好校務研究可行性與困難

經訪談的結果發現，IR需要應掌握以下原則的可行性會提高：第一，教育部要經費支持；第二，學校主管要重視及支持；第三，校務研究數據資料宜有清理與串連；第四，資料庫的資料應明確；第五，即時監測與快速支援決策需求。在困難方面，擔心教育部沒有持續的經費支持各校、學校主管不重視、學校老師的參與意願不高、研究資料欠缺、資料保密，以及學校各單位難溝通，沒有學習組織的文化特性及信念等。

四、若學校設校務研究單位的編制及功能

經訪談的結果發現，IR需要電腦科技人員、統計專家、政策分析者、教育議題探索者。如果學校有需要了解財務，也可以納入這方面人力。編制是依據各校需求及經費而定。透過這些人員的編制，各司其職，在校務研究中心建置下，應把平時所建置資料，做有系統的分析及決策與應用。

五、學校主管推動校務研究策略

經訪談的結果發現，IR需要主管應該重視IR，最好有專責單位的建立，讓多元專業人力投入，包括對於資料蒐集、建置、清理、維護、分析等，甚至可以建立資料庫做比較分析。同時要對重要議題了解及發展必須長期追蹤，研擬有效的校務發展策略。主管願意進行更多校內決策溝通；在專責單位建立後，對於校內資料蒐集須系統化分析。IR不在於提出多少研究假設，進行多少統計分析，而是將重點放在挖掘重要校務發展議題，透過長期及完整資料數據分析，了解問題成因及有效解決對策與落實校務治理。

總之，IR是針對一所學校經營及發展的所有人、事、物產生的事務與問題，深入分析與討論，獲得結論，提供合理決策，提出解決適切處方，達到學校教育發展目標的歷程。本章透過六位受訪者經驗可以了解臺灣在IR的現況及可能問題與未來可行策略。

問題與討論

IR是專為個別學校所進行的深入分析、評估與研究，以作為提供科學證據（scientific evidence）給學校各級決策者作為改善與創新行政與教學之依據。本章訪談國內幾位重要執行校務研究的專家學者，透過他們分享，更能了解臺灣目前高等教育校務研究狀況。請就您所在的學校，邀請幾位學校的校務研究中心之人員，設計訪談大綱，深入訪談他們在執行IR時的相關經驗與心得，以及面臨的問題與期待解決的策略。將您的訪談內容，整理出來與大家分享。

第九章

大學各類科教育收益

第一節　探討大學教育收益的重要性

壹、探討大學教育收益的動機──緒論

一、大學教育收益分析的動機

　　校務研究重點之一在了解大學生的教育收益（returns to education）情形。臺灣的大學畢業生教育收益多少呢？近年來臺灣高等教育在學率擴充相當快，很少研究關注於大學生畢業後各類科教育收益。黃智家（2015）指出，臺灣在2002年大學畢業生之平均月薪資為30,670元，至2010年為27,652元，呈現下降趨勢；同期間的專科畢業生薪資則相對穩定，且下降幅度較小，接受大學教育付出的教育成本高於專科生，但預期報酬率卻不成正比。Freeman（1977）分析美國1970年高等教育收益發現，美國高等教育在學率擴充之後，大學生教育收益率下降。Knight與Sabot（1987）的研究發現與Freeman發現一樣。Groot與Maassen van den Brink（2000）運用後設分析發現，平均教育收益為7.9%，但是如果過量教育（overeducation），就是勞動者的職業超過他們應有需要的教育年數，教育收益率會下降2.6%。林文達（1995）指出，過量教育係指投資於教育的資源與數量，超過當時經濟發展需求，反而拖累經濟發展，衍生出不經濟的效果。究竟臺灣的大學畢業生在不同類科教育收益為何？是校務研究很值得分析之處。

　　個人投資高等教育之後的經濟效益為何呢？大學有不同科系，在四年專業學習畢業之後的教育收益為何呢？教育收益計算常以Mincer（1984）的教育年數與經驗及薪資所得公式分析，各國這方面有不少研究（Filer, Jurajda, & Planovsky, 1999; Glewwe, 1996; Harmon & Walker, 1999; Psacharopoulos, 1985, 1994; Psacharopoulos & Patrinos, 2004）。臺灣也有以Mincer公式估計臺灣勞動人口的教育收益（高長，1991；張芳全，2011，2012；劉姿君，1992）。江豐富（1988）研究臺灣男女工資差異證實，教育年數及工作經驗對薪資所得有正向顯著影響。吳惠林（1988）分析專科以上的勞動力的教育收益發現，教

育年數對於專科以上人力爲教育收益的重要因素。劉姿君（1992）針對勞動者接受教育年數、工作經驗、性別、婚姻狀況、工作地點、廠商規模的研究發現，工作經驗與教育年數及婚姻及工作地點是影響薪資所得因素。符碧眞（1996）分析臺灣的長期教育收益，以及Gindling、Goldfarb與Chang（1995）分析臺灣各級教育收益，這兩份研究都未細部分析高等教育各類科收益情形。

　　上述多數研究距今久遠，無法呼應臺灣目前社會、經濟與教育環境，難以了解臺灣現在的教育收益情形。張芳全（2011）雖然有針對1990年與2008年臺灣的大學各類科畢業生教育收益分析發現，大學程度以上畢業生收益率從5.2%增加至7.3%，約增加2個百分點，但又經過多年了，現在的大學各類畢業生教育收益情形爲何呢？本章依據相關研究結果與人力資本理論，建立人力資本 —— 教育收益的估計模式，透過行政院主計總處（2016a）的人力資源運用調查資料，分析臺灣大學各類科畢業生教育收益。本章以2016年分析理由是臺灣的調查資料最新，加上臺灣在2012年之後，五個縣市升格爲直轄市以及臺灣近年的高等教育擴充快速，若能估計大學各類科畢業生的教育收益，不僅貼近臺灣社會環境現況，也可提供大學經營者及學生和家長參考。因此爲了分析臺灣的大學各類科畢業生教育收益，除了以Mincer（1974）提出的教育年數、工作經驗與經驗平方的公式分析之外，也將重要的控制變項納入模式，包括勞動人口的性別、婚姻狀況與勞動者所居住的地區，建立人力資本模式，分析大學各類科畢業生教育收益及相關因素對薪資所得的影響。

二、大學教育收益分析的分析目的

　　本章分析的目的如下：以Mincer（1974）的公式估算臺灣的大學各類科畢業生（也區分男性與女性樣本）薪資所得因素是否與Mincer提出的模式相符，並分析大學各類科（含兩性）畢業生教育收益，以及了解大學各類科畢業生的教育年數、工作經驗、性別、婚姻狀況與居住地區對於他們的薪資所得之影響情形。

貳、大學教育收益的文獻探討

一、人力資本意涵及其重要性

　　人力資本理論（Human Capital Theory）主要代表人物為Becker（1964）、Schultz（1961a: pp.346-388, I961b）。Romer提出對新古典經濟學理論的修正，將科技（以科技為基礎的知識）視為經濟發展的重要基礎。知識是經濟生產的第三項重要力量（Romer, 1986, 1990）。經濟生產力的研究多以生產函數（productive function）來表示投入及產出的過程，藉由生產要素貢獻，來估計國家或產業的影響。Solow模式（Solow model）將技術進步視為外生變數，把技術進步視為經濟發展的關鍵因素，在估計的生產函數中，把土地、資本與勞力對經濟成長納入影響因素之外，不屬於生產函數者被視為剩餘因素（residual factors）造成的經濟成長，此因素代表技術成長及改變。Becker（1975）以人力資本（包括教育、訓練、營養、健康等）來解釋技術進步對經濟成長的影響，它擴大及豐富了人力資本的解釋。而Psacharopoulos（1981, 1985, 1994）以跨國分析，蒐集數十個國家的教育資料對經濟成長與教育收益研究為重要例子。

　　黃仁德、葉秀珍（1997）分析發現，臺灣的人力資本投資存量對經濟發展有正面貢獻。吳慧瑛（2002）研究1978至2001年臺灣的教育發展對經濟發展指出，人力資本對個人教育收益，隨著教育不斷擴充而減少，但整體來看，教育仍值得個人投資。張芳全（2006）以1970至1995年各國的土地、勞動力、資本與教育投資研究發現，各國的土地、資本、勞動力與高等教育在學率對國民生產毛額的影響力依序為土地、高等教育在學率、資本與勞動力。Becker與Chiswick（1966）透過橫斷面的年齡層資料分析個人在終生教育收益發現，教育年數對薪資所得有明顯的貢獻。Mincer（1984）以〈人力資本與經濟成長〉（Human capital and economic growth）發表於《教育經濟學評閱》（*Economics of Education Review*）認為，傳統經濟學將土地、勞動力（以勞動人數及勞動者工作時數多寡衡量）及資本（以設備與金錢為替

代）作為生產函數估計的各生產要素，但上述因素不足以完全代表人力資本內涵。1960年代之後，人力資本受到各國重視，有不少教育收益研究（林文達，1984；高長，1991；蓋浙生，1987；張芳全，2011，2012; Becker, 1964; Blaug, 1972; Carneiro, Heckman, & Vytlacil, 2011; Heckman, Lochner, & Todd, 2008; Mincer, 1958, 1962, 1984）。Mincer的估計發現，各國的教育收益率大約在10%，而勞動者的工作經驗收益為8%；Psacharopolous與Layard（1979）運用1972年各國資料研究發現，各國教育收益率約為10%。

很著名的Psacharopoulos（1981）對各國教育收益分析發現：1.初等教育收益，不管是社會或個人都高於其他層級的教育收益。2.私人或稱個人教育收益高於社會收益。3.開發中國家的教育收益高於先進國家，代表開發中國家的教育及人力資本值得投資。後來Psacharopoulos（1994）又針對各國教育收益重新計算教育收益發現：1.社會及私人教育收益較過去低；2.女性的教育收益高於男性；3.普通教育收益高於職業教育；4.高等教育在物理、科學類科的社會收益較低，在工程、法律及經濟類科的個人教育收益最高。Trostel、Walker與Woolley（2002）估計28個國家的教育收益發現，1995至2000年各國教育收益較1985至1995年略微下降，普遍上運用工具變項（即運用配偶及家長的教育年數）的教育收益為20%，比起運用最小普通平方法（ordinary-least-squares method）還高。

綜合上述，教育是值得投資，其投資效果與土地、資本一樣重要，甚至比這些資產還要重要。而個人教育投資具有經濟效益，然而會隨著投資教育程度高低，產生不同的教育收益。簡言之，個人接受教育類型及教育等級的不同，在教育收益也有差異。

二、教育收益的計算方法

教育收益常見的估計方法有兩種：一是教育收益估計以Mincer提出的公式之應用。這種求得教育收益方式，以不同等級教育投資（例如大學與高中生）之每年平均所得差異，與前一年級（前例即指高中生）成本，加上高等教育成本進行相除，求得教育收益。這種研究有不少

（張芳全，2011，2012；Björklund & Kjellström, 2002），其薪資所得公式如下：

$$\ln Y = b_0 + b_1 S + b_2 e + b_3 e^2$$

式中的Y代表個人的賺取國民所得，ln代表取自然對數、S表示接受正規教育年數、e代表個人工作經驗。b_1參數值代表接受學校教育正規年數之後，所獲得的教育收益，而b_2則是個體在接受正規教育之後，工作經驗年數的收益。Mincer公式包括學校就學年數、工作經驗、國民所得，Mincer研究證實，個人接受教育對個人經濟收入有助益。式中的經驗平方（e^2）是因為教育收益，會隨著年齡增加（公式假設為因工作經驗的年數增加），即在一定年數後，教育收益會到最高點，接著會有教育投資遞減現象，實際估算迴歸分析線呈倒U字型，因而將工作經驗予以平方。b_1數值為經過偏微分，就等於教育收益。此法估計較為容易，其結果如下：

$$b_1 = \frac{\Delta \ln Y}{\Delta S} = r$$

它的優點在於擁有一筆高信度的薪資所得、科系別、婚姻狀況、地區、智商、興趣、能力或家庭結構等資料，很快可以計算各類教育收益，它不受到市場貼現率影響。但在估計樣本僅有一年度，不是對個體一生賺取所得，橫斷面估算結果，無法看出勞動者終其一生教育收益，僅能了解某一年結果。資料庫中經常沒有樣本的失業、健康狀況、智商或其他影響薪資資料，無法估計。

另一種是以個人的終生所得來估算接受教者的教育收益，它稱為簡捷法（elaborate method），該法將個人終生所得與個體投資教育成本相減，並與市場利率相比，求得各層級教育收益，它用個人薪資所得函數（earnings function method）進行估計（高長，1991；張芳全，2011，2012；羅正忠，1993；Palme & Wright, 1998; Psacharopoulos,

1981）。這種方法難以將個人一生賺取的所得收入完整估算，同時以市場貼現率納入分析，沒有考量勞動市場的失業率、產業結構、經濟發展等，沒有考量各國文化差異及經濟發展，又沒有考量個體在一生中可能的各種因素，如死亡、遷移、轉換工作的搜尋、通貨膨脹、地區性的失業率、以及個人一生所得中每年度的資料之蒐集等困難，所以運用此方法來估計教育收益有其困難度，因而其準確度也會較低。

三、教育收益的相關研究

與教育收益之相關因素多元，包括教育年數、工作經驗、就讀科系與領域、性別、婚姻狀況、家中未成年子女數、勞動者所在不同工作地點與居住地區、工作時的公司與廠商規模、從業身分（如政府聘用或私人僱用或是自營企業）、職業別等。甚至勞動者國別，也就是自己的國家發展水準都與教育收益率有關（Psacharopoulos, 1981）。茲將本章所要討論的重要因素之相關研究說明如下：

(一) 勞動者的教育年數、工作年資與薪資所得

勞動人口的教育年數、工作年資與薪資所得之關係獲得很多研究證實（Bedi, 1997; Mincer, 1958, 1962, 1984; Psacharopoulos, 1981, 1985, 1994, Psacharopoulos & Patrinos, 2004）。劉姿君（1992）以主計處的人力運用資料分析勞動者薪資之相關因素發現，教育年數估計係數介於.027至.100，工作經驗平方項的係數為負值，符合年齡所得輪廓線下凹現象。王奕舜（2008）以1992年與2007年人力資源運用調查資料研究顯示，勞動者接受較多教育及有較多工作經驗者的平均有較高薪資報酬。蕭博仁（2008）以華人動態資料庫（Panel Study of Family Dynamics, PSFD）研究顯示，勞動者的教育年數、工作經驗對薪資所得有正面影響，其中研究所畢業的教育收益最高、大學次之、專科最低。廖年淼、劉玲慧（2009）運用主計總處長期調查資料，針對高職學歷、專科學校學歷與大學學歷勞動力之薪資所得比較分析顯示，專校畢業生的薪資所得顯著高於高職畢業生薪資所得15.8%-20.1%，但低於

大學學歷勞動力薪資15.5-21%。張芳全（2011，2012）以人力資源運用調查資料分析發現，教育年數與工作經驗數對於薪資所得為正向顯著影響，工作經驗平方對薪資所得為負值，符合年齡所得輪廓線下凹現象。莊奕琦、賴偉文（2011）研究臺灣不同世代的教育收益發現，在1920世代出生之樣本教育收益最低為8.12%，1960世代出生之樣本教育收益最高為10.76%，但是1970世代出生的勞動者教育收益率呈現下降趨勢。Psacharopoulos與Patrinos（2004）重新估計全球各國的教育收益率發現，平均整體教育收益率為10%，女性與男性整體教育收益率各為9.8%及8.7%，女性高於男性；然而在初等教育則是男性教育收益為20%，女性則為13%；女生在中等教育收益率為18.4%，男生則為14%。上述來看，教育確實值得個人投資，透過教育不僅讓個人教育收益增加，同時勞動者工作經驗也影響薪資所得。

(二) 勞動者大學就讀科系與薪資所得

　　大學就讀科系與薪資所得有密切關係。林文達（1984）研究1981年臺灣的大學各學院的教育內在收益率發現，文、法、商、理、工學院學生的個人教育收益率各為8.6%、10.2%、9.9%、9.5%及10.3%，這些學院男性教育收益率高於女性，他的研究是個人自行編製問卷所做的調查，雖然樣本充足，但是受訪員是否專業，不無疑問。劉姿君（1992）分析影響勞動者薪資因素分析發現，男女都以主修醫學類科者薪資所得最高。周蒔霈（2005）以商管學院畢業生為分析對象發現，商管學院畢業生薪資明顯低於法學院，但沒有明顯高於文學院與教育學院畢業生，個人若獲得較多專業證照，主動發展專業職能，有助於提升人力資本及增加薪資所得。江志強（2011）探討臺灣高等教育收益，運用2010年行政院主計處之人力運用調查資料庫的資料，並採用Mincer的薪資所得擴展模型發現，在七個類科中，以商科、理科、工科及醫（藥）護科達顯著水準，其中以理科為11.5%為最高，醫（藥）護科為5.4%，商科及工科最低。

　　國外研究發現，大學各類科教育收益率有明顯不同。Grubb（1997）以美國大學男女性大學各類科教育收益率顯示，男性各類

科教育收益率各爲4.4%、18.4%、63.3%、43.6%、37.1%、47.5%、26.2%、43.3%，而女性在商業、教育、工程／電腦、健康、公共服務、數學／科學、人文、社會科學的教育收益率各爲62.2%、31.6%、63.0%、51.8%、66.4%、56.7%、33.2%、41.3%等。Eide與Waehrer（1998）指出，工程畢業生可以獲得較高的薪資所得，接續是商管、科學、文科及教育類科。Berger（1988）則研究發現，工程類科獲得較高的月薪，接續爲科學與數學類科、商管類科、文科及藝術類科。Kelly、O'Connell與Smyth（2010）以愛爾蘭的大學畢業生分析發現，醫學與獸醫學、教育、工程及建築、科學與電腦類科的教育收益率較高，而技術類科較低。Psacharopoulos與Patrinos（2004）研究發現，平均男女生高等教育收益率各爲11%及10.8%。Salas-Velasco（2006）分析西班牙大學的教育收益發現，整體收益率爲7.75%，如果以工具變項納入估計，大學收益率爲13.07%。上述發現，大學各類科的教育收益率大致在7%-10%，女生收益比男生高，工程與電腦類科傾向較高。

(三) 勞動者性別與薪資所得

　　不同性別在薪資有顯著差異，可能原因在於男性勞動體力較女生好，同時女性婚後需要照顧子女，影響了她們的就業機會，所以可理解男性薪資所得較女性高。廖年淼、劉玲慧（2009）研究1996至2007年的人力運用調查資料分析發現，女性所得比男性明顯低。張芳全（2011，2012）研究發現，男性大學畢業生薪資明顯高於女性大學畢業生、已婚者高於未婚者。教育對於兩性的薪資所得差異有很重要的影響。近年來研究發現，在多數歐洲國家的勞動人口教育程度愈高，薪資所得愈高，女性也是如此，尤其女性薪資所得已接近男性（Brown & Corcoran, 1997; Teichler & Kehm, 1995）。Bishop、Grodner、Liu與Chiou（2007）分析臺灣兩性薪資發現，男性薪資明顯高於女性，而女性較低是部分受到勞動市場歧視及家庭需要照顧子女的影響。García-Aracil（2007）研究歐洲國家的兩性大學畢業生的薪資所得差異發現，女性薪資所得較男性低，不過女性會因爲外語能力及電腦技術而提高她們的薪資，且這兩項因素是很重要因素。Psacharopoulos與Patrinos

（2004）研究指出，男性教育收益率為8.7%、女生為9.8%。Tsai與Xie（2011）研究臺灣資料也有類似情形，就讀大學女性教育收益明顯高於未就讀大學女性。Woodhall（1970）分析發現，女性的薪資所得明顯低於男性。

(四) 勞動者婚姻狀況與薪資所得

　　勞動人口婚姻狀況影響薪資所得。林文達（1984）指出，已婚者工作動機較未婚者強，已婚者薪資所得比單身及未婚者高。劉姿君（1992）研究發現，受私人僱用者而言，已婚男性薪資所得最高，已婚女性薪資所得最低，兩者差距近一倍；受政府僱用者的已婚男性薪資所得最高，未婚女性薪資所得最低，已婚男性薪資所得較未婚女性高約28%。蕭博仁（2008）研究指出，已婚、於公部門工作、管理與技術性職業相對於勞力型職業、服務業與製造業相對於初級產業的薪資較高；女性在家務工作負擔對薪資所得有顯著負向影響；公立院校畢業的學生薪資明顯高於私立院校、綜合大學顯著高於技職校院。王奕舜（2008）分析顯示，已婚者薪資高於未婚者，男性高於女性，但是在2007年的性別影響較1992年小，代表兩性薪資差異逐漸縮小。廖年淼、劉玲慧（2009）研究1996至2007年的臺灣資料發現，已婚者明顯高於未婚者。國外研究也有相同發現，已婚者薪資收入高於未婚者（Alba-Ramirez & San Segundo, 1995; Ashenfelter & Rouse, 1998）。

(五) 勞動者居住地區與薪資所得

　　勞動者的居住地也會影響薪資所得，勞動人口如果居住在都會地區者，經濟發展較好，廠商及公司行號多，工作就業的機會相較於非都會區者多，都會地區的失業率也較非都會區低，所以居住都會區的勞動者薪資所得較高於非都會區。劉姿君（1992）分析發現，勞動者工作地點在北部地區，工作場所在規模100人以上的廠商中，從業身分為受政府僱用者有較高教育收益率。蕭博仁（2008）研究指出，工作地區都市化程度、工作場所規模對薪資有顯著正向影響。莊奕琦、賴偉文

（2011）研究發現，1978至2004年居住都會區的勞動者薪資所得明顯高於居住於鄉間地區者。張芳全（2011，2012）研究發現，都會區勞工薪資所得明顯高於非都會區。

　　綜合上述，影響勞動者的薪資所得因素多元，本章估算臺灣的大學科系教育收益，納入因素為勞動者接受教育年數、工作經驗、就讀科系、性別、婚姻狀況、勞動者所在的不同地區。至於勞動者家中未成年子女數、廠商規模、從業身分的勞動者，以及勞動者所處的國家發展水準等，考量Mincer提出的人力資本模型簡化，不將這些因素納入分析。此外臺灣在2012年之後，新北市、臺中市、臺南市與桃園市成為直轄市，可以藉此了解這些縣市改制對勞動者薪資是否有明顯影響。

第二節　教育收益的分析與發現

壹、大學教育收益分析的研究設計與實施

一、分析架構與假設

　　本章運用行政院主計總處（2016a）發布的人力運用調查之原始資料，接著依據人力資本理論篩選變項依據，再依人力資本理論設計模式，再運用統計分析。在資料篩選上，選取年齡為15至65歲者，扣除沒有填答薪資及沒有這方面變項者，再進行統計分析。本章以資料分析（實際資料為2015年），臺灣在近年來高等教育擴充快速，可以了解大學畢業的教育收益情形更能讓各界了解教育投資的效益。本章的分析架構如圖9-1。圖中的自變項包括人力資本變項與控制變項，而依變項為2015年的薪資所得。

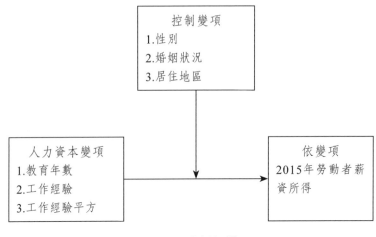

圖9-1　分析架構

本章的假設如下：

H_1：大學畢業的勞動力之薪資所得符合Mincer（1974）提出的勞動者教育年數、工作經驗、經驗平方對薪資所得有顯著影響。

H_2：大學畢業勞動者之性別影響薪資所得。

H_3：大學畢業勞動者之婚姻狀況影響薪資所得。

H_4：大學畢業勞動者之居住地區影響薪資所得。

二、模式設定與變項測量

本章所納入的研究對象為行政院主計總處調查分類的學歷類科包括文、法、商（含商業、管理與傳播）、理、工、農、醫（含藥學、護科，以下稱醫類）、教育、民生（含美容、餐飲、觀光休閒等）、藝術設計及社會類科（含兒童保育、經濟、政治等）。本章的設定模型以Mincer（1974）所提出者，如下：

$$\ln Y = b_0 + b_1 Edu + b_2 Exp + b_3 Exp^2 + b_4 DSex + b_5 DMar + b_6 DAr + \varepsilon_1$$

模式依變數為：$\ln Y$（薪資所得），以每月薪資所得之自然對數值（主計總處的調查問卷中詢問有酬工作者：「你主要工作的每月收

入是多少？）。人力資本的自變項包括：Edu代表教育年數，以勞動者
最後所接受正規教育年數。最高學歷爲不識字及自修者訂爲3年，國小
畢業者訂爲6年，國（初）中（職）畢業者訂爲9年，高中（職）訂爲
12年，專科畢業者訂爲14年，大學畢業者爲16年，研究所畢業者爲18
年。行政院主計總處（2016a）人力資源擬——追蹤調查的教育程度將
研究所分爲碩士與博士，碩士訂爲18年，博士訂爲22年。Exp代表工作
經驗，以年齡—Edu—6爲勞動者的工作經驗之替代變數。Exp^2代表勞
動者的工作經驗平方。控制變項包括：DSex代表性別的虛擬變數，女
性爲參照組。DMar代表婚姻狀況的虛擬變數，未婚爲參照組，其他選
項爲已婚、離婚與分居、配偶死亡。工作地點虛擬變數爲Dar，包括臺
北市、高雄市、新北市、臺中市、臺南市與桃園市，而以各縣市爲參照
組。

三、資料來源與限制

　　本章資料來源爲行政院主計總處（2016a）的人力資源運用調查
資料。其資料庫的調查樣本係居住於臺灣（包括各縣市、臺北市、高
雄市、新北市、臺中市、臺南市與桃園市）內之普通住戶與共同事業
戶，其戶內年滿15歲以上，自由從事經濟活動之中華民國的民間人
口，不包括軍人及警察。考量樣本代表性及資料穩定性，部分樣本數稀
少的細分類不適宜進行個別縣市推估；同時該資料庫在了解勞動力、就
業及失業之人數，以及行業、職業、從業身分、教育、經濟、能力等情
形，本章僅討論臺灣的大學各類科教育收益及影響勞動者薪資所得的相
關因素，無法納入所有變項。

四、各教育程度別的收入

　　臺灣在2016年的各類教育程度別的每月平均收入（臺幣），不識
字者爲25,868元，而專科畢業生爲42,030元，大學畢業爲41,181元、碩
士與博士各爲56,878元及87,919元，可見教育程度愈高，每月經濟收入
也愈高，如圖9-2。

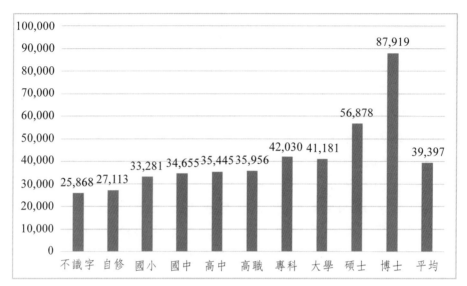

圖9-2　各類教育程度別的每月平均收入

貳、大學各類科教育收益的結果與討論

一、整體樣本分析結果

在估計教育收益之前，先來了解各類科在2016年平均月收入，其中法學類畢業生平均每月收入62,181元最高，而民生類科為32,299元最低。如圖9-3。

經過迴歸分析發現，如表9-1，全部樣本、文、法、商、教育、理、工、農、醫（藥、護科）、民生、藝設及社會類科的教育年數愈多、工作經驗愈長，薪資所得愈高；男性薪資所得較女性高，勞動人口的工作經驗及經驗平方也達到統計顯著水準。大學畢業勞動人口的平均教育收益率為7.0%，代表臺灣的大學各類科畢業生之勞動人口薪資所得與Mincer（1974）提出的人力資本模式相符。從各類科來看，大學畢業生教育收益率，除了法學類、民生類、藝術類畢業勞動者收益各為5%、2%及3.0%偏低之外，各類科教育收益在6%至11%之間，其中教育類及醫學類科教育收益率都是11%較高。男女生除了教育類、民生類

及藝術設計類的薪資所得沒有明顯差異之外，其餘類科每月薪資所得均明顯高於女生。勞動人口居住地區的薪資所得在各類科方面，居住臺北市的勞動人口比各縣市明顯高，而臺南市則明顯比各縣市低。至於婚姻狀況，全部樣本及各類科中，除了教育類科、藝設及民生類科之外，已婚者薪資所得明顯高於未婚；離婚分居及配偶死亡者則有幾個類科也明顯低於未婚者。

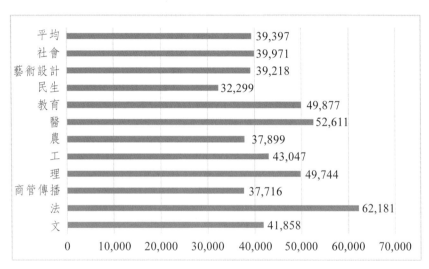

圖9-3　大學各類科的每月平均收入

表9-1　大學各類科畢業勞動者薪資所得之迴歸分析摘要

類科	全部	文	法	商	教育	理	工	農	醫	民生	藝設	社會
常數	9.04**	8.66**	9.41**	8.76**	8.42**	8.55**	8.73**	9.04**	8.42**	10.37**	9.49**	8.46**
教育年數	.07**	0.08**	0.05**	0.08**	0.11**	0.09**	0.08**	0.06**	0.11**	0.02	0.03**	0.09**
工作經驗	.03**	0.05**	0.03**	.03**	0.04**	0.05**	0.03**	0.03**	0.04**	0.02**	0.03**	0.04**
經驗平方	.01**	0.00**	0.00**	.00**	0.00**	0.00**	0.00**	0.00**	0.00**	0.00**	0.00**	0.00**
男性	.20**	0.08**	0.15*	.17**	0.09	0.20**	0.23**	0.20**	0.20**	0.01	0.26**	0.10
已婚	.09**	0.09**	0.24**	.04**	0.12	0.17**	0.14**	0.03	-0.08*	0.17*	0.10	0.08
離婚分居	-.01	-0.12	0.90	-.03	-0.73**	0.37**	0.01	-0.07	-0.26**	0.24	0.07	-0.03
配偶死亡	.02	0.03	0.07	.04	-0.22	-0.49	-0.06	-0.32	-0.35**	0.35	-0.45	-0.74*
臺北市	.17**	0.00	0.01	.13**	0.17	0.17**	0.19**	0.05	0.31**	0.12	0.07	0.17*

類科	全部	文	法	商	教育	理	工	農	醫	民生	藝設	社會
高雄市	-.02	-0.05	0.07	-.07**	0.14	-0.14	-0.01	-0.02	0.00	-0.11	-0.17**	-0.05
新北市	.09**	0.06	0.24	.05**	0.15	-0.03	.09**	0.15	-0.01	0.10	0.00	0.00
臺中市	.10**	0.03	0.05**	.05**	0.12	-0.05	.08**	0.25**	0.13**	0.10	-0.02	-0.01
臺南市	-.07**	-0.14*	-0.02	-.03	0.10	-0.13	-0.07**	-0.11	-0.13**	-0.03	-0.26**	0.04
桃園市	.07**	0.03	-0.04	.02	-0.16	0.05	.10**	0.07	0.10	0.05	-0.03	0.06
F值	515.1**	26.9**	3.2**	120.4**	6.9**	19.4**	113.6**	3.0**	39.8**	6.9**	11.0**	10.4**
N	27384	796	161	6265	494	445	6838	441	966	265	491	297
Adj-R^2	.20	.30	.31	.20	.13	.35	.18	.06	.34	.22	.21	.29

註：* $p < .05$. ** $p < .01$.

　　若以年齡層區分，勞動者平均、專科、大學、碩士畢業的每月薪資所得與年齡剖面如圖9-4。圖中看出勞動人口平均大約在46至55歲的薪資所得會最高，後續平緩慢慢下降，碩士教育程度更為明顯。

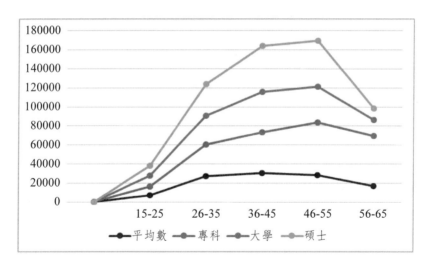

圖9-4　15至65歲專科以上勞動者的薪資與年齡的剖面

二、男性樣本分析結果

　　全部男性勞動者的接受教育年數、工作經驗、經驗平方、婚姻狀

況及居住地點（臺北市、新北市、臺中市與桃園市比其他縣市高）是影響勞動者薪資所得顯著因素如表9-2。男性大學畢業者平均教育收益率為6.0%；男性勞動者薪資所得與教育年數及工作經驗，與Mincer（1974）提出的工作經驗與薪資所得呈倒U字型一致。男性除了在藝設及社會類科的教育年數沒有達統計顯著之外，各類科教育收益率在3.0%至18.0%，以法學類及藝設類最低，最高為醫學類科。各類科畢業生在婚姻狀況方面，已婚薪資所得幾個類科比未婚者高，而居住在臺北及新北市有些類科比各縣市薪資有明顯不同。

表9-2　男性大學各類科畢業不同類科畢業生薪資所得之迴歸分析摘要

類科	全部	文	法	商	教育	理	工	農	醫	民生	藝設	社會
常數	9.28**	9.00**	10.05**	8.91**	9.35**	8.76**	8.97**	9.42**	8.37**	9.48**	9.60**	8.92**
教育年數	0.06**	0.07**	0.03	0.07**	0.05**	0.09**	0.08**	0.04*	0.10**	0.04**	0.03	0.05
工作經驗	0.03**	0.05**	0.02	0.04**	0.06**	0.05**	0.03**	0.03*	0.07**	0.04**	0.05**	0.07**
經驗平方	0.00**	0.00**	0.00	0.00**	0.00**	0.00**	0.00**	0.00**	0.00**	0.00**	0.00**	0.00**
已婚	0.16**	0.22**	0.35**	0.11**	0.18	0.17**	0.16	0.05	-0.05	0.16*	0.09	0.20
離婚分居	0.01	0.01	-	-0.03	-2.01**	0.38**	0.02	-0.05	-0.65**	-0.03	-0.02	-0.05
配偶死亡	0.05	-	1.01	0.06	0.74	-0.32	-0.04	-0.30	-0.30	1.04	-	-
臺北市	0.19**	0.00	0.10	0.11**	0.15	0.15	0.19**	-0.01	0.41**	0.02	0.08	0.31
高雄市	0.01	-0.19	0.06	-0.03	0.37	-0.13	-0.01	-0.02	0.23	0.01	-0.08	0.14*
新北市	0.11**	0.04	0.11	0.08*	0.10	0.04	0.08**	0.21	0.05	0.08	-0.04	0.07
臺中市	0.12**	-0.05	0.33**	0.08	0.19	-0.07	0.08**	0.20	0.29*	0.02	0.10	0.12
臺南市	-0.06**	-0.08	-0.12	0.00	0.06	-0.25**	-0.08**	-0.10	-0.08	-0.11	-0.13	0.44
桃園市	0.10**	-0.08	-0.03	0.06	0.13	0.02	0.10**	0.04	0.11	0.16	-0.05	0.37*
F值	264.4**	9.0**	3.3**	34.6**	3.1**	17.3**	111.9**	1.4	11.4**	6.3**	6.4**	4.2**
N	16,420	229	98	2027	143	329	6,267	339	285	450	181	94
Adj-R^2	.16	.28	.21	.16	.15	.37	.18	.01	.31	.12	.25	.28

註：1.* $p < .05.$ ** $p < .01.$
　　2.-表示分析模式中沒有該部分資料。

三、女性樣本分析結果

　　全部女性勞動者的接受教育年數、工作經驗、經驗平方與居住地是影響勞動者薪資所得顯著因素如表9-3可以看出，女性大學畢業的勞動人口接受教育年數愈長、工作經驗愈長、住臺北市者的薪資所得愈高，住在高雄市及臺南市則有不少類科比各縣市明顯低。理科的已婚女性比未婚女性所得明顯高，醫學類科已婚薪資所得則比未婚女性低。大學女性畢業的勞動人口平均教育收益率為7.0%，比起男性還高一些；整體女生樣本結果與Mincer（1974）所提出的工作經驗與薪資所得為倒U型一樣。女性各類科勞動者薪資所得也與Mincer的模式相同，各類科教育收益率在4.0%至13.0%，其中法學類最高，最低為藝設類。女性各類科的婚姻狀況大致沒有明顯不同，而居住臺南市及高雄市的女性就讀藝設類科薪資明顯較各縣市低。

表9-3　女性大學各類科畢業不同類科畢業勞動者薪資所得之迴歸分析摘要

類科	全部	文	法	商	教育	理	工	農	醫	民生	藝設	社會
常數	8.99**	8.62**	7.52**	8.83**	8.09**	8.69**	8.54**	8.40**	8.71**	9.06**	9.48**	8.28**
教育年數	0.07**	0.09**	0.15**	0.08**	0.13**	0.08**	0.10**	0.09**	0.10**	0.06**	0.04**	0.11**
工作經驗	0.02**	0.05**	0.07**	0.03**	0.03*	0.07**	0.04**	0.04*	0.03**	0.04**	0.03**	0.03**
經驗平方	0.00**	0.00**	0.00**	0.00**	0.00	0.00**	0.00**	0.00	0.00**	0.00**	0.00**	0.00*
已婚	0.01	0.06	0.00*	0.01	0.09	0.23**	0.02	0.03	-0.11**	-0.04	0.10	0.00
離婚分居	-0.04*	-0.17	-	-0.04	-0.02	-0.34	-0.06	-0.12	-0.12	-0.09	0.16	-0.09
配偶死亡	-0.01	0.00	-	0.03	-0.46	-0.06	-0.11	-0.30	-0.38*	-0.20	-0.35	-0.88**
臺北市	0.15**	0.01	0.05	0.14**	0.16	0.26	0.19*	0.21	0.27**	0.07	0.06	0.07
高雄市	-0.05	0.00	-0.13	-0.08*	0.05	-0.11	0.05	-0.02	-0.08	-0.09**	-0.20*	-0.14
新北市	0.07**	0.06	0.13	0.04	0.13	-0.28	0.19*	0.00	0.00	0.05	0.07	-0.07
臺中市	0.07**	0.06	0.08	0.03	0.11	-0.04	0.11	0.39*	0.10	0.04	-0.08	-0.07
臺南市	-0.08**	-0.15**	-0.45	-0.04	0.06	0.04	0.03	-0.15	-0.13**	-0.05	-0.27**	-0.14
桃園市	0.03	0.05	0.00	0.02	-0.30**	0.41*	0.10	0.16	0.11	0.08	0.01	-0.07
F值	250.9**	20.9**	2.5*	74.1**	6.4**	5.3**	8.3**	2.3*	20.8**	16.4**	3.5**	8.6**
N	10963	566	65	4237	350	115	568	101	680	754	309	202
Adj-R^2	.22	.30	.19	.17	.16	.31	.11	.14	.26	.20	.09	.30

$* \ p < .05.\ ** \ p < .01.$

　　從上述分析，可以將大學各類科及男女生的教育收益整理如圖9-5。

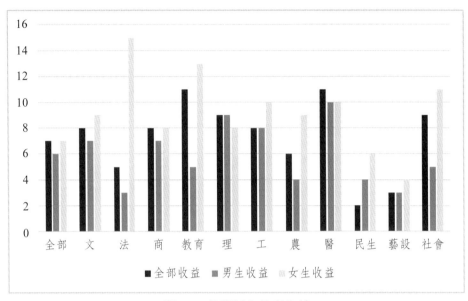

圖9-5　各類科的教育收益

四、綜合討論

　　本章針對校務研究的重要議題探究，分析特色如下：首先，以人力資本理論為依據，分析臺灣的大學各類科之教育收益情形，並了解影響其薪資所得的因素。在校務研究方面，國內近年來高等教育研究很少分析此議題。其次，本章計算臺灣的大學各類科畢業生之教育收益，尤其以行政院主計總處（2016a）發布的人力運用調查蒐集到的大樣本來估算準確度高。在大學類科區分為文、法、商、理、工、農、醫（含藥、護科）、教育、民生、藝術設計及社會等類科，並以全部樣本及區分男女性分析。近年來高等教育擴充之後，很少有研究大學各類科畢業生的教育收益。第三，以Mincer（1974）所提出的教育年數、工作經驗與薪資所得的估計公式為基準，並納入性別、婚姻狀況與居住地區

等。最後，2012年幾個縣市陸續升格為直轄市之後，大學畢業的勞動者薪資所得與教育收益值得關注，本章分析勞動人口居住在新北市、臺中市、臺南市與桃園市的大學程度以上之薪資所得與各縣市之差異。本章分析大學各類科畢業生之勞動者薪資所得及教育收益。茲將結果討論如下：

(一) 臺灣的勞動者薪資所得因素模式與Mincer所提出的模式一致

本章分析發現，臺灣的大學各類科畢業生薪資所得因素的模式，與Mincer提出的一樣，也就是教育年數、工作經驗與薪資所得呈現正向顯著影響，而工作經驗平方則與薪資所得呈現負向影響。此發現與過去許多研究相同（Filer, Jurajda, & Planovsky, 1999; Glewwe, 1996; Harmon & Walker, 1999; Mincer, 1984; Psacharopoulos, 1981, 1994），也與張芳全（2012）對臺灣的研究一樣。代表勞動者接受教育年數與工作經驗愈多，薪資所得愈高，然而這兩個變項也會隨著年齡的增加，其效益會減少。簡言之，Mincer的人力資本理論適合解釋臺灣的大學各類科的畢業生在勞動市場薪資所得。因此接受H_1。

本章估計的整體教育收益率為7.0%，這和張芳全（2011）對臺灣1990年及2008年的大學各類科畢業生教育收益率各為5.2%與7.3%，也就是和2008年的教育收益相近。若就各類科整體樣本（不區分男女性）來看，在文、法、商、教育、理、工、農、醫（含藥、護科）、民生、藝設及社會類科的教育收益率各為8%、5%、8%、11%、9%、8%、6%、11%、2%、3%及9%，其中以醫（含藥、護科）及教育類科較高，而以民生及藝設類科較低。這與林文達（1984）研究臺灣在1981年的大學各學院研究發現，文、法、商、理、工學院學生各為8.6%、10.2%、9.9%、9.5%及10.3%等都略有下降，這是近年來高等教育擴充與經濟發展不佳，使得教育收益率下降。不過劉姿君（1992）的研究發現，醫（含藥、護科）類科的教育收益率較高是一樣。本章分析發現卻與Grubb（1997）的研究發現，工科教育收益率較低不同。很特別的是，教育類科收益也有11%，這在近年來流浪教師較多前提下，有這樣收益有所不同，按理來說，供過於求的結果應該是教育收益率會

下降，它卻不減反增，這很可能是因為這類科畢業者，雖然在大學就讀教育類科，但後來考不上教師轉換其他職業，因而帶給他們有較高的教育收益。

(二) 男性薪資所得明顯高於女性，男性教育收益則低於女性

　　如果就性別來看，大學各類科畢業的男性薪資所得明顯比女性高，而女性教育收益率則比男性多1.0%。男性教育收益高於女性的研究發現與江豐富（1988）、林文達（1984）、高長（1991）、張芳全（2011，2012）、劉姿君（1992）、Bishop、Grodner、Liu與Chiou（2007）的研究結果一樣。這表示男性要家庭負擔經濟，需要付出較多時間於勞務工作，同時男性的體力較女性好，薪資所得比女性高。男性在文、法、商、教育、理、工、農、醫（含藥、護科）、民生、藝設及社會類科的教育收益率各為7%、3%、7%、5%、9%、8%、4%、10%、4%、3%及5%，而女生各為9%、15%、8%、13%、8%、10%、9%、10%、6%、4%、11%，女生在法類及教育類科的教育收益率最高，而在藝術設計最低；男生在醫（含藥、護科）類最高，而在法學類最低。男生在法學類低，可能是近年來法學類畢業人數增加，考上律師人數增加，相對的收入機會減少。然而Psacharopoulos與Patrinos（2004）研究發現，平均男女生的高等教育收益率各為11%及10.8%，比起臺灣的男女性高等教育收益率還要高。整體來說，臺灣的兩性教育平等相當重視，但女性就讀大學各類科的教育收益比男性高1%，代表女性接受大學教育更好。因此接受H_2。

(三) 已婚男性的薪資所得明顯高於未婚男性，但已婚女性並未明顯高於未婚女性

　　本章發現，臺灣的勞動者已婚者薪資高於未婚者。就整體樣本的類科來說，文、法、商、理、工、民生類科已婚者薪資明顯高於未婚者，這代表已婚的勞動者具有家庭責任，需要賺取更高所得，此發現與高長（1991）、張芳全（2011，2012）、劉姿君（1992）的研究發現

一致。很特別的是，女生在11類科中，法學類科教育收益率15%最高，而男生則是最低，僅有3%。這是否與臺灣的社會中，男性取得律師資格相當多，法學類科的教育收益減少有關。此外在此項調查資料中的醫學類科包括護理與藥學等，不全然是醫學系，日後擔任醫師者，所以在教育收益仍值得後續有更細部資料再分析會更精確。因此，接受H_3。

(四) 都會區的大學畢業勞動者薪資明顯高於非都會區者，但高雄市及臺南市低於其他縣市

本章發現，大學程度畢業的勞動者受居住地影響薪資所得。就所有樣本來說，都會區大學畢業的勞動者薪資明顯高於非都會區者，若以大學各類科則否。較特別的是，臺北市、新北市、臺中市明顯高於各縣市，這可以理解都會地區，貿易聚集、人口多、廠商及公司行號多，工作機會相較於非都會區者多。因此，都會區的勞動者容易找工作，工作機會多，薪資及福利條件比較好，所以薪資所得會比較高。此結果與劉姿君（1992）、蕭博仁（2008）、張芳全（2011，2012）的研究結果一樣。因此接受H_4。然而高雄市與臺南市的勞動者在幾個類科薪資與其他縣市沒有明顯差異，也有幾個類科在這兩個直轄市的薪資所得明顯比其他縣市低；這兩個直轄市位於臺灣南部，就業機會較北部少，公司行號經營不易，反而沒有都會區就業水準。行政院主計總處（2016b）統計指出，北部區域、臺北市、新北市、臺南市與高雄市大專以上失業率各為4.2%、4.3%、4.3%、4.6%、4.7%，若以女性大專以上失業率又各為4.0%、4.1%、4.0%、4.6%、5%，很顯然的，臺南市與高雄市的失業率略高於北部區域，女性失業率更是如此。這很可能影響勞動者就業機會，也影響他們的薪資所得。

參、大學教育收益分析的結論與建議

一、結論

經由分析，獲得以下結論：

(一)臺灣的大學各類科畢業的勞動薪資所得模式，與Mincer

（1974）提出公式相近，也就是大學各類科畢業勞動者的教育年數、工作經驗與薪資所得呈現正向顯著影響，而經驗平方與薪資所得爲負向影響。

(二)大學畢業生整體教育收益率是7.0%，男女大學畢業生教育收益率各爲6%及7.0%。

(三)男性及已婚者薪資明顯高於女性及未婚者，而勞動者所在地區之薪資所得有明顯差異，尤其是高雄市及臺南市比其他縣市明顯較低；若區分勞動者在大學所就讀類科沒有明顯不同。

(四)女性教育收益比男性高；男性在各類科教育收益率最高爲醫學類科（含藥、護科）、最低爲法學類科及藝設類科，其實民生類科與農業類科亦不高；女生則以法學類科的教育收益率最高，其次爲教育類科畢業生，最低爲藝設類科的畢業生。

二、校務研究的建議

針對結論，有以下建議：

(一)宜針對不同年代大學教育收益率長時間分析，作爲大學生、家庭或國家教育投資的參考。尤其校務研究更需要提供這方面資訊給大學生參考。由於臺灣對不同大學類科畢業生教育收益少有研究，這不僅無法提供給大學生、家庭、學校及政府在教育投資參考，未來IR宜透過這方面分析，各校都可以進行分析，將結果提供給大學生及家長參考，可以做好更多好的投資，避免教育投資浪費。同時學校也可以做好系所的人數規劃。

(二)整體來說，大學教育值得投資，不管是男女生也都值得投資，尤其是女性在教育收益較男性高，更值得投資。然而在整體教育收益上，法學類科爲5%、藝設類科3%、民生類科爲2.0%，未來個人在類科的選擇應留意，尤其是藝設類科與民生類科，學校也應思考學生在就業後教育收益較低的情形。

(三)女性的教育收益比男生高，但是女性薪資所得明顯低於男性，造成此一情況原因在於傳統上，女性受到婚後常需要家庭照顧子女的影響，無法外出工作，也有可能在職場對她們有些歧視，因而讓她們在職

場較為不利。若是這方面因素，宜思考社會或職場對於女性勞動者公平對待，重視兩性平等，避免薪資所得差距拉大。

(四)臺南市與高雄市政府宜促進地區經濟發展，招商與提供良好的投資環境，增加勞動者的就業機會，以提高他們的薪資。本章研究發現，居住在高雄市及臺南市大學畢業的勞動人口的薪資所得比各縣市還低，代表這兩個直轄市應在區域經濟發展多加努力，讓勞動者有更多的就業機會賺取所得。

(四)在未來研究建議上，對於Mincer（1974）提出公式在人力資本應用，未來研究可以長期追蹤研究。本章僅以2016年資料分析，未來臺灣的各年度資料宜探究，同時校務研究應以各校發展為本位，各校若有學校學生家庭收支相關資料，也可以進行學校的各類科教育收益分析，這更符應於學校所需。此外影響教育收益的因素相當多元，包括勞動者的能力、智商、在職進修機會、興趣、家庭子女數、失業狀況、工作時間的長短、工作的單位規模等，未來若有這些資料可以一併納入分析。當然人力資本類型可以區分為一般訓練與專業訓練，因為人力訓練方式不同，人力資本的價值就不一樣，若搭配上述因素，例如性別差異就可能更大不同。就如男性對於一般訓練，並非特定的技能，影響薪資所得較大；而女性較受特定訓練影響，所以特定訓練對女性薪資有較大影響。就從業身分來看，一般訓練與特定訓練對於受私人僱用者與受政府、私人僱用者的薪資所得增加有不同的影響，未來可以納入分析。而本章發現教育類科的整體收益率為11%，這與近十多年來師資培育人數擴充，因而流浪教師人數增加，可能是這類科畢業者，後來考不上教師轉換其他職業，反而帶給他們有較高的教育收益，但是行政院主計總處的人力運用調查資料對於勞動者在類科的認定是以勞動者在大學選讀科系為主，大學畢業後來的轉換就無法認定，這也是其他類科有相同情形，也是在估計教育收益的一種限制。

問題與討論

本章的IR分析議題為大學各類科的教育收益，包括男女生教育收益，分析結果發現大學各類科的教育收益不同，同時也有許多因素影響

大學畢業生的薪資所得。就您閱讀心得與經驗，可否指出還有哪些理論可以解釋大學生教育收益，以及影響大學畢業生的薪資所得因素，除了本章討論的之外，還可能有哪些因素呢？如果您是IR人員，要如何分析此議題呢？

參考文獻

一、中文部分

王奕舜（2008）。**臺灣教育外部性之實證研究**（未出版之碩士論文）。國立臺北大學，臺北市。

江志強（2011）。**臺灣高等教育投資回報率估算之研究**（未出版之碩士論文）。政治大學，臺北市。

江豐富（1988）。臺灣地區國中男女之工資差異──人力資本理論探討。**經濟論文叢刊**，**16**(3)，323-346。

行政院主計總處（2016a）。**人力運用調查**。臺北市：作者。

行政院主計總處（2016b）。**人力運用調查統計年報**。臺北市：作者。

吳惠林（1988）。專上人力勞動報酬率的決定因素──臺灣的實證分析。**經濟論文叢刊**，**16**(3)，357-369。

吳慧瑛（2002）。二十年來教育發展之經濟評估：1978-2001。**臺灣經濟預測與政策**，**33**(2)，97-130。

周蒔霈（2005）。由人力資本投資理論探討個人薪資之影響要素：以商管學院畢業生為核心（未出版之碩士論文）。臺灣大學，臺北市。

林文達（1984）。**教育經濟學**。臺北市：三民。

林文達（1995）。過量教育與失業。**國立政治大學學報**，**70**(1)，35-54。

高希均（1985）。教育經濟學導論。載於高希均編，**教育經濟學論文集**（第四版）。臺北市：聯經。

高長（1991）。臺灣地區性別工資差異問題之研究：生命週期人力資本理論之應用。**政治大學學報**，**62**，71-108。

張芳全（2006）。教育對經濟的貢獻分析。**國立臺北教育大學學報，19**(1)，173-210。

張芳全（2011）。臺灣的大學類科之教育收益研究：擴充會減少收益嗎？**教育研究與發展期刊，7**(4)，165-200。

張芳全（2012）。勞動者教育收益與影響薪資因素之研究。**臺東大學教育學報，23**(1)，91-124。

符碧眞（1996）。教育收益長期變化之剖析：以我國教育發展個案爲例。**教育研究資訊，4**(1)，82-99。

莊奕琦、賴偉文（2011）。不同世代下之教育報酬與能力差異。**經濟論文叢刊，39**(1)，81-114。

黃仁德、葉秀珍（1997）。人力資本對臺灣經濟成長貢獻的評估。**勞資關係論叢，6**，119-139。

黃智家（2015）。臺灣高等教育擴充之研析。**經濟研究，15**，250-275。

蓋浙生（1987）。**教育經濟學**。臺北市：三民。

廖年淼、劉玲慧（2009）。從就業市場表現析論臺灣專科學校學制調整政策。**教育資料集刊，43**，37-52。

劉姿君（1992）。**教育投資與薪資報酬── 人力資本理論之應用**（未出版之碩士論文）。政治大學，臺北市。

蕭博仁（2008）。**探究教育程度與學校素質對薪資所得之影響── 以臺灣的高等教育爲例**（未出版之碩士論文）。成功大學，臺南市。

羅正忠（1993）。教育投資報酬率及其應用之研究。**臺北銀行月刊，24**(9)，59-76。

二、英文部分

Alba-Ramirez, A., & San Segundo, M.-J. (1995). The return to education in Spain. *Economics of Education Review, 14*(2), 155-166.

Ashenfelter, O., & Rouse, C. E. (1998). Income, schooling, and ability: evidence from a new sample of twins. *Quarterly Journal of Economics, 113*, 253-284.

Becker, G. S. (1964). *Human capital: A theoretical and empirical analysis, with special reference to education.* Chicago, IL: University of Chicago Press.

Becker, G. S. (1975). *Human capital: A theoretical and empirical analysis, with special reference to education* (3rd ed.). New York, NY: National Bureau of Economic Research.

Becker, G. S., & Chiswick, B. R. (1966). Education and the distribution of earnings. *American Economic Review, 56*(1/2), 358-369.

Bedi, A. (1997). The importance of school quality as determinant of earnings in a developing country: Evidence from Honduras. *International Journal of Educational Development, 17*(4), 427-437.

Berger, M. C. (1988). Predicted future earnings and choice of college major. *Industrial and Labor Relations Review, 41,* 418-429.

Bishop, J. A., Grodner, A., Liu, H., & Chiou, J. R. (2007). Gender earnings differentials in Taiwan: A stochastic frontier approach. *Journal of Asian Economics, 18*(6), 934-945.

Björklund, A., & Kjellström, C. (2002). Estimating the return to investments in education: How useful is the standard Mincer equation? *Economics of Education Review, 21*(3), 195-210.

Blaug, M. (1972). The empirical status of human capital theory: A slightly jaundiced survey. *Journal of Economic Literature, 14,* 827-855.

Brown, C., & Corcoran, M. (1997). Sex-based differences in school content and male-female wage gap. *Journal of Labor Economics, 15*(3), 431-465.

Carneiro, P., Heckman, J., & Vytlacil, E. (2011). Estimating marginal returns to education. *American Economic Review, 101*(6), 2754-2781.

Eide, E., & Waehrer, G. (1998). The role of the option value of college attendance in college major choice. *Economics of Education Review, 17*(1), 73-82.

Filer, R., Jurajda, S., & Planovsky, J. (1999). Education and wages in the Czech and Slovak Republics during transition. *Labour Economics, 6,* 581-593.

Freeman, R. B. (1977). The decline in the economic rewards to college education. *Review of Economics and Statistics, 59,* 18-29.

García-Aracil, A. (2007). Gender earnings gap among young European higher education graduates. *Higher Education, 53,* 431-455.

Gindling, T. H., Goldfarb, M., & Chang, C. C. (1995). Changing returns to education in Taiwan: 1978-1991. *World Development, 23,* 343-356.

Glewwe, P. (1996). The relevance of standard estimates of rates of return to schooling for education policy: A critical assessment. *Journal of Development Economics, 51,* 267-290.

Groot, W., & Maassen van den Brink, H. (2000). Overeducation in the labor market: A meta analysis. *Economic of Education Review, 19*(2), 149-158.

Grubb, W. N. (1997). The economic returns to baccalaureate degree: Corrections. *Review of Higher Education, 18,* 483-490.

Harmon, C., & Walker, I. (1999). The marginal and average returns to schooling in the UK. *European Economic Review, 43,* 879-887.

Heckman, J. J., Lochner, L., & Todd, P. (2008). Earnings functions and rates of return. *Journal of Human Capital, 2*(1), 1-31.

Kelly, E., O'Connell, P. J., & Smyth, E. (2010). The economic returns to field of study and competencies among higher education graduates in Ireland. *Economics of Education Review, 29*(4), 650-657.

Knight, J. B., & Sabot, R. H. (1987). The rate of return on educational expansion. *Economics of Education Review, 6*(3), 255-262.

Mincer, J. (1962). On the job training: Cost, returns and some implications. *Journal of Political Economic, 70,* 50-79.

Mincer, J. (1974). *Schooling, experience, and earnings.* New York, NY: National Bureau of Economic Research Press.

Mincer, J. (1984). Human capital and economic growth. *Economics of Education Review, 3*(3), 195-205.

Mincer, K. (1958). Investment in human capital and personal income distribution. *Journal of Political Economy, 66*(4), 283-302.

Palme, M. O., & Wright, R. E. (1998). Changes in the rate of return to education in Sweden:1968-1991. *Applied Economics,30,*1653-1663.

Psacharopoulos, G. (1981). Returns to education: An updated international comparison. *Comparative Education, 17*(3), 321-341.

Psacharopoulos, G . (1985). Returns to education: A further international update and implications. *Journal of Human Resources, 20*, 583-604.

Psacharopoulos, G. (1994). Returns to investment in education: A global update. *World Development, 22*(9), 1325-1343.

Psacharopoulos, G., & Layard, R. (1979). Human capital and earnings: British evidence and a critique. *The Review of Economic Studies, 46*(3), 485-503.

Psacharopoulos, G., & Patrinos, H. A. (2004). Returns to investment in education: A further update. *Education Economics, 12*(2), 111-134.

Romer, P. M. (1986). Increasing returns and long-run growth. *Journal of Political Economy, 94*, 1002-1037.

Romer, P. M. (1990). Endogenous technological change. *Journal of Political Economy, 98*, S71-S102.

Salas-Velasco, M. (2006). Private returns to an university education: An instrumental variables approach. *Higher Education, 51*, 411-438.

Schultz, T. W. (1961a). *Education and economic growth in social forces influencing American education*. Chicago, IL: National Society for the Study of Education.

Schultz, T. W. (1961b). Investment in human capital. *American Economic Reviews, 1*, 1-17.

Trostel, P., Walker, I., & Woolley, P. (2002). Estimates of the economic return to schooling for 28 countries. *Labour Economics, 9*, 1-16.

Teichler, U., & Kehm, B. (1995). Towards a new understanding of the relationships between higher education and employment. *European Journal of Education, 30*(2), 115-132.

Tsai, S.-L., & Xie, Y. (2011). Heterogeneity in returns to college education: Selection bias in contemporary Taiwan. *Social Science Research*, *40*(3), 796-810.

Woodhall, M. (1970). The economics returns to investment in women's education. *Higher Education, 2*, 275-299.

本章取自：張芳全（2017）。**高等教育：理論與實證**（第六章）。爲讓資料更完整與貼近現況，本章分析資料以2016年爲主，並將內文文字做調整。

第十章

大學生涯規劃之多層次分析

第一節　探討大學生生涯規劃的重要性

壹、探討大學生生涯規劃緣起——緒論

　　大學生生涯規劃是一個很重要的議題。尤其近年來臺灣的大學擴充快速，幾乎人人都可以進入大學就讀。大學生正值生涯規劃的探索期，他們在畢業之後的就業問題是值得關注。如果大學有生涯規劃，在畢業之後容易就業；反之，沒有未雨綢繆，日後容易失業。所以，大學生生涯規劃是值得探討的校務研究議題。究竟大學生求學期間的生涯規劃為何呢？本章探討一所大學（以下稱為千葉大學）學生生涯規劃情形及其相關因素。

　　大學由不同的學系所組成，每個學系都有它們特有文化，各學系課程不一樣，對學生要求不同，學生有不同的社團活動。大學生在校最直接的是學系環境，勢必受到學系脈絡影響（Credé, Roch, & Kieszczyn-ka, 2010）。許多學校的科系會鼓勵學生出國留學、鼓勵學生參加國家考試、鼓勵學生有第二專長學習、老師更會輔導學生興趣及性向，因而影響了大學生生涯規劃。大學學術單位以學系組成，學系有師生，還有相關的學術活動及學生社團活動，因而形成學系環境。學生巢套在學系的環境之中，學生的態度、認知及價值觀念容易受到學系環境的影響，因此適合運用多層次模式（Hierarchical Linear Modeling, HLM）來分析此議題。學生巢套在學系之內，透過HLM分析相當適切。學系的師生組成、教師的研究生產量、學系的傳統文化，乃至於整個學系的學習風氣都可能與學生生涯規劃有關。學生巢套在學系之中，形成特有文化，影響了學生生涯規劃。本章以千葉大學學生為調查對象，運用自編問卷為資料蒐集工具，蒐集28個學系的資料，透過HLM來了解影響大學生的生涯規劃之因素。本章將資料分為學生層與學系層，想要了解學系的學生因素及跨系之間在學生生涯規劃的差異，也想了解學生因素與學系因素之調節關係，是現有校務研究所欠缺。

　　影響大學生生涯規劃的因素有哪些呢？性別、年級、人格特質、家

庭經濟狀況、家長支持、學生自信心、學習滿意度、時間管理等都是可能因素。然而這些因素僅是考量學生單層面的因素，並沒有將學系的因素及跨系之差異納入考量。也就是學系的老師及環境支持與學習風氣等因素納入考量。大學生在學校直接接觸的是學系環境與師生互動，所以學系的環境與老師的支持及學習風氣可能影響他們的生涯規劃。

　　校務研究透過資料分析獲得證據，作為未來學校決策及改善參考。若要了解大學生生涯規劃僅以學生層面因素，難以完全掌握學生生涯規劃。假使學系的脈絡環境及學生因素影響學生生涯規劃，若無法將不同層次因素納入分析，難以正確理解學生生涯規劃因素。學校的學生及各系形成巢套結構，若沒有考量巢套因素，直接將各系因素納入估計，容易產生估計偏差，沒有以HLM來掌握學生生涯規劃因素相當可惜。本章認為，學系與學生因素都可能影響生涯規劃。因此，本章探究影響學生生涯規劃的學生及學系因素。

　　本章目的如下：(一)了解影響千葉大學生個人因素對生涯規劃的預測情形。(二)了解影響千葉大學的學系因素對學生生涯規劃的預測情形。(三)了解千葉大學生的個人與學系因素對生涯規劃的調節效果。

貳、大學生生涯規劃的文獻探討

一、影響大學生生涯規劃的因素與研究

　　生涯是個人一生發展的路徑。個人在生命發展的每個階段都有應完成的任務。林邦傑與修慧蘭（1997）提出生涯成熟概念，把Super的生涯成熟觀念融入，包括認知及情意層面，例如生涯決定及對職業、工作世界認識，生涯規劃及探索的態度等；個人能達成階段發展任務，就達到生涯成熟程度。大學生正處於生涯探索階段，雖然他們在生涯規劃有不同思維，但是如果他們有生涯規劃相當重要。然而許多大學生對於生涯規劃常不知所措，不僅在大學求學迷失，而且在畢業後也相當迷惘。鍾思嘉（2008）指出，大學生生涯規劃茫然原因在於對自我不了解、對所學習的專業沒有興趣、對所學專業與未來發展的關係不清楚、對工作世界的資訊不足、不知如何做決定、對自己的未來感到茫

然。Kelly與Lee（2002）研究發現，生涯未定（career indecision）是受到生涯規劃的資訊缺乏（lack of information）、資訊需求（need for information）及個人特質未確定（trait indecision）的影響。其實現在的大學生人稱為草莓族，學習信心不足、不善於時間規劃，也較不喜歡學校課程，在大學念書的目標也不明確，對未來更是茫然。

影響大學生生涯規劃因素相當多元。就個人因素來說，性別、興趣、性格、價值觀、能力、目標、人格特質、時間管理、學習態度、個人動機都可能與生涯規劃有關。個人喜歡從事某類型活動，就會喜歡與這類型有關環境中工作。在學校因素方面，如能力培養、系所專業、學校有無提供未來職業選擇試探、學校輔導環境、老師支持、課程內容、學系風氣、學校文化等。在職場環境因素方面，如就業資訊、就業機會、就業準備、社會經濟狀況、人力供需情況、工作性質與條件、經濟不景氣、就業機會等。在家庭因素方面，如家長管教方式、社經地位、經濟收入狀況，以及職場共通能力因素，包括溝通表達、持續學習、人際互動、團隊合作、問題解決、勇於創新、工作責任及紀律、資訊科技應用。相關因素說明如下：

不同的性別在生涯規劃有異（Darcy & Tracey, 2007）。在社會刻版印象上，男生個性較衝動、較有主見，因而較會生涯規劃；女生比較文靜聽話，傾向乖乖牌，在生涯規劃較沒有具體方向。家庭社經地位與生涯規劃有關聯。家庭社經地位高（雙親的教育程度高、職業聲望好及經濟收入多），對子女學習及課業與生涯規劃要求較多。高社經地位子女進入大學之後，一方面是年齡增長，就讀大學不住家中，不受家長約束，另一方面子女進入大學較不會對子女管教太多，所以這些子女較不會生涯規劃。相對的，來自低社會階層的子女，為了從接受教育來做社會階層流動，進入大學之後，較不會生涯規劃。

蔡銘津（2007）研究高雄地區的學生發現，不同家庭社經地位、工作經驗、學制體系別的學生在生涯規劃呈現差異，而性別及公私立學校則沒有差異，同時學習態度與心理適應、生涯規劃能力呈現顯著相關，而學習態度影響心理適應，亦影響生涯規劃能力；心理適應也影響生涯規劃能力。關永馨、齊隆鯤（2006）研究發現，不同性別在生

涯發展信念、生涯規劃、生涯決策及自我了解有明顯差異；不同年級在生涯規劃及工作世界觀念有明顯差異、學生在學校適應與生涯發展信念、生涯規劃、生涯決策及自我了解之間為正向顯著關係。梁雲霞（1986）研究發現，大學生高成就動機、兩性化或男性化者，生涯發展成熟度較高。田秀蘭（2003）以社會認知理論為基礎，探討高中學生職業自我效能、結果預期、職業興趣，及職業選擇行為之關係，自編「生涯自我效能評量表」對臺灣地區584名高中學生施測發現，男女學生在某些興趣類型有顯著差別，對不同類型職業的難度知覺、信心程度、結果預期及考慮選擇程度也不同。

　　然而學生不會或不想做生涯規劃，究竟是誰的責任呢？是家長、學生個人，還是學校老師缺乏引導，學生才不會做生涯規劃呢？學生學習態度與生涯規劃也有關聯，學生在學校正面學習態度，例如喜歡學校、喜歡老師及同學，甚至喜歡學校的課程、較會時間管理、較會自我要求，傾向較會生涯規劃。如果學生在學校學習能感受到快樂、有人關心與幸福感、學習較有自信、與老師互動良好，可能較會生涯規劃。父母管教對學生生涯規劃行為有顯著影響，也就是家長以支持性的關懷子女較權威式的管教子女，對子女的生涯規劃亦會有不同。由於大學強調了學校文化及其特色，因此，學校學習風氣也與學生學習意願有關，也就是說，大學學系的學習風氣與學生生涯規劃有關聯。大學學系有特殊文化，不同學系有不同課程內容、學生社團及特色。由於各學系文化由於教師與學生組成所塑造，各系的環境脈絡不一，會有不同特色，各系學生的生涯規劃情形也不一。

　　金樹人、陳清平、張小鳳、林幸台（1992）編製大學生以上程度適用之生涯興趣量表（Career Interest Inventory, CII）。CII的理論基礎係以J. Holland的生涯類型論為參考架構，包括六種生涯興趣類型（R.I.A.S.E.C.）。預試量表內容包含與職業有關的四個向度：職業活動、休閒活動、學科課程、職業名稱。預試樣本395位高中以上程度男女學生，經項目分析選取名向度各類各10題，除休閒活動因所得結果未達理想暫時放棄外，其他都保留，確定題本有180題。江捷如、杜淑芬、樊愛群（2016）以正向心理學之觀點探討大學生希望感、問題解

決及生涯發展之關係，以北區公私立大學學生爲研究對象，採問卷調查法，有效樣本共437名，以「希望感量表」、「問題解決自我評估量表」及「生涯成熟量表」發現：問題解決對生涯發展有直接影響外，透過希望感對生涯發展有間接影響。黃秀霜、陳惠萍、甘孟龍（2014）應用Snyder的希望理論探討大學生生涯希望感，大學生生涯希望是指個人對未來發展的希望感，包含生涯目標定向、生涯目標路徑及生涯目標堅持層面。生涯目標定向在了解個人是否能確定未來生涯目標；生涯目標路徑是個人達到生涯目標的方法，例如運用資源、自我充實等，即希望理論的路徑思考；生涯目標堅持則是個人對達到目標之路徑的堅持。

綜合上述，大學生生涯規劃的因素包括家庭因素、個人因素、學校環境（包括學系環境、教師支持、課程因素）等。尤其各系之間差異也可能影響大學生生涯規劃的因素之一。

二、大學生生涯規劃的相關理論

解釋大學生生涯規劃有很多學理。職業興趣理論或稱人格—職業匹配理論（personality-job fit theory）、社會階層理論（social stratification theory）及人類生態系統理論（human ecology system theory）可以詮釋大學生生涯規劃。學習興趣是學生的學習動力，如果學生的學習興趣強烈，就愈想要完成學習任務，對課程愈喜歡投入，也會更有生涯規劃動力。學生興趣是影響大學生生涯規劃的重要因素。興趣是個體刺激、直接及維持個體行爲的動力。學生若擁有高度學習興趣，會想要更多學習，也較會思考及規劃個人生涯。

職業興趣理論有多種詮釋生涯規劃論點。Holland（1985）提出職業匹配理論認爲，個人的職業選擇不是隨意發生的事件，而是基於過去經驗累積，加上人格特質的影響所做的抉擇，某項職業會吸引相同經驗與人格特質者，形成同一職業的工作者有相似的人格特質。簡單說，個人的人格特質與職業配對的結果。Holland將大多數人區分爲六種類型：實用型（R）、研究型（I）、藝術型（A）、社會型（S）、企業型（E）及事務型（C）。個人選擇與他們特質相近的工作，在相同工

作環境與情境之下，會有較高滿意度。另一個則是Super（1990）的個人生涯發展理論，認為多數的個體在生涯發展有五個階段，即成長、探索、建立、維持及衰退；在不同發展階段有不同自我概念發展，也有不同生涯發展階段的主要發展任務。大學生為青少年探索時期，金樹人（2001）認為，在此階段的任務為職業偏好逐漸具體化，實現該偏好；職業偏好特定化。發展符合現實的自我概念；學習開創更多的機會。吳芝儀（2000）歸納Super的論點指出，生涯探索期的青少年要達到生涯成熟應具備六項條件：1.職業選擇的定向性：關心個人未來的職業選擇、2.職業的資訊和規劃：對偏好的職業會蒐集相關的資料及做計畫、3.職業偏好的一致性：對偏好職業有持續性及一致性、4.個人特質具體化：個人自我概念更明確及具體、5.職業選擇獨立性：會以自己的意願做出職業選擇的決定、6.職業偏好的智慧：所做的選擇與個人的能力、興趣或活動有一定程度關聯。職業興趣與個人的學習動機有關，這部分傾向於學習動機理論。Bandura（1977）提出的社會學習取向理論，認為從個體在完成任務的能力信念，此信念影響個體對於任務的選擇以及持續努力的動機程度。Pintrich與Schunk（1996）認為，個體的學習動機成分包括價值、期望和情感。學習者認為學習任務具有價值，就會投入更多時間，也會對目標有更多期待，更會對學習工作、學習結果或自身學習能力的情感反應。換言之，個人對於職業的動機強弱，代表個人對某一項職業的興趣，因而會朝向該職業。

　　就社會階層理論來說，個人所在的社會階級影響了所擁有的資源多寡。不同社會階層帶給子女的家庭資源或文化資本就不一樣（劉若蘭、林大森，2012），高社會階層家庭擁有的資源及休閒機會較多，家長對子女心理支持較多，他們的學習表現及教育取得較好，因此在家長支持及關懷下，較易思考未來生涯規劃。反之，社會階層較低的家庭，家長接受教育程度低、經濟收入不多，較少有時間及生涯觀念，家庭支持生涯規劃較少，較無法引導子女的生涯規劃。在解釋大學生生涯規劃有兩種觀點，一是高社會階層家庭，子女從小到大學受到家長高度關注，擁有較多學習資源，因而進入大學之後，已形塑好自己的思考方向，在自我管理及自律學習較好，所以較會思考自己的生涯規劃。另一

種觀點則是，高家庭社會地位的子女，在中小學階段獲得較多學習資源及家長關懷與引導，可能厭煩家長管教，子女在就讀大學之後，不再想要接受家長管教，學生離開家庭就讀大學，家長無法管教，大學生自認為獨立，較不會思考他們的未來生涯規劃。

　　大學生處在一個大學校園環境中，他們生涯規劃與否或生涯規劃程度受到校園內外在環境及脈絡的影響。校園內外在環境就是一個很特別的生態系統。Bronfenbrenner（1979）的人類生態系統理論指出，個體與環境相互影響，單一事件有多項原因導致，透過不同的生態層次分析個體生活，才能了解個體的行為。在大系統的環境（如整個社會環境）之下，又有次級系統（如學校環境、社區環境），次系統下又有微系統（如系及班級環境、家庭或宿舍）。這些系統有很多因素干擾大學生的學習心態與生涯規劃。生涯問題常見的包括缺乏準備、缺乏資訊與資訊不一致等困難（Amir & Gati, 2006; Gati & Amir, 2010）。近年來臺灣的經濟發展不佳，國民所得沒有提升，各項工作謀職不易，大學生畢業後容易失業，這是對大系統的不滿意，讓在學學生對課程學習感到失望與沒有信心，在生涯規劃較為迷茫。

三、學系脈絡對學生生涯規劃的影響

　　學系的空間是學生學習及師生互動主要環境。老師在課堂教學與研究，學生上下課都在學系環境之中。學生在學系環境中的學習及活動時間長，所以會受到學系環境及氣氛的影響。學生來自於不同家庭與地區及背景，有不同的家庭社經地位，因而帶入學校或學系的價值觀就不一樣（Harker & Tymms, 2004）。加上學系老師之教育哲學觀、研究能量、教學風格，師生互動及同儕互動形成學系的脈絡環境與組織氣氛。不同專業知識領域的學系，對於學生的學習要求不同，加上學系成立的時間與歷年來學長姐學習風氣愈好，例如主動到圖書館進修，後來的學生也會受到影響，對於課程會認真上課，同時也會思考生涯規劃；反之，學系讀書風氣不好，學生畢業之後不知何去何從，就會影響學生生涯規劃。學生入班就讀受到脈絡性因素的影響（Credé, Roch, & Kieszczynka, 2010），例如班級與學系的風氣，例如感受到課程專業、

教師的要求。因此，大學學系的學生組成影響大學生生涯規劃。

　　Kreft、de Leeuw與Aiken（1995）指出，環境及系統的脈絡因素會影響團體中個體的行為表現，這種情形稱為脈絡效果。環境系統因素或長時間在環境所累積的信念、價值體系或文化會影響團體成員的行為表現。Hutchison（2007）分析證實，脈絡因素對個體行為產生重要的影響。學系環境與教師支持是脈絡系統之一，它會累積學系成員的信念、態度、氣氛與價值觀，因而影響學生學習表現與生涯規劃的思維。例如醫學系學生提供專業課程及知識內容，日後就業取向就僅有擔任醫師，學生生涯規劃較人文類科學系明確。學系的學生若認真投入課業學生多、同學之間較會思考未來的生涯規劃，系上的同學會有相互觀摩效果，因而也會較認真思考生涯規劃。相對的，如果學系組成成員較為散漫、學習態度不好、學習風氣不佳、學系的生涯規劃支持環境不好，也較不利於學生的生涯規劃的脈絡環境。

　　學生自律或自我管理也可能影響生涯規劃。個人自信心較強，會自我管理，代表個人會做好個人的時間安排及生涯規劃。如果學系學生的自我管理較好，會有自我管理的群聚效應。張景媛（1992）指出，自律學習與後設認知有關，有助於個體知識的取得和應用；學生透過自律學習吸取知識與生涯規劃，藉由學習表現回饋調整學習步伐，調成適合自己學習及生涯規劃的模式。Zimmerman（1989）、Ramdass與Zimmerman（2011）指出，透過自律學習提高學習表現，自律學習策略高的學生有較好學習表現及生涯規劃。若學系的學生自我管理或學習自信心較高，較會思考自己的未來及做好生涯規劃。

　　各系支持環境與老師支持生涯規劃也可能影響學生生涯規劃。各系師資差異大，所形塑的學習風氣不同。如果一個學系的環境是鼓勵學生生涯規劃，經常舉辦生涯規劃講座、邀請畢業同學回來經驗分享生涯規劃、學系提供生涯規劃的支持環境、老師經常輔導學生思考未來就業及升學，引導學生試探職涯興趣，學系學生較會思考生涯規劃。若學系的學習風氣與老師支持與鼓勵學生職涯規劃，搭配學生喜歡學校課程、時間管理、學習信心與幸福感也較會生涯規劃；換言之，這可能會在不同層次的變項上產生調節效果。

　　總之，大學學系的環境是學生在校重要學習脈絡，學系成員組成（包括師生、助教）及脈絡環境影響大學生生涯規劃。現有大學生生涯規劃研究沒有將學系層級因素納入。本章不僅將學系因素納入分析，也將學生因素納入考量，更能了解影響大學生生涯規劃的因素。本章以一所學校為研究範圍，符應校務研究特性。

第二節　大學生生涯規劃的分析與發現

壹、大學生生涯規劃的研究設計與實施

一、研究架構與假設

　　本章的架構如圖10-1。圖中的學生生涯規劃因素分為學生層與系級層次。前者包括性別、家庭收入、個人性向、家庭支持、學習自信、幸福感受、時間管理、喜歡課程、喜歡課程及生涯規劃。後者包括學生感受系上老師支持、學習風氣與英語學習態度。學生層的直線對學生生涯規劃，代表自變項對依變項的預測力。學系層對學生生涯規劃之直線，在檢定系級脈絡變項對學生生涯規劃的影響，而學系層的老師支持、學習風氣及英語學習態度與學生層的線交叉，在探討老師支持與學生層因素對生涯規劃的調節作用。

　　本章提出研究假設如下：

H_1：女生生涯規劃明顯低於男生。

H_2：學生的家庭收入愈高，愈會生涯規劃。

H_3：學生愈外向活潑，愈會生涯規劃。

H_4：學生家庭支持多，愈會生涯規劃。

H_5：學生學習自信愈高，愈會生涯規劃。

H_6：學生學幸福感受愈高，愈會生涯規劃。

H_7：學生師時間管理愈好，愈會生涯規劃。

H_8：學生愈喜歡課程，愈會生涯規劃。

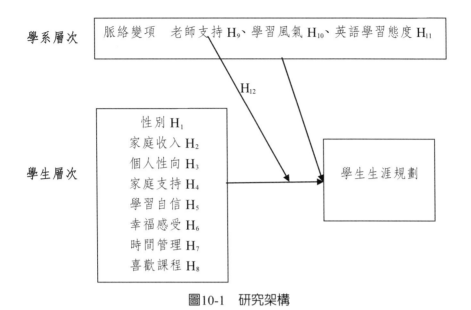

圖10-1　研究架構

H$_9$：系上老師支持愈多，學生愈會生涯規劃。

H$_{10}$：系上學習風氣愈好，學生愈會生涯規劃。

H$_{11}$：系上學生英與學習態度愈好，學生愈會生涯規劃。

H$_{12}$：系上教師支持與性別（而家庭收入、個人性向、家庭支持、學習自信、幸福感受、時間管理、喜歡課程、時間管理分別以H$_{13}$、H$_{14}$、H$_{15}$、H$_{16}$、H$_{17}$、H$_{18}$、H$_{19}$、H$_{20}$為代表）對學生生涯規劃有調節效果。

二、變項測量

本章各變項之測量說明如表10-1。

表10-1　各變項之測量

變項	定義	計分
個人層因素		
性別	學生的男女生。女生為0，男生為1	女生為0當參照組

變項	定義	計分
家庭收入	父親每月收入大約多少元？5萬元以下、5萬至10萬元、10萬至15萬元、15萬至20萬元、20萬元以上。	依序分別給予1至5分
個人性向	我的人格特質屬於：內向、外向活潑，內向為0外向為1	內向當參照組
生涯規劃	它詢問教育大學學生涯規劃情形，它是指對於職涯興趣、職涯目標與職涯方向。大學生生涯規劃包括上述內容，編製數題，受試者依情況勾選出適合自己情形。	非常不同意、不同意、同意、非常同意，依序1-4分。
學習態度	學生在大學學習歷程中對喜歡課程、時間管理、學習自信、幸福感受、家長支持與時間管理的態度。大學生學習態度包括上述六個向度，各向度有數題，受試者依實際情況勾選出適合自己情形。	同上
學系層因素		
老師支持	學系內老師對於學生支持與鼓勵生涯規劃的情形。本章讓學生反應學系老師的支持生涯規劃情形，再將各題平均數計算	分數愈高，老師支持愈高
學習風氣	它是指各系的學習氣氛。本章的測量是學生感受到系上學生課堂學習的投入態度及老師教學與研究的認真程度。其選項為非常不同意、不同意、同意、非常同意。	依選項順序分別給予1-4分
英語學習態度	學系內學生的英語學習感受。學生從所編製的問卷題目中填答，再將各題予以平均	分數愈高，英語學習態度愈好

三、研究工具

本章的大學生學習態度、學習風氣及生涯規劃問卷，其中學習態度參考江捷如、杜淑芬、樊愛群（2016）、Zimmerman（1989）；而生涯規劃參考江捷如、杜淑芬、樊愛群（2016），學系風氣以Kreft、de Leeuw與Aiken（1995）的論點與研究者在大學任教經驗所自編的工具。本章以探索性因素分析方法萃取因素，採用主成分分析（Principal Component Analysis），以最大變異法（Varimax Method）進行直交轉軸分析，以特徵值（eigenvalue）大於1.0為選入因素參考標準，結果如

表10-2，學系問卷取出學習風氣、老師支持與英語學習態度因素，沒有刪除任何題目，整體解釋量為68.89%。研究工具信度透過Cronbach's α估計得到α係數各為.85、.82、.80。大學生生涯規劃信度則為78.57%。

表10-2　大學生學習態度的因素分析摘要

題目	共同性	喜歡課程	家庭支持	幸福感受	學習信心	時間管理
我有信心把大學課業學好	.52				.65	
只要我努力，我就可以學好各種科目	.55				.72	
我對於學校多數課程的學習意願很高	.49				.43	
我對於自己的課堂報告有信心	.54				.68	
不管是必修或選修課我都會學好	.49				.56	
我覺得很多人關心我	.53			.71		
我每天感到很快樂	.72			.81		
我每天都很開心來學校學習	.61			.65		
我很喜歡我自己的表現	.54			.60		
我平時的時間管理得宜	.60					.66
我上課不會遲到早退	.62					.76
我會把握時間做回家作業會	.60					.71
如有參加社團，不會影響我的課業學習	.34					.47
我喜歡學校的多數課程	.70	.79				
我喜歡學校現在課程安排	.63	.76				
我喜歡學校課程內容	.69	.81				
我對學校課程感到興趣	.70	.80				
我喜歡到學校上課	.49	.59				
爸爸會鼓勵我試探自己的興趣	.70		.82			
媽媽支持我未來工作選擇	.74		.82			
父親關心我課業與未來工作連結	.72		.82			
媽媽會分享她的生涯規劃經驗	.68		.81			

題目	共同性	喜歡課程	家庭支持	幸福感受	學習信心	時間管理
家人會帶我去參加職業博覽會	.37		.56			
特徵值	13.58	3.55	3.23	2.39	2.24	2.17
解釋量	59.00	15.42	14.02	10.40	9.74	9.45
信度	.95	.90	.85	.82	.84	.80

表10-3　學系問卷之信效度摘要

學習風氣題目	共同性	學習風氣	老師支持	英語學習
我覺得系上同學很認真上課	.66	.81		
我覺得系上同學上課情形踴躍	.64	.80		
我覺得系上的學生很投入學習	.62	.79		
我覺得系上的學生常上圖書館念書	.74	.86		
我覺得系上同學上課不會遲到與早退	.61	.78		
我覺得系上同學喜歡參與學術研討會	.62	.79		
系上老師會鼓勵我做學習計畫	.72		.85	
系上老師會引導我參加生涯規劃討論	.74		.86	
系上老師每學期會關心我未來的出路	.66		.81	
系上老師會關心學生的就業狀況	.72		.85	
系上會邀請系友回來分享職場經驗	.64		.80	
系上導師會運用導師課分享生涯規劃	.62		.79	
我會設定英語的學習目標	.66			.81
我會努力把英文學好	.72			.85
系上同學有參加英語檢定的風氣	.62			.79
系上同學對英語學習很有動力	.74			.86
我常和同學一起聽英語廣播節目	.64			.80
我會主動學習英語	.62			.79
特徵值	12.4	4.70	4.0	3.70
解釋量	68.89	26.11	22.22	20.56
信度		.85	.82	.80

表10-4　大學生生涯規劃問卷的信效度

生涯規劃的題目	共同性	負荷量	特徵值	解釋量
我清楚知道大學畢業之後要做什麼	.72	.85	5.50	78.57
我會善用時間去找生涯發展的資訊	.71	.84		
我會到學校輔導室請教老師生涯輔導	.67	.82		
我會規劃未來的出路	.64	.80		
我修課時會考量未來的工作	.62	.79		
我會善用時間試探自己的興趣	.64	.80		
我會與同學討論我的生涯規劃	.72	.85		

四、資料來源

本章資料來源透過自編〈大學生學習狀況問卷〉、〈大學學習風氣問卷〉、〈大學生生涯規劃問卷〉對千葉大學學生蒐集的資料。學習態度問卷包括家庭支持、學習自信、幸福感受、時間管理、喜歡課程及生涯規劃向度。學系風氣包括老師支持、學習風氣、英語學習態度。而大學生涯規劃僅有一個向度。上述問卷各向度都有數題，以李克特（Likert）四點量表，非常同意、同意、不同意、非常不同意為選項，分別給予1到4分大學生生涯規劃原因問卷的信效度。2018年千葉大學學生為母群體3,510名，同年3月抽取樣本數共800名調查，最後回收刪除漏答者，有效樣本數為695人。樣本屬性為男女各占36.73%及63.27%。

五、資料處理

本章以HLM分析大學生生涯規劃因素，分為學系及學生層，以HLM7.0版本軟體的最大概式估計法，以具強韌的標準誤（with robust standard errors）估計。各模式說明如下：

(一)隨機效果的單因子變異數分析模式（One-Way ANOVA with Random Effects）又稱為零模型。在了解各系學生生涯規劃及其他變項的差異，並估計總變異量有多少變異由各系之間變異所造成，本章以內在組別相關係數（intraclass correlation coefficient）作為跨層次效果依

據。其模式為：

$$階層一模式：Y_{ij} = \beta_{0j} + \varepsilon_{ij} \qquad \varepsilon_{ij} \sim N\,(0,\ \sigma^2)$$
$$階層二模式：\beta_{0j} = \gamma_{00} + u_{0j} \qquad u_{0j} \sim N\,(0,\ \tau_{00})$$

　　式中，β_{0j}為階層一中第j系的平均生涯規劃、ε_{ij}為階層一之隨機效果（個體層次）；γ_{00}為階層二的截距項、τ_{00}是系級階層u_{0j}的變異數誤差項。

　　(二)以平均數為結果的迴歸模型（Means-as-Outcomes Regression）在了解系級層變項，如學習風氣及自律學習，是否能解釋各系學生生涯規劃之差異。

　　(三)具隨機效果的單因子共變數分析模型（One-Way ANCOVA with Random Effects）在分析性別、家庭收入、個人性向、家庭支持、學習自信、幸福感受、時間管理、喜歡課程、喜歡課程，是否能夠解釋大學生生涯規劃差異情形。

　　(四)隨機係數的迴歸模型（Random-Coefficients Regression Model）在了解學生層變項，是否能解釋各系學生生涯規劃之差異，以及各系之間的學生層變項對生涯規劃的影響。

　　(五)脈絡模型（contextual model）在了解脈絡變項對學生生涯規劃及其他變項的影響。

　　(六)完整模型（full model）在分析影響學生生涯規劃因素之跨層級解釋變項的調節作用。其模式如下：

$$階層一模式：Y_{ij} = \beta_{0j} + \beta_{1j}X_{ij} + \varepsilon_{ij} \quad \varepsilon_{ij} \sim N\,(0,\ \sigma^2)$$
$$階層二模式：\beta_{0j} = \gamma_{00} + \gamma_{01}Z_j + u_{0j} \quad u_{0j} \sim N\,(0,\ \tau_{00})\ \ Cov(\varepsilon_{ij},\ u_{0j})=0$$
$$\beta_{1j} = \gamma_{10} + \gamma_{11}Z_j + u_{1j}$$

　　式中，Y_{ij}代表第j系級第i位學生生涯規劃，β_{0j}為階層一中第j系級的平均生涯規劃、β_{1j}為斜率、X_{ij}為解釋變項、ε_{ij}為階層一之隨機效果；γ_{00}為第一層各組迴歸模式截距項的平均，γ_{01}為第二層模型對第一層模型

平均截距解釋變數的斜率，γ_{10}為第一層迴歸模式斜率的平均、γ_{11}為第二層模型對第一層模型平均斜率解釋變數的斜率、Z_j為脈絡變項、u_{0j}與u_{1j}均為隨機效果。

貳、大學生生涯規劃的結果與討論

一、零模型檢定

(一) 各系學生生涯規劃平均表現

　　針對千葉大學各系學生生涯規劃的情形如圖10-2。圖看出，最小值為2.48，最大值為3.03。圖中看出線條高低起伏，代表每個系的平均生涯規劃不同，最高與最低的生涯規劃分數差0.55。代碼6的系，學生生涯規劃特別低，這是該系應該要注意的問題。而在代碼15及27的學生生涯規劃分數較高，可以深入的了解他們的原因，並作為其他學系的生涯規劃標竿。

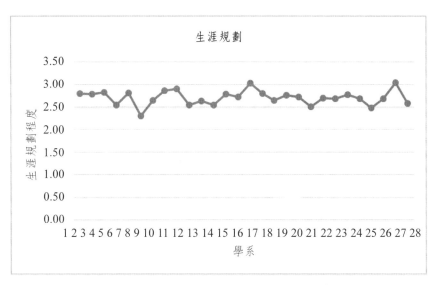

圖10-2　各學系學生平均生涯規劃的分布

（二）零模型檢定結果

檢定如表10-5看出，28個系學生生涯規劃平均數（τ_{00}）爲2.72分，標準誤爲0.07。在生涯規劃之信度（reliability）爲.78，表示以各系學生平均生涯規劃，作爲各系學生平均生涯規劃之測量信度。系級的生涯規劃隨機效果，$\chi^2 = 62.47$，$df = 27$（$p < .001$），拒絕τ_{00}爲0的虛無假設，它說明千葉大學各系學生生涯規劃之間有明顯不同。階層二的各班之間平均生涯規劃變異數$\tau_{00} = 0.02$，各系內的平均生涯規劃變異數$\sigma^2 = 0.28$，其內在組別相關係數$\rho = 0.02 / (0.02 + 0.28) = .066$，具低度相關，代表各系之間的生涯規劃略有差異。各系之間的生涯規劃略有差異，以零模型比較各系之間的生涯規劃可以解釋6.6%。這說明，生涯規劃由各系之間差異造成之外，還有其他變項可以解釋各系之間生涯規劃的不同。離異係數（deviance coefficient）反應了檢定模型之適配度的參考標準。因此，千葉大學學生生涯規劃因素可以用HLM來分析。

表10-5　大學生生涯規劃的零模型分析

固定效果	係數	估計標準誤	t值
階層二 系的平均生涯規劃r_{00}	2.71	0.03	88.7243***
隨機效果	變異數	df	χ^2
階層二 系的平均生涯規劃$u_{0j}(\tau_{00})$	0.02	27	62.47***
階層一 各系內的平均生涯規劃$\varepsilon_{ij}(\sigma^2)$	0.28		
離異係數 (-2LL)	1118.20		

***$p < .001$.

在零模型檢定之後，千葉大學的28個學系學生生涯規劃，階層二（系）的隨機效果達顯著水準，代表各系生涯規劃之間有明顯差異，它可以解釋生涯規劃變異量有6.6%。若以單層面分析，沒有考慮學系與學生層因素，會造成型 I 誤差（type I error）的膨脹，易發生結果解釋偏誤（Raudenbush & Bryk, 2002）。

二、學生層變項之生涯規劃檢定之結果

(一) 隨機效果的單因子共變數分析模式

　　表10-6是隨機效果的單因子共變數分析模式，在固定效果中，有六個自變項達到.01統計顯著水準。其中性別對生涯規劃為正向影響（r_{10}），代表男生生涯規劃明顯高於女生。學生家庭收入（r_{20}）與幸福感（r_{60}）受對生涯規劃沒有顯著影響，代表家庭收入與幸福感受沒有影響學生的生涯規劃。各系學生個人性向（r_{30}）、家庭支持（r_{40}）、學習自信（r_{50}）、時間管理（r_{70}）、喜歡課程（r_{80}）對生涯規劃有顯著影響，代表學生活潑外向、家庭支持愈多、學生愈有自信、時間管理愈好，以及學生愈喜歡課程，愈會做生涯規劃。從這些變項來看，其重要性依序為學習自信、家庭支持、時間管理、性別、個人性向、時間管理。

表10-6　大學生生涯規劃的隨機效果的單因子共變數分析

固定效果	係數	估計標準誤	t值
β_0			
階層二 系的平均生涯規劃r_{00}	-.018	.14	-.13
β_1			
性別（男生＝1，女生＝0）r_{10}	.14**	.03	4.21
家庭收入r_{20}	.02	.02	1.53
個人性向r_{30}	.11**	.03	3.31
家庭支持r_{40}	.22**	.05	4.94
學習自信r_{50}	.30**	.06	5.02
幸福感受r_{60}	.08	.05	1.48
時間管理r_{70}	.17**	.05	3.72
喜歡課程r_{80}	.09**	.03	2.70

隨機效果	變異數	df	χ^2
階層二 系的平均生涯規劃u_{0j} (τ_{00})	0.01	27	58.44***
階層一 各系內的平均生涯規劃ε_{ij} (σ^2)	0.17		
離異係數 (-2LL)	795.00		

*$p < .05.$**$p < .01.$ ***$p < 0.001.$

　　在階層二的隨機效果中，$\tau_{00} = 0.01$，$df = 27$，$\chi^2 = 58.44$（$p <$ .001），表示納入學生層8個變項對生涯規劃影響，各系生涯規劃平均值明顯不同。各系之間平均生涯規劃變異數$\tau_{00} = 0.01$，而零模型的0.02，略有下降。代表階層一加入8個解釋變項之後，能解釋生涯規劃變異百分比為（0.02-0.01）/ 0.02 = 50.00%。各系內的平均生涯規劃變異由零模型的ε_{ij} (σ^2) = 0.28，下降為0.17，表示階層一加入8個解釋變項之後，能解釋生涯規劃變異百分比為（0.28-0.17）/ 0.28 = 39.29%。離異係數由零模型的1118.20降為795.00，減少323.2，顯示此模型適配度比零模型還好。

(二) 隨機係數的迴歸模型

　　表10-7在固定效果中，大學生的性別、家庭收入、個人性向、家庭支持、學習自信、時間管理、喜歡課程達到統計顯著水準。女生生涯規劃低於男生。家庭支持高，生涯規劃多；學生愈喜歡課程、時間管理愈好及學習自信高，學生的生涯規劃較高。階層二的隨機效果中，$\tau_{00} = 0.18$，$df = 27$，$\chi^2 = 7.92$（$p > .05$），代表納入學生層級8個變項對各系生涯規劃平均值沒有明顯影響。各系之間平均生涯規劃變異數$\tau_{00} = .18$，零模型時為.02，代表階層一加入8個解釋變項之後，無法解釋生涯規劃變異百分比[（0.02-0.18）/ 0.02 = -800%]。各系內的平均生涯規劃變異由零模型的ε_{ij} (σ^2) = .28，下降為.14，表示階層一加入8個解釋變項之後，能解釋學生生涯規劃變異數百分比為（.28-.14）/ .14 = 100%。離異係數由零模型的1118.20降為756.18，減少362.02，顯示此模型比零模型之適配度還好。

表10-7　大學生生涯規劃的隨機效果的迴歸模型

固定效果	係數	估計標準誤	t值
β_0			
階層二 系的平均生涯規劃r_{00}	-.02	.14	-.15
β_1			
性別（男生＝1，女生＝0）r_{10}	.14**	.03	4.41
家庭收入r_{20}	.03*	.01	1.96
個人性向r_{30}	.10**	.03	3.05
家庭支持r_{40}	.21**	.04	4.87
學習自信r_{50}	.27**	.05	5.21
幸福感受r_{60}	.11	.06	1.84
時間管理r_{70}	.20**	.04	4.93
喜歡課程r_{80}	.09*	.04	2.48
隨機效果	變異數	df	χ^2
階層二 系的平均生涯規劃u_{0j} (τ_{00})	.18	27	40.49
性別（男生＝1，女生＝0）τ_{11}	.01	27	28.00
家庭收入τ_{21}	.01	27	26.67
個人性向τ_{31}	.01	27	32.44
家庭支持τ_{41}	.03	27	47.44**
學習自信τ_{51}	.03	27	38.78
幸福感受τ_{61}	.06	27	55.67**
時間管理τ_{71}	.02	27	30.32
喜歡課程τ_{81}	.01	27	31.03
階層一 系內的平均生涯規劃ε_{ij} (σ^2)	.14		
離異係數 (-2LL)	756.18		

* $p < .05.$ **$p < .01.$

三、脈絡模型與完全模型的結果

(一) 脈絡模型的結果

　　表10-8的階層二中，學系的老師支持、學習風氣與英語學習態度達到.01、.01及.05統計顯著水準。其意義是，當學系的老師支持愈高、學習風氣與英語學習態度愈好，學生愈會生涯規劃。在脈絡模型中，這三個變項達到統計顯著水準，代表學系的老師支持、學習風氣與英語學習態度之重要性。從變項顯著更顯示，這些脈絡變項對學生生涯規劃的重要性。表還看出，女生生涯規劃低於男生。個人較為外向，較會生涯規劃；大學生的家庭支持多、學習自信高、時間管理好及愈喜歡課程，整個系的生涯規劃平均數較好。模式中看出，學習自信與時間管理影響生涯規劃較大，其中以學習自信最大。

表10-8　大學生生涯規劃的脈絡模型

固定效果	係數	估計標準誤	t值
β_0			
階層二 系的平均生涯規劃r_{00}	-3.06**	.49	-6.25
脈絡變項			
老師支持r_{01}	.32**	.08	3.86
學習風氣r_{02}	.44**	.14	3.24
英語學習態度r_{03}	.30*	.14	2.12
β_1			
性別（男生＝1，女生＝0）r_{10}	.13**	.03	4.41
家庭收入r_{20}	.03	.01	1.91
個人性向r_{30}	.11**	.03	3.12
家庭支持r_{40}	.21**	.04	4.73
學習自信r_{50}	.26**	.05	5.25
幸福感受r_{60}	.10	.06	1.79
時間管理r_{70}	.21**	.04	5.16
喜歡課程r_{80}	.09*	.04	2.45

隨機效果	變異數	df	χ^2
階層二 系的平均生涯規劃 u_{0j} (τ_{00})	.12	24	39.14*
性別（男生＝1，女生＝0）τ_{11}	.01	27	27.96
家庭收入 τ_{21}	.01	27	26.75
個人性向 τ_{31}	.01	27	32.58
家庭支持 τ_{41}	.03	27	48.00**
學習自信 τ_{51}	.02	27	39.07
幸福感受 τ_{61}	.06	27	55.95***
時間管理 τ_{71}	.02	27	30.47
喜歡課程 τ_{81}	.01	27	31.13
階層一 各系內的平均生涯規劃 ε_{ij} (σ^2)	.14		
離異係數 (-2LL)	744.92		

* $p < .05$. ** $p < .01$. ***$p < 0.001$.

　　在階層二的隨機效果中，τ_{00} = .12，df = 24，χ^2= 39.14（$p >$ .05），表示學生層納入8個變項對各系生涯規劃平均值有明顯不同。各系之間平均生涯規劃變異數 τ_{00} = .12，零模型為.02，代表階層一加入8個解釋變項之後，無法解釋生涯規劃[（.02-.12）／ .02 = -5]。組內平均生涯規劃變異由零模型的 ε_{ij} (σ^2) = .28，下降為.14，表示階層一加入8個解釋變項之後，能解釋生涯規劃變異百分比為（.28-.14）／ .28 = 100%。離異係數由零模型的1118.20降為744.92，減少373.28，顯示此模型比零模型之適配度還好。

　　學生學習自信、時間管理與生涯規劃之分布情形如圖10-3及圖10-4。其中圖10-3的線條較圖10-4為集中，而圖10-4較為分散，兩個圖在兩個變項都是正向關係，但學習自信與生涯規劃因線條較為集中，且較能由左下到右上的散布。

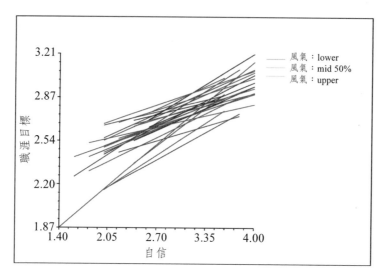

圖10-3　學習自信與生涯規劃

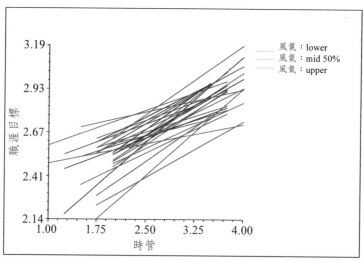

圖10-4　學生時間管理與生涯規劃

(二) 完全模型－加入老師支持

　　本章在完全模型分別以老師支持、學習風氣與英語學習態度對學生生涯規劃進行調節效果分析，其中學習風氣與英語學習態度沒有達

到.05統計顯著水準，也就是不具調節作用，而老師支持則達到統計顯著水準如表10-9。代表在八個變項中，僅有老師支持對於學生時間管理對生涯規劃具有調節作用。它的意義是，當學系老師支持愈多，學生時間管理愈好，學生生涯規劃愈好。這更代表學系老師支持的重要性，也就是學系的老師較支持學生，學生愈會時間管理，生涯規劃愈好。這顯示出，巢套在學系有較好的老師支持，學生若比較會時間管理，生涯規劃會較好。這更顯示出，千葉大學系的老師支持對於時間管理對生涯規劃具有調節作用。

表10-9　大學生生涯規劃的完全模型（加入老師支持）

固定效果	係數	估計標準誤	t值
β_0			
階層二 系的平均生涯規劃r_{00}	-6.22	3.56	-1.74
脈絡變項			
老師支持r_{01}	1.40	1.19	1.84
學習風氣r_{02}	0.44**	.14	3.12
英語學習態度r_{03}	0.27	.15	1.83
β_1			
性別r_{10}	-.46	.48	-.96
性別*教師支持r_{11}	.199	.16	1.26
家庭收入r_{20}	.07	.23	.30
家庭收入*教師支持r_{21}	-.01	.07	-.18
個人性向r_{30}	.67	.57	1.17
個人性向*教師支持r_{31}	-.19	.19	-1.01
家庭支持r_{40}	-.57	.71	-.80
家庭支持*教師支持r_{41}	.26	.24	1.10
學習自信r_{50}	1.30	.73	1.79
學習自信*教師支持r_{51}	-.35	.24	-1.45
幸福感受r_{60}	.07	1.16	.06

固定效果	係數	估計標準誤	t值
幸福感受*教師支持r_{61}	.01	.39	.03
時間管理r_{70}	1.26*	.51	2.45
時間管理*教師支持r_{71}	.35*	.17	2.10
喜歡課程r_{80}	-.13	.70	-.19
喜歡課程*教師支持r_{81}	.07	.24	.31
隨機效果	變異數	Df	χ^2
階層二 系間的平均生涯規劃u_{0j} (τ_{00})	.10	24	37.24*
性別（男生=1，女生=0）τ_{11}	.01	26	26.36
家庭收入τ_{21}	.01	26	26.57
個人性向τ_{31}	.01	26	31.42
家庭支持τ_{41}	.03	26	46.72*
學習自信τ_{51}	.02	26	36.47
幸福感受τ_{61}	.06	26	55.90*
時間管理τ_{71}	.01	26	27.56
喜歡課程τ_{81}	.01	26	31.27
階層一 各系內的平均生涯規劃ε_{ij} (σ^2)	.14	26	
離異係數 (-2LL)	747.39		

* $p < .05$.

在階層二的隨機效果中，$\tau_{00} = .10$，$df = 24$，$\chi^2 = 37.24$（$p <$ .05），表示納入學生層級8個變項及加入系的老師支持的調節作用之後，各系生涯規劃平均值有明顯不同。各系之間平均生涯規劃變異數 $\tau_{00} = .10$，零模型為.02，代表階層一加入8個解釋變項之後，無法解釋生涯規劃變異百分比[（.02-.10）/ .02 = -400%]。各系內的平均生涯規劃變異由零模型的ε_{ij} (σ^2) = .28，下降為.14，表示階層一加入8個解釋變項及與老師支持的調節作用之後，能解釋學生生涯規劃變異百分比為（.28-.14）/ .28 = 50%。離異係數由零模型的1118.20降為747.39，減少370.81，顯示此模型比零模型之適配度還好。

四、綜合討論

本章的貢獻如下：1.以HLM分析千葉大學學生生涯規劃情形，透過系層及學生層因素來了解影響生涯規劃因素。這是現有研究中，缺乏以單一所學校學系進行學生生涯規劃的研究。同時這更符合了校務研究以學校爲本的研究特性。2.大學生的學習自信、家庭支持、時間管理、性別、個人性向、喜歡課程是影響的重要因素，而在系層級的老師支持、學習風氣與英語學習態度也是影響生涯規劃的因素。3.除學生因素之外，納入學系的老師支持在跨層級檢定發現，學系的老師支持對學生時間管理對生涯規劃具有調節效果。針對結果討論如下。

(一) 各學系之間的差異在解釋生涯規劃變異量宜重視

本章從零模型、隨機效果的單因子共變數分析模式、隨機係數的迴歸模型分析、脈絡模型及完全模型對千葉大學學生生涯規劃因素探究發現，若從離異係數作爲適配度標準，上述模型依序爲1118.20、795.00、756.19、744.92、747.39，完全模型數值較低，所以運用此模型最合適解釋千葉大學學生生涯規劃因素。從零模型來看，千葉大學的28個學系之間的差異可以解釋學生生涯規劃變異量爲6.6%，代表分析千葉大學學生生涯規劃因素，各系之間的差異不可以忽略。在解釋學生生涯規劃，應了解各系之間的差異，不能僅從學生因素來解釋。

(二) 學生層的性別、學習自信、家庭支持、時間管理、個人性向、喜歡課程對學生生涯規劃有明顯影響

本章結果發現，在各模型中，千葉大學的學生層因素中，女生生涯規劃明顯低於男生，接受H_1。這和Darcy與Tracey（2007）的研究發現一致。家庭收入沒有影響學生的生涯規劃程度，拒絕H_2。這可能家庭收入較低的家庭，可能更因爲經濟環境，以及個人的機會成本考量，因而更會進行生涯規劃，反而高收入的家庭子女，因爲家庭環境好，較沒有未來工作壓力，較沒有生涯規劃觀念，所以較少進行生涯規劃，因此拒絕H_2。此外，千葉大學的學生學習自信、家庭支持、時間管理

較好、學生外向活潑、喜歡課程，他們較會進行生涯規劃，接受H_3、H_4、H_5、H_7、H_8。這與關永馨、齊隆鯤（2006）的研究發現一致。本章發現，個體層的學生學習自信對生涯規劃有較大預測效果。然而學生幸福感受對於生涯規劃沒有明顯影響，因此拒絕H_6。

(三) 系層的老師支持、學習風氣與英語學習態度對生涯規劃具顯著效果

本章結果發現，千葉大學各系老師支持、學習風氣與英語學習態度對生涯規劃有正向顯著影響，接受H_9、H_{10}、H_{11}。學系的老師、學習風氣與英語學習態度之脈絡變項對生涯規劃有顯著預測力，代表學系的老師愈支持學生、學習風氣愈好與學生英語學習態度愈好，學生愈會生涯規劃，這代表系應建立良好的學習風氣，以及需要有老師的鼓勵與支持；同時學生英語學習態度也是相當的重要，如果學生會不斷要求自我學習英語、多參與英語學習的相關進修，學生愈會做好生涯規劃。

(四) 老師支持對於時間管理對生涯規劃具有調節效果

本章結果發現，千葉大學系的老師支持對學生時間管理對生涯規劃具有調節效果，接受H_{12}。然而與性別、家庭收入、個人性向、家庭支持、學習自信、幸福感受、喜歡課程、喜歡課程沒有調節效果，拒絕H_{12}、H_{13}、H_{14}、H_{15}、H_{16}、H_{17}、H_{18}、H_{19}、H_{20}。這說明了，千葉大學各學系的教師支持對學生時間管理對生涯規劃產生調節效果。換句話說，千葉大學各學系的老師支持學生愈多，學生時間管理愈好，那麼學生較會生涯規劃。此外，學系的老師支持與學生的性別、家庭收入、個人性向、家庭支持、學習自信、幸福感受、喜歡課程、喜歡課程沒有調節效果。同時學系的學習風氣與英語學習態度對學生層的八個變項沒有調節效果。雖然學生層多數變項與學系層沒有較多變項對學生生涯規劃的影響，但是學系的老師支持卻是重要因素，所以不可以單層面、單因素來解釋學生生涯規劃。

參、結論與建議

一、結論

(一) 各學系之間的差異在解釋大學生的生涯規劃不可忽略

本章結果發現，千葉大學各學系之間的差異可以解釋學生生涯規劃變異量有6.6%，可見各系之間的差異，也是不可以忽略的變項。

(二) 學生層的性別、學習自信、家庭支持、時間管理、個人性向、喜歡課程對學生生涯規劃有明顯影響

本章結果發現，女生比男生不會生涯規劃、學生家庭收入與生涯規劃無關，學生學習自信愈高、家庭支持愈多、時間管理愈好、個人外向活潑、愈喜歡課程對學生生涯規劃有明顯影響。

(三) 系層的老師支持、學習風氣與英語學習態度對生涯規劃有縮減效果

本章結果發現，學系如果老師支持愈多、學習風氣愈好與英語學習態度高，學系的學生愈會生涯規劃。

(四) 老師支持對於學生時間管理對生涯規劃具有調節效果

本章結果發現，老師支持對學生時間管理對生涯規劃具有調節效果，也就是說，學系的老師愈支持學生，學生時間管理愈好，學生較會生涯規劃。

二、大學生生涯規劃的實務建議——學校的應用

基於結論，有以下建議：

(一)千葉大學應注意各系之間差異對生涯規劃的影響。本章結果發現，千葉大學的28個系之間的差異可以解釋生涯規劃有6.6%，代表各系之間的差異在解釋生涯規劃爲不可以忽略的因素，在實務面及研究

都不可忽略。

(二)千葉大學應適性化教育，避免學生的生涯規劃增加。本章結果發現，女生生涯規劃低於男生；學生學習自信愈高、家庭支持愈多、時間管理愈好、個人外向活潑、愈喜歡課程對學生生涯規劃有明顯影響。因此對於女生應注意其生涯規劃，給與女學生適性引導，就其個別差異，循循善誘，鼓勵女生涯規劃。同時家長應多鼓勵及引導子女思考生涯規劃，多與學校老師溝通，家長的支持子女生涯規劃的重要。此外，學校導師應留意學生時間管理，增加學生學習自信，同時老師應運用多元教學方法及營造不嚴肅的班級學習氣氛，讓學生喜歡課程，鼓勵學生時間管理，如此引導學生生涯規劃。

(三)千葉大學應正視學系老師支持、學習風氣與英語學習態度對生涯規劃的影響。本章結果發現，千葉大學各系老師支持、學習風氣與英語學習態度對生涯規劃正面效果，這代表各學系老師要支持學生，正面鼓勵學生，建立良好的學系學習風氣，包括學生的英語學習態度，讓學生在好的學習風氣，促進學生生涯規劃。千葉大學各系的老師應鼓勵及引導學生生涯規劃，同時學系建立良好學習風氣，增加千葉大學學生生涯規劃。

(四)千葉大學各系老師支持學生，鼓勵學生時間管理，促進學生生涯規劃。本章結果發現，千葉大學各系老師支持對學生時間管理對生涯規劃具調節效果，學系的老師支持學生愈高，學生較會做好時間管理，生涯規劃也較好。這代表學系的老師支持的正面態度氣和學生時間管理都相當重要。雖然時間管理在學生層就已經明顯影響生涯規劃，但從調節效果來看，學系的老師支持學生愈多，若再加上學生時間管理愈好，學生生涯規劃會更好。

(五)對未來研究也有多項建議可以改善。本章納入千葉大學各系脈絡變項為學老師支持、學習風氣及英語學習態度，僅有學系的老師支持在調節效果達到顯著水準，其他兩個變項則否。其實，學系脈絡環境多樣性，包括系上師生組成特性、教師研究能量、學生社團、課業表現與學生來自家庭背景，以及來自於整體的校園文化所塑造，未來研究可以納入上述因素，來掌握影響大學生生涯規劃因素。本章以千葉大學28

系685名學生分析，未來在不同學校也可以嘗試進行分析，作爲改善大
學生生涯規劃參考。最後，未來可以透過千葉大學學生的生涯規劃長期
調查學生學習狀況追蹤分析，經由長期追蹤學生生涯規劃及其因素，以
不同層次分析，更能掌握影響生涯規劃因素。

問題與討論

　　本章的IR分析議題爲大學生生涯規劃及其因素，分析結果發現許
多因素影響大學生學生生涯規劃。就您閱讀的心得與經驗，可否指出還
有哪些理論可以解釋大學生學生生涯規劃，以及影響學生生涯規劃因素
除了本章討論的之外，還可能有哪些因素呢？如果您是IR人員，要如
何分析此議題以提供校務決策的參考呢？

參考文獻

一、中文部分

林邦傑、修慧蘭（1997）。大學生生涯發展量表電腦化系統之研究。臺北市：教育部
　　訓育委員會。

金樹人（2001）。生涯諮商與輔導。臺北市：東華。

金樹人、陳清平、張小鳳、林幸台（1992）。生涯興趣量表之初步編製研究。教育心
　　理學報，25，111-124。

吳芝儀（2000）。生涯輔導與諮商。嘉義市：濤石文化。

鍾思嘉（2008）。大學生的生涯諮商手冊。臺北市：心理

張景媛（1992）。自我調整、動機信念、選題策略與作業表現關係的研究暨自我調整
　　訓練課程效果之評估。教育心理學報，25，201-243。

劉若蘭、林大森（2012）。家中第一代大學生的就學經驗、學習成果與畢業流向：與
　　非第一代相比。教育實踐與研究，25(2)，97-130。

蔡銘津（2007）。高雄地區大學生心理適應、學習態度與生涯規劃能力關係之研究。
　　樹德人文社會電子集刊，4(1)，1-18。

關永馨、齊隆鯤（2006）。大學生生涯成熟及其相關因素之研究：以中部某大學為例。教育科學期刊，**6**(2)，91-106。

梁雲霞（1986）。大學生自我統整、成就動機、性別角色與事業發展之相關研究。國立政治大學（未出版的碩士論文），臺北市。

黃秀霜、陳惠萍、甘孟龍（2014）。大學生生涯希望量表發展之研究。**教育研究學報**，**48**(1)，23-43。

江捷如、杜淑芬、樊愛群（2016）。以正向心理學之觀點探討大學生希望感、問題解決及生涯發展之關係。**臺中教育大學學報：人文藝術類**，**17**，30(2)，17-40。

田秀蘭（2003）。社會認知生涯理論之興趣模式驗證研究。**教育心理學報**，**34**(2)，247-266。

二、英文部分

Amir, T., & Gati, I. (2006). Facets of career decision-making difficulties. British *Journal of Guidance and Counseling, 34*(4), 483-503.

Bandura, A. (1977). Self-efficacy: Toward a unifying theory of behavioral change. *Psychological Review, 84* (2), 191-215.

Bronfenbrenner, U. (1979). *The ecology of human development: Experiments by nature and design*. Cambridge, MA: Harvard University Press.

Burke, M. A., & Sass, T. R. (2013). Classroom peer effects and student achievement. *Journal of Labor Economics, 31*, 51-82.

Credé, M., Roch, S. G., & Kieszczynka, U. M. (2010). Class attendance in college: A meta-analytic review of the relationship of class attendance with grades and student characteristics. *Review of Educational Research, 80*(2), 272-295.

Darcy, M. U., & Tracey, T. J. (2007), Circumplex structure of Holland's RIASEC interests across gender and time. *Journal of Counseling Psychology, 54*, 17-31.

Gati, I., & Amir, T. (2010). Applying a systemic procedure to locate career decision-making difficulties. *Career Development Quarterly, 58*(4), 301-320.

Harker, R., & Tymms, P. (2004). The effects of student composition on school outcomes. *School Effectiveness and School Improvement, 15*, 177-199.

Holland, J. I. (1985). *Making vocational choices: A theory of vocational personalities and work environments*. (2nd ed.), Englewood Cliffs, NJ: Prentice-Hall.

Hutchison, D. (2007). When is a compositional effect not a compositional effect? *Quality & Quantity, 41*, 219-232.

Kaiser, H. F. (1974). An index of factorial simplicity. Psychometrika, *39*, 31-36.

Kelly, K. R., & Lee, W. (2002). Mapping the domain of career decision problems. *Journal of Vocational Behavior, 61*, 302-326.

Kreft, I. G. G., de Leeuw, J., & Aiken, L. S. (1995). The effect of different forms of centering in hierarchical linear models. *Multivariate Behavioral Research, 30*, 1-21.

Pintrich, P. R., & Schunk, D. H. (1996). *Motivation in education: Theory, research, and applications*. New Jersey, NJ: Prentice Hall.

Ramdass, D., & Zimmerman, B. J. (2011). Developing self-regulation skills: The important role of homework. Journal of Advanced Academics, *22*(2), 194-218.

Raudenbush, S. W., & Bryk, A. S. (2002). *Hierarchical linear models: Applications and data analysis methods* (2nd ed.). Newbury Park, CA: Sage.

Super, D. E. (1990). A life span, life-space approach to career development. In D. Brown, & L. Brooks (Eds.), *Career choice and development* (2nd ed.). San Francisco: Jossey-Bass.

Zimmerman, B. J. (1989). A social cognitive view of self-regulated academic learning. *Journal of Educational Psychology, 81*, 329-339.

第十一章

大學生學習壓力成長軌跡

第一節　探討大學生學習壓力的重要性

壹、探究大學生學習壓力的緣起——緒論

　　為了了解一所學校學生學習壓力，本章的臺北教育大學的校務研究針對此問題深入分析。本章想了解大學生在四年學習壓力為何呢？他們從大一進入校園之後，到大四畢業的學習壓力成長變化情形。同時也要了解影響大學生學習壓力的可能因素，透過分析獲得研究結果，提出改進學生學習壓力因應方式。為了更清楚掌握不同族群學生的學習壓力，將學生區分為有談戀愛與沒有談戀愛學生，進行學習壓力因素的檢定，以解大學生戀愛與否的學習壓力狀況。我們常認為，談戀愛的大學生會比較沒有壓力，然而是否如此呢？

　　社會科學研究的研究步驟先從界定研究問題與文獻探討，接著在界定研究母群體之後，就抽取樣本進行調查蒐集資料，或運用現有資料庫分析。然而很少看到以一所學校長期觀察學生學習壓力，也沒有將學生分為有談戀愛與沒有談戀愛學生學習壓力的對照分析。IR以校本議題為範圍，除了運用學校建立的資料庫分析之外，更重要的是透過從發展研究工具蒐集資料，深入探究以作為學校發展參考。本章透過臺北教育大學的450位學生之問卷追蹤調查資料（分為談戀愛及沒有談戀愛學生），來了解大學生在四年學習中的學習壓力成長變化及其影響因素。

　　影響大學生學習壓力因素相當多元，可以歸納為家庭因素（例如家庭社經地位、家庭結構、家庭資源等）、學校因素（課業、師生互動、有無打工、學分學習多寡、未來職涯規劃等）、個人特質因素（如內外向性格、先前學習成就、性別等）。許多研究證實上述因素與學習壓力有關（Aselton, 2012; Darling, McWey, Howard, & Olmstead, 2007）。本章運用長期追蹤資料，透過潛在成長曲線模型（Latent Growth Curve Modeling, LGM）來分析學習壓力，以LGM分析模型來解釋變項之關係。為了讓學校及家長與老師知悉影響學生學習壓力，

IR納入想要了解的變項包括：學生的性別、父親教育程度、家庭經濟收入、蹺課、內外向特質等。雖然這些變項在許多研究證實其重要性（張芳全，2017；Brougham, Zail, Mendoza & Miller, 2009），但是若以單一所學校來說，這些變項對學生學習壓力的影響爲何呢？長期追蹤這些變項對學生學習壓力成長變化的影響又是如何呢？

　　基於上述，本章運用四年時間建置資料庫，蒐集了臺北教育大學學生在五波的學習壓力及相關因素。除了了解學習壓力成長變化之外，也分析大學生有談戀愛與沒有談戀在學習壓力差別，以及學生的性別、父親教育程度、家庭經濟收入與蹺課對學生學習壓力的影響，這些因素對大學四年的學習壓力之影響情形。

貳、大學生的學習壓力的文獻探討

一、大學生的學習壓力的相關概念

　　個人壓力由心情不平靜所產生的心理狀態。Beck（1967）指出，個體的壓力無所不在，壓力來源多樣性，包括家庭、社會、經濟、養育子女、工作謀職、健康等，而最重要的是親人死亡或犯重要錯誤使得個人壓力增加。許多人在日常生活會面臨壓力，也試著想要找出因應壓力方式。大學生在日常生活面對壓力是無可避免及自然發生的事。大學生進入校園就讀之後，就有責任將他們的身心健康、學校生活、經濟問題及自我管理做好（Cress & Lampman, 2007; Darling, McWey, Howard, & Olmstead, 2007）。然而大學求學期間也有很多問題要面對，包括面臨學業表現，到未來工作不確定性、從人際關係到談戀愛的親密關係，從自我問題到家庭問題（Chao, 2012）。研究顯示，有75%的學院學生感受到自己有適度壓力，而有12%感受到高度壓力（Pierceall & Keim, 2007）。大學生對於學業成就、不確定未來、經濟困擾、家庭有關問題、大學生男女相處問題及人際關係等都是主要學習壓力來源（Brougham, Zail, Mendoza, & Miller, 2009; Chao, 2012; Darling et al., 2007; Ross, Niebling, & Heckert, 1999）。此外，學生面對日常生活問題，例如健康問題、與師長衝突、作業問題、與室友相處問題、學貸問

題，以及飲食與睡眠習慣等問題（Darling et al., 2007; Dusselier, Dunn, Wang, Shelley, & Whalen, 2005）。這些問題都會帶給學生學習壓力。

有壓力的大學生，在大學生活可能會面臨來自於個人、社會、學業、經濟，以及其他與生活調適有關變項的問題。許多研究顯示，大學生壓力與健康指標有關，包括憂鬱、焦慮、有自殺念頭者（Dusselier et al., 2005; Eisenbarth, 2012; Jou & Fukada, 2002; Wilbum & Smith, 2005），壓力也與個人的正向情緒有關，例如快樂、生活滿足、樂觀與勤奮愈高，壓力愈小（Cress & Lampman, 2007; Extremera, Durán, & Rey, 2009; Krypel & Henderson-King, 2010; Schiffrin & Nelson, 2010）。

總之，大學生壓力來源相當多元，包括了學業、朋友互動、師生互動、社團生活、生活費用、未來職涯規劃與就業，乃至於平時睡眠及飲食都可能帶來壓力。大學生很重要的是學習課業，它可能帶來壓力，因此本章著重於學習壓力探討。

二、學習壓力的相關理論

對個人壓力解釋的理論來自於心理生物學（psychobiology）、社會學、精神病學（psychiatry）及人種誌學（anthropology）。Cannon（1929）早期實驗指出，刺激伴隨著情緒的產生，促使心理歷程的變化；後來，日常生活事件與疾病都與壓力有關。Holmes與Rahe（1967）以社會學觀點探討個人壓力問題，認為生活事件就是一個壓力源，因此個體需要隨機改變自己的生活方式，後來他們編製了〈社會調適量表〉（Social Readjustment Rating Scale, SRRS）為學界廣泛運用。Hoff（2001）則發展出一個危機典範（crisis paradigm）來解釋，個體經驗危機或壓力時，個體如何因應。

有多個理論可以解釋壓力，其中ABC-X理論、雙層ABCX模式與家庭調適及適應回應模式為代表。ABC-X理論為Hill（1958）提出，它分析個體在家庭中面對壓力及因應的理論模式，這模式包括壓力事件（A）、家庭可以獲得的資源（B）、在家庭中感受的壓力（C），個體會因壓力產生危機（X），其中個體會對於B和C評估，以了解壓力

事件A可能產生的危機。然而此模式還可以融入家庭的社會脈絡因素。後來兩位社會學家McCubbin與Patterson（1982）重新詮釋了ABCX模式，發展出雙層ABCX模式（the double ABCX model），也就是個體在家庭壓力產生之後，會提出因應策略使壓力減少，不過在壓力危機過後，又會有新事件產生而產生新的壓力，也就是有新危機，新舊危機出現就產生另一種因應方式。1980年代後期，受到後現代主義的影響，學者對於壓力理論的焦點轉為個體與家庭成員的互動意義，尤其在生活事件沒有恆常與穩定更會讓人產生壓力。Patterson（1988, 2002）提出家庭調適及適應回應模式（the Family Adjustment and Adaptation Response Model, FAARM），強調個體在面對壓力時，先會運用個人的經驗及方式來調適壓力，慢慢的適應壓力情境，最後獲得心理的平衡。

　　大學生在學習過程中，課業及報告與考試會帶給他們學習壓力，尤其又考量到未來的職涯規劃，工作的不確定性，加上來自於家庭的期待，勢必會產生不同的程度學習壓力，也可能這些壓力帶給他們危機，大學生的因應策略就格外重要。

三、影響學習壓力的因素與相關研究

　　與大學生的學習壓力有關的因素相當多元，相關研究說明如下：

　　學生的獨處與壓力有關。林淑惠、黃韞臻（2009）研究大學生的獨處能力與生活壓力的關係，並比較不同背景變項大學生的獨處能力，以臺中縣市4所大專院校1,656名學生為對象，使用〈生活壓力量表〉、〈獨處能力量表〉發現如下：1.大學生獨處能力不因性別與居住狀況的差異而有所不同；2.大學生獨處能力會因年級、出生序的不同而有差異。大三、大四學生的獨處能力較大一、大二好，而獨生子女的獨處能力明顯較其他出生序差；3.獨處能力較好者，有較低的生活壓力；4.大學生獨處能力與生活壓力之間具有相關，獨處因應與獨處舒適能力愈高的大學生，其情感壓力、自我壓力等生活壓力事件困擾愈少。

　　學習壓力與其因應方式有關。黃組臻、林淑惠、劉響慧（2007）探討大專院校學生生活壓力與因應方式及相關因素之關係，以93學年度臺中技術學院學生為研究對象，有效樣本478份研究發現：當某項壓

力感覺沉重的學生，在其他方面也會連帶感受到強烈壓力；學生面對壓力，學業歷程及家庭環境壓力大較常採用勇敢面對的因應方式，而人際互動壓力大者較常採尋求協助方式，徑路分析發現，面臨學業歷程壓力的學生採用休閒娛樂的因應方法，能使心理層面獲得紓解的效果最大。

壓力與個人的特質有關。黃惠貞、姜逸群（2005）探討大專生的社會人口學變項與靈性健康、知覺壓力和憂鬱的關係，並探討大專生靈性健康、壓力與憂鬱之相關性，母群體為中國海事商業專科學校日間部全體學生，抽取樣本373人，使用靈性評估量表、壓力量表和貝克憂鬱量表第二版，結論如下：1.與靈性健康、知覺壓力和憂鬱均具顯著相關性的社會、人口學變項為性別、經期困擾、運動習慣和人際關係。2.靈性健康與知覺壓力，及靈性健康與憂鬱之間均呈顯著負相關，而壓力與憂鬱則呈顯著正相關。靈性健康與壓力可以解釋憂鬱總變異量的53%，分析顯示大學生壓力愈大，靈性健康對憂鬱的緩衝效果愈好。家庭教育宜採開放民主管教，維繫家人間的親密度；學校宜促進師生溝通互動與親密度，針對師生開設心理健康和靈性健康議題的課程活動。林淑惠、黃韞臻（2008）自編「研究生生活壓力與因應策略調查問卷」將壓力源歸納為五個面向，分別為就業、家庭、經濟、人際及課業因素。黃韞臻、林淑惠（2014）編製〈大一新生學校生活適應量表〉發現：生活適應量表的五個構面，分別為同儕關係、學習適應、自我接納、師生關係，以及時間管理等因素，具有良好的信度與效度。

學生學習壓力還受到許多與課業學習、住宿及同儕有關的因素影響。Archuleta、Dale與Spann（2013）運用180位大學生來了解財務對於焦慮的影響，自編財務焦慮量表（the Financial Anxiety Scale, FAS）分析顯示，財務滿足及學生貸款與性別與財務焦慮有關。Aselton（2012）認為，大學生的壓力來源包括住宿問題、學業問題、財務及生涯規劃問題及家庭對於他們的壓力，而運動、與同學朋友聊天、自言自語、旅行、聽音樂、深呼吸、吸菸等是主要因應方式。Beiter、Nash、McCrady、Rhoades、Linscomb、Clarahan與Sammut（2015）鑒於法蘭克斯大學（the Franciscan University）的學生問題增加2.3

倍，突顯出許多大學生有心理健康問題，因而探討學生壓力、焦慮與憂鬱之關係，受訪的18至24歲374名大學生填答21題的〈壓力焦慮與憂鬱量表〉（the Depression Anxiety Stress Scale）發現，課業壓力表現、感受到要成功壓力及畢業後的計畫是最重要壓力。

　　壓力與社會及心理支持也有關。Chao（2012）研究459名學生在感受到壓力之下，社會支持與反功能因應方式對心理幸福感的多層次分析顯示，大學生感受壓力與社會支持的交互作用對幸福感有明顯影響，而在三層模式分析發現，學生壓力、社會支持及反功能因應方式對於幸福感有顯著影響，低社會支持影響壓力與幸福感之關係，如果學生壓力愈大，幸福感愈低。Çivitci（2015）以479名大學生研究顯示，大學生的負向情緒在社會支持與壓力之間扮演調節角色，也就是大學生的社會支持愈高，壓力愈小，若是社會支持高，而在負面情緒之下，對於壓力沒有減緩效果；而大學生受到社會支持之後，透過正向情緒，會減緩學生的壓力。

　　Darling、McWey、Howard與Olmstead（2007）研究596名大學生，以家庭壓力理論（family stress theory）為依據，探討壓力與因應水準、身體與情緒反應及生活品質之關係發現，女大學生的壓力來自於友誼品質、戀愛關係及家長的關係，然而情緒健康是影響女生壓力最重要的因素，而大學生男生壓力來自於家庭關係。

　　總之，影響學生學習壓力因素相當多元。本章焦點在於學生的性別、父親教育程度、家庭經濟收入及蹺課對學習壓力成長的影響。就性別來說，大學女生的學習壓力大致高於男性；而學生的父親教育程度愈高，子女的學習壓力傾向較高；同時家庭經濟收入與蹺課對大學生學習壓力也有影響。換言之，高社會階層的家庭，其子女在學習壓力應比起低社會階層更高。然而上述情形，現有研究以橫斷面居多，究竟長時間觀察，大學女生學習壓力比男生高嗎？學生的父親教育程度愈高，對於子女的學習壓力愈高嗎？家庭經濟收入愈高的學生，以及蹺課次數愈多，大學生學習壓力愈高嗎？

第二節　大學生學習壓力的分析與發現

壹、研究設計與實施

一、分析架構與研究假設

　　本章的分析架構如圖11-1。圖中直線代表變項對變項之影響情形。圖左邊是性別、父親教育程度、經濟收入及蹺課次數；中間變項為學習壓力起始點及成長幅度，右邊是五波學生學習壓力。本章以LGM估計，其中截距因素（intercept factor），代表當測量時間為0，即開始測量樣本的起始時間點，也就是結果變項起始狀態（initial status）或起始值（initial value）；斜率因素（slope factor），也就是結果變項隨時間改變的線性改變率，即各次重複測量時間點上，因素負荷量大小之變化趨勢。

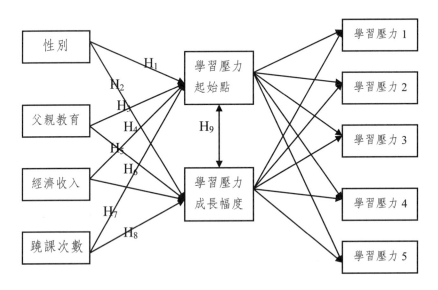

圖11-1　大學生學習壓力的研究架構

本章的假設如下：

H_1：大一男生的學習壓力起始水準明顯低於女生。

H_2：大學男生在學習壓力成長幅度明顯高於女生。

H_3：大一時的父親教育程度愈多，其學習壓力起始水準愈高。

H_4：學生父親教育程度愈高，其學習壓力成長幅度愈高。

H_5：大一時的家庭經濟收入愈高，其學習壓力起始水準愈高。

H_6：家庭經濟收入愈高的學生，其學習壓力成長幅度愈高。

H_7：大一的蹺課次數愈多，其學習壓力起始水準愈高。

H_8：大學生蹺課次數愈多，其學習壓力成長幅度愈高。

H_9：大一時的學習壓力起始點與學習壓力成長幅度有顯著關聯性。

　　值得說明的是，本章分為有談戀愛、沒有談戀愛學生以及臺北教育大學整體學生，每項研究假設都有三項，為方便表示，H_{1A}、H_{1B}、H_{1C}依序代表上述三群樣本，其他假設依此類推。

二、變項的測量

　　本章所探討的學生性別、父親教育程度、家庭經濟收入、蹺課次數、學習壓力之測量方式如表11-1。

表11-1　各測量變項的測量

變項	意義	計分
性別	學生的性別	男生為1，女生為0
父親教育程度	父親接受教育程度，以沒有上過學、國小畢業、國中畢業、高中職畢業、五專畢業、二技畢業、大學畢業、碩士以上畢業分類。	教育程度照臺灣現行學制，各階段以畢業時修業年數為依據，上述各階段教育分別以3、6、9、12、14、16與18年轉換。
家庭經濟收入	它詢問學生的家庭收入。父親每個月收入大約多少元？沒有收入、2萬元以下、2至4萬元、4至6萬元、6至8萬元、8萬元以上。	經濟收入依序分別給予1至6分，分數愈高，代表父親收入愈高。

變項	意義	計分
戀愛	學生在大學四年有交往且成為親密男女朋友。本研究詢問學生在整學期中有沒有知心且親密男女朋友。	沒有為0、有為1
蹺課次數	它是指學生蹺課情形。本研究以詢問學生在這學期，蹺課次數。	選項分成0次、1-3次、4-6次、7-9次、10次以上。依序分別給予1至6分
學習壓力	它是指學生在學習壓力情形，由自編的學習壓力問卷進行施測。	分數愈高，學習壓力愈高

三、資料處理

　　本章資料處理包括描述統計，計算變項的平均數、標準差、偏態與峰度，以了解樣本分布情形，並繪製五波學習壓力之成長線條圖。接著運用積差相關係數估計各變項之相關係數矩陣作為檢定模式依據。再以LGM從五波資料形成兩個潛在變項，一個稱為潛在變項的起始點（或稱起始值），代表當沒有成長效果出現時的一個起點。另一個是潛在變項的變化速率（或稱成長率或斜率，其數值有正或負值可能），其意義在於當出現成長效果時，獨立潛在變項每變動一個單位的幅度，其所相對應的相依潛在變項變動幅度。截距項因素負荷量均固定為1，代表一個穩定常數對重複測量的影響，而斜率項因素的負荷量則均固定在一個線性發展值，代表一個隨時間改變，而線性成長的趨勢如圖11-2。

　　圖中符號說明如下：○中的ζ_1與ζ_2表示無法觀察到的潛在變項；□符號性別X_1、父教X_2、收入X_3、蹺課X_4代表性別、父親教育程度、經濟收入與蹺課次數。ζ_1為學習壓力起始點測量指標，ζ_2為學習壓力成長幅度；□中壓力Y_1、Y_2、Y_3、Y_4、Y_5代表第一至第五波的學習壓力的起始點測量指標；γ_1、γ_3、γ_5、γ_7代表性別、父親教育程度、經濟收入與蹺課次數對學習壓力起始點ζ_1的影響；γ_2、γ_4、γ_6、γ_8代表性別、父親教育、經濟收入與蹺課次數對學習壓力成長幅度ζ_2的影響。λ_1至λ_{10}為各潛在變項的起始值與成長幅度的因素負荷量。圖中的三角形代表常數

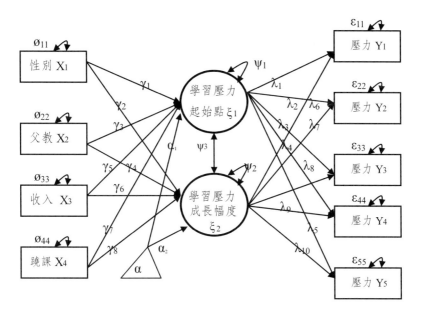

圖11-2　大學生學習壓力成長模式

項，α_1、α_2代表學習壓力的起始點與成長幅度ξ_1、ξ_2的平均截距項及斜率項參數。ψ_1、ψ_2、ψ_3分別為學習壓力的變異數起始值、成長幅度的變異數起始值與成長幅度的共變數。$\varnothing_{11}$、$\varnothing_{22}$、$\varnothing_{33}$、$\varnothing_{44}$分別表性別、父親教育程度、經濟收入及蹺課次數的變異數。ε_{11}至ε_{55}分別代表五波學習壓力的變異數。

四、資料來源

　　本章以校務研究者建置的「大學生學習狀況之追蹤調查」資料庫共五波資料，它是對臺北教育大學學生調查所獲得。大學生學習壓力問卷，依據文獻探討，參考黃組臻、林淑惠、劉響慧（2007）、Dar-ling、McWey、Howard與Olmstead（2007），以及研究者在大學任教經驗為基礎，自行編製。在施測方面，2013年大一入學的新生就進行調查（第一波）、第二波為大學一年級下學期末、第三波為大二學期末、第四波為大三下學期期末、第五波為大四下學期期末，共五波

次。2013年一開始調查學生共有1050名，學生在填答有遺漏者，研究上採取整列剔除法（listwise deletion）刪除，獲得450筆有效樣本，有效樣本率為42.9%。談戀愛及沒談戀愛樣本各為299名及151名（這是所有資料都可以分析者）學生。大學生學習壓力的信度及效度如表11-2。它以因素分析進行萃取，在七個題目共抽取一個與學習壓力有關的構念，其整體的解釋量為80%。如表11-2。

表11-2　大學生學習壓力問卷之因素分析摘要

題目	共同性	學習壓力	特徵值	解釋量
我每天都感受到學習的壓力	.61	.78	5.6	80%
我的課業很重，讓我沒有休息時間	.55	.74		
老師交待的課業，我常無法完成	.71	.84		
我感到無法跟上同學的學習進度	.55	.71		
我課業表現常讓老師覺得表現不佳	.56	.75		
我常期待有更多時間來完成課業	.64	.80		
我很在意學校的課業表現	.72	.85		

貳、大學生學習壓力的結果與討論

一、各變項的描述統計

臺北教育大學學生第一至第五波各觀察變項之平均數、標準差、偏態、峰度及相關係數矩陣如表11-3。表中看出，性別與蹺課次數及第一波學習壓力有顯著相關；而經濟收入及蹺課次數也與第四波的學習壓力有低度正向顯著關係。

表11-3　臺北教育大學學生之各變項的相關係數矩陣　n=450

變項	男生	父教	收入	蹺課	壓力1	壓力2	壓力3	壓力4	壓力5
男生	1								
父教	.07	1							

變項	男生	父教	收入	蹺課	壓力1	壓力2	壓力3	壓力4	壓力5
收入	-.02	.35	1						
蹺課	.28**	.07	.06	1					
壓力1	-.14**	.04	.11*	-.02	1				
壓力2	.04	.10	.13*	.15**	.13**	1			
壓力3	.04	.09	.08	.14**	.08	.52**	1		
壓力4	.03	.09	.11*	-.02	.08	.39**	.38**	1	
壓力5	-.04	.01	.01	.08	.06	.29**	.24**	.30**	1
平均數	0.34	1.48	2.69	1.79	1.90	2.62	2.84	3.04	3.15
標準差	0.47	2.54	1.06	0.92	0.41	0.67	0.68	0.59	0.74
偏態	0.69	-0.21	0.52	1.39	-0.68	0.05	-0.08	-0.21	-0.51
峰度	-1.53	-0.17	-0.22	2.09	2.17	-0.26	-0.27	0.64	-0.22

* $p < .05.$ ** $p < .01.$

　　臺北教育大學有談戀愛學生第一至第五波各觀察變項之平均數、標準差、偏態、峰度及相關係數矩陣如表11-4。表中看出有談戀愛學生的性別、父親教育程度與各波學習壓力沒有顯著相關，與蹺課次數顯著正相關。家庭的經濟收入、蹺課次數與第二波學習壓力有低度正向顯著相關。

表11-4　臺北教育大學有談戀愛學生之各變項的相關係數矩陣　　n=299

變項	男生	父教	收入	蹺課	壓力1	壓力2	壓力3	壓力4	壓力5
男生	1.00								
父教	0.06	1.00							
收入	-0.03	0.34**	1.00						
蹺課	0.30**	0.08	0.08	1.00					
壓力1	-0.17	0.04	0.06	-0.09	1.00				
壓力2	0.05	0.10	0.16*	0.15*	0.10	1.00			
壓力3	0.02	0.02	0.06	0.11	0.06	0.53**	1.00		

變項	男生	父教	收入	蹺課	壓力1	壓力2	壓力3	壓力4	壓力5
壓力4	-0.04	0.06	0.09	-0.08	0.05	0.38**	0.34**	1.00	
壓力5	-0.02	-0.02	-0.04	0.12	0.02	0.21**	0.19**	0.29**	1.00
平均數	0.32	1.49	2.60	1.68	1.88	2.58	2.82	3.02	3.15
標準差	0.47	2.58	1.00	0.84	0.40	0.68	0.67	0.59	0.73
偏態	0.77	-0.19	0.56	1.42	-0.96	0.10	-0.11	-0.30	-0.50
峰度	-1.42	-0.09	0.11	2.43	2.19	-0.26	-0.15	0.89	-0.14

* $p < .05$. ** $p < .01$.

　　在臺北教育大學450名學生的模式中，性別與第一波學習壓力有低度正向顯著相關，父親教育程度與第三波的學習壓力有低度正向顯著相關；經濟收入與第一、第三、第四與第五波學習壓力有顯著正相關如表11-5。上述的臺北教育大學學生（450名樣本）、有談戀愛與沒有戀愛的學生各觀察變項之偏態與峰度均符合Kline（2005）提出資料是否為常態分配之條件：偏態係數小於3及峰度小於10之標準顯示，分析之各變項為常態分配，因此在LISREL以最大概似估計法（maximum likelihood estimation, MLE）進行參數估計。

表11-5　臺北教育大學沒有戀愛學生之各變項的相關係數矩陣　n=151

變項	男生	父教	收入	蹺課	壓力1	壓力2	壓力3	壓力4	壓力5
男生	1.00								
父教	0.10	1.00							
收入	-0.02	0.39	1.00						
蹺課次數	0.25**	0.07	0.00	1.00					
壓力1	-0.20*	0.03	0.17**	0.06	1.00				
壓力2	0.00	0.12	0.04	0.11	0.19	1.00			
壓力3	0.06	0.25**	0.35**	0.18**	0.13	0.48**	1.00		
壓力4	0.15	0.17	0.35**	0.03	0.13	0.41**	0.44**	1.00	
壓力5	-0.07	0.05	0.20*	0.01	0.13	0.46**	0.35**	0.33**	1.00

變項	男生	父教	收入	蹺課	壓力1	壓力2	壓力3	壓力4	壓力5
平均數	0.37	1.47	2.87	2.00	1.93	2.72	2.89	3.10	3.14
標準差	0.48	2.46	1.16	1.05	0.44	0.66	0.71	0.57	0.77
偏態	0.54	-0.28	0.38	1.21	-0.32	-0.05	-0.07	0.00	-0.51
峰度	-1.73	-0.36	-0.73	1.23	2.04	-0.16	-0.47	0.00	-0.33

*$p < .05.$ **$p < .01.$

二、五波學習壓力的成長變化

臺北教育大學學生、有談戀愛及沒有談戀愛學生的學習壓力成長曲線如圖11-3，圖中可知，這三組學生學習壓力，呈現下降－上升－上升－上升的情形。從圖中可以看出，這三群都是大一入學時的學習壓力最低，而到大四下學期的學習壓力則有增加，整體來說，臺北教育大學學生學習壓力五波是隨年級增加，而有學習壓力上升。

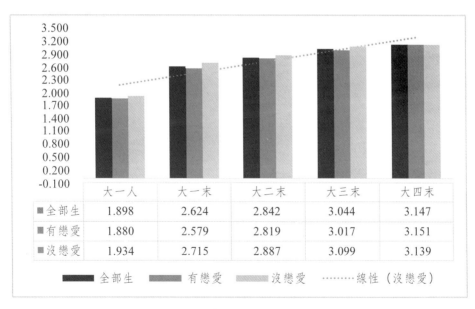

	大一人	大一末	大二末	大三末	大四末
■ 全部生	1.898	2.624	2.842	3.044	3.147
■ 有戀愛	1.880	2.579	2.819	3.017	3.151
■ 沒戀愛	1.934	2.715	2.887	3.099	3.139

■ 全部生　■ 有戀愛　■ 沒戀愛　……… 線性（沒戀愛）

圖11-3　五波的學習壓力成長曲線

三、成長模式的估計結果與討論

(一) 檢定結果

　　校務研究建構的臺北教育大學學生、有談戀愛及沒有談戀愛學生的學習壓力成長軌跡模式，經過SEM檢定的模式適配度如表11-6及圖11-4。就有談戀愛學生來說，其χ^2＝85.39 (p < .01)，RMSEA＝.037，AGFI=.86、NNFI＝.75，SRMR＝.079。從這些標準來看，模式還算適配。表11-6可知，有談戀愛學生的學習壓力平均起始值為1.77，且每波平均以1.13速度成長，各波成長速率分別為.00、.59、.76、.91，各波測量誤差不同。學習壓力的起始點與成長幅度之相關係數為-.03 (p > .05)，表示大學剛入學時的學習壓力與後來五波的學習壓力成長沒有關聯。在大一入學時，女生學習壓力明顯高於男生（γ_1=-.12）。

　　沒有談戀愛的大學生模式，其χ^2＝38.07 (p < .01)，RMSEA＝.035，AGFI=.87、NNFI＝.85，SRMR＝.069，模式還算適配。其學習壓力平均起始值為1.72，且每波平均以.67速度成長，各波成長速率分別為.00、.68、.82、.98，各波測量誤差不同。學習壓力的起始點與成長幅度之相關係數為.01 (p > .05)，表示大一剛入學的學習壓力與後來五波的學習壓力成長沒有關聯。在大一時，女生的學習壓力明顯高於男生（γ_1 = -.21，p < .01），隨著年級增加，男生的學習壓力比女生還要高（γ_2=.30）；家庭經濟收入會隨著年級增加，學生學習壓力也提高（γ_6=.10，p < .05）；而父親教育程度、蹺課次數對大學生四年的學習壓力成長表現沒有影響。

　　至於整體的臺北教育大學學生模式，χ^2＝83.83 (p < .01)，RMSEA＝.031，AGFI=.91、NNFI＝.75，SRMR＝.068，此模式在三個模式中最適配。其學生學習壓力平均起始值為1.74，每波平均以1.00速度成長，各波成長速率分別為.00、.61、.77、.92，各波測量誤差不同。學習壓力的起始點與成長幅度之相關係數為-.01 (p > .01)，表示大一時的學習壓力與後來四波的學習壓力成長沒有關聯。在大一時，女生的學習壓力明顯高於男生（γ_1=-.12），隨著年級增加，男生的學習壓力比女

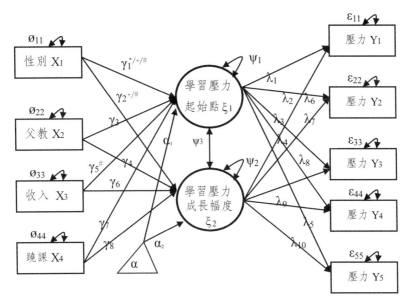

圖11-4 大學生學習壓力成長模式

註：圖中的*、+、#符號分別代表有談戀愛、沒有談戀愛及所有樣本組。若該組在該線
條達到統計顯著水準就在統計符號上打上述符號，沒有顯著者不標上。

生還要高（$\gamma_2 = .14$，$p < .01$）；大一時的家庭經濟收入愈高，學生學習壓力愈高（$\gamma_6 = .10$，$p < .05$），然而經濟收入，並沒有隨著年級增加，學習壓力而提高；而父親教育程度、蹺課次數對大學生四年的學習壓力成長表現沒有影響。

表11-6 各變項對學習壓力之成長模式的參數估計值摘要

樣本群	有談戀愛		沒有談戀愛		所有樣本	
估計參數	估計值	估計標準誤	估計值	估計標準誤	估計值	估計標準誤
學習壓力						
平均截距項（α_1）	1.77**	.14	1.72**	.21	1.74**	.12
平均斜率項（α_2）	1.13**	.24	.67*	.31	1.00**	.20

樣本群	有談戀愛		沒有談戀愛		所有樣本	
估計參數	估計值	估計標準誤	估計值	估計標準誤	估計值	估計標準誤
截距項變異數（ψ_1）	.04	.04	.04	.06	.04	.03
斜率項變異數（ψ_2）	.19**	.06	.12	.08	.17**	.05
斜率項與截距項共變數（ψ_3）	-0.03	.04	.01	.07	-.01	.04
各變項對截距與斜率項效果						
性別對學習壓力起始點（γ_1）	-.12*	.05	-.21**	.07	-.12**	.04
性別對學習壓力成長（γ_2）	.11	.09	.30**	.11	.14*	.07
父親教育對學習壓力起始點（γ_3）	0.06	.09	.01	.15	.04	.08
父親教育對學習壓力成長（γ_4）	-.02	.16	.12	.22	.10	.14
經濟收入對學習壓力起始點（γ_5）	0.03	.02	.06	.03	.04*	.02
經濟收入對學習壓力成長（γ_6）	.01	.04	.10*	.05	.01	.03
曉課次數對學習壓力起始點（γ_7）	-.01	.03	.06	.03	.02	.02
曉課次數對學習壓力成長（γ_8）	.05	.05	-.03	.05	.03	.04
λ_6	——	——	——	——	——	——
λ_7	.59**	.03	.68**	.05	.61**	.03
λ_8	.76**	.03	.82**	.05	.77**	.03
λ_9	.91**	.03	.98**	.05	.92**	.03
λ_{10}	1.00		1.00		1.00	

樣本群	有談戀愛		沒有談戀愛		所有樣本	
估計參數	估計值	估計標準誤	估計值	估計標準誤	估計值	估計標準誤
學習壓力第一波誤差變異數	.11**	.04	.15*	.06	.13**	.03
學習壓力第二波誤差變異數	.33**	.03	.28**	.04	.30**	.02
學習壓力第三波誤差變異數	.31**	.03	.30**	.04	.30**	.02
學習壓力第四波誤差變異數	.20**	.02	.16**	.03	.20**	.02
學習壓力第五波誤差變異數	.42**	.04	.42**	.06	.41**	.03
性別誤差變異數	.32**	.03	.37**	.04	.39**	.02
父親教育程度誤差變異數	1.49**	.02	1.47**	.02	1.48**	.01
經濟收入誤差變異數	2.60**	.06	2.87**	.09	2.69**	.05
蹺課次數誤差變異數	1.68**	.05	2.00**	.09	1.79**	.04
$\chi^2_{(df=19)}$	85.39**		38.07**		83.83**	
p-value	.000		.005		.000	
RMSEA	.037		.035		.031	
AGFI	.86		.87		.91	
NNFI	.75		.85		.75	
SRMR	.079		.069		.068	

註：——代表固定參數；* $p < .05.$ ** $p < .01.$

(二) 綜合討論

本章分析在校務研究的幾項貢獻：1.運用一所學校的長期資料觀察學生學習壓力的成長變化情形，這不僅有別於過去以橫斷面研究，而且透過長期追蹤一所學校校務資料，是校務研究特色之一。2.建立臺北

教育大學學生學習壓力的縱貫分析模式，運用LGM對臺北教育大學學生、有談戀愛及沒有談戀愛學生，分析學生的性別、父親教育程度、經濟收入與蹺課次數之關係，這是現有校務研究沒有以一所學校追蹤的縱貫資料分析，尤其透過不同群組的學生學習壓力成長軌跡探討。3.經過檢定摘要如表11-7看出，臺北教育大學學生、有談戀愛及沒有談戀愛學生，大一女生的學習壓力都明顯比男生高，然而沒有談戀愛的學生及所有樣本，會隨著年級增加，女生學習壓力減少，而男生學習壓力增加。臺北教育大學的450名學生學習壓力，會隨著家庭經濟收入愈高，學習壓力而提高。

表11-7　研究假設檢定結果之摘要

研究假設／樣本群	有談戀愛	沒談戀愛	全部樣本
H_1：大一男生的學習壓力起始水準明顯低於女生	●	●	●
H_2：大學男生在學習壓力成長幅度明顯高於女生		●	●
H_3：大一時的父親教育程度愈多，其學習壓力起始水準愈高			
H_4：學生父親教育程度愈高，其學習壓力成長幅度愈高			
H_5：大一時的經濟收入愈高，其學習壓力起始水準愈高			●
H_6：家庭經濟收入愈高的學生，其學習壓力成長幅度愈高		●	
H_7：大一時的蹺課次數愈多，其學習壓力起始水準愈高			
H_8：大學生蹺課次數愈多，其學習壓力成長幅度愈高			
H_9：大一的學習壓力起始點與學習壓力成長幅度有顯著關聯性			

註：●代表接受研究假設

　　針對結果，討論如下：

1. 就性別來說，臺北教育大學學生、有談戀愛及沒有談戀愛學生，在大一剛入學學習壓力都是女生明顯高於男生，所以接受H_{1A}、H_{1B}與H_{1C}。若以五個波次來看，臺北教育大學有談戀愛及所有樣本來看，會隨著年級增加，男生的學習壓力增加，女生學習壓力則減少。因此拒絕H_{2A}、接受H_{2B}與H_{2C}。

2. 就父親教育程度來說，臺北教育大學學生、有談戀愛及沒有談戀愛學生剛進入大一時，與學習壓力沒有關係，因此拒絕H_{3A}、H_{3B}、H_{3C}；學生的父親教育程度，也不會隨著學生年級愈高，學習壓力就愈大。因此拒絕H_{4A}、H_{4B}、H_{4C}。

3. 就家庭經濟收入來說，臺北教育大學學生所有樣本，大一學生的家庭收入愈高，學習壓力愈大；而有、無談戀愛的學生都沒有對其學習壓力有影響。因此拒絕H_{5A}、H_{5B}、接受H_{5C}。在沒有談戀愛的學生，會隨著年級增加，學習壓力增加，另外兩個模式的樣本則否，因此接受H_{6B}，而拒絕H_{6A}、H_{6C}。

4. 就蹺課次數來說，在三個模式檢定都發現，大一入學後的蹺課次數與學習壓力沒有明顯影響，隨著年級增加，蹺課次數不會影響學習壓力。因此拒絕H_{7A}、H_{7B}、H_{7C}、H_{8A}、H_{8B}、H_{8C}。

5. 臺北教育大學學生、有談戀愛及沒有談戀愛學生，大一剛就學的學習壓力起始點與後來學期的學習壓力成長幅度沒有顯著關聯，因此拒絕H_{9A}、H_{9B}、H_{9C}。

參、大學生學習壓力的結論與建議

一、結論

(一)臺北教育大學學生、有談戀愛及沒有談戀愛學生，在大一剛入學學習壓力都是女生明顯高於男生。而有談戀愛及所有樣本的學生來看，會隨著年級增加，男生學習壓力增加，女生學習壓力則減少。

(二)臺北教育大學學生、有談戀愛及沒有談戀愛學生剛進入大一時，與學習壓力沒有關聯；學生的父親教育程度，不會隨著學生年級愈高，學習壓力就愈大。

(三)臺北教育大學學生所有樣本模式中，大一學生的家庭收入愈高，學習壓力愈大；而大一有、無談戀愛的學生，其家庭收入都不會明顯影響學習壓力。然而沒有談戀愛組的學生，會隨著年級增加，學習壓力增加；另外，家庭收入對於有談戀愛的學生及所有樣本模式則沒有明顯影響。

(四)臺北教育大學學生、有談戀愛及沒有談戀愛學生，大一的蹺課次數都對學習壓力沒有影響，同時隨著年級增加，蹺課次數也不會影響學習壓力。

(五)臺北教育大學學生、有談戀愛及沒有談戀愛學生，大一剛就學的學習壓力起始點與後來學期的學習壓力成長幅度沒有顯著關聯。

二、校務研究的建議

(一)家庭和學校應關注學生因性別造成身心健康差異，積極培養休閒的運動習慣。分析發現，大一女生學習壓力明顯高於男生，隨著年級增加，女生學習壓力比男生少。建議臺北教育大學對於大一女學生應鼓勵她們減少學習壓力，透過學生社團及輔導方式，讓女生放鬆心情學習，減緩其學習壓力，而男生會隨著年級增加，而學習壓力增加，學校與家庭更應注意男生在大學四年的學習壓力變化。

(二)學生學習壓力不應歸咎於家庭的社會階層；相對的，大學生應找出方式面對學習壓力，從自我調適中化解學習壓力。這項建議從本章發現，臺北教育大學學生、有談戀愛及沒有談戀愛學生剛進入大一，與學習壓力沒有關聯；學生的父親教育程度，不會隨著學生年級愈高，學習壓力就愈大。可見，大學生的學習壓力還有很多因素應該納入分析。

(三)臺北教育大學所有樣本模式中，大一學生的家庭收入愈高，學習壓力愈大；而在大一有及沒有談戀愛的學生，家庭經濟收入都不會明顯影響其學習壓力。然而沒有談戀愛的學生，會隨著年級增加，家庭經濟收入愈高，學習壓力增加；而經濟收入對有談戀愛學生及所有樣本則沒有明顯影響。這看出學生的家庭經濟收入也是影響學習壓力來源，建議導師多注意家庭經濟收入較高的學生學習狀況，而高經濟收入的家庭

也應了解子女學習壓力。

(四)大一學生以及後來四年的蹺課次數對於學習壓力並沒有明顯的影響。這不表示學生蹺課可以被允許，學生應掌握大學學習的目的，努力投入學習，才會有更好的學習表現。或者授課老師對於教學方法及授課方式及內容應調整，以提高學生學習興趣，避免學生蹺課。

(五)對臺北教育大學學生來說，大一的學習壓力起始點，與後來學年的學習壓力成長幅度沒有明顯關聯。這有兩種意義，一是學生四年的學習都沒有較高的學習壓力，可以快樂的學習，若是大學生如此狀況是可以肯定支持；另一種情形是學生四年都是高度學習壓力，各學年學習壓力沒高低起伏狀態，如果大學四年都是高度學習壓力，在高度學習壓力對學生身心健康及心理調適都不好。從原始資料來看，學生學習壓力有成長，在大一剛入學最低，到大四下學期最高，代表學習壓力有提高，建議導師及學校與家長注意學生學習壓力變化，避免學生身心問題，影響其大學生生活適應，進而影響其學習狀況。

(六)在未來校務研究建議上，本章分析臺北教育大學學生、有談戀愛及沒有談戀愛學生之學習壓力成長軌跡，同時也了解學生的性別、父親教育程度、經濟收入、蹺課次數對五波次學習壓力成長的影響情形。雖然從臺北教育大學學生、有談戀愛及沒有談戀愛學生學習壓力有許多發現，但是影響大學生學習壓力不僅只有性別、父親教育程度而已，還有自律學習、人格特質（如內外向）、學生對壓力歸因、學生打工與否。未來校務研究，在長期追蹤最好能更完整的工具來蒐集資料，更可以了解學習壓力之成長軌跡及其影響的因素。

問題與討論

本章的IR分析的議題為大學生的學習壓力，分析結果有發現許多的因素影響他們的學習壓力成長變化。研究中納入的幾個理論與許多影響學習壓力的因素。就您的經驗與閱讀相關資料，可否指出還有哪些理論可以解釋大學生的學習壓力，以及影響學習壓力成長的因素除了本章所討論的之外，還可能有哪些呢？如果您是IR人員，要如何分析此議題呢？

參考文獻

一、中文部分

林淑惠、黃韞臻（2008）。研究生之生活壓力與因應策略現況分析。**臺中教育大學學報：教育**，**22**(2)，61-84。

林淑惠、黃韞臻（2009）。大學生的獨處能力與其生活壓力、相關變項之關係研究——以臺灣中部大學生為例。**彰化師大教育學報**，**16**，75-102。

黃組臻、林淑惠、劉響慧（2007）。大專院校學生的壓力來源與因應方式之研究。**教育與心理研究**，**30**(2)，147-174。

黃惠貞、姜逸群（2005）。大專院校學生靈性健康、知覺壓力與憂鬱之相關研究。**衛生教育學報**，**23**，121-143。

黃韞臻、林淑惠（2014）。「大一新生學校生活適應量表」之發展。**測驗學刊**，**61**(2)，259-281。

張芳全（2017）。大學生蹺課原因的探究。載於張芳全，**高等教育：理論與實證**（頁219-246）。臺北市：高等教育。

二、英文部分

Archuleta, K. L., Dale, A., & Spann, S. M. (2013). College students and financial distress: Exploring debt, financial satisfaction, and financial anxiety. *Journal of Financial Counseling and Planning, 24*(2), 50-62.

Aselton, P. (2012). Sources of stress and coping in American college students who have been diagnosed with depression. *Journal of Child and Adolescent Psychiatric Nursing, 25*, 119-123.

Beck, A. T. (1967). *Depression*. New York, NY: Harper and Row.

Beiter, R., Nash, R., McCrady, M., Rhoades, D., Linscomb, M., Clarahan, M., & Sammut, S. (2015). The prevalence and correlates of depression, in a sample of college students, *Journal of Affective Disorders, 173*, 90-96.

Brougham, R. R., Zail, C. M., Mendoza, C. M., & Miller, J. R. (2009). Stress, sex differences, and coping strategies among college students. *Current Psychology, 28*, 85-97.

Cannon, W. B. (1929). *Bodily changes in pain, hunger, fear and rage.* New York: NY D. Appleton & Co.

Chao, R. C. L. (2011). Managing stress and maintaining well-being: Social support, problem-focused coping, and avoidant coping. *Journal of Counseling & Development, 89*(3), 338-348.

Chao, R. C. L. (2012). Managing perceived stress among college students: The roles of social support and dysfunctional coping. *Journal of College Counseling, 15*(1), 5-21.

Çivitci, A. (2015). The moderating role of positive and negative affect on the relationship between perceived social support and stress in college students. *Educational Sciences, 15*, 565-573.

Cress, V. C., & Lampman, C. (2007). Hardiness, stress, and health-promoting behaviors among college students. *Psi Chi Journal of Undergraduate Research, 12*(1), 18-23.

Darling, C. A., McWey, L. M., Howard, S. N., & Olmstead, S. B. (2007). College student stress: The influence of interpersonal relationships on sense of coherence. *Stress and Health, 23*(4), 215-229.

Dusselier, L., Dunn, B., Wang, Y., Shelley, M. C., & Whalen, D. F. (2005). Personal, health, academic, and environmental predictors of stress for residence hall students. *Journal of American College Health, 54*(1), 15-24.

Eisenbarth, C. (2012). Does self-esteem moderate the relations among perceived stress, coping, and depression? *College Student Journal, 46*(1), 149-157.

Extremera, N., Durán, A., & Rey, L. (2009). The moderating effect of trait meta-mood and perceived stress on life satisfaction. *Personality and Individual Differences, 47*(2), 116-121.

Hill, R. (1958). Generic features of families under stress. *Social Casework, 49*, 139-150.

Hoff, L. A. (2001). *People in crisis: Clinical and public health perspectives* (5th ed.). San Francisco, MA: Jossey-Bass.

Holmes, T. H., & Rahe, R. H. (1967). The social readjustment rating scale. *Journal of Psychosomatic Research, 11*, 213-218.

Jou, Y. H., & Fukada, H. (2002). Stress, health, and reciprocity and sufficiency of social support: The case of university students in Japan. *The Journal of Social Psychology,* *142*(3), 353-370.

Kline, R. B. (2005). *Principles and practice of structural equation modeling.* New York, NY: Guilford.

Krypel, M. N., & Henderson-King, D. (2010). Stress, coping styles, and optimism: Are they related to meaning of education in students' lives? *Social Psychology of Education, 13,* 409-424.

McCubbin, H. I., & Patterson, J. M. (1982). Family adaptation to crises. In H. I. McCubbin, A. Cauble, & J. Patterson (Eds.), *Family stress, coping, and social support* (pp. 26-47). Springfield, IL: Charles C. Thomas.

Patterson, J. M. (1988). Families experiencing stress: I. The family adjustment and response Model, II. Applying the FAAR Model to health-related issues for intervention and research. *Family Systems Medicine, 6*(2), 202-237.

Patterson, J. M. (2002). Integrating family resilience and family stress theory. *Journal of Marriage and Family, 64,* 349-360.

Pierceall, E. A., & Keim, M. C. (2007). Stress and coping strategies among community college students. *Community College Journal of Research and Practice, 31*(9), 703-712.

Ross, S. E., Niebling, B. C., & Heckert, T. M. (1999). Sources of stress among college students. *College Student Journal, 33*(2), 312-316.

Schiffrin, H. H., & Nelson, S. K. (2010). Stressed and happy? Investigating the relationship between happiness and perceived stress. *Journal of Happiness Studies, 11*(1), 33-39.

Wilbum, V. R., & Smith, D. E. (2005). Stress, self-esteem, and suicidal ideation in late adolescents. *Adolescence, 40*(157), 33-45.

第 十二 章

大學生英語學習表現分析

第一節　探討大學生英語學習的重要性

壹、探討大學生英語學習表現的緣起——緒論

　　在講求國際化的社會中，英語學習是重要的課題。為了讓自我能力可以與國際接軌，強化大學生英語學習表現格外重要。然而大學生的英語學習情形及其表現為何呢？IR很重要的目的之一在了解學生學習表現，尤其是英語學習表現，透過分析學生英語學習表現，提出未來改善英語教學及學生英語學習的建議。本章針對國立臺北教育大學學生，透過問卷調查法蒐集他們的英語學習表現及了解影響學生英語學習表現的因素。

　　究竟哪些因素與大學生英語學習表現有關呢？這是值得重視的問題。在大學校園中，學生認真學習外語，可以讓學校的國際化程度提高，如果學生在校習得很好的外語能力，畢業之後可以在職場、升學及進修的應用。相對的，如果學校的學生英語學習表現低落，代表學生在未來可能會受到限制。評量英語學習表現因素很多，包括學生學習方法、態度與動力；教師教學方法與課程設計；學校學習環境與資源狀況。究竟哪些因素會影響大學生英語學習表現呢？是學生背景因素，例如家庭社經地位；還是學生特質因素，例如生涯規劃、學習動機、自信心，或是學生對於學校課程喜歡的程度呢？

　　現有的大學生英語學習之研究著重於英語學習環境（林淑惠、黃韞臻，2009）、英語學習動機（林怡弟，2016；周美智，2007）、英語學習環境、英語學習動機與英語學習策略（吳雨桑、林建平，2009）、英語學習動機與英語學習策略（廖柏森、張美玉，2004）。上述研究並沒有考量大學生的背景因素，例如性別、家庭收入、學生生涯規劃，以及大學生在大學的幸福感受、學習自信心、時間管理及對於學校課程滿意程度等。因此，本章將上述因素納入分析，以了解影響大學生英語學習表現之相關因素。

　　基於上述，本章目的如下：了解大學生（區分為男女生）英語學習

的影響因素，這些因素包括學生的背景因素及其學習態度感受的相關因素。

貳、大學生英語學習表現的文獻探討

一、英語學習表現意涵

英語學習表現有廣義及狹義之分。狹義的英語學習表現是指學習者在英語的聽、說、讀、寫的能力。在這四方面的能力中，如果要測量其學習能力宜有成就測驗。成就測驗在評量學習者在英語學習之後，在上述四方面的能力獲得，它是一種能力測驗，施測時需要有一段時間，如一個小時或更多時間，讓受試者有時間反應其所學的能力；成就測驗不是一種感受及認知的測驗，態度測驗較為主觀、容易受到當下的情境所影響，因而影響測驗結果。成就測驗包括標準化及非標準化的成就測驗，其中以標準化的成就測驗較為客觀與具體，同時要進行不同校別及班級的比較較為可行，而教師自編的成就測驗僅能小規模的施測，其工具的形成之嚴謹度沒有標準化測驗來得好。

廣義的英語學習表現，除了上述的英語學習成就之外，也包括了學習者一些感受性、認知性及情感性的學習狀況。學習表現好壞，不僅僅只有學習成就而已，還有他們所感受到的學習心理狀態。這方面包括學習動機、學習興趣、學習效能、學習目標設定、學習態度等。為了讓英語學習更為聚焦，本章將英語學習表現界定為學生感受到英語學習效能、英語學習目標設定及英語學習動機等面向。

以這三個面向作為蒐集資料有幾項理由：1.英語學習動機與學習表現是一體兩面，一方面學習動機是學習者是否願意學習的重要因素。如果學習者不願意學習，或是學習動機較弱，英語學習表現可能就不會很好，另一方面如果學生的英語學習表現好，也可以從英語學習動機來理解及掌握。2.就英語學習目標設定來說，它也是英語學習表現的重要面向，如果學生會規劃自我的學習方向及目標，就很容易進入學習狀態，也會積極的投入學習，因為已有明確的學習目標存在。就目標設定理論（goal-setting theory）來說，個體愈有設定目標，其學習動機愈強

烈，因為學習目標就是一種動機，若目標愈明確，對於要達成目標的期待也會愈強烈（Locke, 1996），所以把英語學習目標設定納入分析。

3.英語學習能力，也就是自評英語程度／能力，如同上述，英語學習能力包括聽、說、讀、寫，本章無法對於學生在四方面進行成就測驗，所以透過感受性的態度方式，來了解他們在聽、說、讀、寫的能力。雖然無法如成就測驗方面的具體與客觀，但是它也是一種衡量學習者在學習表現方式。

二、英語學習表現影響之因素

　　與英語學習表現的因素很多。如果以學習者的背景來說，智商、性別、英語程度、蹺課次數、家庭收入都是可能因素。然而現有研究中很好將英語課程的學習焦點集中在學習者的背景因素。智商愈高，愈有學習能力。性別是影響學習表現的因素，尤其女生對於語言學習細心，女生英語學習表現比男生好。如果有良好的英語程度，如經過了英語能力等級檢定，代表已經通過了語言能力水準，而有這樣的語文程度代表個人對於該語言較有興趣，且願意投入學習。學生投入學習狀況也是重要的因素，它代表學生的學習動機及其意願，在眾多因素之中，蹺課次數多寡是一個應該考量的因素。大學生的蹺課時間及次數愈多，代表對於學習較沒有興趣，想要逃避學習，較不願意投入學習，所以英語學習表現會較差。還有家庭經濟收入也會影響學習者的表現，這就是社會階層理論強調的：社會階層愈高，會有愈多的資源協助子女獲得學習成果。換言之，大學生的家庭收入愈多者，愈有更多資源可以提供學生學習英文，例如補習或是準備出國進修等。換句話說，大學生有補習英文與準備出國進修者，代表想要有額外的學習，願意到校外接受額外的課程，加強英語學習能力，同時因為有規劃要出國進修，所以其英語學習動機應該會比較強，所以其英語學習表現應該會愈好。

　　除了上述學生背景因素之外，還有學生特質及學習態度也影響英語學習表現。Gardner（1985）提出第二語言學習的社會教育模式（socio-educational model）指出有兩項主要因素影響L2的學習表現，即對教師及課程的感受態度（aptitude）與學習動機，在該模式強調動

機因素，主因是Gardner的興趣仍關注於當L2的學習及態度低時，動機仍可以讓學習者學好外語的動力。它意味著動機扮演著學習外語的重要角色。此模式就試著把動機因素來看L2如何在學習情境中的一切學習狀況，例如在正規學習環境上（如教育環境）以及非正規學習環境上，如文化環境。這兩種因素對於外語學習有重要的影響。Gardner認為，這兩個環境脈絡扮演著各自的角色，來協助外語學習者在教育環境中，語言學習的功能。又如文化環境則可以讓學習者融入其他文化，不需要特定規則或教學方式，就可以影響學習者的學習。透過這兩種環境之後，學習者變得更有知識及對於社會及文化事物，讓學習者更有自信，同時這些因素促使學習者更有動機去學習外語。透過這種轉移，使得語言及非語言的結果之因素產生融合，讓學習者對外語的溝通表達更為流暢，而在非語言結果會讓他們的態度改變，並傾向於對其他文化更能理解。後來，Gardner（2004）建構了〈外語學習的態度動機測試量表〉（Attitude Motivation Test Battery, AMTB），它包括四個面向：統整性（integrativeness）動機、學習情境的態度傾向（attitude toward learning situation）、動機（motivation）及語言焦慮（language anxiety）。在這些面向中，學習動機就是一個重要面向。Dornyei（1997）也認為，學習動機是很重要的因素。

　　大學生英語學習受到幾項個人特質及學校環境因素影響，包括了喜歡課程、時間管理、學習自信、幸福感受、師生互動、自我要求。就喜歡課程來說，如果學生喜歡學校的課程，就會想要投入學習，喜歡到學校上課，上課不會滑手機，更不會想要逃避學校的課程，如此學習表現應該會更好。這也就是Gardner（2004）的學習情境之態度傾向。若學生在時間管理得宜，代表自我要求高，也就是自律學習狀況好，學生會自我了解、監督自我、掌握自我的學習進度，此時學習表現會比較好。如果學生的學習自信心高，代表對於學習內容有興趣，可以克服不同的困難，並對於未來的學習有所期待，在學習信心較高，學習表現會比較好。Dornyei（2005）指出，語言學習的自信（linguistic self-confidence）在學習外語的動機上扮演重要角色。語言自信是指個體感受到自己的能力及有能力可以成功完成任務的程度。語言自信可以透過語

言學習者與語言社群之間的互動，以及透過此互動來強化語言學習。若是在一個多語言社群中，有自信的學習者會加速語言學習者與語言社群的互動，以及增加他們願意學習該種語言。當然學生在學校學習感受到快樂與幸福，把英語學習視為快樂的成長，其學習表現會愈好。若在學校中感受到老師的肯定與鼓勵，與同學一起學習的成長分享，感受到正面的學習氛圍，也會影響學習表現。此外，大學生的師生互動也是影響學習表現的重要因素之一。學生若討厭授課老師、不喜歡老師的教學、不喜歡與老師互動，就如英文老師在課堂中問問題，往往受限於學生表達能力，使得有些學生回答不出來（例如：單句回答不出來時，學生的心情就不好；而老師幫忙，師生互動就會有不同）等。若師生互動不好，英語學習表現不會好。相對的，如果師生互動良好，就會對英語學習表現有正面影響。最後，自我要求也是影響學習表現的因素，大學生若會自我要求，例如上課不遲到、課業不遲交、報告會事前充分時間準備，以及對於課業會自我反省檢討者，他們的學習表現會比較好。

三、英語學習表現影響因素之相關研究

　　臺灣現有的大學生英語學習表現有關研究說明如下：林淑惠、黃韞臻（2009）以臺中市的10所大專院校學生為研究對象，探討大專院校學生的英語學習現況及對英語學習環境之重視度與滿意度，並比較不同的背景變項在英語學習成效和學習環境感受差異顯示：1.大專院校學生對於學習環境的滿意度以「老師的教學態度」最高，以「提升學習成效」最低。2.外文系學生不管是英文能力或是對學習環境的滿意度與重視度皆明顯高於其他各系。3.性別和學系的不同，會影響學生學習成效的表現；而不同的年級和學校則會影響滿意度與重視度的高低。4.一般大學學生在學習環境的滿意度及重視度顯著高於科技大學及技術學院。

　　Dornyei（2005, 2009）提出的第二語言自我形象動機理論（L2 motivational self system）集中在自我（selves）對外語學習動機之影響。然而，第二語言自我形象動機理論強調的必須我（ought-to L2 self）和理想我（ideal L2 self）之相關性。林怡弟（2016）探討臺灣

英語學習者的必須我、理想我和英語學習動機之間的相關性，並透過結構方程模式（structural equation modeling）分析必須我和理想我對英語學習動機的預測，以及理想我的中介效果，以604位臺灣大學生參與，問卷包含必須我、理想我和英語學習動機潛在變項。據路徑分析（path analysis）顯示，必須我和理想我皆能預測臺灣英語學習者的學習動機，而理想我有較顯著的預測力。另外，以必須我預測英語學習動機時，需考量理想我的部分中介效果。

吳雨桑、林建平（2009）研究大學生英語學習環境、英語學習動機與英語學習策略之現況；探討大學生英語學習環境、英語學習動機與英語學習策略的關係；大學生英語學習環境對英語學習策略之效果，是否受到英語學習動機的中介。抽取臺北縣、市大學生913人進行研究。研究工具包括〈大學生英語學習環境量表〉、〈大學生英語學習動機量表〉以及〈大學生英語學習策略量表〉以階層迴歸分析結果顯示：英語學習環境可以預測英語學習動機、英語學習動機可以預測英語學習策略、英語學習環境可以預測英語學習策略、英語學習動機為英語學習環境與英語學習策略之間的中介變項。

周美智（2007）指出，動機是學生關於學習英語的目標和方向，它代表學生積極的學習態度和融入英語國家社會的強烈願望；實用性動機的英語學習，是為了實現某種社會的、經濟的目的而進行學習，因此具有更強的功能性；該研究探討整合性動機與實用性動機在正修科技大學四技一年級新生英文學習中扮演的角色，也探討英語教材選擇學生應參與其中，在教材決策過程中，教師是否應先了解學生英語學習動機、興趣，而選擇教材以激發學生學習動機。

廖柏森、張美玉（2004）認為，許多研究第二語言學習者指出，學習者對於學習外語的信念會影響學生的策略選用，並進而影響到其最後的學習成效。然而學習信念與學習策略之關係的實證研究仍相當缺乏，他們探討學習英語者之信念和其策略選用的關係，透過調查法使用Horwitz設計的語言學習信念問卷和Oxford設計的語言學習策略問卷為研究工具，以143位專科學生為研究對象發現，信念和策略使用間之關係密切。

第二節　大學生英語學習表現的分析與發現

壹、研究設計與實施

一、研究架構

　　本章架構如圖12-1，圖中看出大學生英語學習表現（包括了英語能力、英語學習目標設定、英語學習動機）的原因分為背景變項與學習態度變項（包括喜歡課程、時間管理、學習自信、幸福感受、師生互動及自我要求）。究竟哪一種原因最重要，為本章要探究的主題。

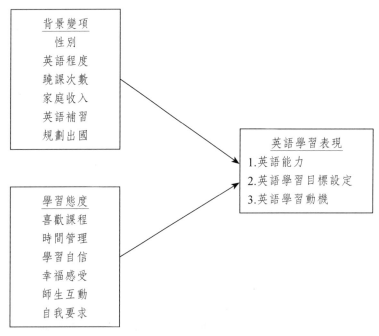

背景變項
性別
英語程度
蹺課次數
家庭收入
英語補習
規劃出國

英語學習表現
1.英語能力
2.英語學習目標設定
3.英語學習動機

學習態度
喜歡課程
時間管理
學習自信
幸福感受
師生互動
自我要求

圖12-1　大學生英語學習表現之研究架構

　　本章提出的假設如下：

H_1：女生比男生英語學習表現好。

H_2：擁有英語能力檢定資格，英語學習表現愈好。

H$_3$：蹺課次數愈多，英語學習表現愈不好。

H$_4$：家庭收入愈高，英語學習表現愈好。

H$_5$：有英語補習，英語學習表現愈好。

H$_6$：有規劃出國進修，英語學習表現愈好。

H$_7$：愈喜歡學校課程，英語學習表現愈好。

H$_8$：時間管理愈好，英語學習表現愈好。

H$_9$：學習自信愈高，英語學習表現愈好。

H$_{10}$：幸福感受愈好，英語學習表現愈好。

H$_{11}$：師生互動愈好，英語學習表現愈好。

H$_{12}$：自我要求愈好，英語學習表現愈好。

要說明的是，若依變項爲英語能力、英語學習目標設定、英語學習動機，上述研究假設區分爲整體樣本、男生及女生樣本。

二、變項測量

本章的變項測量如下：

1. 性別是大學生的性別，區分爲男女。

2. 英語程度是指大學生的英語程度。它詢問學生是否參加過全民英檢，區分爲沒有、初級通過、中級通過與高級通過，以1至4分計分。

3. 家庭收入是指大學生家庭經濟收入。它詢問學生的家庭經濟收入每月大約5萬元以下、5至10萬、10至15萬、15至20萬元與20萬元以上，分別以1至5計分。

4. 蹺課是指大學生在學期中的課程學習，學生未經過合法程序請假，而沒有到學校上課情形。它詢問教育大學學生在前一學期總蹺課次數，讓學生們自行勾選，以1代表未曾蹺課、2代表每週1-5次、3代表6-10次、4代表11-15次、5代表16次以上。

5. 英語補習是指大學生有在校外補習英文。它詢問大學學生準備出國進修的英文補習，1代表沒有、2代表有。

6. 規劃出國進修是指大學生未來是否規劃出國進修。它詢問教育大學學生是否有規劃出國進修的打算，1代表沒有、2代表有。

7. 大學生英語學習表現分為英語能力、英語學習目標設定及英語學習動機。就文獻分析，自編「大學生英語學習表現的調查問卷」。研究工具以李克特（Likert）四點量表設計，各題以非常同意、同意、不同意、非常不同意為選項，選分別給予1到4分。

8. 大學生學習態度分為喜歡課程、時間管理、學習自信、幸福感受、師生互動及自我要求。依文獻探討，自編「大學生學習態度調查問卷」。研究工具以李克特（Likert）四點量表設計，各題以非常同意、同意、不同意、非常不同意為選項，分別給予1到4分。

三、研究對象

本章透過問卷調查對臺北教育大學生英語學習表現原因，以2017年5月以臺北教育大學學生為母群體3010名，抽取樣本數共560名調查，最後回收有效樣本數為550人，其中大一、大二、大三、大四與延畢生各有99、237、102、101、11名，分別占有18.0%、43.09%、18.55%、18.36%、2.00%。樣本屬性如表12-1。男女各占36.73%及63.27%。大學生沒有蹺課的僅有17.45%，想要規劃出國有40.00%。

表12-1　樣本屬性的描述　n=550

變項	類別	次數	百分比
性別	男	202	36.73
	女	348	63.27
英檢	沒有	185	33.64
	初級	184	33.45
	中級	134	24.36
	高級	12	2.18
蹺課次數	0次	96	17.45
	1-3次	185	33.64
	4-6次	125	22.73
	7-9次	63	11.45

變項	類別	次數	百分比
	10次以上	79	14.36
出國進修	沒有	326	59.27
	有	220	40.00
家庭收入	5萬元以下	63	11.45
	5至10萬	191	34.73
	10至15萬	170	30.91
	15至20萬元	60	10.91
	20萬元以上	56	10.18
準備升學	沒有	399	72.55
	有	147	26.73
英語補習	沒有	434	78.91
	有	89	16.18

四、研究工具

　　本章建構了大學生學習態度因素之問卷，依據文獻探討，參考吳雨桑、林建平（2009）、廖柏森、張美玉（2004），以及研究者在大學任教經驗爲基礎，自行編製問卷。問卷初稿完成之後，邀請四位大學授課老師提供問卷修改意見。接著對臺北教育大學學生預試。研究工具爲初探性，所以以探索性因素分析方法萃取因素，採用主成分分析（Principal Component Analysis），以最大變異法（varimax method）進行直交轉軸分析，以特徵值（eigenvalue）大於1.0爲選入因素參考標準。因素分析以受試者於本問卷題目反應分析，其結果如表12-2，大學學習態度原因之萃取出六個因素，沒有刪除任何題目，整體解釋量爲58.15%。從六個因素的題目意義來看，各命名爲喜歡課程、時間管理、學習自信、幸福感受、師生互動及自我要求。研究工具信度透過Cronbach's α 估計得到 α 係數作爲標準（大於.70以上），其信度分別爲.85、.75、.79、.78、.77、.70，整體信度爲.91。

表12-2　大學生學習態度問卷之因素分析摘要

題目	共同性	喜歡課程	師生互動	幸福感受	學習自信	時間管理	自我要求
我有信心把大學課業學好	.66	-.02	.07	.15	.76	.12	.21
只要我努力，我就可以學好各種科目	.59	-.02	.06	.24	.71	-.03	.15
我對於學校多數課程的學習意願很高	.58	.35	.13	.07	.64	.10	.12
我對於自己的課堂報告有信心	.60	.02	.04	.23	.72	.14	-.03
不管是必修或選修課我都會學好它	.56	.30	.16	-.02	.62	.22	.11
我覺得很多人關心我	.57	-.16	.13	.67	.15	.09	.23
我每天感到很快樂	.64	.06	.07	.78	.09	.09	.11
我每天都很開心來學校學習	.65	.33	.09	.69	.15	.12	.13
我對未來畢業找工作有信心	.52	.23	.17	.56	.16	.24	-.22
我很喜歡我自己的表現	.56	.02	.23	.56	.27	.32	-.15
我跟學校老師的互動良好	.46	-.03	.48	.27	.20	.13	.31
多數課程的教師表達能力很好	.55	.24	.69	.03	.06	.09	.02
多數課程的老師在評量採多元化	.61	.15	.76	.06	.01	.09	-.05
老師運用電腦投影片有利於學習	.51	.03	.67	.15	.09	.10	.13
我喜歡學校多數老師的上課	.63	.34	.68	.15	.13	.04	.06
我平時的時間管理得宜	.58	.23	.08	.17	.12	.67	-.13
我上課不會遲到早退	.54	.44	-.08	.04	-.05	.51	.28

題目	共同性	喜歡課程	師生互動	幸福感受	學習自信	時間管理	自我要求
我會把握時間做回家作業	.61	.16	.08	.06	.15	.64	.38
如有打工，我也會有效率完成任務	.60	-.08	.11	.14	.13	.72	.14
如有參加社團，不會影響我的課業學習	.53	-.16	.14	.23	.09	.62	.19
我會購買上課用的教科書	.55	.02	.11	.10	.16	.03	.71
我上課的出席率高	.61	.16	.02	.15	.10	.32	.67
上課有認真聽老師講解	.57	.40	.09	-.02	.12	.29	.55
我下課回家會認真做作業	.54	.24	.16	-.08	.28	.40	.45
我上課不會滑手機	.60	.71	.01	-.12	.02	.28	-.09
我喜歡學校的多數課程	.66	.62	.43	.13	.17	-.02	.23
我喜歡學校的課程安排時段	.44	.57	.29	.14	.07	.04	.02
我喜歡學校課程內容	.68	.61	.37	.20	.13	-.13	.32
我對學校課程感到興趣	.68	.60	.36	.22	.14	-.07	.34
我喜歡到學校上課	.57	.50	.15	.50	.14	-.03	.17
特徵值		3.35	3.03	2.95	2.89	2.81	2.43
解釋量	58.15	11.17	10.09	9.82	9.65	9.35	8.08
信度	.91	.85	.77	.78	.79	.75	.70

　　在英語學習表現方面，也以探索性因素分析方法萃取因素，採用主成分分析，最大變異法進行直交轉軸分析，以特徵值大於1.0為選入因素參考標準。因素分析結果如表12-3，大學英語學習表現萃取三個因素，沒有刪除任何題目，整體解釋量為66.94%。從三個因素的題目意義來看，各命名為英語學習能力、英語學習設定目標及英語學習動機，其信度分別為.92、.82和.81，整體信度為.92。

表12-3　大學生英語學習表現問卷之因素分析摘要

題目	共同性	英語能力	目標設定	學習動機
我的英語口語表達比以前進步	.76	.81	.18	.25
我的英語寫作能力比以前好	.78	.84	.24	.14
我的英語聽力比以前好	.80	.84	.19	.25
我的英語閱讀能力比以前進步	.77	.83	.23	.13
我滿意我的英語學習成果	.63	.71	.27	.22
我會設定英語的學習目標	.73	.37	.77	.10
我會達到我設定的英語學習目標	.72	.38	.76	.09
我會努力把英語學好	.67	.20	.73	.31
我會主動學習英語	.67	.20	.69	.39
我會用英文與他人對話	.67	.27	.25	.73
我會用英文簡單自我介紹	.70	.18	.20	.79
我跟外國人英語對話，不會緊張	.65	.36	.08	.72
我會主動去參加英語檢測，來了解自己的程度	.44	.27	.43	.43
我知道如何運用英語學習資源來提升英語能力	.58	.26	.49	.52
我認為英語學習對自己很重要	.47	-.18	.45	.48
特徵值		4.03	3.16	2.85
解釋量	66.94	26.85	21.06	19.03
信度	.92	.92	.82	.81

四、資料處理

　　本章採用多元迴歸分析，建立了影響大學生英語學習表現因素的模式，其標準化迴歸方程式如下：

$$\text{English} = \beta_1 (X_1) + \beta_2 (X_2) + \beta_3 (X_3) + \cdots + \beta_{12} (X_{12})$$

　　式中English為依變項，代表大學生英語學習表現（包括英語

能力、英語學習目標設定、英語學習動機），自變項依序為性別
（X_1）、英語程度（X_2）、曉課次數（X_3）、家庭收入（X_4）、英語
補習（X_5）、規劃出國（X_6）、喜歡課程（X_7）、時間管理（X_8）、
學習自信（X_9）、幸福感受（X_{10}）、師生互動（X_{11}）、自我要求
（X_{12}）。性別以女生為參照組（以0代表）、規劃出國以沒有為參照組
（0代表）、英語補習以沒有為參照組（0為代表）。在自變項分數轉
換與英語學習表現相同方向，即這些自變項反應數值愈高，英語學習表
現愈好。

貳、大學生英語學習表現的結果分析與討論

一、結果

　　經過多元迴歸分析在大學生英語學習表現因素如表12-4，表中發現
三個模式的F值達到統計顯著水準，其中在英語能力方面，學生的家庭
收入、喜歡課程、時間管理、幸福感受、師生互動正向顯著預測英語
能力。值得說明的是，學生喜歡課程（$\beta = .21$）對英語能力就預測力最
大，其次為幸福感受（$\beta = .19$），顯然喜歡學校課程及幸福感受是重要
因素。模式的自變項對依變項預測力為17.3%。

　　在英語學習目標設定方面，女生明顯高於男生、有中級英文檢定通
過者英語學習目標設定較沒有檢定通過者高、補習英文及規劃出國的學
生在英語學習目標設定較高、喜歡課程、時間管理、學習自信及自我要
求也是預測英語學習目標設定的重要因素。其中以學生會時間管理（$\beta = .16$）對英語學習目標設定的預測力最大。在英語學習動機方面，有
中級英文檢定通過者英語學習動機較沒有檢定通過者高、規劃出國的大
學生在英語學習動機較高、學習自信、幸福感受也是重要預測因素，
其中大學生若有規劃出國與幸福感受（$\beta = .16$）對英語學習動機的預測
力最大。上述三個模式的VIF值均小於10，代表自變項沒有嚴重重疊現
象。

表12-4　影響大學生英語學習表現之迴歸分析結果摘要

樣本	英語能力		英語學習目標設定		英語學習動機	
變項	b	ß	b	ß	b	ß
常數	-0.24		-0.18		-0.45	
男生	0.12	.06	-0.28**	-.14**	-0.14	-.07
初級	0.08	.04	0.03	.01	-0.01	-.01
中級	0.00	.00	0.26**	.11**	0.21*	.09*
高級	0.34	.05	0.07	.01	0.07	.01
蹺課次數	-0.05	-.06	0.05	.06	0.06	.08
家庭收入	0.09*	.10*	-0.02	-.02	0.04	.04
補習英文	0.21	.08	0.23*	.09*	0.22	.08
規劃出國	0.04	.02	0.26**	.13**	0.32**	.16**
喜歡課程	0.22**	.21**	0.12**	.12**	-0.08	-.08
時間管理	0.15**	.14**	0.16**	.16**	0.06	.06
學習自信	0.07	.07	0.10**	.10**	0.13**	.13**
幸福感受	0.20**	.19**	0.08	.08	0.16**	.16**
師生互動	0.15**	.15**	0.05	.05	0.02	.02
自我要求	-0.09	-.08	0.13**	.13**	0.05	.05
F值	7.84**		6.10**		5.21**	
VIF	1.30		1.30		1.30	
Adj-R^2	17.30		13.30		11.10	

* $p < .05$. ** $p < .01$.

　　在男生的英語學習表現因素如表12-5，表中發現在英語學習能力，整體F值達到統計顯著水準，但是背景變項都沒有達到統計顯著水準，而喜歡課程與幸福感受顯著預測英語能力，其中，喜歡課程（$\beta = .30$）對於英語能力預測力最大，顯然喜歡學校課程是影響男生英語能力的重要因素之一。模式的預測力為15.20%。在英語學習目標設定方面，在英語學習能力，整體F值達到統計顯著水準，其中有中級英文檢定通過者，英語學習目標設定比沒有檢定通過者高、時間管理也是預測英語學

習目標設定的重要因素。值得說明的是，在英語學習動機方面，整體的 F 值並沒有達到統計顯著水準，代表這些變項無法有效預測英語學習動機。

表12-5　影響男生英語學習表現之迴歸分析結果摘要

樣本	英語能力		英語學習目標設定		英語學習動機	
變項	b	ß	b	ß	b	ß
常數	0.41		-0.63[*]		-0.46	
初級	-0.18	-.09	0.22	.10	0.03	.01
中級	-0.19	-.09	0.50[*]	.20[*]	0.15	.06
高級	1.01	.11	1.00	.10	-0.37	-.04
蹺課次數	-0.04	-.06	0.07	.09	0.06	.09
家庭收入	-0.04	-.05	-0.02	-.02	-0.02	-.03
補習英文	0.29	.11	0.03	.01	0.31	.11
規劃出國	-0.03	-.01	0.29	.13	0.28	.13
喜歡課程	0.30[**]	.31[**]	0.15	.14	-0.14	-.13
時間管理	0.10	.09	0.23[**]	.20[**]	0.04	.04
學習自信	0.00	.00	-0.02	-.02	0.07	.06
幸福感受	0.23[**]	.25[**]	0.06	.06	0.15[*]	.16[*]
師生互動	0.10	.10	-0.01	-.01	0.02	.02
自我要求	-0.03	-.03	0.15	.15	-0.07	-.07
F 值	3.36[**]		2.06[*]		1.53	
VIF	1.26		1.28		1.30	
Adj-R^2	15.20		7.40		3.40	

* $p < .05$. ** $p < .01$.

　　女生的英語學習表現因素如表12-6，表中發現，三個模式的 F 值達到統計顯著水準，其中在英語能力方面，學生的家庭收入、喜歡課程、時間管理、幸福感受、師生互動正向顯著預測英語能力。其中，女生與老師的互動（$\beta = .18$）對英語能力就預測力最大，顯然女生的師生

互動是重要因素。自變項對依變項預測力爲19.00%。若女生補習英文及規劃出國的在英語學習目標設定會較高、時間管理、學習自信及自我要求也顯著預測英語學習目標設定。其中以學習自信（$\beta = .17$）對英語學習目標設定的預測力最大。在英語學習動機方面，規劃出國的女生在英語學習動機較高、學習自信、幸福感受與自我要求也是重要預測因素，其中女生若規劃出國（$\beta = .18$）對英語學習動機的預測力最大。上述模式的VIF值均小於10，代表自變項沒有嚴重重疊現象。

表12-6　影響女生英語學習表現之迴歸分析結果摘要

樣本	英語能力		英語學習目標設定		英語學習動機	
變項	b	ß	b	ß	b	ß
常數	-0.54**		-0.06		-0.58**	
初級	0.21	.10	-0.07	-.04	-0.02	-.01
中級	0.09	.04	0.10	.05	0.21	.10
高級	0.18	.03	-0.18	-.03	0.08	.01
蹺課次數	-0.02	-.03	0.02	.02	0.07	.09
家庭收入	0.15**	.16**	-0.01	-.01	0.07	.08
補習英文	0.15	.06	0.29*	.12*	0.19	.07
規劃出國	0.08	.04	0.30**	.16**	0.34**	.18**
喜歡課程	0.18**	.17**	0.10	.10	-0.04	-.04
時間管理	0.15**	.15**	0.11*	.12*	0.05	.06
學習自信	0.10	.10	0.16**	.17**	0.15**	.16**
幸福感受	0.17**	.16**	0.09	.09	0.17**	.17**
師生互動	0.18**	.18**	0.08	.08	0.02	.02
自我要求	-0.11	-.10	0.12*	.12*	0.13*	.13*
F值	6.27**		3.85**		4.48**	
VIF	1.38		1.38		1.38	
Adj-R^2	19.00		11.30		13.40	

* $p < .05$. ** $p < .01$.

二、綜合討論

　　校務研究很重要目的之一在了解學生學習表現。本章以臺北教育大學學生為研究對象，了解學生英語學習表現的影響因素。這是校務研究的一個實例。以一所學校為範圍，透過自編的英語學習表現及大學生學習態度問卷，來了解學生的英語學習表現。從建構效度及信度來看，是一份嚴謹的研究工具，可以提供蒐集大學生學習態度及英語學習表現的校務研究工具。在大學生學習態度之研究工具區分了喜歡課程、時間管理、學習自信、幸福感受、師生互動及自我要求面向，經過因素分析之後，效度及其因素結構相當適切。而大學生英語學習表現之工具區分為英語學習能力、英語學習設定目標及英語學習動機，在因素分析之後呈現出三個向度的結構，尤其在特徵值及其解釋量均相當適切，代表研究工具建構效度良好。這是未來校務研究可以參考與運用的工具。在影響大學生英語學習能力的因素之假設檢定結果摘要如表12-7，表中欄有●者代表接受假設，就如H_1：女大學生比男大學生英語學習表現好，即在英語學習目標設定是接受，而欄位中沒有●，代表經過檢定之後，沒有接受研究假設，依此類推。表中的能力係指英語學習能力，而動機是指英語學習動機。針對結果討論如下：

表12-7　研究假設檢定結果摘要

研究假設/研究對象	整體			男生			女生		
	能力	目標	動機	能力	目標	動機	能力	目標	動機
H_1		●							
H_2		●			●				
H_3									
H_4	●						●		
H_5		●						●	
H_6		●	●	●				●	●
H_7	●	●			●		●		
H_8	●	●					●	●	

研究假設／研究對象	整體			男生			女生		
	能力	目標	動機	能力	目標	動機	能力	目標	動機
H_9		●	●					●	●
H_{10}	●		●	●		●	●		●
H_{11}	●						●		
H_{12}		●						●	●

(一) 多數背景變項對大學生英語學習表現影響不大

本章分析發現，在英語能力方面僅有學生的家庭收入有正向影響；在英語學習目標設定方面，女生明顯高於男生、有中級英文檢定通過者英語學習目標設定比沒有檢定通過者高、補習英文及規劃出國的學生在英語學習目標設定較高；在英語學習動機方面，有中級英文檢定通過者英語學習動機比沒有檢定通過者高、規劃出國的大學生在英語學習動機較高，代表影響大學生英語學習表現的因素中，背景因素不是相對性的重要，應該還有其他重要的因素應該納入分析。

家庭收入會影響學生的英語能力是可以預期的，家庭有更多資源投入子女的英語學習，所以英語學習能力會比較高，這與文化資本理論的論點一致。女生比起男生的學習心態較細膩，所以在英語學習目標的設定比男學生好是可以預期。大學生會參加英文能力檢定且通過者，以及會去校外參加補習，也有規劃要出國進修者，對於未來生涯規劃比較明確，所以在英語學習目標設定會更明確。此外，大學生擁有中級英文檢定通過者，英語學習目標設定比沒有檢定通過者高、補習英文及規劃出國者的英語學習目標設定高。

大學生的背景變項影響英語學習能力不大，這樣的結果更在男生樣本中顯現出來；換言之，背景變項都沒有對男生的英語學習能力有明顯助益。男生有中級英文檢定通過者英語學習目標設定比沒有檢定通過者高。背景變項對於女生的英語學習影響較為明顯，其中女生的家庭收入預測英語能力；補習英文及規劃出國的在英語學習目標設定會較高，此

外，規劃出國的女生在英語學習動機較高。

(二) 學生喜歡課程、時間管理、幸福感受、師生互動對英語學習能力有幫助

　　本章分析發現，學生若是喜歡學校課程、時間管理比較好、對於學校學習幸福感受較高、師生互動良好，對於他們在英語學習能力都有重要的助益。可見大學生喜歡學校課程，會做好自己的時間管理，對於學校的課業學習或有人關心的幸福感受，以及師生互動好，沒有對立與衝突，對於學生的英語學習能力是有幫助的。喜歡學校課程、友善校園、幸福感受的校園對於學生的英語能力會有增強的效果。此外，男女生學習態度對英語能力之影響因素也不同。就如本章發現，男生若是喜歡課程與幸福感愈高，英語能力愈好。而女生除了喜歡課程之外，時間管理、幸福感受與師生互動是正向顯著預測英語能力的重要因素。

(三) 喜歡課程、時間管理、學習自信及自我要求是英語學習目標設定重要因素

　　學習目標的設定對學習是重要的。有學習目標與方向就更容易學習、願意學習與主動學習。然而是什麼因素會影響大學生英語學習目標設定呢？本章分析發現，大學生如果喜歡學校的課程、愈會時間管理、學習愈有自信心及自我要求高，他們的英語學習目標設定就會比較強烈。換句話說，如果學生喜歡學校課程，就比較會在英語學習目標設定；如果學生的時間管理愈好，對於英語學習目標設定也愈好；同時大學生的學習信心愈高與自我要求高，對於英語學習目標設定愈好。若區分男女生樣本分析，男女生在影響英語學習目標設定因素也有不同，本章就發現，男生時間管理是預測英語學習目標設定的重要因素；而女生除了時間管理之外，學習自信及自我要求也是預測英語學習目標設定的重要因素。

(四) 學習自信與幸福感受對於英語學習動機有助益

　　大學生的學習自信心愈高，他們的學習動機愈高，同時在校園中感受到幸福與快樂也是提高學習動機的重要因素。本章發現，大學生的學習自信心與在校園的幸福感受愈高，他們在英語學習動機愈高。這可以說明，有較強烈的學習自信心及快樂及幸福感受，對於大學生英語學習會有更強烈想要學習的動力。至於影響男女生英語學習動機因素更有不同。本章發現，男生的學習態度無法有效預測英語學習動機。換句話說，男生的學習態度無法預測其英語學習動機，然而女生的學習自信、幸福感受與自我要求則是影響英語學習動機的重要因素。

參、大學生英語學習表現的結論與建議

　　針對上述分析，獲得以下結論：

一、結論

(一) 多數的背景變項對大學生英語學習表現沒有系統性的影響

　　本章發現，大學生背景變項對英語學習表現沒有系統性影響。家庭收入對英語能力有正面助益；性別會影響英語學習目標設定，以及有英文檢定通過者、補習英文及規劃出國的學生在英語學習目標設定較高。學生有英文檢定通過者、規劃出國的英語學習動機較高。至於背景變項影響男生英語學習能力不大。然而女生的背景變項對英語學習影響較爲明顯，其中女生家庭收入預測英語能力；補習英文及規劃出國的英語學習目標設定與英語學習動機較高。

(二) 學生喜歡課程、時間管理、幸福感受、師生互動對英語學習能力有幫助

　　本章發現，學生喜歡課程、時間管理、幸福感受、師生互動對英語學習能力有幫助。男生喜歡課程與幸福感受對英語能力有助益。而女生喜歡課程、時間管理、幸福感受與師生互動對英語能力爲重要因素。

(三) 英語學習目標設定受喜歡課程、時間管理、學習自信及自我要求的影響

　　本章發現，大學生喜歡學校課程、時間管理愈好、學習信心愈高與自我要求高，對於英語學習目標的設定愈好。而男生時間管理是影響英語學習目標設定的重要因素；女生的時間管理、學習自信及自我要求是預測英語學習目標設定的重要因素。

(四) 學習自信與幸福感受對於英語學習動機有助益

　　本章發現，大學生的學習自信心與幸福感受愈高，英語學習動機愈高。而男生學習態度無法有效預測英語學習動機，然而女生的學習自信、幸福感受與自我要求，則是影響她們英語學習動機的重要因素。

二、建議

　　針對上述分析，有以下的建議：

(一) 學生的英語學習表現宜多關注學生特質因素，不宜將焦點集中在背景因素

　　本章發現，多數的大學生背景變項對英語學習表現沒有系統性的影響。也就是，性別、家庭經濟收入、規劃出國與補習英語與否，並沒有系統性的影響他們的英語能力、英語學習目標設定及英語學習動機；若是區分為男女生分析，更有這種現象。因此，大學生英語學習表現良好與否，不宜太歸咎於他們的背景因素；相對的，應將其學習表現良窳轉移到學生，也就是學習者本身。尤其大學生將進入成年階段，自己學習表現應依其個人特質及努力因素，不應再歸因於家庭背景因素。這是大學生應該理解。

(二) 學生應正向的學習，喜歡課程、做好時間管理、良好師生互動，對英語學習能力會有助益

　　本章發現，學生喜歡課程、時間管理、幸福感受、師生互動對英語

學習能力有幫助。建議學習者本身，也就是大學生應對於學校課程有正面的態度，以及感受到學校給我的滿足感及快樂，也就是喜歡學校課程、喜歡到學校上課，可以提高英語學習能力。同時大學生應做好時間管理，自我要求自己，與老師有良好的互動，不要我行我素，對英語學習能力會有提升效果。

(三) 學生喜歡課程、做好時間管理、提高學習自信及自我要求以提高英語學習目標設定

　　本章發現，大學生喜歡課程、時間管理、學習自信及自我要求對於英語學習目標設定有正面顯著影響。雖然課程喜歡與否是個人感受，但是建議大學生先有正向的學習態度，做好時間管理、時時反省時間的運用，並從校園的課堂學習中培養自信心，不斷地自我要求，可以提高對英語學習目標的設定。而學校老師應鼓勵學生做好自我管理、時間管理，如此可以對於英語學習目標設定更爲容易。

(四) 鼓勵學生建立學習自信與幸福感受，以提高英語學習動機

　　本章分析發現，大學生的學習自信與幸福感受對於英語學習動機有助益。因此大學老師及導師應鼓勵學生建立學習自信，鼓勵他們從每堂課程的學習，建立學習信心，以及對於校園環境及學習、老師的教學與同學互動多運用正面態度來感受，增加學生對於學校滿意度及學生快樂感受，以提高學生的英語學習動機。

(五) 未來研究建議

　　本章對於一所教育大學學生進行英語學習表現分析，建構研究工具，蒐集資料，經由統計分析獲得結論與建議。然而校務研究議題是多元性，它在提供學校發展與診斷問題參考。在未來建議上，對於大學生學習態度之研究工具可以再聚焦於英語學習內涵，由於依變項爲英語學習表現，而自變項的學生學習態度向度之一是喜歡學校課程，它是泛指大學所有學習的課程，不是縮限在英語學習方面。若聚焦於喜歡英語課

程之內涵，會更貼近於研究旨趣。此外，校務研究需要有嚴謹的研究工具，本章建構的兩個工具都很適合校務研究，尤其學校長期追蹤學生學習表現的研究工具。至於影響男生的英語學習動機因素都沒有顯著，代表還有其他重要因素，未來應針對男生的英語學習動機深入探究，才能了解問題所在。

問題與討論

　　本章的IR分析議題爲大學生英語學習表現，分析結果發現許多因素影響大學生英語學習表現。就您閱讀的心得與經驗，可否指出還有哪些理論可以解釋大學生英語學習表現，以及影響英語學習表現的影響因素除了本章討論的之外，還可能有哪些因素呢？如果您是IR人員，要如何分析此議題呢？

參考文獻

一、中文部分

林怡弟（2016）。英語學習動機的預測與中介效果：從必須我到理想我。**教育與心理研究**，**39**(2)，61-85。

林淑惠、黃韞臻（2009）。大專院校學生英語學習現況與學習環境之分析。**臺中教育大學學報：教育類**，**23**(1)，153-173。

吳雨桑、林建平（2009）。大學生英語學習環境、學習動機與學習策略的關係之研究。**臺北市立教育大學學報：教育類**，**40**(2)，181-222。

周美智（2007）。英語學習動機、教材與英語教學之關聯性以正修科大四技大一新生爲例。**正修通識教育學報**，**4**，41-62。

廖柏森、張美玉（2004）。大專生英語學習信念與學習策略之關係。**新竹師院學報**，**19**，137-154。

二、英文部分

Dornyei, Z. (1998). Motivation in second and foreign language learning. *Language Teaching, 31*(3), 117-135.

Dornyei, Z. (2005). *The psychology of the language learner: Individual differences in second language acquisition.* Mahwah, NJ: Lawrence Erlbaum.

Dornyei, Z. (2009). The L2 motivational self-system. In Z. Dornyei & E. Ushida (Eds.), *Motivation, language identity and the L2 self* (pp. 9-42). Bristol, UK: Multilingual Matters.

Gardner, R. C. (1985). *Social psychology and second language learning: The role of attitudes and motivation.* London, UK: Edward Arnold.

Gardner, R. C. (2011). The socio-educational model of second language acquisition. *Canadian Issues,* 24-27.

Kormos, J., & Csizer, K. (2008). Age-related differences in the motivation of learning English as a foreign language: Attitudes, selves and motivated learning behavior. *Language Learning, 58*(2), 327-355.

Lamb, M. (2012). A self-system perspective on young adolescents' motivation to learn English in urban and rural settings. *Language Learning, 62*(4), 997-1023.

Locke, E. A. (1996). Motivation through conscious goal setting. *Applied and Preventive Psychology*, 5, 117-124.

Oxford, R., & Shearin, J. (1994), Language learning motivation: Expanding the theoretical framework. *The Modern Language Journal, 78*(1), 12-28.

第 十三 章

臺灣校務研究的問題與展望

第一節　臺灣校務研究的問題與經驗

壹、臺灣校務研究推動的困難

　　臺灣的高等教育校務研究尚在起步階段，有相當多問題。王保進（2016）指出，校務研究在國內是新興概念，因此各大學校院也遭遇了一些共同困境包括：定位不明、專業人力不足、統計與資訊人才欠缺、資料採礦（data mining）統計專業技術之欠缺等問題。茲將臺灣的校務研究推動困難說明如下：

一、學校主管缺乏在IR的識野

　　臺灣歷年來無法設立IR的原因之一在於大學自主，學校經營者沒有將校務研究視野及前瞻計畫列入重點。美國的高等教育校務研究超過50年，教育部（2015）才提出《教育部補助大學提升校務專業管理能力計畫審查作業要點》，2016年臺灣才成立校務研究協會。這突顯出在過去幾十年時間，不僅主管高等教育機構的教育部沒有IR的觀念，而且高等教育機構主管沒有對IR關注與投入。IR雖然受大學規模大小、學校類型，在功能有其限制，但是它的成立與存在，並沒有受學校規模、學校類型及地區性限制。現在的社會環境及國際競爭力，大學應有績效責任，高等教育無法完全依賴政府的經費補助，需要自籌財源及自求生存之道。在此前提之下，學校主管與董事委員會，尤其是校長更需要有校務研究的視野及觀念與作為。校長或一級主管務必要有校務研究信念與作為，才能引導學校各單位進行校務研究，解決學校所面臨的校本問題。臺灣的大學許多行政主管缺乏校務研究的專業知識，主管更替快速，資料與檔案沒有系統建立，學校又僅以教學及研究為主軸，行政配合教學，科層制度依法行事，而教師沒有多餘時間進行校務研究，在沒有校務研究觀念，執行校務研究困難多。更重要的是學校沒有IR風氣與創新文化，更沒有理性對話與資料導向的決策模式，因此建立校務研究是當務之急。

二、大學在學習與創新能量不足

　　IR的沒有建立可以從學校對於政府依賴及學習文化來看。臺灣的公立高等教育大學過去受教育部經費投資比率較高，校長較沒有IR觀念，而私立大學校院雖然依賴教育部經費較少，但是過去臺灣的高等教育沒有學齡人口不足的問題，加上高等教育機構單一化，學生來源沒有問題，就沒有IR觀念。因為公立大學過度依賴政府經費補助，又沒有績效責任觀念，加上大學本身沒有學習型組織的概念，所以長期以來沒有IR的理念、研究風氣、學習文化與作為，因此大學不重視IR。大學對於經營及運作沒有整體性的思考，在沒有IR專業觀念與人力、也沒有資料庫建立及IR的技術引入。簡言之，大學校院難以推動IR的主因在於大學沒有學習型組織的特質，以及行政團隊的研究能力及對於學校發展責任不足。學校行政人員多為兼任性質，並非所有行政人員都有進修研究，甚至取得碩士或博士學位，也未必具有研究能力。學校行政人員以行政工作優先，每天為了學校行政業務忙碌，無暇進行相關的校務研究；而教師群以教學為優先，僅以他們的專業做好各自的教學及研究，較少透過學生的學習資料做科學實證的研究。教師運用土法煉鋼、個人的主觀經驗進行教學，而教務長及學術副校長或校長也都運用其個人經驗來治理系務、院務與校務，對於校務研究投入少之又少。教師以教學專業為主，沒有想要了解IR的功能及其重要性。重要的是，學校行政人員及老師在資料分析或統計分析觀念不足，更不用說要具有大數據的統計分析能力。在學校沒有成長學習及創新文化的前提下，臺灣高等教育要進行校務研究相當困難，更何況要落實校務研究。

三、大學在決策文化僵化與人員保守

　　學校決策文化傾向於保守、裹足不前及無法因應時代與社會變遷，尤其是不少教師及行政人員抗拒變革，不願意接受IR的變革與創新。臺灣的公立大學校院經費預算多由政府補助，經營者習慣依賴政府，對於學校發展問題不一定深入與永續，學校行政人員高度變動性影響校務研究的持續推展。學校雖然具有教學及行政不同的專業軌道，但是學校

行政以科層制度為主，凡是依法行政與層級節制，常會有墨守成規，無法變通的情形。科層制度為人批評者最多的是創新及變革不足，行政人員僅是依據法規辦法行事，而教學團隊，尤其是高等教育的教學及研究領域各有所專，這種團體具有鬆散的組織特性，在兩種價值觀不同氛圍之下，大學要有校務研究相當困難。加上行政人員參差不齊，要有一個專責校務研究中心的人力編制相當困難，此外學校文化是一種養育與保護，學術成員又是各自追求自我的專業，鬆散式組織，難以決策，相對於企業組織或大學較為保守的氛圍下，要能有校務研究，實為相當困難。

臺灣高等教育機構行政人員與教學單位的教師消極被動也是無法推動主因。目前臺灣的教育環境，除非學校有IR專責單位及專人蒐集資料與分析資料，甚至及時的提供相關報告，否則要能有IR，多數行政人員常有多一事不如少一事心態。而教師只關注自己任課內容與運用個人經驗來教學，並沒有思考可以運用學生學習資料做後續的統計分析，作為改善教學及提高學習成效的參考。學校若有專責研究單位就有相對應的經費與資源投入研究，若沒有專責機構及人力，學校要求行政人員或教師額外付出時間進行IR是相當困難。IR需要長期的建立資料，也需要有各類學科及統計分析的能力。若要讓行政人員及教師再增加校務研究，工作負擔增加，他們的行政效能與教學效能勢必會降低。

四、學校在IR的研究資料嚴重缺乏

臺灣的高等教育在校務發展資料，並沒有正確、專業、習慣與永續的蒐集、儲存、建置與有系統有組織的整理。傳統上，大學都僅在學生進入學校才填寫一些資料，之後就束之高閣，對於這些可以分析的資料沒有善加運用。同時各學期學生學習表現，也沒有長期蒐集及建立資料庫，甚至在一定年度之後就刪除而消失。學校行政人員不一定了解資料建置原理、保存及管理與運用。例如在問卷設計及建立資料庫的流程、保存資料、清理資料，不了解資料儲存更新，更不了解把這些資料進一步深入分析。因此在進行校務研究，其困難度就增加，在沒有

完整及正確的資料下，無法提供有效的證據來支持學校發展計畫。簡言之，臺灣的高等教育機構長期以來，沒有完善的建置資料、儲存資料、管理資料、清理資料及應用數據資料，這也是無法做好IR的困難之一。

五、大學評鑑無法與IR有效連結

　　長期以來臺灣的大學對學校未來發展，以提出不連貫的校務發展計畫及大學評鑑作為發展依據。就學校發展計畫來說，各所大學都會提出中長程校務發展計畫，尤其在新接任校長時，更會提出新的校務發展計畫。新任校長提出的計畫往往無法延續前任校長的作為，在短時間又無法提出完整的校務發展計畫；同時前後期的計畫也常無法有意義的延續。因而一所大學校務發展計畫在不連貫及無法延續之下，難以發揮計畫成效。尤其校務計畫執行之後，更沒有進行嚴謹的評估成效，同時整體學校發展計畫常無法統合各學院的發展計畫，甚至各系所的計畫，因而各系所與學院的發展，常與學校的願景與發展形成多頭馬車。學校無法整體及有系統的整合各系所與院的發展計畫，又無法提出具體可行的計畫，常把這些計畫形式化，因而表面好像在執行，到後來計畫執行後，不僅各系所及學院，甚至學校整體計畫都難以評估。

　　現行的制度較能檢討臺灣的大學發展成效就是依賴每4年由財團法人高等教育評鑑中心所執行的大學校務評鑑與系所評鑑。雖然，自2018年起評鑑方式將改變，然而這種評鑑常有幾種現象：1.大學校院在評鑑前努力準備評鑑所需的資料，從各單位找出一些沒有系統性及沒有分析的資料敷衍了事。2.對於評鑑委員的意見，僅能做簡要的回應，後續就沒有再繼續追蹤成效，就要等到四年後的評鑑才會整理新的資料。3.大學評鑑無法因應學校及社會變遷，更無法隨時運用資料分析學校狀況，僅在校務評鑑才整理學校資料。大學只有在面臨危機，例如學校及系所或大學整併才會將學校資料做深入分析或提出方案。4.大學評鑑無法讓行政單位做有系統的知識管理，行政人員的輪調、離職或退休，耗盡了組織記憶，縱使要連結先前的計畫及評鑑，也常扭曲了計畫的原意。5.系所與學院院長對於變革管理領導沒有明確的要求，墨守

成規，無法創新。6.大學評鑑僅是固定時間評核，提供的意見及回饋有限，無法像IR可以隨時提供及時提供學校發展狀況，讓學校主管隨時掌握發展狀況。7.大學評鑑無法對於學校領導者、學術及行政的各單位主管考評，所以評鑑的效用不大。

六、政府及相關單位在IR協助不足

　　美國的校務研究，政府相當支持。彭森明（2015）指出，在美國聯邦教育部（U.S. Department of Education）所屬的國家教育統計中心（National Center for Education Statistics, NCES）發揮很大功能，它依循聯邦教育部以研究、經費補助及政策引導為主要職責的原則，藉由與美國校務研究協會（AIR）及各州高等教育主管聯席會（State Higher Education Executive Officers）的合作，NCES為各校提供許多服務與引導，協助各校建置校務研究資料庫、輔導各校善用全國資料、辦理各項專業成長活動協助校務人員成長、協助校務研究人員的人才培育方案、獎助全國性大專教育專題研究，並與AIR建立良好的夥伴關係，協助各校院及其他高教機構推展校務研究等。反觀臺灣的高等教育校務研究，不是受重視，僅在2016年臺灣成立校務研究協會與近年教育部積極要求各大學建立大學生學習成效評估及提升機制之後，才對於IR重視，然而教育部也沒有太多經費支持。

貳、臺灣校務研究的初步經驗

　　臺灣的高等教育在IR起步緩慢。為協助大學提升校務專業管理能力，善用教育資源提高學生學習成效，教育部（2015）才提出《教育部補助大學提升校務專業管理能力計畫審查作業要點》，鼓勵國內公私立大學校院（不包括軍警校院）申請「建立大學生學習成效評估及提升機制」執行計畫及配套措施，期待申請學校可以發揮以下功能：1.在所提執行計畫與學生學習成效評估及提升之關係。2.學生學習成效資料取得、蒐集、儲存、分析之專業程度。3.校務研究辦公室組織架構與其他部門隸屬、分工及合作關係。4.校務研究辦公室永續運作之規劃。在專業人力資源面需要：校務研究辦公室成員之專業背景、校務研究辦公室

成員之專業發展機制。在校務應用面：1.學校教學輔導系統與學生學習成效分析系統整合程度。2.校務資源分配及教師升等制度與學生學習成效分析系統整合程度。3其他有助於依學習成效數據分析提供學生個別化學習經驗及主動輔導之措施。

　　2016年黃榮村教授及幾位學者發起建立臺灣校務研究專業協會，訂定章程辦理許多校務研究學術研討會及工作坊。章程第五條指出協會任務包括：1.提供臺灣校務研究專業發展的支援，並建立校務研究倫理。2.提供會員與校務研究有關之資源、訓練及專業發展之機會。3.支持會員發展蒐集校務資料的能力與技術。4.進行與校務研究有關之研究及國際合作事項。5.其他與校務研究相關之事項。蕭玉眞（2016）分享2014年1月弘光科技大學建立IR機制之後的經驗，學校啓動三項措施：1.設立校務研究專責單位，負責規劃、執行與傳播；2.完成校內資料庫系統建置；3.發展良好的數據處理技術；因此，完成很多校務研究及應用，例如貫徹績效責任制度，學校自2015學年起將各系所「降低學生休退率」執行成效納入系所經費分配指標等。高等教育評鑑中心於2016年11月18日舉辦高等教育校務研究研討會（Higher Education Institutional Research）邀請幾所大學分享IR。這些經驗很寶貴，可以作爲臺灣的大學推動IR參考，其重點摘要如下（唐慧慈、郭玟杏，2017）：

一、清華大學賀陳弘校長分享

(一) 校務研究資料庫之結構與運用

　　清大校務研究辦公室分爲研究與規劃組、統計分析組及資料建置組，共配置7名人力。IR涉及跨學科的專業議題與合作，其中好議題（good issue）、適當研究方法（appropriate research methods）、有用資料（useful data）爲成功要素。IR進行步驟包括：1.蒐集IR資料：包含學生、教職員人數等資料。2.盤點學校相關系統：如研究、教務、學務及其他系統等。3.將資料整合進IR系統：盤點學校相關系統與研議未

來擴增數據後，將整合至IR平臺，以利後續數據之分析與應用。4.整合資料困難：包含資料合併、儲存格式、保持資料完整性及資料發布之程序與規則等。

(二) 議題分析與應用

清大配合學生學習成效進行議題分析，以工程學院為例，藉由教師教學評量之議題討論，研究與學生成績之關係，研擬提升教學品質等做法。預期：1.完成數據庫之整合：透過長期累積之數據，將為清大進行IR分析的重要依據。2.編譯年度數據報告：提供高等教育機構領導者採行更好的策略。3.將研究成果提供相關單位使用：協助學校未來規劃，並探索問題，提出更有效的方法與策略。4.建立合作平臺：邀請新竹與苗栗其他大學校院參與，逐步擴充至全臺。5.共同創建IR資源與共享系統：積極與其他專業機構合作，提高研究質量。

二、南臺科技大學戴謙校長分享

(一) 建立學校事務數據庫

南臺科技大學自2015年起不斷進行IR研究，由校長帶領IR建立組織架構，在教育部計畫支持，建立完整的學校事務數據庫，包含課程管理系統、學生學習歷程資料庫、學生學習地圖系統、教學評鑑系統、英語學習系統、畢業生和雇主滿意度問卷系統、教師評鑑系統。

(二) 制定策略改善入學狀況

學校有兩個IR個案，第一是訂定策略改善入學狀況，透過IR分析發現，學校在2015至2016學年低註冊率，並研擬出新策略改善註冊過程，包括根據學校需求重新定位考試成績水平、每個系所都增加面試過程、更改註冊過程。透過這些改善措施，2016至2017學年註冊率大幅提升至95.4%，與前年度相比有很大進步，為IR成功個案之一。另一個IR個案以入學學生進行績效分析，調整入學比例。根據IR分析，決

定調整不同管道入學人數，並提交計畫給教育部，希望以推甄學生為重點。2016年10月學生人數增加60%，透過新政策調整對每年入學率有所助益。

(三) 調整組織強化IR功能

2017年能將IR組織調整，由校長帶領，但在大數據和IR中心設一個執行長，在中心成立大數據分析小組和機構研究小組。在整個大數據下建立強大IR功能，掌握各種規則，做好溝通，進行量化分析，建造一個資料倉儲（data warehouse），可以與外界連結，進行產業合作，以能蒐集更多大數據再整合至IR中心。未來希望透過數據庫分析強化學生學習效果和學校營運效率，利用IR建立較好的決策環境。學校在校務研究萬事具備，只欠資訊整合、系統分析以及決策習慣。

三、臺北科技大學黎副校長分享

(一) IR的定位和決策制定

臺北科技大學在發展IR是先了解需求面，知道目前有哪些資源，目前正在執行教學卓越計畫與典範科大計畫，即先檢視兩個計畫的關鍵績效指標（KPI）如何影響大學發展，再透過專業科系打造資訊系統，加上分析工具建立好的IR。學校的IR組織架構在副校長管轄，決策制定過程中，各院院長先了解想要的IR數據庫及優缺點，再建立幾個重要的IR項目，由IR中心和電腦網路中心合作組成。透過IR分析後，經歷數次正式會議，讓各單位主管先吸收、消化這些數據，才將成果開放給社會大眾。

(二) IR資訊系統的特色

臺北科技大學的IR在資訊系統特色包括：1.IR資訊系統架構：首先成立大學數據庫的平臺，有很多原始資料去識別化後進行IR數據庫的分析和處理，最後放到IR平臺，讓每個人都可以取得資訊。2.IR資訊系

統：包含IR數據庫平臺、雲端數據庫、IR數據庫。3.節省能源的硬體：擁有與伺服器相關專利技術可節省伺服器能源耗損。4.安全和高速網路：高速穩定的網路系統，有網路的第三方安全守護。5.整合內外部數據庫：校內外數據庫集合於系統內。6.分析平臺功能：分享平臺包括內外部數據與不同工具，像分析工具、視覺化工具，還有數據倉儲技術等。7.數據標準化：IR行政數據庫（administrative database），從大學數據倉庫正式公布的核心數據。8.IR分析互動平臺：在短時間取得數據做決定，並可在螢幕抓取所要的資料及圖表馬上比對。學校IR分析實例，探討學生在校所學與就業之學用落差發現，就業穩定性和收入為高度正相關，真正影響到畢業收入是就業穩定度，穩定程度愈高會有高收入。IR和資料運用在大學決策，特別是以數據為導向，且這些數據不是個人化資料，非常客觀實證，適合學校決策。

　　上述三所大學在IR的經營都強調實證資料，作為校務治理的決策參考。藉由科學化研究，透過多方面資料蒐集與深入分析，提供科有系統知識及數據作為校務發展佐證。由此看出，大學應以了解各校目前現況與問題，透過實證資料轉為有效知識，提供學校發展決策的正確性，以作為大學校院改善經營與辦學績效依據。

參、檢視臺灣幾所大學校務研究中心

一、臺灣大學校務研究辦公室

　　臺灣大學於2015年7月7日行政團隊會議決議，成立功能性一級單位「校務研究辦公室」，由教務長兼任執行長。高等教育機構的校務研究議題廣泛複雜，可能涉及多個校內單位之職掌，並非現有單一行政單位之業務範圍可涵蓋，需要跨處室統籌、溝通與合作。因此2016年進行組織調整，同年12月12日通過《辦公室設置要點》將辦公室設於校務發展規劃委員會之下，由主任祕書兼任執行長，以利跨處室協調及進行校務發展整體規劃。辦公室初期主要目標為統整校內現有校務研究相關資料庫與各項問卷調查結果，並制定校務研究相關規範，以提供全方位的決策資訊。長期而言，希望校務研究角色從協助決策訂定（for policy）逐漸轉變成爲決策機制的一環（as policy）（https://oir.ntu.edu.tw/ntuir/?page_id=24）。

二、南華大學校務研究辦公室

　　南華大學的校務研究中心在校長之下，由校長擔任召集人。它設有校務研究顧問團，校務研究辦公室設有資料回饋、資料統整、大數據資料庫、資料蒐集、資料取得及資料採礦組，如圖13-1。

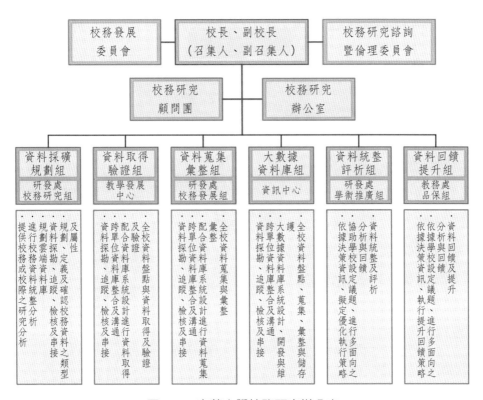

圖13-1　南華大學校務研究辦公室

三、暨南國際大學校務研究中心

　　暨南大學的校務研究中心界於研究及行政單位之間，如圖13-2。中

心具體目標：1.例行性與即時性校務資料之蒐集、建置、維護，及跨平臺資料庫之連接。2.進行各項例行性與即時性校務相關資訊之研究與分析，以提供校務管理與決策之參考。設置中心主任一人，綜理中心業務，中心主任由校長遴聘學校相關領域之專任教授兼任，任期以配合校長任期為原則。中心設資料與研究二組，各置組長一人，及研究助理若干人。資料組負責例行性與即時性校務資料之蒐集、建置、維護，及跨平臺資料庫之銜接；而研究組負責進行各項例行性與即時性校務相關資訊之研究與分析，以提供校務管理與決策之參考（http://www.cir.ncnu.edu.tw/?struID=2&cid=12）。

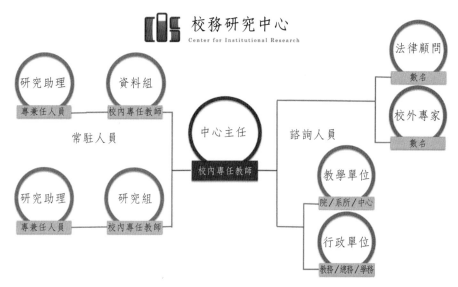

圖13-2　國立暨南國際大學校務研究中心

四、臺灣師範大學校務研究辦公室

臺灣師範大學校務研究辦公室依據《國立臺灣師範大學校務研究辦公室設置要點》，主要任務如下：1.蒐集、統整、倉儲、分享、分析校務資料及校外相關資料。2.建置及維護校務資訊平臺。3.進行定期、重點及委託校務分析，提供資訊與策略建議，以支持學生學習、教師

發展、校務決策與校務改進。4.培育師大人員校務研究能力，以提升
校務經營品質。5.完成校務報告，建立校務關鍵指標，傳播校務資訊
（http://www.acad.ntnu.edu.tw/9intro/super_pages.php?ID=9intro1）。
它設在校長室之下，在校務研究辦公室之上有校務研究諮詢委員會及研
究發展處單位。辦公室設有統計分析、系統開發、資料庫管理及調查與
評估人員，如圖13-3。

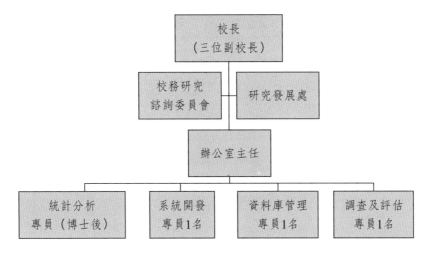

圖13-3　臺灣師範大學校務研究辦公室

五、臺北大學校務研究辦公室

　　臺北大學校務研究辦公室主任由學術副校長擔任，組織內由研發長
為執行長，並有校內外諮詢委員。它由校務研究資料庫工作群負責資料
整理及盤點，而由校務研究分析智庫群提供相關資料與意見，產出研究
報告，如圖13-4。

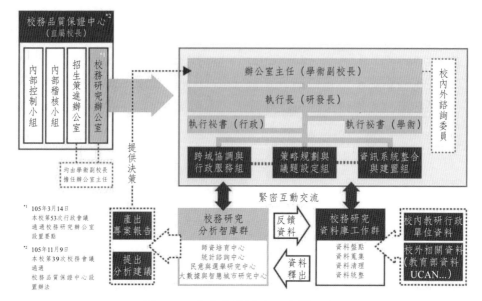

圖13-4　臺北大學校務研究辦公室

六、現階段校務研究的幾個現象

(一) 超過80所以上的大學沒有申請補助

　　教育部在2015年為協助大學提升校務專業管理能力，善用教育資源提高學生學習成效，訂定《教育部補助大學提升校務專業管理能力計畫審查作業要點》。臺灣高等校務研究才慢慢有投入分析。在2015年一般大學獲補助者有26校，2016年又有15校獲得補助，普通大學共有41校，而技職校院也有多所學校獲得補助。2017年臺灣有76所大學校院設置校務研究辦公室（臺灣校務研究專業協會，2018），可見現在還有超過80餘所的大學校院沒有這樣的單位。

(二) 申請到補助經費設虛擬校務研究中心

　　大學申請到計畫經費的學校為試辦性質，目前常見情形是在大學校園中設一個臨時或虛擬的校務研究中心居多，並沒有一個實質的IR

單位。它的位階有些為一級單位，直屬校長或副校長，多數為學術副校長或副校長擔任校務中心主任，也有些是研究發展處處長或教授兼任。例如東海大學IR辦公室組織與業務職掌依據《校務研究辦公室設置要點》經2016年1月13日行政會議通過，同年12月14日行政會議修訂通過。本辦公室組織為：置主任一人，由副校長兼任之，置執行長一人、一位博士後研究員，兩位專案人員，協助辦理校務研究業務（http://ir.thu.edu.tw/web/about/page.php?scid=66&sid=111）。

(三) 多數學校校務中心任務與目標不具體

從申請到教育部補助校務研究計畫的大學網頁蒐尋發現，多數大學校務中心任務與目標規範欠缺，更不用說有校務中心的具體工作流程與年度計畫。也就是說，國內校務研究中心沒有具體列出中心的使命、任務及其未來的發展計畫。目前各校對於校務研究的任務仍不明確。

(四) 校務研究中心分層體制，但專業人員多兼任

多數學校校務研究中心列出分層分工，然而專業人員多來自各學系的教師兼任。虛擬校務研究中心設有主任，下有兼任的資訊工程、統計專家、行政單位（如教務處或研發處）、研究專業人員組成。各校視工作需要，借調相關領域教授參與，以及聘用約聘人員擔任助理，或請工讀生幫助處理資料蒐集等。校務中心主任多由學校的研發長、教務長、主任祕書、副校長或學術副校長兼任；在統計分析、電腦資訊、行政管理都由其他學系教師兼任。各大學多以博士後研究員聘為校務研究專職人力較多，但多是一年一聘，可否永續在職位有待觀察。校務研究中心通常還設有諮詢委員會，其成員多為學校各級主管與外部專家學者組成，召開會議時間不定。

(五) 校務研究成果及報告陸續產生

學校申請到教育部補助者在資料建置、清理或蒐集陸續進行，目前雖有一些學校已有校務研究報告，但看到少數學校依校務研究做出來的

研究成果作爲學校決策。各校的校務研究成效尚待觀察。

第二節　臺灣校務研究的挑戰與展望

壹、高等教育環境的改變

　　高等教育受到全球化、國際化、科技數位化的影響，高等教育產業及其特性受到影響。張芳全（2017）指出，各國年輕人失業問題嚴重；各國學生接受高等教育機會不均，高等教育在學率差異大；各國高等教育對於消除社會階級不公平呈現兩極；接受高等教育不一定擁有好的幸福感。Peterson（1999, 1999, pp. 89-97）認爲，高等教育應視爲一種教育產業（education industry），尤其自1950年代之後，美國高等教育產業從傳統與非菁英角色轉爲大衆化的高等教育，在二十一世紀高等教育面臨七項社會情境（societal conditions），影響高等教育發展。這些七項特性對於現在的臺灣高等教育發展，甚至未來都有重要影響，值得省思。

一、大學變遷型態多樣性

　　大學變遷型態多樣性（changing patterns of diversity）是高等教育要面對的問題。雖然高等教育對於學生學習改善很多，也對不同類型的弱勢子女有更多協助，但是社會文化多樣性（cultural diversity）不斷變遷，對於學習者的教育意義也有不同，包括老年人、同性戀、移民者等進入高等教育學習，所以高等教育要提供給學生的需求就不一樣。

二、遠距離技術的革命

　　遠距離技術革命（telematics revolution）帶給高等教育不得不改變。隨著電腦科技不斷地改變，網路、手機、平板電腦與科技傳播可以連結更多學生的資訊，而學習者可以透過遠距離教學、翻轉教育、大規模開放式線上課程，又稱爲磨課師（Massive Open Online Courses,

MOOCs），透過電腦網路把課程開放給在線上使用者學習。校務研究可以透過這些技術深入研究。

三、學術及機構的品質改革

大學學術及機構的品質改革（academic and institutional quality reform）是未來不變趨勢。1990年代中葉，美國公立大學學術品質變成重要績效，並強調以學生為導向的學習、教師生產力及表現、學校方案執行的效率及學校發展指標的檢核等。而這種以大學表現績效及品質導向有更加重視的情形。代表了美國高等教育重視學生學習成效導向及品質的重要性，這也是未來臺灣高等教育應該學習的方向。

四、大學強調經濟生產力

強調經濟生產力（economic productivity）是未來大學的挑戰。高等教育除了提供教育與訓練，以及應用與基礎研究之外，大學也強調提供私部門或產業的技術轉移。美國的許多大學，尤其是研究型大學被要求要參與發展及直接與區域或州的發展有關聯性。可見，美國的大學與產業及政府部門的合作，甚至大學老師都要與產業合作。

五、新的教育市場、模式及模組給高等教育再學習

新的教育市場、模式及模組給後期中等教育要再學習（new markets, modes and models for postsecondary relearning）。由於學生特性改變，對學校消費群需求也改變。學生畢業之後，需要就業，在職訓練或繼續接受高等教育（如終身學習不斷學習）以維持他們在職場的工作及專業價值。這些學生已不需要傳統結構的知識內容，也就是不需要以學術導向的學習課程。他們期待可以獲得新觀念及不同文憑（credentials）可以在私部門順利就業，或者獲得更多專業知識技能以因應未來社會需求。他們需要特定的教育訓練來符合他們的個人需求。尤其社會競爭所需要的是新的技能及觀念，因為這些觀念改變，使得高等教育也需要變革，校務研究更需要面對這些問題研究。

六、全球化影響高等教育

全球化（globalization）影響高等教育發展。國際間的網路不斷連結，各國高等教育需要與國際連結。學生的國際交流，各大學需透過教師的海外進修獲得新知及研究能量，才能作為大學創新的研究動力。為因應這種全球化趨勢，校務研究要提供更好的資訊提供決策建議，才可以讓學校發展轉型與更具有競爭力。

七、資源限制高等教育發展

資源限制（resource constraint）讓高等教育發展也受到限制。資源稀有性是高等教育長期以來面臨的問題，學校要能有永續經營，需要突破資源稀有性的限制，高等教育機構要向外部爭取各種資源才可以經營，因而校務研究可以將學校多年來的經營績效提供給外界參考，校務研究就格外重要。

總之，上述現象也是臺灣高等教育所面對的重要問題，同時臺灣更有大學數量太多、學生來源不足、大學學費受教育部管控無法彈性調整，以及學生素質逐年下降等因素之影響，未來高等教育環境勢必更為嚴峻，更需要IR的投入。

貳、大學治理的挑戰

不管哪一種大學校園，校長都要面對治理（governance）的問題。Purcell、Harrington與King（2012）指出，大學領導者都要面對五個重要的大學治理問題。這些問題很值得未來在進行校務研究的省思。說明如下：

一、大學領導者經驗通常無法治理校園的所有面向

大學校長在治理學校所提出的願景與解決問題策略，會受到先前求學及工作經驗的影響。治理一所大學不是專才，而需要通才的專業。理工類出身的對於理學院的學生較能了解學習狀況，對於文、法、商類科則較難理解。若在面對低成就學生，有些校長可能會要求增加教學時數

及品質，提高他們的學習成效，然而心理輔導部門可能認為應該給予學生心理及學習支持。若是商業背景出身的校長，他的經營理念可能尋求學校最大生產力與不要浪費資源。就教育哲學觀點，最大生產力的觀點不一定正確，也就是提高學生學習成效不一定是如此，需要從眾多訊息及證據，運用適切方法評估，篩選出正確及合宜的訊息，再提出解決方案。所以校長如果會篩選出重要及適切訊息，是成功因素之一。IR需要了解大學領導者過去的經驗，提供正確訊息給校長做決策。

二、新任大學校長無法高枕無憂的熱誠尋求改變

　　新任大學無法有熱誠對校園提出變革，一方面是大學不是實驗室，學生學習及學校發展無法重新來過，另一方面學校要發展的合理策略需要依據事實與證據而來。如果一位校長任期是4年，每4年就換一任新校長，不同校長的治理大學的理念及經驗不同。若是沒有充足行政經驗與勇於接受挑戰的校長，很容易讓學校發展裹足不前，甚至在競爭的環境下，學校學術聲望下降，招生人數年年衰退。此時就需要有校務研究經驗者提供資訊及時給校長做校務治理的參考。若是一位加油添醋的IR執行長，可能在認定校務議題會較理想化，建議了有效率提高學生學習成效方式。然而IR人員應讓大學發展的里程航向成功的未來。IR人員應提供未來趨勢給大學校長了解，比起每天僅做一些無益於發展的管理評估成果給教務長、院長與副校長還要好。因此了解社會及國際的未來可能發展趨勢，對於大學經營者來說相當重要。

三、時間是短暫易消逝

　　雖然大學的領導者先整合各方觀點，再提出未來大學規劃方案很重要，但是時間就是如此倉促很容易就消逝了。在時間壓力下，校長要閱讀多份研究報告，並整合各種結果與發現及觀點，再提出學校發展方案是相當困難。尤其社會及國際的環境變化相當快，要在有限時間掌握學校發展趨勢及提出學校發展計畫相當困難。IR人員需要從海量資料中，分析出可以讓校長信任，又可以連結目前學校政策，並簡短向校長

報告，讓校長可以提出明智的未來發展計畫是相當重要的。

四、信任相當重要

　　校長對於IR人員及辦公室提供的資訊有信心，這是對於學校、校務研究中心及人員的成功表徵。校務研究的重要在於所提供的資料及資訊受到信任與肯定嗎？IR所提供的評論及建議有基於事實及專業文獻嗎？如果都是肯定的，這不僅在可看到的資料需要被信任，資料信度也被信任，IR人員及專業都獲得信任。IR人員提供多樣資訊，有些用文本，有些用視覺化圖表。在面對大學新生、政府官員與立法委員說明，提供正確訊息非常重要。雖然校長有很好政商關係、很好領導技能、有能力爭取經費都是好校長指標，但這些表現都需要良好校務研究來支持。因此未來提供給校長做決策的是資訊與智慧，而不是資料。

五、任何事情都是一體兩面，社會現象不是絕對

　　雖然新校長可能受到先前職涯及工作經驗的影響，但是所有校長應以執行長（chief executive officer, CEO）角度，來看整個社會與高等教育環境。校長常會以學校發展歷史影響其決策，其決策依據也常超過事實及所提供的數據圖表。好的決策及強調未來主義者，不完全會以資料作為理性決策的歷程。因此，CEO要掌握的是學校發展願景為何？什麼是學校、學生及社區可以獲得最大效益的結果呢？IR人員應了解自己的角色，協助校長擁有CEO的決策觀點與方式，提供良好品質的資訊，作為校務決策參考，但終極決策在校長或董事會上。IR人員應體會，提供好訊息與建議是重要的，而不是在於最後所採取的方向。

參、校務研究面臨的挑戰

　　雖然美國IR已有50多年歷史，然而也面臨很多轉變與挑戰。Volkwein在2015年指出，校務研究歷經50年發展，著重面向有幾個轉變：1.從提出報告到支持決策系統；2.從現象描述現象到問題分析；3.從投入資源到結果產出；4.從基本的統計及電子數據表到多變量統計及迴

歸模型；5.從擁有通才的小辦公室到擁有專才的大型專業化科層；6.從多樣能力的準備到一個校務研究的核心課程（引自王保進，2016）。黃淑玲與Wolff（2013）也指出，大學校務研究工作未來發展的核心包含：1.反映高教新局勢，並能即時提出因應之道的中堅；2.與大學教師、相關工作人員團隊合作，善盡溝通橋梁之責與善用此優勢；3.建立學習成效評估的對話平臺，與實務評估教師或人員建立互信的合作關係；4.支援評鑑相關工作，了解績效責任與後續改進的核心；5.很重要，但亦具挑戰性的是，能將所有議題、資料蒐集與分析結果撰寫成有意義、有邏輯性、有故事線的報告，並能校內跨處室溝通；對外則能與校際、社會、政府單位對話溝通。Glover（2009）更指出IR受到許多挑戰，這些內容也是臺灣未來在大學設立IR機制的參考。它包括：

一、太強調規格化報告

　　IR太強調規格化或順從式的報告（compliance reporting）。主因是校務研究中心要在有限時間及資源，面對州與聯邦或認可報告的規格化規定。這些需要完整校務研究報告，但在報告中要對特定名詞定義及測量說明，要花費大量時間準備。然而訊息報告重點也受限規格化目的，無法有效說明學生學習成效改善情形。這突顯出，IR需要從傳統上僅提供報告應依時勢所趨轉換爲支持學校決策系統。

二、技術障礙

　　IR面臨許多技術障礙（technical barriers）。IR部門在取得資料分析遇到的技術困擾是很普遍又繁重問題。縱然IR取得資料容易，但是IR人員需要一本資料字典（data dictionary），它對資料庫詳細說明，才能了解資料領域及定義等，才可做特定資料分析。這突顯出IR需要更專業分工。

三、角色混淆

　　IR辦公室在校園的角色相當混淆（role confusion）。它要提供各

類型資料給各單位，有時資料要傳送給資訊部門，有時資料又要傳到教務或學務單位，有時又有學術部門向IR索取資料。各單位來索取資料的困擾一直混淆著IR角色及在學校的定位，同時也浪費IT部門的時間及減少生產力。這顯示，IR需要從資源輸入轉換為資料分析結果產出的重視。

四、影響力

IR的影響力（influence）大小也影響校務中心的定位及價值。IR常不被視為校園的重要影響單位。如果校務研究者被視為順從的報告者（compliance reporters），學校教職員對IR在學校貢獻於學生學習表現的努力會打折扣。簡單的說，IR人員及其辦公室不一定受到重視，因而其影響力也減低。這突顯出，IR辦公室要更為專業分工，分析更專業及可信的資訊，做決策運用。也就是能將大學校園中所有的議題、所蒐集到的資料，以及分析結果撰寫成有意義、有價值、清楚易懂的又有故事性的報告內容，並能對校內外的溝通。

五、組織結構與名稱

學校的IR組織結構與名稱（titles and organizational structure）也影響它在校園中的定位及影響力。因此對IR領導者來說，校務研究的定位是錯綜複雜。有些IR是一個特定單位來監督學校各單位，行政式的IR名稱（Administrative IR titles），如副校長及助理副校長擁有高度影響力。就組織結構來說，IR領導者直接向校長報告，可以提高IR的影響力。如果學校的IR人員向學術副校長報告，這有機會將焦點集中在學生成果及學習投入，但決策影響力不高。不管向誰報告，IR領導者都是校長的重要幕僚。

總之，美國的IR有上述挑戰，臺灣的IR正在起步之中，要面對的挑戰更多，尤其各大學長期設立校務研究中心有其必要性，讓IR協助老師與學校經營者做決策，同時也對於學習者更有保障。

肆、長期設立校務研究中心的必要性

臺灣的高等教育校務研究中心，教育部於2015年提出3年的試辦計畫。其成效尚待評估，然而未來高等教育面臨問題更多，需要校務研究中心設立，提供資料分析，作為學校發展依據。江東亮（2016）認為，臺灣的高教政策與辦學的數據不曉得在哪裡？以及大學評鑑也要校務研究，所以未來校務研究勢在必行。鍾志明（2015）指出，臺灣的高等教育校務研究有幾項挑戰：1.校務研究中心的設置可能面臨系統支援人才、經費、工作項目及設定研究專題等考驗；2.臺灣是否可將美國校務研究的發展模式加以應用與執行；3.各種相關校務研究問卷資料之蒐集與運用的推動；4.資料彙整及資料全面整合、協調與一致性問題；5.校務研究資訊透明化問題。作者認為，臺灣應設立中心推動校務研究理由如下：

一、透過IR多資料證據決策取代少數人決策

IR在解決學校發展問題，解決學校發展問題不再以主管或少數人主觀及有限理性的決策；相對的，以校務研究的專業及學理為基礎，透過資料分析獲得證據為導向的研究更具有參考價值。Birnbaum（1988）指出，傳統上在高等教育有四類型的決策模式：1.官僚主義模式（the bureaucratic model），以校長或董事會為中心，校長或董事會決策，決策就像一種行政的官僚體系，依法行政。2.學院型模式（the collegial model），由幾位學校上層的人士決定，其他人員無權參與，最後可以取得共識而決定。3.政治型模式（the political model），它是一種討價還價過程，甚至會運用不同手段，例如對抗、折衷、談判，甚至法律手段進行交易及協商，最後取得各方利益才決策。4.有組織的無政府型模式（the organized anarchies model），行政與學術分立，行政體系依法行政，而學術單位則是專業自主，各自為政，最後在行政體系與學術體系無法密切合作，形成一種鬆散組織，決策也是各持己見。上述四種決策方式都不足以因應高等教育在社會變遷及競爭的壓力。

美國校務研究穩定發展50多年，提供無數學校以證據為導向的高

等教育決策，對於學校發展提出更多的資料及實證分析，進行校務診斷及發展依據。因此更多資料證據支持的決策為重要方向。也就是從資料，轉變為資訊，再將資訊轉變為知識，最後形成智慧。因而要落實校務研究，高等教育應具備多項環境和條件配合。好的校務研究需要資料庫建立，對資料盤點、了解資料從何而來，把小資料庫整合為大資料庫，這需要將每個資料及變項界定清楚。簡單說，資料或變項要有操作型定義，才可以做資料整合與串連。在這過程中需要對於既有的資料清理，也就是學校發展過程中曾經建立的校務研究資料，哪些要保留、哪些不保留、資料定義異同、資料錯誤與雜亂都要清理等。接著再將小資料庫或不同資料欄位進行串連。透過校務研究中心的專業人力分析，獲得專業知識及證據，提供為校務發展決策，是臺灣應該要學習及發展的。

二、歷年來沒有IR觀念，欠缺校務研究專業人力投入

臺灣長期以來欠缺校務研究專業人力。但在校務研究資料庫建立的同時，也需要有統計、資訊、數位與校務研究報告專業人員。這些人員需要專業分工，從大資料庫中篩選學校發展的資料分析，最後基於績效責任報告給社區民眾、師生及政府部門了解。若沒有專業的統計、資訊、電腦科技及報告的專業人員，校務研究難以執行。這些人員需要對於學校發展高度敏感性，更應了解學校脈絡文化，了解應該抓取的資料類型，並運用適切的統計方法分析，以提供學校做決策運用。甚至所分析的資料結果亦要令人可信任。因此如果沒有專業統計及電腦數位人員就會形成大海撈針、找不到資料方向，抓取不到要分析的數據，更不用說要分析有意義的結果，作為決策運用。

三、歷年來沒有IR觀念，欠缺學校長期資料庫建置

IR在提出學校發展策略，這種策略是根據學校資料，量身訂作的學校發展處方，依學校的問題，提出自己學校發展方案，來解決自己學校的問題。然而臺灣的高等教育校務長期以來欠缺建立資料庫。因而無

法像美國的大學一樣，校務研究可以提出具體的策略與處方。校務研究的重點之一在串接各部門及學生或研究所蒐集的資料。透過這種長時間的資料彙整與串連，成為縱貫性資料。在串接資料重點在於，學校端的學生資料與政府部門端或其他組織資料的連結，例如大學生在四年的學習表現，畢業後到就業單位的工作表現。或者在小學階段，學生入學之後，就有鄉鎮區公所的相關背景資料，從地方政府與學校端連結，再將國小以後的不同教育階段別的資料連結。一方面除了學校由許多學生填寫相關的資料及每學期的資料建立，另一方面有校外組織提供學生資料的串結，例如前一階段別教育的學校、醫院、衛生單位、社會局、警政等單位做連結。

四、傳統上沒有IR觀念，欠缺充足的校務研究經費

　　IR的條件需要組織結構、人力資源、空間設備、數據資源以及所有對外對內的所有資源。也就是需要有研究單位、專業人力、設備與長期追蹤學校數據的大型資料庫都需要經費支持。在研究單位上，IR需要有專責單位來進行會更有效率。這方面的單位，在學校組織分工上，可以視為校長的幕僚單位，也在各處室之上。在人力資源上，IR需要有多方的專業人力才可以進行。就以幾所大學的校務研究的單位編制來說，這方面人力包括中心主任、資料建置組、統計分析組及報告人員等。在經費來說，它需要有充足經費來支應單位運作、人力費用，以及蒐集資料與研究所需的費用。

五、歷年來沒有IR觀念，欠缺校務系統資料管理

　　校務研究中心需要對於學校發展的資料系統性的建置與管理。在數據資料蒐集可以分為問卷調查資料及學生進入學校所填寫及相關單位的連結資料。前者需要設計問卷來蒐集，後者則是學生填寫所建立，而相關單位的連結包括以下幾項重要資料：行政管理資料：包括教務、學務、總務、圖書館、電腦資訊、學校人事、財務等資料。在問卷調查數據：包括了校務研究人員針對相關學校發展議題，對學生、行政職

員、教師及家長或企業進行問卷調查。在取得外部數據方面：學校與外部數據資料庫做有效的連結，以了解學生畢業後的流向，或是企業界對於畢業學生聘用的相關意見等。在學生資料方面：如學生選課狀況、出缺席狀況、社團活動類型、消費型態、學習表現、學習適應、同儕發展，甚至外籍生的學習狀況等。在學校課程資料方面：學校課程規劃及開課情形，學校針對各院系所的課程做長期資料建置，了解學生喜歡的課程，教師的薪資及其負擔等。在學校財務收支情形方面：IR重點之一在學校財務分析，如單位學生成本、教師薪資水準的掌握，以及透過單位學生成本與學校規模進行分析。

六、透過IR觀有利於各單位的溝通與整合

IR的重點在於各單位溝通，研究單位介於學校主管與各單位之間，具有承上啓下的功能。對上來說，是把研究出成果提供給學校最高決策機制或主管在校務發展的參考，它需要上行溝通；對下來說，它需要與學校各單位配合，從各單位蒐集的資料來分析或各單位可能的問題進行研究，或者請求各單位人員的配合，所以要對下級溝通；從平行溝通來說，研究單位有資訊、統計及資料蒐集與撰寫報告的相關專業人力，也需要溝通。然而在大學組織中，校務研究中心，如何跨單位聯繫取得資料？其權責合理性何在？是一個值得思考的問題。

伍、未來IR需要的策略與支持

臺灣的IR還有很大的努力空間，因此有很多的策略需要因應。李政翰（2015）指出，我國未來推動校務研究之具體策略包括：成立校務研究專責單位、校務研究重點置於學習成效評估及提升、有系統地進行校務研究人才培訓、成立校際聯盟或發展專業組織、發展合作及溝通的大學校園文化、結合政府部門的大數據（big data）分析，對學生進行長期縱貫的追蹤分析，他進一步指出，臺灣宜積極健全IR推動機制。劉孟奇（2016）認為，臺灣推動校務研究的挑戰，特別是在校務研究人才的培育體系的建立，以及不讓校務研究變成只是短暫的流行，而無法在大學行政體系與校園文化內扎根。筆者認為，臺灣高等教

育機構對於IR，需要有以下支持及策略：

一、各校宜有危機意識及設立IR單位信念與作為

　　臺灣的各大學校院宜有學校無法營運的危機意識，因而要設立IR單位信念與作為。透過IR機制的設立為學校做深入的學校發展分析，提供教師在教學及研究上的支持、協助行政人員在管理學校的支持、提供學校高層在進行決策參考，以及提供相關的學校發展報告讓社會各界了解學校發展狀況。教育部及各校應檢討三年期的校務研究計畫成效，吸取優點，繼續投入校務研究，評估學生學習表現，提供教職員研究評估及作為學校決策參考。

　　因此，各校長期培育校務研究專業人員措施。IR人員來自於不同的學術背景與經驗，一位IR人員往往需要多學科與多領域的知識，包括教育、商學、管理、統計、歷史、政治科學、電腦技術。若是一個IR辦公室需要統計分析、電腦數位、教育議題設定、結果報告或其他相關人員。這幾個領域都需要有專業課程的培育。臺灣的高等教育對於這些人員都是分開培育，統計分析有統計系、電腦數位有資訊科技系、教育議題由教育系或教育行政系來培育、報告人員或許需要傳播媒體有關的系所培育，並沒有一個專門以IR的各種專業機構來規劃課程及培育與認證。各系培養的人力，僅就某一個專業掌握，無法了解其他領域的專業。而這些人員對於IR的認識不多，因而要能做好IR，需要長時間的培養及在職訓練與給予實務的經驗。

二、各校長期資料清理與建置資料庫

　　Glover（2009）指出，未來IR面臨更多挑戰，因此需要建立國家資料庫（National database）、長期資料庫的追蹤（longitudinal co-horts），他進一步指出，資訊科技（Information technology）在IR的角色不應定在於校務研究的報告，相對的IT的焦點應該放在資料的處理、儲存、資料系統的設計、運轉及維持、技術報告及讓使用者可以接近資料及獲得訓練。顯然，IT部門也提供教學科技及校園傳播系統的支

持。在校務資料建置可以採用「採、編、典、藏、用」原則，這是建立資料處理的重要觀念（曾元顯，2014）：「採」即資料採訪之意，是針對有潛在價值的資料進行界定與採集；「編」在圖書館學意為資料編目、資訊組織之意，在資訊工程學意指資料庫設計。對蒐集的資料，進行嚴謹的詮釋資料（meta-data）描述，以及資料主題分析、分門別類的組織，以方便後續應用；「典」即法典，意指建立資料蒐整的標準作業流程與使用規範；「藏」即資料儲藏之意。資料不僅只是放置到儲存設備與系統，做到備份；「用」為使用、運用之意，即建立完整的資料蒐集、整合與運用系統。未來各校要運用專業的人力及數位科技系統來建立學校所屬的資料庫，以作為後續校務研究分析之應用。

三、各校校務研究經驗的交流分享

為了讓IR可以更為成熟，各校經驗分享有其必要。各校可以分享的內容可以有IR各類專業人員的經驗交流、資料建置與清理經驗的心得分享、資料的交換、標竿學校的學習、校務研究成果報告的分享。它可以包括組織技能、文化技能及人際技能與領導的分享（Voorhees & Hinds, 2012）。

(一) 分享組織技能

組織技能（organization skill）是指可以理解及對於議題採取行動。IR人員要能了解現在的高等教育重要議題，並把現有資料，搭配現有脈絡進行分析。讓大學因應社會、經濟與政治環境的需求，讓利害關係人了解大學經營狀況。其次要對生態環境掃描，透過科技對每日訊息掃描，包括對於國家、區域或地方的新聞標題列為每天例行工作。將每天媒體或網路傳播與高等教育有關標題整理。

(二) 分享文化技能

大學校務研究應該是大學體制的一部分。IR人員應學習所有IR專業知識及用語，運用這些語詞進行溝通。在此環境之下，將資料整理

為有意義的表格，並把這些內容傳達給消費者了解。在文化技能（cultural skill）要包括：1.IR要成為大學校院的主要訊息提供者。在美國，IR通常是校園唯一可以對校內外人士耕耘文化的單位。未來臺灣若設IR機制，IR人員應更積極投入校園的掌握。2.IR要被信任。為了成功傳達學校發展狀況，IR人員應在校園及決策團體中被信任。IR人員要讓學校消費者信任，才代表信任IR所做的研究與所提出的報告內容。3.要成為有功能的辦公室，IR辦公室需要與各單位發展成網絡關係，並成為可以發揮功能的單位，從前端管控（含學生入學資料、課程安置、教學表現、經費資源與財務分配），到後端管控（含各類評鑑結果、學生畢業、學生就業）的資料建置，到資料提供與分析。IR提供的資料應具有學校環境脈絡。4.成為主要決定團體，未來臺灣的高等教育IR辦公室應成為一個積極，又定時提供校務發展委員會與學校財務與發展團體的諮詢單位。IR人員參與這些會議可以將研究分析報告，提供學校政策分析參考。它是一個協助的永續單位，而不是僅為一個議程來做報告。IR人員在專業被信任相當重要。

(三) 分享人際技能與領導

當上述兩種技能被肯定之後，IR就應轉換為領導角色功能。此時IR人員應善於溝通協調，並在學校高層級與IR中心之間建立誠信特質，如此在校園內可以引導討論，持續表現評估及評鑑學習表現，更可以朝著提供學校發展策略計畫努力。這是一種人際技能與領導（interpersonal skill and leadership）。各校可以將IR人員與學校各單位溝通良好的模式，甚至IR人員在面對分析龐大資料所產生的情緒困擾，甚至與各單位建立良好信任的最好經驗做分享。

四、臺灣校務研究協會的支持功能

臺灣的校務研究要能成為一種大學文化，成為學校組織學習的文化，需要大學治理者及所有老師的努力。為了讓學校有校務研究風氣，臺灣校務研究協會扮演著重要角色。未來不僅各校期待可以成立自

己所屬的校務研究中心，而且各校更可以透過定期的學校交流，這方面的交流包括了資料的分享、各校校務研究經驗的分享，以及校務研究技術與專業知能的分享。為了讓各校可以活絡的分享經驗，臺灣校務研究協會在各校扮演重要的支持與協助的角色。期待它可以辦理專業期刊、提供IR專業課程培訓、專業認證、出版專業書籍、定時的舉辦研討會，提供工作坊，同時可以邀請國外學者交流、訂定校務研究倫理準則。其中辦理校務研究專業期刊，期待可以每年出刊兩期；而在專業課程培訓方面，鑒於國內的IR人員欠缺，協會應該邀請國外學者來臺灣各大學授課，提供IR的專業對話，並在學習一定時數給予學習者認證。尤其國際校務研究交流更是必要，因為臺灣的大學IR剛起步，需要透過歐美國家具有豐富經驗者來提升臺灣的大學IR專業水準，國際交流吸取經驗更是重要。

五、各校校務研究應與高中端學校連結

　　IR要能有長遠的發展及提出正確知識作為決策，很重要的在於各校應掌握高中職學校端，甚至五專學生學習表現資料。IR的資料建置可以從高中職學生學習狀況、家庭結構及職涯規劃等銜接到大學，就更能了解學生長期的學習表現及成長狀況。很可惜的是，臺灣的大學從過去至今，很少與高中職學生的資料相連接，因為欠缺連接，所以對於學生先前的經驗及表現並沒有深入的了解，這對於大學以學習表現為導向會有更多困難。相對的，臺灣的大學僅有學生在進入學校之後，才開始建立學生的部分資料，這樣就失去很多學生原有學習狀況的了解。未來的校務研究要能有更好的資料與分析，以對於學生學習表現掌握，各大學應與高中職學校的資料連結。這方面的做法可以從學生在考取某一所大學校院之後，高中端學校就將該位學生在三年期間的各種學習表現，包括各科學業成就、性向測驗、學習興趣、家庭資料、學習相關的問題等，建立成制式檔案，在不失保護個人資料原則下，傳送到大學端建置與銜接。王保進（2016）指出，校務研究之內涵，在確保學生學習成效品質文化為主軸，以品質文化為主軸之校務研究機制可分為策略規劃、執行、評估、品質改善等四個歷程，若在策略規劃上，高等教育

機構必須建置完整學生學習參與資料庫，從學生入學背景分析（甚至高中學習經驗回溯），到大學學習生活（包括課堂正式課程學習、課外學習活動、社會服務、學習成效評估），以及畢業後之生涯發展追蹤，都應根據大學教育目標與學生核心能力，建立完整之調查資料庫，才能提供研擬校務發展策略規劃之決策所需要的客觀資訊。可見對於高中職端的資料連結及此資料庫的建立相當重要。

　　Ruddock（2012）指出，美國近年建立K-12的長期資料庫主要目的在於：1.評估學校在改善學生成就的方案；2.確認高表現學校，以作為教育學者學習的案例；3.如果學校面臨問題學生時，透過資料分析，可以及時介入；4.確定學生可以在高中畢業，並協助他們完全進入後中等教育階段就學。然而上述資料庫僅從幼兒園到高中階段，對於大學階段的學生就無法追蹤及掌握。Ruddock指出，近年來美國建置了K-20+資料庫，主要在讓研究者及參與者將焦點集中在學生轉移情形，也就是從高中進入到大學教育、從工作到大學教育，以及所有教育層次進入就業及職涯規劃。在IR就需要了解學生畢業後的就業，受到在大學學習哪些課程的影響、就業與文憑和學分之關係，在後中等教育的持續學習狀況（如大學畢業進入碩班，再進入博班就讀情形），以及學生在學校工讀與實習或畢業後的就業狀況。類似這些問題，就是IR人員所要關心的議題。K-20+資料庫內容包括：1.學生資料──州都可以認可的學生證號（statewide student identifier）、學生層的就學資料以及未參加測驗學生資訊。2.課程／測驗資料──學生層包括SAT、ACT與這些安置測驗資料、學生層的考試資料、學生層的課程完成資料（轉學資料）、學生層的畢業及輟學資料。3.運作特性──包括州都包括的教師證號，它需要與所教的學生證號連結，以及可以連結P-12學生（也就是小學一年級到高中三年）層與高等教育的資料。4.治理資料──州的稽核系統。該資料庫透過學生在接受問卷調查時就有一個身分碼的統一格式，可以串結不同教育程度別的家庭背景、學習、生活及相關資訊，對於IR來說是一份很重要的資料庫。臺灣在這方面應該學習。

六、教育部宜支持校務研究取代校務評鑑

　　臺灣的大學校院或系所每三至四年都要進行一次校務或系務評鑑。校務評鑑往往需要整理很多的表報及資料。而這些資料往往僅有質性的文件，少有量化的資料來說明學校經營的狀況。在評鑑前，學校各單位都努力準備受評，在評鑑完成之後，又把評鑑的資料置之一旁，沒有有效的追蹤與整理。更重要的是評鑑是固定時間才進行，並無法每學期及每學年的都追蹤學校發展表現。若以最新一週期校務評鑑項目「校務治理與經營」、「校務資源與支持系統」、「辦學成效」，和「自我改善與永續發展」以及各項目細部核心指標（池俊吉，2016），在評核時都沒有一定的量尺，也就是每個細項指標應有如五等第檢核表，讓受評委員檢核，因而最後都變成訪評委員的自由心證。王麗雲（2014）指出，評鑑著重價值判斷，校務研究則注重原因探究及解決方案。值得注意的是解決方案仍是一暫時性的假設，仍待後續評鑑驗證改進措施是否有效，是以機構自我評鑑與校務研究乃形成一循環，協助機構改進。傅遠智（2016）認為，IR可以落實校務自我改進機制、引導評鑑過程中形成建設性對話、實踐並實現大學自主管理的目標；他進一步指出，唯有以校務研究為核心開展校內自我改進機制，才能使得自我評鑑與外部評鑑形成有建設性的對話機制，也才能引導大學真正實踐並實現自我管理。如果各大學校院成立校務研究常設機制，對學校永續提出發展的評估，它不僅有上述評鑑的功能，還可以長時間或及時提出學校發展表現、診斷學校發展、透過學校同僚的自我檢核（peer-review），提供有系統、有組織、發展互動式的電子化校務發展計畫，並評估資料庫與提供學校發展報告，做好管理學校發展計畫及自我評鑑的功能。IR可以對於學校持續性的評估，強調從學校的各種數據中找到學校改進的方法，提供永續的校務改善，IR人員的資料分析，更能提出各系所、學院及學校發展策略。同時IR也可以避免行政人員的官僚文化及人員流動無法做好評鑑的問題。簡言之，未來各校在IR執行有成效，甚至透過永續執行IR，學校對自己發展狀況更能了解，大學評鑑似可以被取代。

七、建立大學績效責任賦予校務研究任務

　　高等教育需要有績效責任的理由相當多元，包括高等教育是國家經濟發展及個人的社會流動及國家未來競爭力的重要貢獻來源、大學資源的使用效率及生產力需要長期追蹤、學生學習品質及表現需要讓社會及產業雇主了解，以及新的教學方法、科技創新、學生族群及特性改變，加上臺灣的大學長期以來大學表現沒有公開透明，更沒有以學生學習成效與沒有成本效益分析。因此大學績效究竟是如何？是臺灣的大學校院所要思考及面對。這涉及大學自主及大學績效責任問題。績效責任的意義與做法有多種意涵（Fuller, Lebo, & Muffo, 2012）：1.把績效責任視為大學順從政府相關規定，它受官僚系統的控制（bureaucratic control）；2.把績效責任視為政府的補助方式，它是直接影響補助款多寡或政府提供表現的誘因；3.把績效責任視為大學提供內部表現資訊，透過大學認可（accreditation）機制及標竿（benchmarking）比較來了解績效；4.大學績效責任視為公眾對大學的期待，把大學表現狀況定時發布，讓各界了解其績效。澳洲大學品質機構（INQAAHE）執行長Dr. David Woodhouse指出，大學對政府、社會、市場、學生、高等教育機構、高等教育機構的個人與同僚等承擔績效責任。然而要如何做好大學的內部及外部績效責任呢？

　　Woodhouse指出，內部績效責任可以運用途徑包括如下（許媛翔，2007）：1.大學可以透過途徑／調度／成效／改進（approach/deployment/results/improvement）的歷程來做自我檢核，從學校發展計（planning），選擇正確行動途徑；接著控管（monitoring）行動有被執行，經過執行之後再測量（measuring），以確認所採用的行動是否有效，最後強調改進（improving），讓學校在適時適當調整。2.運用國際組織對品質審核視（International Organization for Standardization, IOS）來了解大學表現情形，透過檢視大學發展計畫品質改進程序與目的，接著執行的品質改進行動，以了解是否遵守原計畫，最後確認所進行的行動的有效性。3.大學採用全面品質管理（Total Quality Management, TQM）來管制內部的表現，大學強調高層領導者投入與承諾、資料數據運用、授權各階層員工、密切注意客戶需求。從消費者

需求及反應問題來了解學校應改善內容及改善程度。4.美國國家品質獎
（Malcolm Baldrige National Quality Awards, MBNQA），適用於美國
任何機構，也有特別針對教育機構包括學生、職員、利害關係人、教育
設計、營運及財務檢核，通過它審核之後，可保證學校教育品質。5.強
調以學生學習成效導向的評量（assessment），美國從1980年代之後，
大學評鑑檢視學生學習及學習成果，將它視爲辦學優劣指標，由外在
機構檢視學生學習成果，通過者授與大學認可證書。6.透過平衡計分卡
（balanced scorecard）來了解大學表現狀況，它強調大學運作績效包
括財務、客戶、內部業務程序、學習與成長，取代狹隘的財務成果制
度，更加平衡考量成果，也考量四面向之因果關係。上述做法是一種方
案或策略。其實，大學內部績效責任可以從同群（同類型）大學的表現
來了解，透過相近大學規模、學術表現相近的學校列爲比較單位，來了
解本校與他校的績效表現差距。爲了做合理的比較，這群組學校之間的
信任就很重要，在互信前提下，IR蒐集相近學校的各方面資料，建立
資料倉儲系統，作爲各校之間比較依據。另一種方式則是對於學校表現
的趨勢分析，透過學校從過去至今，可能是五年、十年或更長時間，學
生就學人數成長變化，教師學術研究生產及對社會貢獻的成長變化。當
然還有針對學校特定族群進行長期追蹤，以了解他們的學習與校在生活
表現。

　　除了上述內部績效檢核機制之外，外部績效責任機制（external
accountability systems）也很重要。Fuller、Lebo與Muffo（2012）指
出，外部績效責任機制在了解大學各項產出的績效，並對其評估，它
是對外公開，所以需要完整報告。美國的大學期待學校報告之後，可
以獲得州政府或聯邦政府的經費補助。1990年代美國政府常用績效表
現預算（performance budgeting）、績效表現資金（performance fund-
ing）、績效表現報告（performance reporting）補助大學經費，尤其
是前兩種。第一種是大學獲得資源分配依據，它只檢視大學各項目績
效，依據其績效分配經費，做法較爲主觀。第二種對大學經費分配直
接與大學表現指標有關，學校依據表現指標呈現的結果，作爲補助依
據。它較爲嚴格，大學表現績效要與成果符合一定標準，才可以得一定

額度經費補助。然而大學的過程指標難以界定，常以大學輸出成果指標來評估績效。這是美國大部分州政府把大學績效表現視為經費分配依據。第三種較為普遍的是大學撰寫學校的書面報告，說明學校在各個績效項目成果，並把它公開，如此促使各校實施改善機制。

總之，美國的大學績效責任以嚴謹的品質審核（quality audit），來符合文化與人民或企業的期望。臺灣目前在高等教育績效責任不明確，也沒有這種機制，未來臺灣高等教育機構宜有這種機制，讓大學重視社會責任與績效責任。若要建立此機制，學校內部及外部績效需要龐大資料來分析與報告說明，各大學校院需要蒐集及分析更多資料，因此未來應透過建立IR機制，各校可以永續在學校績效責任提出報告，讓社會各界、學生及產業或政府可以信任與接受學校品質及對社會的貢獻。

問題與討論

本章說明了臺灣的校務研究的執行經驗與問題。讀者可以思考，臺灣在IR正在努力階段，未來臺灣在執行IR會面臨哪些的挑戰，以及如何因應呢？

參考文獻

一、中文部分

王保進（2016）。建立確保學生學習成效品質文化之校務研究機制。**評鑑雙月刊**，**60**，13-17。

王麗雲（2014）。透過校務研究進行自我評鑑與自我改進。**評鑑雙月刊**，**47**，19-23。

江東亮（2016）。迎接校務研究時代的來臨。**評鑑雙月刊**，**60**，7-9。

池俊吉（2016）。第二週期大學校院校務評鑑實施計畫草案說明會。臺北市：財團法人高等教育評鑑中心基金會。取自http://www.heeact.edu.tw/public/Attachment/61209475985.pdf

李政翰（2015）。我國推動校務研究之策略。**評鑑雙月刊**，**57**，9-15。

許媛翔（2007）。績效責任八大有效機制——Dr. Woodhouse談績效責任模式。**評鑑雙月刊**，**8**，45-47。

彭森明（2015）。政府如何協助大專校院推展校務研究：美國爲例。**評鑑雙月刊**，**57**，10-15。

黃淑玲、Wolff, R.（2013）。關鍵時刻的校務研究與評鑑新貌。**評鑑雙月刊**，**45**，39-43。

傅遠智（2016）。校務研究與大學校務評鑑。**評鑑雙月刊**，**60**，18-21。

張芳全（2017）。**高等教育：理論與實證**。臺北市：高等教育。

鍾志明（2015）。校務研究與教務評比中心的整合應用——美國大學爲例。**評鑑雙月刊**，**57**，23-27。

劉孟奇（2016）。以校務研究爲校務決策之本。**評鑑雙月刊**，**60**，10-12。

臺灣校務研究專業協會（2018）。**臺灣校務研究實務**。臺北市：高等教育。

蕭玉眞（2016）。校務研究提升校務治理績效——以弘光科大爲例。**評鑑雙月刊**，**60**，26-29。

二、英文部分

Birnbaum, R. (1988). *How colleges work: The cybernetics of academic organization and leadership.* San Francisco, MA: Josey-Bass Publishers.

Fuller, C., Lebo, C., & Muffo, J. (2012). Challenges in meeting demands for accountability. In R. D. Howard, G.W., McLaughlin, W. E. Knight, & Associates (Eds.), *The handbook of institutional research* (pp.299-309). San Francisco, MA: Jossey-Bass.

Glover, R. (2009). *Strengthening institutional research and information technology capacity through achieving the dream: Principles and practices of student success*. Retrieved from http://www.achievingthedream.org/sites/default/files/resources/PrinciplesAnd-PracticesofStudentSuccess_StrengtheningInstitutionalResearchAndInformationTech-nologyCapacityThroughATD.pdf

Purcell, J., Harrington, C., & King, C. (2012). Supporting institutional governance. In R. D.

Howard, G. W., McLaughlin, W. E. Knight, & Associates (Eds.), *The handbook of institutional research* (pp.133-144). Hoboken, NJ: John Wiley & Sons.

Ruddock, M. S. (2012). Developing k-20+ state databases. In R. D. Howard, G. W. McLaughlin, W. E. Knight, & Associates (Eds.), *The handbook of institutional research* (pp. 404-433). San Francisco, MA: Jossey-Bass.

Voorhees, R. A., & Hinds, T. (2012). Out of the box and out of the office: Institutional research for change times. In R. D. Howard, G. W. McLaughlin, W. E. Knight, & Associates (Eds.), *The handbook of institutional research* (pp.73-85). San Francisco, MA: Jossey-Bass.

國家圖書館出版品預行編目資料

校務研究：觀念與實務/張芳全著. ――初
版. ――臺北市：五南，2018.06
　　面；　公分
　　ISBN 978-957-11-9697-8（平裝）
　　1.高等教育　2.學校行政　3.學校管理
　525.6　　　　　　　　　　107005833

1IIZ

校務研究：觀念與實務

作　　　者 ― 張芳全（213.1）

發 行 人 ― 楊榮川

總 經 理 ― 楊士清

副總編輯 ― 陳念祖

責任編輯 ― 李敏華

封面設計 ― 姚孝慈

出 版 者 ― 五南圖書出版股份有限公司

地　　　址：106台北市大安區和平東路二段339號4樓

電　　　話：(02)2705-5066　　傳　　　真：(02)2706-6100

網　　　址：http://www.wunan.com.tw

電子郵件：wunan@wunan.com.tw

劃撥帳號：01068953

戶　　　名：五南圖書出版股份有限公司

法律顧問　林勝安律師事務所　林勝安律師

出版日期　2018年6月初版一刷

定　　　價　新臺幣570元